DIESER KRIEG ENDET NICHT IN DER UKRAINE

RAÚL SÁNCHEZ CEDILLO

DIESER KRIEG ENDET NICHT IN DER UKRAINE

Argumente für einen konstituierenden Frieden

Mit Vorworten von Pablo Iglesias Turrión
und Katja Maurer, medico international

Aus dem Spanischen von Michael Grieder

Herausgegeben von Kelly Mulvaney

transversal texts
transversal.at

ISBN: 978-3-903046-36-8

Lektor: Tobias Lambert

transversal texts ist Textmaschine und abstrakte Maschine zugleich, Territorium und Strom der Veröffentlichung, Produktionsort und Plattform - die Mitte eines Werdens, das niemals zum Verlag werden will.

Dieses Buch ist gedruckt, als EPUB und als PDF erhältlich.
Download: transversal.at
Umschlaggestaltung und Basisdesign: Pascale Osterwalder

Das Original erschien 2022 unter dem Titel *Esta guerra no termina en Ucraina* bei Katakrak Liburuak, Iruñea-Pamplona.

2., korrigierte Auflage
transversal texts, 2023
eipcp Wien, Linz, Berlin, London, Málaga, Zürich
ZVR: 985567206
A-1060 Wien, Gumpendorferstraße 63b
contact@eipcp.net
eipcp.net ¦ transversal.at

Gefördert von: Stadt Wien Kultur; Foundation for Arts Initiatives.

Dieses Buch ist in Kooperation mit medico international entstanden.

Inhalt

Wider die Ohnmacht

Katja Maurer, medico international

Nach einem Jahr Angriffskrieg gegen die Ukraine ist klar, dass dieser Krieg gekommen ist, um zu bleiben. Es ist längst kein Krieg zwischen Ländern mehr, sondern ein innerimperialistischer Krieg, in dem die russische Semiperipherie einen Platz am Tisch der Großen (China und USA) beansprucht. Ähnlich wie der 11. September 2001 verändert er die planetarisch-politische Landkarte fundamental. So wie der „Krieg gegen den Terror" die Karten von Gut und Böse neu verteilt hat und damit auch, welche Verbrechen als solche ausgesprochen werden können und welche auf immer verschwiegen werden, so setzt auch dieser Krieg neue Standards.

Wir befinden uns auf dem Weg in ein globales Kriegsregime, das die Sprache, die politischen Prioritäten, die Demokratie, die Freiheit und die Emanzipation überall extrem gefährdet. Die Ohnmacht emanzipatorischer Positionen angesichts der Klimakatastrophe erfährt einen weiteren Schock und stellt uns vor die Frage, wie sich über all das überhaupt noch auf eine kritische Weise sprechen lässt. Schon jetzt erleben wir, wie der Krieg alle Parameter verschiebt. Klimapolitische Ziele werden umstandslos aufgegeben. Die historische Verantwortung für das ökologische Desaster weicht einem rücksichtslosen Aufrollen ganzer Kontinente entlang der Ressourcenbegehren der privilegierten Länder. Die Sprache, in der in den jeweiligen Leitmedien über den Krieg gesprochen wird, rückt uns immer näher an den Abgrund einer unausweichlich erscheinenden militärischen Eskalation. Dem neoimperialen russischen Nihilismus steht ein moralischer Rigorismus des Westens gegenüber, der das Putin-Regime, wenn nicht Russ:innen generell, als das radikal Böse definiert. Das Feindbild schafft innere Kohärenz und legt die Spur zu einem Autoritarismus, den man eigentlich vorgibt zu bekämpfen.

Das vorliegende Buch von Raúl Sánchez Cedillo kontextualisiert den russisch-ukrainischen Krieg gegen diese propagandistischen Vereinfachungen historisch und politisch, ohne sich dabei der Logik der Geopolitik zu bedienen. Mit Putin, so Sánchez Cedillo, sei ein Kriegsregime an die Macht gekommen. Also ein Regime, das den Krieg und den äußeren Feind nutzt, um innere Kohärenz zu schaffen und die Verewigung des eigenen Regimes anstrebt. Dass der russische Geheimdienst, der seine stalinistisch-totalitäre Vergangenheit nie aufgearbeitet hat, dazu unter anderem mit inszenierten Terroranschlägen erheblich beigetragen hat, ist fast schon ein Gemeinplatz. Die Zerstörung der tschetschenischen Hauptstadt Grosny und der Tod von ca. 75.000 Zivilist:innen in zwei von Russland geführten Kriegen sind ebenfalls in diese Art Putinsches Kriegsregime eingeschrieben. Gleichzeitig festigte das Regime seine Herrschaft, in dem es sukzessive dafür sorgte, dass die demokratischen Räume immer kleiner wurden, darunter auch die Möglichkeiten für Organisationen wie Memorial, die stalinistische und sowjetische Vergangenheit aufzuarbeiten.

Der 2001 begonnene „Krieg gegen den Terror“ hatte auf seine Weise ein Kriegsregime weltweit gemacht und die Welt in Freund und Feind geteilt. Daran zu erinnern und dabei auch die Formierung der postsowjetischen Gesellschaft entlang eines rigiden Neoliberalismus und ihrer totalen Fragmentierung zu analysieren ist ein Verdienst von Sánchez Cedillos Buch. Es reicht eben nicht, die Psychologisierung Putins und seines Regimes als „radikal böse" zu betreiben, um die Welt zu verstehen, in der wir ungewollt angekommen sind.

Hilfe und Solidarität

Medico international unterstützt lokale Partnerorganisationen in der Ukraine. Zum ersten Mal in der Geschichte dieser linken Hilfs- und Menschenrechtsorganisation arbeiten wir nicht im globalen Süden, sondern in einem osteuropäischen Land mit seinem dreißigjährigen neoliberalen Transformationsprozess, in dem eine internationalistische emanzipatorische Idee aufgrund der realsozialistischen Geschichte nicht gerade Tagesgespräch ist. Beim Besuch von Kolleginnen und Kollegen in Charkiw (Charkow), der zweitgrößten Stadt der Ukraine, 30 Kilometer entfernt von der russischen Grenze, im Januar 2023 wurde sehr schnell klar, dass es viele Ukrainen gibt, von denen geredet werden muss. Unsere Partnerorganisation *Mirnoe Nebo* [Friedlicher Himmel] ist in wenigen Monaten auch mit unserer Unterstützung zur größten lokalen Hilfsorganisation im Gebiet Charkiw geworden. Aus einer in der Not entstandenen Suppenküche, die die in der Metro Schutz suchende Bevölkerung während des russischen Dauerbeschusses zu Anfang des Krieges mit warmen Mahlzeiten versorgte, wurde in wenigen Monaten eine Organisation mit über 200 Angestellten. *Mirnoe Nebo* ist so unversehens zu einem wichtigen Akteur im humanitären Geschehen geworden, der auch beim Wiederaufbau der zerstörten Gebiete in Charkiw und den anderen Städten, in denen sie arbeiten, gehört werden muss. Die Parallelität von Normalität, Wiederaufbauplänen und -maßnahmen und von einem in seinen Dimensionen unabsehbaren Krieg lässt sich in der Ostukraine gut beobachten.

Je weiter man sich von hier nach Westen bewegt, desto mehr wird der Krieg zu einem flüchtigen Eindruck. Er zeigt sich im regelmäßigen, aber vereinzelten Raketenbeschuss, in den Stromsperren, die von der Regierung als Einsparmaßnahme verhängt werden, und in den Militärposten an der mittlerweile gut ausgebauten Hauptstraße, die – je weiter im Westen – immer häufiger nicht nur mit der blau-gelben Flagge der Ukraine geschmückt sind, sondern auch mit der schwarz-roten der ukrainischen Nationalisten. In Lviv, der ehemaligen k.u.k. Metropole an der polnischen Grenze, vollzieht sich im Schatten des Krieges gar eine Festlichkeit, wie die Stadt sie seit Jahrzehnten nicht erlebt hat. In den letzten Jahren prachtvoll wieder hergerichtet, erlebt sie nun einen Boom. Die Straßen sind brechend voll mit Käuferinnen und Kaffeehausbesuchern, Hipstern und Feministinnen. Szenekultur und Konsum gehen Hand in Hand. Im Zuge des Krieges haben sich die Immobilienpreise verdoppelt. Privilegierte Ukrainer:innen haben sich hier angesiedelt, die Kinder können tatsächlich und nicht nur virtuell zur Schule gehen und die Familien müssen sich nicht trennen. Nach wie vor dürfen wehrfähige Männer die Ukraine nicht verlassen. Der Krieg schafft neue Formen der Klassengesellschaft.

Während die Kolleg:innen in Charkiw die Politik in der Ukraine für ein schmutziges Geschäft halten, hoffen die Gesundheitsgewerkschafterinnen, die wir in Lviv treffen, auf ein Ende der Oligarchie durch den Krieg. Sie setzen auf den Nationalismus, in dessen Ergebnis ein gemeinsames nationales Selbstverständnis entstehen könnte. Als Gewerkschafterinnen wehren sie sich gegen die weitere Deregulierung, wie das gerade vom Parlament in Kyiv beschlossene Ende des Kündigungsschutzes. Im ukrainischen Nationalismus sehen sie kein Problem, sondern eine Chance. Das ist nicht unverständlich, wenn man 30 Jahre lang Augenzeuge und Opfer eines Transformationsprozesses war, der mit seiner radikalen Privatisierung jedes Vertrauen in die öffentliche Hand zerstört hat.

Nur leider kennt auch der ukrainische Nationalismus die Idee von Plurinationalität nicht. Auch der Weg der Kurd:innen in Rojava, die ihre Nationalstaatsidee zugunsten eines plurinationalen, mehrsprachigen Gebildes aufgegeben haben, ist hier kein möglicher Horizont. „Internationalismus oder Barbarei", eine Kapitelüberschrift bei Raúl Sánchez Cedillo, würde wohl auf gänzliches Unverständnis stoßen. Dabei tobt der Krieg in seinem ganzen Schrecken im mehrheitlich russischsprachigen Osten, während der Westen der Ukraine mit dem Kriegsausbruch auf der vollständigen Durchsetzung der ukrainischen Sprache beharrt. Eine demokratische Ukraine, die nur zweisprachig sein kann, und die sich ihrer komplexen Geschichte am Kreuzweg der Kulturen und Imperien stellt, erscheint als Ergebnis dieses Krieges genauso unwahrscheinlich wie der Weltfrieden, den man uns mit der Aufrüstung der Ukraine verspricht.

Der Abgrund, vor dem die Ukraine und Europa stehen, ist so frappierend wie die Tatsache, dass offenkundig wenige darüber nachdenken, wie man davon abrücken kann. Die Idee eines konstituierenden Friedens, die Sánchez Cedillo vorschlägt, ist der Horizont. Eine mögliche Praxis wäre, sich der Wirklichkeit auszusetzen, ohne sich an den moralisch aufgeladenen medialen Schlachten zu beteiligen, die mit einer schieren

Behauptung von Wahrheit Europa weiter Richtung Abgrund bewegen.

Die Frage ist dann: Worin bestehen auch hier bei uns mögliche Akte des Widerstands gegen ein Kriegsregime, das uns zurichtet und zu einer fragwürdigen Parteilichkeit nötigt? Raúl Sánchez Cedillo schlägt eine Form des Exodus vor. Wie wir unterworfen werden und uns selbst unterwerfen, ist Gegenstand beständiger Reflexion und vor allen Dingen im Zusammenhang mit dem Krieg gegen die Ukraine Thema dieses Buches. *Dieser Krieg endet nicht in der Ukraine* ist ein Angang und eine Möglichkeit. Weitere werden folgen.

Frankfurt am Main, im Januar 2023

Frischer Wind für den politischen Kampf

Pablo Iglesias Turrión

„Ukrainer sind bereit, für die europäische Perspektive zu sterben". Mit diesem Zitat des kriminellen Appels von Ursula von der Leyen beginnt Raúl Sánchez Cedillo das Buch. Wie erklärt, ist der Text als Triptychon konzipiert, um das Kriegsregime (so Sánchez Cedillos Begriff) zu verstehen, das die politischen Logiken unserer Zeit (global und staatlich) bestimmt.

Im ersten Teil werden die Ursprünge und zentralen Punkte des russisch-ukrainischen Krieges im postsowjetischen Kontext analysiert und die vorherrschenden Diskurse, die die Logik des Kriegsregimes normalisieren oder als unvermeidlich darstellen, einer Kritik unterzogen.

Im zweiten Teil zeigt der Autor, dass ein grundlegender historischer Bezugspunkt für das Verständnis der gegenwärtigen historischen und geopolitischen Situation viel mehr im Ersten als im Zweiten Weltkrieg liegt. Dies aufgrund des globalen Wettbewerbs zwischen einer alten Hegemonialmacht, die im Niedergang begriffen ist (den USA) neben der aufstrebenden Macht Chinas. Heute wie vor einem Jahrhundert schafft der interimperialistische Wettbewerb auf Leben und Tod den idealen Rahmen für die Entstehung dessen, was Raúl als die Extremform der Verteidigung des kapitalistischen Kommandos analysiert: den Faschismus, der einmal mehr durch den Krieg geboren wird.

Der dritte Teil des Buches ist eine Verteidigung des Pazifismus als kommunistisches politisches Projekt gegen den Kapitalismus und seine Kriegsgestalt. Raúl vertritt kompromisslos einen konstituierenden Frieden, der neue Institutionen und Produktionsweisen des Gemeinsamen anregt, die der Logik der Akkumulation und endlosen Expansion trotzen. Die ökologische Bewegung tritt darin aus Klassenperspektive als alternatives Projekt zur Logik des Kapitals hervor.

Das Buch, das Sie in Händen halten, ist ein wahres Juwel. Es bietet nicht nur ein komplettes Analyseinstrumentarium, um den Krieg zu verstehen, sondern auch Schlüssel dazu, wie das kapitalistische Weltsystem in seiner politischen (das System der Staaten) und wirtschaftlichen Dimension (bezüglich Wettbewerb und Logik der Akkumulation) funktioniert. Das gleiche gilt für die extreme Mattigkeit eines europäischen politischen Projekts, das eine Ultra-Rechte normalisiert, die dieses bald verschlingen könnte. Es läuft Gefahr, von den (in diesem Fall nuklearen) Flammen des Krieges zu Asche gemacht zu werden.

Sánchez Cedillo zeigt sich in diesem Werk als kämpferischer Intellektueller mit einer marxistischen Klarheit von außerordentlicher Frische und Gelehrtheit. Die kämpferische Leidenschaft, die Sie auf seinen Seiten finden werden, macht dieses Buch zu deutlich mehr als einer Sammlung von Informationsmaterial. Es handelt sich um eine echte theoretische Lektüre. Diese ist unabdingbar für die politischen Kader der Linken, die ständig Gefahr laufen, dem Kretinismus zu verfallen, in den sie das Kriegsregime mit seinen ideologischen Apparaten zu treiben versucht. Tatsächlich hat das Kriegsregime einen großen Teil der Linken aus dem Gleichgewicht gebracht (ein Thema, mit dem sich das Buch in seiner ganzen Rohheit auseinandersetzt): Die Linke war entweder in einer sterilen und pathetischen Nostalgie für den Kalten Krieg gefangen, die auf der Suche nach einer den Antiimperialismus verkörpernden Macht (die es in Wirklichkeit gar nie gab und erst recht nicht nach dem Fall der Berliner Mauer) zu rotbraunen Positionen führte. Oder dann hat sie das Verbrechen der deutschen Sozialdemokratie als Farce wiederholt, als sie für die Kriegskredite stimmte, diesmal unter der Annahme des NATO-Konsenses.

In diesem Buch liefert Raúl auch eine Verteidigung des leninistischen politischen Denkens, die an die Klarheit der alten italienischen *Autonomia* des Operaismus erinnert. Diese vermochte zuweilen, das kommunistische Genie den stalinistischen Mystifikationen zu entreißen. Sich angesichts von Krieg und Kapitalismus in einem Kontext als kommunistisch zu bekennen, in dem die Linke in weiten Teilen der Welt in einer neoliberalen, prokrustesartigen Kiste gefangen lebt, die es ihr kaum erlaubt, ihre Vorschläge in Form von mehr oder weniger sozialdemokratischen Umverteilungsprogrammen im Rahmen der Marktwirtschaft zu organisieren, erzeugt frischen Wind und ist reines ideologisches Protein für den politischen Kampf.

Wenn eine Technokratin wie Ursula von der Leyen Europäer:innen dazu aufruft, ihr Leben im Namen der EU-Verträge und ihrer Zentralbank zu opfern (kaum mehr als das ist die Europäische Union heute), aber immer im Dienste der NATO, dann muss das alte internationalistische Gespenst wieder hervorkommen, um dem Kapitalismus und seiner gegenwärtigen Form als Kriegsregime einen alternativen Horizont entgegenzusetzen. Als höchster Anspruch eines politischen

Projekts der Aufklärung und der europäischen Bewegung für Frieden und soziale Gerechtigkeit: Raúl bringt uns in diesem Buch die Gegenwart des alten Gespenstes zurück.

Madrid, im Oktober 2022

Einleitung zum Aufbau und Inhalt des Buches

Dieses Buch entspringt der politischen Dringlichkeit angesichts der desaströsen Folgen, die der Krieg in der Ukraine für die emanzipatorischen politischen und sozialen Kräfte in Europa hatte und, wenn er so weitergeht, auch in Zukunft haben wird. Ein Krieg, der auf dramatische Weise mit der Geschichte des 20. Jahrhunderts verbunden ist, und dessen unmittelbarerer Ursprung am Ende des Kalten Krieges liegt: Er korrespondiert mit dem Akkumulationsmodell der russischen und ukrainischen oligarchischen Eliten und beschleunigt im globalen Kontext des ökosystemischen Chaos bereits laufende Prozesse. Dazu zählen auch neue faschistische Formen, sowohl in der Ukraine und in Osteuropa als auch in Russland, innerhalb des Putin-Regimes selbst. Die Besonderheit dieses Krieges liegt in der Kombination mit der nuklearen Variable, den historischen Bedingungen der Ukraine als geografische und historische Wegkreuzung, aber auch den neuen beschleunigten Formen der Kriegspropaganda und des planetarischen Kriegsregimes, das seit dem 11. September 2001 entstand, in der Hitze des von der neokonservativen Regierung Bush geführten „globalen Kriegs gegen den Terror". Der in drei Kapitel gegliederte Text zielt darauf ab, Antworten auf die bedrückendsten Nachwehen der innerlinken politischen Streitereien des westlichen Subsystems zu geben.

Es war unvermeidlich und in gewisser Weise richtig, den russischen Angriffskrieg zunächst auf Grundlage des Völkerrechts und der Doktrin vom „gerechten Krieg" zu verurteilen. Diese Reaktion war nicht unvereinbar mit der Gewissheit, sich damit auf rein moralische Instanzen zu berufen, und nicht auf eine effektive, mit *imperium* ausgestattete Macht zur Wahrung des Rechts. Die einzige Instanz, die formal diesem Vermögen nahekommt, ist der UN-Sicherheitsrat, der jedoch völlig neutralisiert ist, seit der russische Aggressor als Erbe des *imperium* der untergegangenen UdSSR, die die UNO im Oktober 1945 als Siegermacht mitbegründet hat, sein ständiges Mitglied ist. Das erste Kapitel beleuchtet dieses Thema anhand historischer Referenzen. Es analysiert die Umstände, in denen sich in der jüngsten Vergangenheit das *crescendo* herausgebildet hat, das zu begreifen hilft, warum die russische Oligarchie auf einen Angriffskrieg gegen die Ukraine zurückgekommen ist.

Wie eine kaputte Schallplatte wiederholen sich seit dem Erlass der „Teilmobilisierung" hunderttausender militärischer Reservist:innen die pathologisierenden Erklärungen von Wladimir Putins Reaktion (ein klassisches Mittel der modernen Kriegspropaganda) und das düstere Kreml-Narrativ der „militärischen Spezialoperation zur Entmilitarisierung und Entnazifizierung der Ukraine".[1] Diese Teilmobilisierung erfolgte im Anschluss an die ukrainische Gegenoffensive auf Charkiw, die am 6. September 2022 begann. Anschließend annektierte Russland nach einem „Referendum" die „Volksrepubliken" Donezk und Luhansk sowie die besetzten *Oblaste* Cherson und Saporischschja.

Man erschauert dabei, festzustellen, wie Teile der ehemals prosowjetischen und gegen den Imperialismus

---

1 Während gleichzeitig faschistische Narrative und paramilitärische Gruppen zunehmend integrativer und wesentlicher Teil des revanchistischen und imperialistischen Einsatzes der russischen Regierung sind.

der USA eingestellten Linken bereitwillig oder reumütig auf die russischen Strategien „reflexiver Kontrolle“ hereinfallen.[2] Und nicht minder erschreckend ist die Beobachtung, dass die europäische Öffentlichkeit und die fortschrittlichen Parteien (mit wenigen Ausnahmen) zaghaft oder fanatisch in die Spirale des westlichen Bellizismus abgleiten und dadurch mit unbeirrbarem Schritt in den Stahlkäfig des Kriegsregimes geraten. Dies kann nur zu derart schauerhaften Mutationen führen, wie sie im pro-russischen Lager zu Recht angeprangert werden.

Das Putin-Narrativ schwankt zwischen panrussischem Revanchismus (im Inneren) und einer Reihe von Varianten des Eurasianismus und

---

2 Die sogenannte Gerassimow-Doktrin – deren wesentlicher Bestandteil die im ersten Kapitel erörterten reflexiven Kontrollstrategien sind – ist präsent in diesem Krieg. Möglicherweise als Plan B, da die Generaloffensive vom 24. Februar auf einen schnellen Krieg abzielte, um die ukrainische Armee und Regierung zu neutralisieren (was nur durch äußerst schlechte Geheimdienstarbeit bezüglich der Lage des Gegners erklärt werden kann, eher denn als Zeichen des Wahnsinns in Putins Kreisen). Die Gerassimow-Doktrin offenbart sich in der Energie- und Nahrungsmittelerpressung Westeuropas und eines Großteils der Welt sowie vor allem in den politischen Folgen des Energiekonflikts in den am meisten betroffenen Ländern. Die Doktrin kommt auch in der Opferrolle zum Ausdruck, die Russland gegenüber dem „US-Imperialismus“ und seinen „globalistischen“ oder „multikulturellen“ Erscheinungen einnimmt – einschließlich der Politiken für Rechte der LGTBQI-Minderheiten. Es ist ein ausgeklügelter Mechanismus, der sowohl die Reaktion gegen die Revolten von 1968 und ihre politischen, kulturellen sowie ethischen Erfolge als auch die Politik des Ressentiments und das Pathos des Niedergangs wie des inneren Feindes abfängt und ausnutzt. Beide Operationen nähren die politischen und kulturellen Phänomene der neuen „konservativen Revolution“, der, ohne mit ihnen verwechselt zu werden, neue faschistische Projekte innewohnen, deren Genealogien, Vorläufer und Entstehungsbedingungen im zweiten Kapitel analysiert werden.

Multipolarismus mit iljinschen[3] und duginistischen Wurzeln (das heißt einer aktualisierten Variante des panslawischen Faschismus)[4]. Das „westliche" Narrativ hingegen wird angesichts des russischen Angriffs von der Opferrolle getragen, scheitert jedoch an den eigenen ethischen[5], klassenbezogenen[6] und

---

3 Nach Iwan Iljin (1883–1954), dem russisch-deutschen Intellektuellen, der dem antikommunistischen und antidemokratischen Milieu der russischen „weißen" Emigration angehörte, sich vehement gegen die ukrainische Unabhängigkeit aussprach und für einen christlich-orthodoxen und monarchischen Korporativismus in Russland eintrat.

4 Der russische Philosoph Alexander (Aleksandr) Dugin war in seiner Jugend Mitglied der Nationalbolschewistischen Partei und ist seit einigen Jahrzehnten der prominenteste Vertreter des Eurasianismus. Seine Tochter, Daria Dugina, wurde am 20. August 2022 bei einem Autobombenanschlag getötet, dessen wahrscheinliches Ziel ihr Vater gewesen zu sein scheint (der Schatten der *Sluzhba Bezpeky Ukrayiny* [SBU], des ukrainischen Geheimdienstes, hängt über dem Attentat).

5 Erdogan, Bin Salman, Mohammed VI., El Sisi, die große Mehrheit der militärischen und theokratischen politischen Eliten Israels, die polnischen Antisemiten von „Recht und Gerechtigkeit" und eine lange, immer länger werdende Liste wären unsere unerwünschten *„sons of bitches"* (um Franklin Delano Roosevelt und Henry Kissinger zum Thema „Tacho" und „Tachito", Vater und Sohn, beides nicaraguanische Präsidenten des Somoza-Clans, zu paraphrasieren). Mit anderen Worten: In der zynischen moralischen Überlegenheit des Westens wird Erdogan immer besser sein als Putin, Lukaschenko oder Xi Jinping. Und dies, obwohl der türkische Präsident den Krieg dazu nutzt, die Straffreiheit des von ihm geführten autoritären Regimes zu erhalten, während er für seine Zusammenarbeit mit dem westlichen Block in Bezug auf das Leben und die Freiheit kurdischer politischer Geflüchteter in Europa abkassiert, das bei seinen Militäraktionen gegen die politische Gemeinschaft in Rojava ein Auge zudrückt.

6 Das Kriegsregime fungiert als Mechanismus der Akkumulation von Kapital-Macht, verschärft und beschleunigt den Zyklus, der durch die Krise von 2008 in Gang gesetzt wurde. Seitdem hat sich die Politik des Green New Deal in einen Überlebenspakt (der Gehorsamen gegenüber dem Kriegsstaat) verwandelt, der die Sparmaßnahmen gegen die Inflation steuert, deren Ursprung bei den Unternehmen und im Finanzsystem (nicht bei den Löhnen) liegt.

geopolitischen[7] Widersprüchen. Aber das Kapitel behandelt auch die schwierigsten Fragen für eine politische Analyse, die die Perspektive der subalternen Klassen und in diesem Fall derjenigen, die unter der russischen Aggression leiden, einnehmen soll. Ausdrücklich reagiert es auf den Vorwurf des Philoputinismus, den einige ukrainische sozialistische und anarchistische Gruppen, die sich den Kriegsanstrengungen der Regierung Selenskyj und dem nach dem Euromaidan entstandenen Regime angeschlossen haben, gegenüber *sämtlichen* Antikriegspositionen erhoben.

Mit diesen Vorwürfen geht die Befürwortung eines direkten Eingreifens der NATO in den Krieg in der Ukraine einher, das heißt eine Kriegserklärung der NATO an die Russische Föderation gilt als einziges Mittel, nicht nur die Invasion zu beenden, sondern auch einen emanzipatorischen Horizont in der Ukraine selbst und gleichzeitig in der Russischen Föderation (nach einem gewaltsamen Sturz des oligarchischen Regimes von Wladimir Putin) zu eröffnen. Um dem entgegenzutreten, kommen andere ukrainische[8] Stimmen zu Wort, aber auch eine Kritik an der Ideologie des „gerechten Krieges" unter anderem im leninistischen

---

7 Mit jedem Tag, der verstreicht, wird das Ziel, in Sachen Verteidigung, Diplomatie und Energie jegliche strategische Autonomie der EU gegenüber dem kränkelnden US-Hegemon zu beseitigen (da nur die NATO die Gaslieferungen „schützen" kann, die insbesondere Deutschland und sein Einflussgebiet benötigen, die die Kriegsnotwendigkeit der MidCat-Pipeline begründen) immer deutlicher. Dies verstärkt die Tendenzen der inneren Zersetzung (ein Ziel, das das US-Establishment mit der strategischen Intelligenzija der Putinisten teilt) und die Vertiefung des diplomatischen und geopolitischen Zwists mit dem globalen Süden um einige BRICS-Staaten, die sich dadurch in ihrer Existenz als geopolitischer Block bestärkt sehen.

8 Hauptsächlich Volodymyr Ischenko (Wolodymyr Ischtschenko).

Denken. Diese Ideologie hat zu einer regelrechten politischen Erstarrung gegenüber Fragen wie der Lieferung von Waffen oder der Art des Internationalismus geführt, der mit den ukrainischen subalternen Klassen gepflegt werden soll. In dieser ganzen Debatte sind allmählich auch antimilitaristische und pazifistische Stimmen aus der Ukraine und Europa zu hören. Diese Bemühungen gilt es zu würdigen.

Der Rest des ersten Kapitels befasst sich mit einem grundlegenden Thema: der Darstellung der langen Strecke, die das Weltsystem seit Ende des Kalten Krieges zurückgelegt hat. Dieser Ansatz ist notwendig, um *ab ovo* die Narrative zu widerlegen, die versuchen, die Invasion in der Ukraine als eine Episode der jüngeren Geschichte zu erklären, die das Ergebnis einer verrückten Wendung des Kremls sei. Diese Sichtweise entspricht einer von Grund auf westlichen Strömung, die die politische Geografie des ehemaligen Russischen Reiches und später der UdSSR mit Tyrannei, Irrationalität, Intoleranz und der Unfähigkeit zu liberaler Demokratie gleichsetzt. Diese Ansicht ist mit der Aussonderung der Ukraine als „zu rettendem Teil" dieser politischen Geografie vereinbar. Denn wie dieses erste Kapitel zeigt, konnte die moderne Geschichte der Ukraine als unabhängige politische Entität weder von den strategischen Interessen der europäischen Großmächte (gemäß einer Art gegenseitiger Nutzung zwischen den Mächten und den verschiedenen Blöcken des stets unvollendeten nationalen Projekts) noch, seit 1991, von der Agenda der USA getrennt werden. Das ist es, was zusammen mit der historischen Lage als Grenzland zwischen Imperien, Nationen, Sprachen und Völkern sowie ihren immensen natürlichen Ressourcen, ihre moderne Geschichte zu einer der tragischsten und schrecklichsten des 20. und des 21. Jahrhunderts gemacht hat. Sowohl die panrussische Vision des Kremls als auch die westliche Version des Atlantikblocks verdrehen die hochkomplexe Geschichte der Ukraine, tun dem Land Gewalt an und stürzen es in eine neue menschliche, wirtschaftliche und ökologische Katastrophe. Dies alleine könnte in anderen Szenarien einen direkten Krieg zwischen Militärblöcken auslösen.

In diesem Sinne und in Anlehnung an Derluguian, Kagarlitsky und Wallerstein berücksichtige ich die lange Entwicklung der russischen politischen Entität als semiperipheres Gebilde, das immer wieder versucht hat, in das Zentrum des Weltsystems vorzudringen. Dies gilt für die Zeit Peters des Großen bis zur UdSSR vor der „großen Stagnation" unter der Leitung Leonid Breschnews (und ihrem anschließenden Zusammenbruch, den die späte und unzureichende *Perestroika* des verstorbenen Michail Gorbatschow nicht verhindern konnte und wahrscheinlich nur noch beschleunigt hat). Das Scheitern der bolschewikischen Weltrevolution hatte zur Folge, dass die UdSSR die typische Dynamik der semiperipheren Länder nachbildete. Dies galt hinsichtlich der internen Unterdrückung der Bäuerinnen und Bauern sowie der *Intelligenzija*, wie auch des Aufstiegs diktatorischer Persönlichkeiten wie Stalin und der Bildung eines Polizeistaats. Und dies, obwohl es nirgendwo sonst wie in der UdSSR möglich war, eine primäre Export- und Extraktionsökonomie in eine Fertigungswirtschaft umzuwandeln, die auf der Anwendung der Wissenschaft in der industriellen Produktion und den städtischen Ökonomien beruhte. Entgegen den atlantistischen Narrativen, aber auch den revanchistischen Erzählungen von „Einiges Russland" und der russischen traditionalistischen extremen Rechten hat der Zusammenbruch der Sowjetunion eine biopolitische Katastrophe ausgelöst, die von den Finanzinstitutionen von Bretton Woods noch gefördert wurde. Bewusst wurde in der Ukraine, der Russischen Föderation und den anderen Ländern der UdSSR und des Warschauer Paktes das erreichte hohe Niveau im Gesundheits-, Bildungs- und Kulturwesen zerstört und ein antikommunistischer Geschichtsrevisionismus betrieben, was der konservativen Revolution in Osteuropa den politischen und kulturellen Raum auf dem Silbertablett darbot. Parallel dazu begann ein grausamer Prozess der Ausplünderung der Vermögen von Staat und Bevölkerung, um in Rekordzeit eine Oligarchie zu schaffen, die die Wiederherstellung des Kapitalismus in der Variante der freien Marktwirtschaft in der Region anführen sollte.

Ja, Putin und seine Gruppe von *Silowiki*[9] sind das Nebenprodukt der *Schock-Doktrin*, die mit dem Namen Jeffrey Sachs verbunden ist, der dieses zivilisatorische Unternehmen inzwischen notorisch bereut. Demokratische und populare Alternativen, von Jürgen Habermas in jener Zeit als „nachholende Revolution“[10] bezeichnet (das heißt die Einführung von politischem Pluralismus, Gewaltenteilung und Kapitalmärkten unter öffentlicher Kontrolle, ohne jedoch die menschlichen Errungenschaften des sogenannten „Realsozialismus“ zu zerstören), wurden in

---

9 Russische Politiker, die aus dem Militär, den Sicherheitskräften und dem Geheimdienst kommen. „Sila“ ist Russisch für „Kraft“ (i.S.v. Streitkräfte, Polizeikräfte usw.).

10 Vgl. Joaquín Estefanía: „La transición al capitalismo“, in: *El País*, 26. Oktober 1990, https://elpais.com/diario/1990/10/26/opinion/656895607_850215.html, wie auch Jürgen Habermas: *Die nachholende Revolution: Kleine Politische Schriften VII*, Frankfurt a.M.: Suhrkamp 1990.

Ost und West an den Rand gedrängt, unterdrückt und verlacht. Gewonnen hat das Narrativ, das Demokratie mit neoliberaler Konterrevolution gleichsetzte, denn die Geschichte wird von den Sieger:innen geschrieben.

Das zweite Kapitel ist eine Annäherung an die wichtigsten Themen, die wir beachten müssen, um den Krieg in der Ukraine zu verstehen: die Beziehungen zwischen Kapitalismus, modernem Krieg, totaler Mobilisierung, Kriegsmaschinen und historischen Adern faschistischer Subjektivierung. Mit anderen Worten geht es um die Beziehung intimer Solidarität zwischen dem Maschinischen des modernen Krieges und des Faschismus, verstanden als eine (Mikro-)Politik des schwarzen Lochs[11], des Genusses und der Leidenschaft in Unterdrückung und Mord, während alles auf den Tod zusteuert. Daher die Kurzsichtigkeit der westlichen Propaganda und der finstere Zynismus der Putinschen Propaganda: Beide Blöcke beschuldigen sich gegenseitig des Faschismus, während sie Faschist:innen züchten und in ihren Kriegsanstrengungen einsetzen. Das Pathos der Katastrophe wird durch apokalyptische Erzählungen von der Krise des kapitalistischen Ökosystems verstärkt, die durch den Krieg in der Ukraine und seine Folgen für die Versorgung mit Gas, Öl, Erzen und Getreide im Sinne einer positiven Rückkopplung gefüttert werden.

Es besteht ein großer Unterschied zu der Zeit, die auf den Ersten Weltkrieg folgte, in der Faschismus als eine subjektive Synthese entstand, als ein Kompositum aus politischen Gesten, Organisationsformen, Affekten und Erzählungen, die auf bereits existierenden

---

11 Für die Begriffsverwendung des schwarzen Lochs siehe das zweite Kapitel des vorliegenden Buches.

Elementen beruhten und immer mit kontinentalen kolonialen Nationalismen und dem säkularen zentraleuropäischen Antisemitismus verbunden waren. Und dieser Unterschied besteht darin, dass der Faschismus in seinen mikro- und makropolitischen Ausprägungen seither eine schreckliche Irreversibilität darstellt, die nie aus unseren Gesellschaften verschwunden ist. Entgegen den offiziellen Erzählungen hat er eine nicht unerhebliche Rolle in der Zeit des Kalten Krieges gespielt. Nach dessen Ende konnten wir beobachten, wie der Faschismus wieder auftauchte und sich veränderte. Und zwar immer nach sechs Hauptmatrizen, die Faschismen hervorbringen und transformieren und die ich in diesem Kapitel vorstellen werde.

Der Krieg in der Ukraine entstand nicht aus Zufall. Er ist die Fortsetzung der Politik mit anderen Mitteln, nicht nur in den Beziehungen zwischen den Mächten, sondern als Ressource des Gehirns des kapitalistischen Kollektivs – ob gespalten oder gestört, paranoid oder kalt und berechnend, wie es sich die Anbeter:innen der künstlichen Intelligenz vorstellen, ist eine andere Frage, auf die im zweiten Kapitel eingegangen wird –, um soziale, institutionelle und konstitutionelle Hindernisse freizulegen oder zu beseitigen; um den Übergang zu neuen Regimen der Akkumulation von Kapital-Macht zu artikulieren, in denen Politik und Krieg ununterscheidbar werden. Der Krieg ist das Ereignis schlechthin, der beste Ausdruck der Macht der Sprache und der Beherrschung der Ungewissheit, des Unterschieds zwischen dem „noch nicht“ und dem „nicht mehr“, die zwei Zustände der Dinge trennen: Leben und Tod, Sieg und Niederlage. In diesem Sinne können Diskussionen über Degrowth, den Kollaps, einen „starken“ oder

„schwachen“ Green New Deal nur brachliegen, sofern sie nicht die folgenden Annahmen als Ausgangspunkt nehmen: die Variable des Krieges und der Kriegsregime; die Schlussfolgerungen des sechsten IPCC-Berichts (2021-2022), der noch nicht vollständig veröffentlicht wurde, aber bereits Bezugspunkt für jede ernsthafte politische Hypothese ist; und die Unmöglichkeit, einen Pakt oder Burgfrieden zwischen Kapital und biopolitischen Arbeitskräften zu wiederholen (einschließlich des gesamten Prozesses der gesellschaftlichen produktiven und reproduktiven Arbeit, ohne Ausnahmen).

Das dritte Kapitel problematisiert die Möglichkeit, in der unmittelbaren Gegenwart emanzipatorische Politik zu machen. Jenseits aller utopischen und voluntaristischen Illusionen fragt es, wie ein offensiver und destituierender Frieden mit einer konstituierenden Praxis verbunden werden kann, die das Kriegsregime aushebelt, das untrennbar mit dem unaufhörlichen autoritären und plündernden Wandel des kapitalistischen Weltsystems verbunden ist. Das heißt, wir brauchen eine Praxis, die Subjekte und Kämpfe nicht trennt, die Zeiten und Räume nicht fragmentiert. Eine Praxis, die (1) Klassenkämpfe gegen die neue Austerität zusammenbringt, die aus dem Anstieg der Zinssätze und dem gewaltsamen Schutz der Finanz- und Unternehmensrenditen resultiert, und die mit dem Ende der post-pandemischen Erholung der Arbeitseinkommen und der Sozialsysteme einhergeht. Diese Praxis muss sich (2) mit Kämpfen gegen den extraktivistischen Neokolonialismus vereinen, der untrennbar mit der globalen Erwärmung, dem kapitalistischen Wachstum und der Plünderung der Biosphäre unter dem Vorwand der Dekarbonisierung verbunden ist; sie muss sich (3) auch mit feministischen

Kämpfen und Kämpfen gegen patriarchale Geschlechter-Technologien und -Institutionen auf mikropolitischer Ebene sowie in der Öffentlichkeit verbinden. Hinzu kommen (4) antifaschistische Kämpfe, das heißt (wie im zweiten Kapitel erläutert) Kämpfe, die sich gegen alle Phänomene des Wiederauflebens und/oder der erneuten Mutation politischer Formen innerhalb und außerhalb der Staatsform richten, die auf dem Pathos des Ressentiments, der exterministischen transzendenten Identität und dem tödlichen schwarzen Loch, das mit der Kriegsmaschine verbunden ist, basieren; (5) Kämpfe gegen Militarismus und die Militarisierung der Gesellschaft als Korrelat des Kriegsregimes, einschließlich der Ablehnung direkter oder indirekter Erhöhungen der Militärausgaben, der militärischen Aufrüstung und der Wiedereinführung der Wehrpflicht (Macron *rules*[12]); (6) Kämpfe gegen die Apartheid-Gesetzgebung in der EU, gegen die Kolonialität der Macht in der Gesellschaft und für die Rechte von Migrant:innen und Geflüchteten; (7) Kämpfe gegen die algorithmische und pharmakologische Segregation von psychischem Unbehagen und sozialen Verhaltens- und Gender-Anomalien, basierend auf der Verbindung von Hackerpraktiken und queerer Existenzpraxis; und (8) Kämpfe für die Meinungsfreiheit sowie für direkte Kommunikation, gegen die digitalen Plattformen und Medienoligarchien und für die Autonomie der Kommunikation innerhalb wie außerhalb der öffentlichen Sphäre des Informationskapitalismus.

In dieser Konvergenz und Nicht-Separation, und damit in den Artikulationen, Intersektionen,

---

12 Der französische Präsident hat wiederholt erklärt, die Wehrpflicht wieder einführen zu wollen.

Neuzusammensetzungen, Schwärmen und Koordinierungen verdichtet sich die strategische Dimension des Vorschlags für einen konstituierenden Frieden in Europa, der einzige Rahmen, in dem sich emanzipatorische politische Brüche innerhalb dieses historischen Raums vollziehen können. Die Frage geht über die (voluntaristische und dezisionistische) Wahl von reformistischen oder revolutionären Taktiken hinaus. Das sind falsche Probleme, ideologische Fallen und Blendwerk für Subjektivitäten, die von historischen Szenen fasziniert sind (die sie gerne wiederholen möchten). Das Grundproblem ist die Wirksamkeit der Macht, je nachdem, ob die Verläufe glatt oder abrupt, kontinuierlich oder verschoben sind: Hyperkomplexität und Ungewissheit einigermaßen ernst zu nehmen, bedeutet, davon abzusehen, Prozesse *a priori* dialektischen und teleologischen Schemata zu unterwerfen. Dennoch gibt es einige Gewissheiten: Das Bekenntnis, die Geldmenge mit Zinserhöhungen zu begrenzen, kann das Regime der Allianz zwischen der finanzialisierten Staatsform und den Mittelschichten, die Immobilienvermögen besitzen, nur in eine Krise stürzen und eine Kluft zwischen hohen und niedrigen Einkommen, einen Humus emanzipatorischen Unbehagens, aber auch von Ressentiments und rechtsextremem Revanchismus schaffen. Es wird wahrscheinlich auch zu einer internen Spaltung der europäischen Parteiensysteme, Gewerkschaften und öffentlichen Sektoren führen, sowohl im Lager der neoliberalen Sozialdemokratie als auch in dem der Rechten. Hier ergeben sich neue Möglichkeiten für die mehr oder weniger faschistische extreme Rechte, aber erst, wenn ihre Zweideutigkeit gegenüber Putins Regime aufgelöst ist und eine Auswahl an Alternativen hervorbringt, insbesondere in Frankreich, Italien und dem Königreich Spanien.[13]

Es ist nicht sehr sinnvoll, konkrete politische Prozesse vorwegzunehmen, in denen diese Linien der Nicht-Separation und der Allianzen gezogen werden können. Ebensowenig ist es sinnvoll, diese oder jene politischen Akteur:innen der europäischen institutionellen Linken *a priori* auszuschließen. In jedem Fall kommt es darauf an, die Hegemonie der Formen der Gegenmacht und ihrer institutionellen Schöpfungen auch in der Dialektik der politischen Repräsentation aufzubauen.[14] Entscheidend ist, dass die Rahmenbedingungen und Grenzen der politischen und medialen Repräsentation des gegenwärtigen Parteiensystems zu einer Niederlage im Kampf gegen das Kriegsregime, zur Einschränkung ziviler und materieller Freiheiten und zum Pakt des zivilen und politischen Gehorsams führen.[15]

---

13 Was den Süden der Pyrenäen betrifft, kann sich der konstituierende Frieden nur in einen republikanischen Bruch übersetzen, der im Hinblick auf seine baldige und wünschenswerte europäische Ausdehnung ein politisches Gebilde schaffen kann, das auf der Hegemonie der subalternen Klassen beruht: eine konstituierende, plurinationale und konföderierte Republik, die sich auf neue Institutionen des Gemeinsamen stützt (Institutionen der Gegenmacht gegen die kapitalistische Arbeitsteilung, in Unternehmen und Plattformen ebenso wie in den Quartieren, im „öffentlichen Sektor" ebenso wie im „privaten Sektor", in Metropolen und Städten ebenso wie in ländlichen Gebieten, in der „Produktion" ebenso wie in der „Reproduktion"). Wie in Chile, aber mit europäischer Ansteckung als unumstößlichem Ziel, unter der Gefahr von Isolation, Implosion und Niederlage.

14 Wiederum südlich der Pyrenäen und angesichts des Regimes von 1978 ist die Verteidigung der Freiheiten und Rechtsgarantien innerhalb der staatlichen Institutionen ungeachtet ihrer Begrenztheit ein notwendiges Korrelat der bestmöglichen Ausübung von Gegenmacht im politischen Agonismus und Antagonismus (also: positive und konfliktive Dimensionen des politischen Kampfes).

15 Die Ergebnisse des politischen Zyklus, der 2011 in Spanien begann, machen dies greifbar.

Wenn ich hinsichtlich der Handlungsmacht emanzipatorischer Vorstöße die Frage nach den Institutionen des Gemeinsamen einführe, dann nicht aus rhetorischen Gründen oder um sich der Strömung anzuschließen, die *commons* mit einer neuen Form der Ausweitung des öffentlichen Eigentums auf der Grundlage von Bürgerbeteiligung gleichsetzt. Die Institutionen des Gemeinsamen sind im Gegenteil diejenigen, die im Kampf um die Konstituierung einer Produktionsweise des Gemeinsamen geschaffen werden: Sie sind die aktuelle Form des Projekts, den Kapitalismus zu überwinden. Dieses Projekt beruht darauf, die Multitude der Arbeitskräfte von der Befehlsmacht des Kapitals (über die Bedingungen der Kooperation, der Sorge um das menschliche Leben und dessen Reproduktion) und von den Folgen der Ökologie des Kapitals für die Biosphäre zu befreien.

In diesem Kapitel wird auch die Tendenz im Weltsystem zum Krieg in Verbindung mit der sich erschöpfenden Vereinbarkeit von Kapitalakkumulation, einem Leben in Würde und Sicherheit der Vielheiten auf dem Planeten Erde bewertet. Der Staatskapitalismus und seine Formen der sozialen und ideologischen Legitimierung, die später als „Realsozialismus" bezeichnet wurden, waren die letzten Gelegenheiten, die kapitalistische Produktionsweise als das am wenigsten schlechte aller möglichen Systeme geltend zu machen. Dazu zählt auch die auf dem *New Deal* basierende Sozialdemokratie unter den Arbeiter:innenklassen in den Ländern des Zentrums sowie des industriellen und fordistischen Kapitalismus genauso wie die argentinischen und brasilianischen Erfahrungen,[16] die beide nationalistisch und sehr antikommunistisch waren.

16 Perón zwischen 1946 und 1955 und der brasilianische *Estado Novo* von Getúlio Vargas zwischen 1937 und 1945.

Die jüngste Version dieses Kompromisses ist die Erfahrung der Volksrepublik China, die nun mit den klassenbezogenen und ökosystemischen Unvereinbarkeiten des sogenannten „Sozialismus chinesischer Prägung" konfrontiert ist. Die chinesische Führung zeigt sich unfähig, die politischen Herausforderungen zu bewältigen. Diese bestehen darin, ihre riesigen Handelsbilanzüberschüsse einzusetzen, um eine Binnennachfrage des „Gemeinsamen Wohlstands" für die arbeitende und bäuerliche Mehrheit des Landes zu schaffen. Ebenso wenig ist sie in der Lage, die Zerstörung der Ökosysteme durch die Megamaschine des Städtewachstums und der Lebensmittel- sowie Rohstoffindustrie umzukehren.

Im letzten Abschnitt des Kapitels werden die Eigenschaften des Gemeinsamen (als Produktionsweise) und dessen offene Zeitlichkeiten vorgestellt. Darüber hinaus wird die intime und offenliegende Beziehung dargelegt, die zwischen den Bewertungskriterien der ökosystemischen Regeneration, die heute mit dem Begriff des Degrowths verbunden sind, und der Konstitution des Gemeinsamen liegt. Dies meint die Befreiung der lebendigen Arbeit der Multitude von der kapitalistischen Befehlsmacht (über die Produktion und Reproduktion des Lebens als Bedingung für das Überleben und die soziale Mobilität).

Andererseits ist der Klassenkampf ein Motor für die ökosystemische Emanzipation und keine nebensächliche oder gar widersprüchliche Dynamik hinsichtlich der Ziele, die globale Erwärmung einzudämmen und das Wachstum der Kapitalakkumulation zu beenden. Vielmehr ist er eine wesentliche Voraussetzung dafür, diese Ziele zu erreichen und ermöglicht uns die Vorstellung einer Bildung von verbündeten sozialen Kriegsmaschinen, die in der Lage sind, die erpresserische Macht der finanziellen, korporativen und politischen Oligarchien zu brechen. Der Klassenkampf wirkt durch die Richtung, die von den sozialen Dynamiken angenommen wird, die die Macht anfechten, während gleichzeitig die subalternen Subjekte, die die Macht ausüben müssen, sich in ein Netzwerk oder System von Gegenmächten verwandelt, die zu einheitlichen Dynamiken fähig sind. Der Klassenkampf ist der wirksamste Kraftvektor der kollektiven biopolitischen Interessen (die Enteignung der Enteigner:innen, die Konstituierung des ökosystemischen Gemeinsamen, die reale Emanzipation der Singularitäten hinsichtlich Gender und Begehren). Dies im Unterschied zur politischen und wahlfokussierten Interessenssoziologie (bezüglich Umwelt, kultureller Identität, Einkommensniveau, integrierten Minderheiten), die dazu verdammt ist, in den unüberwindlichen Widersprüchen zu versinken, die sich aus ihrem Anspruch ergeben, sowohl die fortschrittlichen Mittelschichten als auch die subalternen Klassen zu vertreten (deren politische und ökonomische Ausgrenzung die Voraussetzung für den Fortbestand der Mittelschichten insgesamt ist). Der Klassenkampf der Arbeitskräfte ist in sich selbst transformatorisch und dekonstruierend (hinsichtlich der strategisch durch die Staatsform des finanzialisierten Kapitalismus determinierten Distribution der Klassen).

Die letzte grundlegende Dimension, die im dritten Kapitel angesprochen wird, ist die Ausweitung des ökologischen Ansatzes auf alle Dimensionen des Lebens, wobei hier der Vorschlag der „drei Ökologien“[17] aufgegriffen wird: nicht nur in der Dimension der Umwelt,

17 Félix Guattari: *Die drei Ökologien*, Wien: Passagen 2012.

sondern auch in der des Sozialen (Klassenkampf der Multitude) und des Mentalen (Produktion und politische Klinik der Subjektivität in und gegen das Kriegsregime). In gewisser Weise geht es darum, in Anlehnung an den Standpunkt von Jason W. Moore zu argumentieren, dass ein ökosystemischer Ansatz, der auf dem Stoffwechsel der Natur und ihren Störungen basiert (worin die ökonomische und soziale Dynamik des Kapitals und sogar die allgemeine menschliche Aktivität selbst eine pathologische Störung darstellen), nicht in der Lage ist, den Nexus Kapitalismus-Natur anzugehen. Es sei denn, dies geschieht in Form einer Katastrophe oder eines Kollapses, die mit einem technowissenschaftlichen Voluntarismus und/oder einer unmöglichen Flucht in Richtung kleiner ökologisch nachhaltiger Gemeinschaften einhergehen. Ganz im Gegenteil beinhaltet die kapitalistische Produktionsweise die Produktion spezifischer Ökosysteme, die das Vermögen der menschlichen Kooperation zerstören. Am gegenüberliegenden Pol impliziert die Produktionsweise des Gemeinsamen die Produktion ökosystemischer Metabolismen als grundlegenden sozialen Zweck, als materiellen Gehalt der Befreiung der Vermögen menschlicher Kooperation. Die soziale Ökologie, verstanden als das System der Klassenagonismen und -antagonismen[18] innerhalb und gegen das Kriegsregime, ist die bestimmende Instanz in der gegenwärtigen Situation, aber gleichzeitig ist sie nicht durchführbar ohne die Sorge um die Produktion von Subjektivität, das heißt die affektiven, perzeptiven, körperlichen und unkörperlichen, sprachlichen

---

18 Bzw. positive und konfliktive Dimensionen der Kämpfe zwischen Klassen.

und imaginären Territorien, die sich aus der langen und schrecklichen Gewalt der kapitalistischen ökosystemischen Herrschaft ergeben.

Denn was nützen politische „Lösungen" und „Vorschläge", wenn sie nicht zum Kern des Leidens und des psychologischen Entsetzens über das tödliche Schicksal von Einzelnen, Familien und Gesellschaften vordringen? Die Institutionen des Gemeinsamen müssen auch Institutionen der emanzipatorischen mentalen Ökologie sein. Eine entscheidende Rolle spielen dabei die transindividuellen Praktiken der Rekonstruktion des Vermögens der Endlichkeit[19] in Zeiten großer Ungewissheit, Unsicherheit und Verwundbarkeit. Oder, wie ich es im dritten Kapitel nenne, des Zeitalters der absoluten Kontingenz und (mit Isabell Lorey) der Entlarvung der prekären Bedingung der menschlichen Existenz. Die Assoziation der Endlichkeit – des Individuums, der Gesellschaften, der Biosphäre – im kapitalistischen Imaginären mit Versagen, Elend und Ohnmacht, in Verbindung mit der Beschleunigung der Raum-Zeit (die der erweiterten Reproduktion des Verhältnisses von Kapital-Macht innewohnt), ist der wichtigste auslösende Faktor von Angst und psychischen Leiden unserer Zeit. In den Formen der totalen Mobilisierung, die mit der Errichtung des Kriegsregimes einhergehen, wird dies bis zur Unerträglichkeit getrieben.

Der Vorschlag eines konstituierenden Friedens ist heute die Matrix, die die nicht separierten Dynamiken der Kämpfe enthält, die notwendig sind, um das Kriegsregime in Europa zu besiegen. Das ist die Grundlage

---

19 Zur Frage der Endlichkeit (des Ökosystems, der Existenz, des Wissens) vgl. den Abschnitt „Transökologien gegen die Verwüstung" im dritten Kapitel dieses Buches.

(der Kämpfe, des Aufbaus von Gegenmächten) für diplomatische Initiativen der Zivilbevölkerung, die sich für einen möglichst gerechten Frieden in der Ukraine und gegen die Ausweitung von Konflikten und Kriegen zwischen Hegemonen einsetzen. Seine antagonistische und selbst-konstituierende Dynamik bedeutet einen Exodus aus dem Kapitalismus, der sich den Kriegsmaschinen hingibt. Auf dem Weg dorthin entsprechen die Grenzen und Windungen seines Einsatzes den Hindernissen und Verlagerungen, die gegen die politischen und oligarchischen Kräfte eingesetzt werden können, die sich um das Kriegsregime scharen. Diese sind ein schreckliches und symptomatisches Spiegelbild einer aus den Fugen geratenen Zeit, in denen der einzig mögliche, wünschenswerte und wirksame politische Realismus meiner Meinung nach der hier vorgestellte ist.

Prolog: Der Kipppunkt des Kapitalozäns

Ukrainians are ready to die for the European perspective.
We want them to live with us the European dream.
Ursula von der Leyen[20]

Avviso! La mostra contiene immagini cruente e forti.
Si consiglia la visione solo agli adulti.[21]

Stellen wir uns eine fiktive öffentliche Debatte über den Krieg in der Ukraine in irgendeiner Ecke Westeuropas vor, in der Annahme, dass so etwas noch möglich wäre:

— Der Krieg ist wieder da – sagt die Person, die davon überzeugt ist, dass dieser Krieg eine unvorhergesehene und begrenzte Episode ist (P1).

— Falsch: Der Krieg hat in der Geschichte des Weltsystems nicht aufgehört, da zu sein, und dies besonders

20 „Ukrainer sind bereit, für die europäische Perspektive zu sterben. Wir möchten, dass sie gemeinsam mit uns den europäischen Traum leben". Tweet vom 17. Juni 2022, https://twitter.com/vonderleyen/status/1537739940942991360?s=20&t=Yf7B9Xutg5QWOwy0nnx91g.

21 „Achtung! Die Ausstellung enthält makabre und heftige Bilder. Besichtigung nur für Erwachsene empfohlen". Plakat am Eingang zur Ausstellung *Guerra alla guerra! Krieg dem Kriege! The war against war! Guerre à la guerre!* von Michele Simonetti „Federspiel" und Mauro Caimi, Verein *Sul fronte dei ricordi*. Die Ausstellung befindet sich auf einer Höhe von 2730 Metern in einem Tunnel neben der *Cima di Costabela*, auf dem Grat zwischen dem Passo delle Selle und Punta de le Valate, auf der Via Ferrata Bepi Zac in den Dolomiten. Der gesamte Sektor, der im Ersten Weltkrieg die Frontlinie zwischen dem italienischen und dem österreichisch-ungarischen Heer bildete, ist voller Stollen und Schützengräben. Das kleine Museum erzählt mit Texten und einer Fülle von beeindruckendem (und schockierendem) Bildmaterial die Geschichte der Katastrophen und Lügen des modernen Kriegs.

nach dem Zweiten Weltkrieg – antwortet die Person, die davon überzeugt ist, dass der Krieg weder in der Ukraine begonnen hat noch dort endet (P2).

— Einverstanden, aber dieses Mal betrifft es uns in nächster Nähe, in jeder Hinsicht – beharrt P1 und zeigt auf die geopolitische Tafel.

— Falsch: Es ist eine Schande, dass wir die Kriege im ehemaligen Jugoslawien von 1991 bis 1999 vergessen haben – entgegnet P2.

— Gewiss, aber obwohl Jugoslawien historisch und geografisch zu Europa gehörte, sorgte das auf der Jalta-Konferenz 1945 entworfene Projekt der westeuropäischen Gemeinschaften dafür, dass Westeuropa kaum unter den Auswirkungen der Balkankriege litt und auch keine direkte Verantwortung für die schrecklichen ethnischen Säuberungen und das massenhafte Abschlachten von Zivilisten trug. Am wahrscheinlichsten ist, dass jetzt etwas Ähnliches passieren wird – erklärt P1 mit geostrategischer Miene.

— Falsch: Der Hauptgrund dafür, dass Westeuropa nicht in vollem Umfang in die Balkankriege eingetreten ist, war deren problematisches Zusammentreffen mit dem Ende des Kalten Krieges. Es war die Zeit des Zusammenbruchs des von der UdSSR dominierten osteuropäischen Systems der „realsozialistischen" Staaten und der strategischen Neutralität Chinas, das nicht einmal auf die Provokation der Bombardierung seiner Botschaft in Belgrad durch US-Kampfjets am 7. Mai 1999 reagierte. Diesmal ist eine semiperiphere Nuklearmacht in ernsten Schwierigkeiten, Russland, direkt in den Krieg verwickelt, und indirekt die Vereinigten Staaten, der Hegemon im Untergang, der gerade deshalb anfälliger ist, seine Grausamkeit zu zeigen. Und als ob das nicht genug wäre, weiß der Hegemon *in pectore*, China, haargenau, dass die Modalitäten, die der Konflikt mit dem US-Hegemon in naher Zukunft annehmen wird, weitgehend vom Ausgang des Krieges abhängen, der mit dem russischen Einmarsch in die Ukraine begann. So wie die Dinge liegen, ist es schwer für Westeuropa, nicht zunehmend in den Konflikt hineingezogen zu werden. Ein Beispiel dafür ist die Einigung der 27 Verteidigungsminister:innen am 30. August 2022, eine europäische Mission zur Ausbildung der ukrainischen Streitkräfte zu entsenden, das heißt als direkte europäische Initiative und nicht als einheitliches Kommando der NATO, oder das epische Bekenntnis zur ukrainischen Sache als Banner der globalen Demokratie, das EU-Kommissionspräsidentin Ursula von der Leyen[22] in ihrer Rede zur Lage der Union am 14. September 2022 äußerte – antwortet P2.

— Schon, aber daraus folgt nicht, dass der Krieg in der Ukraine nicht kurzfristig durch Verhandlungen oder in

22 Die konservative Lutheranerin war von 2013 bis 2019 deutsche Verteidigungsministerin und ist derzeit Präsidentin der Europäischen Kommission. Sie entstammt der Familie Albrecht, einer Sippe hochrangiger Beamter in Hannover und Bremen und später in der BRD. Ein Zweig der Familie war mit dem Baumwollhandel auf den Plantagen in den USA verbunden, und ihr Vater, Ernst Albrecht, war einer der höchsten Beamten der Europäischen Kommission. Ihren Nachnamen verdankt sie ihrer Heirat mit dem Adligen Heiko von der Leyen, der einer jahrhundertealten Dynastie entstammt, die sich durch den Seidenhandel bereichert hat.

Form eines längeren Waffenstillstands mit Höhen und Tiefen beendet werden kann: Andernfalls wird die Situation für die beteiligten Parteien immer katastrophaler werden. Man denke nur an die Überhitzung des ständigen Krieges zwischen Aserbaidschan und Armenien – gibt P1 zu Protokoll, überzeugt von der pragmatischen Wirksamkeit der *Realpolitik**[23].

— Falsch: Das Nützlichkeitsargument ist in diesem historischen Zeitraum nicht mehr gültig. Andernfalls wäre es nicht zu dieser Situation gekommen. Der russische Aggressor hätte durchaus die Situation eines Stellvertreterkrieges auf ukrainischem Territorium aufrechterhalten können, ohne dabei seine Formen der unkonventionellen Kriegsführung zu verstärken und zu vertiefen – stellt P2 fest und verweist auf die uneingeschränkte, hybride und nichtlineare Kriegsführung.[24]

— Gut, aber die Verlängerung eines Angriffs- und Eroberungskrieges wird nicht nur die Zahl der Gräueltaten und Kriegsverbrechen erhöhen, sondern auch

---

23 Anm. d. Übers.: Deutschsprachige Begriffe im spanischen Original werden mit dem Asteriskus (*) bezeichnet; sie werden zudem kursiv gesetzt.

24 Die uneingeschränkte Kriegsführung kombiniert diplomatische und Abschreckungsmaßnahmen, Kommunikations- und Befriedungsoperationen, zwischenstaatliche Bündnisse, Sanktionen, Blockaden und die Unterstützung von Oppositionskräften in gegnerischen Ländern. Hybride Kriegsführung ist eine militärische Strategie, die von einer asymmetrischen Kriegsführung zwischen einer konventionellen Armee und aufständischen Kräften ausgeht und bei der es keine klare Unterscheidung zwischen Krieg und Frieden gibt: Beide Seiten setzen sowohl konventionelle als auch irreguläre Mittel ein, geschlossene und (relativ) vorhersehbare Modelle sind für das Verständnis nicht hilfreich, es müssen stattdessen nichtlineare Methoden eingesetzt werden.

verheerende Auswirkungen auf die russische Wirtschaft haben. Und zwar aufgrund der Sanktionen, die nur noch zunehmen werden, und der unvertretbaren Kosten des militärischen Einsatzes, ganz zu schweigen von den Auswirkungen der sozialen Unruhen im Lande – antwortet P1 vehement.

— Falsch: Wenn es eine Sache gibt, die mit jedem Tag in diesem Konflikt schwieriger zu kalkulieren ist, dann ist es das Kosten-Nutzen-Verhältnis, nicht nur für Russland, sondern vor allem für die Ukraine. Es genügt ein Blick auf deren wirtschaftliche und finanzielle Situation weniger als ein Jahr nach Beginn der Invasion: Wenn es etwas gibt, das mit einem eventuellen vorläufigen Ende dieses Krieges unvereinbar ist, dann ist es eine souveräne Ukraine in einem Sinne, der nicht propagandistisch und rein zynisch ist. Je weiter der Krieg voranschreitet, desto besser ist es für die ukrainische Führung, ein westliches Protektorat zu werden. Man braucht nur die Versprechungen der Konferenz für den Wiederaufbau der Ukraine am 4. und 5. Juli 2022 genau zu lesen: Hinter der Pompösität der Grundsätze von Lugano[25] und dem Verweis auf einen Marshall-Plan für die Ukraine wird eine multilaterale Versteigerung dessen vorgeschlagen, was von dem Land noch übrig ist. Allein die von den USA und der EU bereits investierten Mittel übersteigen eine Billion Dollar, was mehr als genug

25 Die Vereinbarungen umfassen sieben Bereiche: (1) Zusammenarbeit von Staaten, Unternehmen und der Zivilgesellschaft; (2) die zentrale Bedeutung von Reformen; (3) Transparenz, Rechenschaftspflicht, Rechtsstaatlichkeit; (4) demokratische Partizipation; (5) multilaterale Vereinbarungen; (6) Gleichstellung und Inklusion der Geschlechter; sowie (7) Nachhaltigkeit.

ist, um die Staatsschulden aufzukaufen, die sich 2021 auf über 82 Milliarden US-Dollar beliefen und sich mit der Fortsetzung des Krieges noch vervielfachen werden – führt P2 weiter aus.

— Es bleibt zu hoffen, dass die Bemühungen der internationalen Gemeinschaft letztlich Erfolg haben werden – P1 gibt nicht so leicht auf.

— In einem Invasionskrieg, den ein Mitglied des UN-Sicherheitsrats begonnen hat? Der Vermittlungsversuch von Generalsekretär António Guterres diente sowohl Selenskyj, der bekräftigt, er werde nur dann verhandeln, wenn Russland sich auf die Grenzen von 1991 (die Krim eingeschlossen) zurückzieht, wie auch Putin als Propagandatrophäe. Putin erklärt sich zu einem Treffen mit Selenskyj bereit und sabotiert währenddessen Vereinbarungen über die Sicherheit von Getreidelieferungen aus ukrainischen Häfen. Oder er erwidert auf der Tagung der Shanghaier Organisation für Zusammenarbeit am 15. und 16. September in Usbekistan, das neue ukrainische Dokument über Sicherheitsgarantien für die Zeit nach dem Krieg sei nicht diskussionswürdig. Und Dmitri Medwedew sagt, dies sei „der Prolog zum Dritten Weltkrieg" – auch P2 lässt nicht nach.

— Schauen wir mal: Ohne eine katastrophale und/oder nukleare Eskalation ausschließen zu wollen, kann man mit gesundem Menschenverstand davon ausgehen, dass insbesondere im atlantischen Block gemeinsame Interessen zwischen Regierungen entstehen, die ihre Wahl durch die Kriegsanstrengungen gefährdet sehen. Und damit meine ich nicht Regierungen mit wenig Gewicht wie die ungarische, sondern zentrale Mitglieder der Europäischen Union wie Frankreich oder Deutschland, die im ersten Fall von der Gefahr der Aufhebung ihrer militärischen und energiepolitischen Souveränität und im zweiten Fall von internen Widersprüchen in ihrem Industrie- und Steuermodell bedroht sind. Selbst in den USA zeigt der *Inflation Reduction Act* (das Gesetz zur Minderung der Inflation), der bereits eine abgespeckte Version des gescheiterten *Build Back Better Act* (Gesetz für einen besseren Wiederaufbau) ist, unmissverständlich die Schwäche der Kriegskoalition im eigenen Land. Und dies, während sich das Land in einem schwer vorauszusehenden Tempo auf einen Bürgerkrieg zubewegt, der vor sich hin schwelt oder sich in Sezessionsprozessen und bewaffneter Doppelherrschaft ausdrückt. Es scheint jedoch so zu sein, dass die US-Außenpolitik (Militär, Finanzen und Energie) die zentrale Schaltstelle für die Aufrechterhaltung ihrer Hegemonie über westliche und asiatische Verbündete ist. Und dass deren Hoffnung darin liegt, eine Niederlage oder Schwächung Russlands könne den Weg zur Eindämmung des strategischen Gegners der NATO, der Volksrepublik China, freimachen. Aber es müssten zu viele Variablen zusammenkommen, damit die Demokraten 2024 erneut die Präsidentschaft und die Mehrheit in beiden Häusern erringen könnten. Wenn sie verlieren, ob mit oder ohne Donald Trump als republikanischem Kandidaten, wird es wahrscheinlich eine Rückkehr zum transaktionsorientierten Ansatz in der Außenpolitik geben, der während der Präsidentschaft von Trump vorherrschte. Dies wird zu einem strategischen Rückzug aus dem Krieg in der Ukraine führen – bemerkt P1 um Atem ringend.

Und die Diskussion könnte in diesen oder ähnlichen Begriffen oder in endlosen Variationen von beiden weitergehen, *sine die*...[26] Tatsächlich interessiert das aber nicht weiter, denn dies ist kein Kriegsbuch aus dem Genre der militärischen, geopolitischen oder strategischen Illustration und Kommentierung, sondern ein Buch darüber, wie man angesichts der Kriegspropaganda und der Errichtung eines Kriegsregimes in unseren Gesellschaften emanzipatorische Politik machen kann.

Die vorliegende Arbeit soll als Leitfaden für dringende Interventionen in der politischen und ökosystemischen Konjunktur dienen, die von der russischen Invasion in der Ukraine bestimmt wird, die am 24. Februar 2022 begann. Sie ist dringend erforderlich, weil die unmittelbarste Folge der Invasion ein Krieg ist, in dem bereits vor Ablauf eines Jahres tausende Zivilist:innen getötet

---

26 So lässt die ukrainische Gegenoffensive im Raum Charkiw Anfang September 2022 die ukrainischen Hoffnungen auf einen Sieg wieder aufleben, erregt die Heerscharen von Profi- und Amateurkommentarschreibenden in den westlichen Medien und macht ihre russischen Kolleg:innen sichtlich nervös. Interessant ist in diesem Zusammenhang die Position des ehemaligen russischen Militäroffiziers Michail Chodarjonok, der die seltene Tugend besitzt, die strategische Analyse nicht der Propaganda unterzuordnen. Vor und während der Invasion vom 24. Februar bestand er darauf, dass das offizielle strategische Konzept, das in der Formulierung „militärische Spezialoperation" zusammengefasst wurde, eine Propagandamystifikation sei, um die Realität einer ukrainischen Nationalarmee von mehr als einer Million Menschen zu verbergen: Truppen mit den Mitteln und vor allem dem politischen Willen, bis zum Ende zu kämpfen (und er verwies auf die sowjetische Militärdoktrin über die Überlegenheit der politisch motivierten Miliz gegenüber der Berufsarmee). Sein Artikel „Vorhersagen blutrünstiger Politologen", der einige Wochen vor Beginn der Invasion veröffentlicht wurde, ist eine vernichtende Analyse des militärischen Sinns der Invasion in der Ukraine und der von den Kreml-Falken verbreiteten Unwahrheiten. Vgl. „Prognozy krovozhadnykh politologov", *Nezavisimoye voyennoye obozreniye*, 3. Februar 2022, https://nvo.ng.ru/realty/2022-02-03/3_1175_donbass.html.

wurden (hauptsächlich durch die russische Armee) und zehntausende von militärischen Opfern auf beiden Seiten zu beklagen sind, während sich die Kriegsverbrechen häufen. Es handelt sich um einen Krieg, der nicht enden wird, abgesehen von möglichen und kurzlebigen Waffenstillständen oder feierlichen Friedensabkommen, die sofort nach ihrer Unterzeichnung gebrochen werden, weil er Widersprüche und Antagonismen dreier Arten konzentriert, die alle unter dem gegenwärtigen Stand der Dinge des Kapitalismus unvereinbar sind: ein Konflikt um nationale Unabhängigkeit, ein interimperialistischer Konflikt und ein Zusammenstoß der Hegemonien im Weltsystem.

Gleichzeitig stellt sich der Krieg in der Ukraine als Beschleuniger von Prozessen dar, die bereits vor seinem Ausbruch im Gange waren. Er intensiviert sie, er verschärft sie, und führt in gewisser Weise dazu, dass sie konvergieren und sich gegenseitig verstärken, und zwar gemäß Wechselwirkungen, die schwer vorherzusagen, geschweige denn zu vermeiden sind. Jeder Krieg, verstanden als eine Operation von Armeen und Waffen, der Zerstörung von Leben, Körpern, Städten, Bevölkerungen und Ökosystemen, ist immer inakzeptabel: Ihn abzulehnen und für einen möglichst gerechten Frieden zu kämpfen wird dringend notwendig, wenn er, wie in diesem Fall, im Herzen eines Weltsystems stattfindet, das (zusammen mit den Überbleibseln emanzipatorischer Brüche) bereits auf Wendepunkte potenzieller Verwüstung zusteuerte.

Seit der Covid-19-Pandemie und den darauffolgenden Krisen in den globalen Versorgungsketten ist von einer „Polykrise“ (zum Beispiel bei Adam Tooze) die Rede, so als ob Krisen getrennt behandelt werden könnten oder als ob sie einen unabhängigen Ursprung jenseits ihrer Koexistenz im Laufe der Zeit hätten. Meines Erachtens ist es sinnvoller, von einem Prozess des zunehmenden ökosystemischen Chaos im kapitalistischen Weltsystem zu sprechen. Oder, mit anderen Worten, von einem chaotischen Wendepunkt im Prozess der kapitalistischen Globalisierung, der seit dem Zweiten Weltkrieg vom US-Hegemon dominiert wird. Um dieser Situation zu begegnen, ist daher ein ökosystemischer politischer Ansatz erforderlich, der es uns ermöglicht, mittels einer gemeinsamen Ursachenmatrix unterschiedliche Prozesse miteinander in Verbindung zu setzen wie zum Beispiel: die unverhältnismäßige Anhäufung von Finanzmacht durch die kapitalistischen Eliten des Weltsystems; die Ungleichgewichte in den Handelsbilanzen großer Exporteure des verarbeitenden Gewerbes wie China oder Deutschland; Verdichtung und Infarkt der globalen Lieferketten; die exponentielle Zunahme der globalen Erwärmung; Pandemien, die durch zoonotische Coronaviren wie SARS-CoV oder SARS-CoV-2 verursacht werden; die Konsolidierung autoritärer oligarchischer Regierungen und Regime; und die Stärke kapitalistischer Blöcke, die auf dem Extraktivismus von Bodenschätzen, Land und fossilen Brennstoffen basieren.

Ein solches Paradigma ermöglicht es uns, den russischen Angriffskrieg in der Ukraine in die unlösbaren Spannungen und Gegensätze zwischen den wichtigsten kapitalistischen Blöcken und Koalitionen im Weltsystem einzuordnen. Wie wir in den Kapiteln dieser Abhandlung sehen werden, haben diese Reibungen und Dialektiken ihren unmittelbarsten Ursprung in den Folgen des Endes des Kalten Krieges. Anders gesagt müssen wir auf folgende Wirkungskombination zurückgehen: (1) die Niederlage der um 1968 entstandenen revolutionären Bewegungen im Zentrum des Weltsystems; (2) das Scheitern der Bewegung der Blockfreien Staaten und der mehr oder weniger sozialistischen Erfahrung der Dekolonialisierung; (3) der vorhersehbare Zusammenbruch der UdSSR und der mit ihr verbundenen Regime; (4) die politische und soziale Katastrophe der letzten maoistischen Periode in China nach der Kulturrevolution; und (5) die neoliberale Hegemonie in den USA, Großbritannien sowie den Bretton-Woods-Institutionen und in der Folge in allen Regierungen und großen Parteien des westlichen Subsystems.

Es ist offenkundig, dass die kapitalistischen Eliten des Planeten weder den Willen noch die Fähigkeit haben, eine andere Art der Macht- und Kapitalakkumulation zu schaffen. Dies spiegelt sich gut in der Abfolge vom Weltgipfel in Rio im Juni 1992, der zum Übereinkommen über den Klimawandel (und anschließend zur Unterzeichnung des Kyoto-Protokolls zur Verringerung der Treibhausgase im Dezember 1997) führte, bis zum heutigen Tag wider, an dem der Sechste Bericht des Weltklimarates IPCC[27] (sowohl die durchgesickerten als auch die beschönigten Teile) signalisiert, dass aufgrund des anhaltenden Anstiegs der globalen Durchschnittstemperaturen große Kipppunkte oder *tipping points* bevorstehen.[28] Der Krieg, dieser Krieg, macht die schwachen Bemühungen von Staaten und Unternehmen zunichte,

27 Nach den englischen Buchstaben: *Intergovernmental Panel on Climate Change.*

28 Das Abschmelzen des grönländischen und des westantarktischen Eisschildes, das Schmelzen der Permafrostgebiete, die atlantische Umwälzzirkulation, die Abholzung des Amazonas, das Verschwinden der Korallenriffe und die abnormale Erwärmung/Abkühlung der El Niño-Southern Oscillation.

und seine Fortsetzung ist die Garantie dafür, dass derartige Kipppunkte viel früher als erwartet erreicht werden.

Auf der anderen Seite muss auch erwähnt werden, dass Russland eine Atommacht ist. Dass sowohl Putin als auch Mitglieder seiner Regierung vor und während der Invasion insistiert haben, sie würden im Falle einer Invasion ihres Territoriums, einschließlich der 2014 (Krim) und am 30. September 2022 (die „Volksrepubliken“ Donezk, Luhansk und die besetzten Gebiete Saporischschja und Cherson) annektierten Gebiete, auf Atomwaffen zurückgreifen. Und dass die Wahrscheinlichkeit einer solchen Reaktion von Pentagon-Strategen bestätigt worden ist. Der außerordentliche Beitritt der Ukraine zur NATO scheint wahrscheinlich zu sein. Was ist dazu zu sagen? Die einzige Macht, die in einem Krieg Atomwaffen eingesetzt hat, waren die USA, und zwar zweimal und in einer völlig grundlosen und kriminellen Weise. Wenn die nukleare Abschreckung, die auf der Doktrin der Sicherheit gegenseitiger Zerstörung beruht, nicht länger ein implizites Leitprinzip in den internationalen Beziehungen und kriegerischen Abenteuern ist, muss man sich nicht einmal auf die drohenden Kipppunkte des Klimanotstands berufen, um zu erkennen, dass die Welt jenseits der Bluffs, des Getöses und der militärischen und diplomatischen Geheimdiensttaktiken mit dem Krieg in der Ukraine, um Ernest Renan in seinen Betrachtungen über die Nation ironisch zu paraphrasieren, „ein tägliches Plebiszit“ ist, in dem zunehmend faschistische, psychopathische Führer entscheiden.[29]

---

29 Für Renans Original vgl. *Qu'est-ce qu'une nation?*, 1882: „L'existence d'une nation est (pardonnez-moi cette métaphore) un plébiscite de tous les jours […]“, in: https://fr.wikisource.org/wiki/Qu%E2%80%99est-ce_qu%E2%80%99une_nation_%3F.

Leider sind solche Überlegungen in einer Öffentlichkeit, die von der Propaganda der kriegführenden Blöcke beherrscht wird, so gut wie nicht vorhanden. Dies zeigt sich in der Virulenz der binären Polarisierung der beiden Lager, die Nuancen, Unterschiede, Zweifel, alternative Erklärungen und nicht-binäre Standpunkte in den Hintergrund drängt und vernichtet. Der Konflikt als hybride, lineare oder uneingeschränkte Kriegsführung hat die sozialen Netzwerke weltweit kolonisiert und verhindert, dass sich Leerstellen des Schweigens und des Denkens gegen seine Sogwirkung wehren und durchsetzen. *A priori* hätte man denken können, dass die Vervielfachung der Informations- und Dokumentationsquellen durch die sozialen Netzwerke im 21. Jahrhundert zum Abbau der Kriegspropaganda beitragen würde. Stattdessen erfolgt das Gegenteil: Bilder, Texte und Audios werden in propagandistischen Narrativen präsentiert, die in einer Geschwindigkeit wiedergegeben werden, die man im eigenen Kopf nicht verarbeiten kann. Es wäre naiv, nicht zu bedenken, dass dies im modernen Krieg schon immer der Fall gewesen ist. Aber der Unterschied besteht heute in der Schnelligkeit und Vervielfältigung der Quellen in sozialen Netzwerken, die in Verbindung mit der Propagandafunktion der überwiegenden Mehrheit der Veröffentlichungen eine völlige Vernebelung, eine mitreißende und polarisierende Wirkung zwischen den kriegführenden Blöcken, Lawinen von Zombie-Diskursivität nach sich ziehen. Die Sabotage der beiden Gaspipelines Nord Stream 1 und 2 am 26. September 2022 ist der deutlichste Schritt in Richtung einer Ausweitung des Krieges auf die zivile Infrastruktur der kriegführenden Blöcke, ein Zeichen für die Unumkehrbarkeit und das Übergreifen des Konflikts über die ukrainischen Grenzen hinaus. Ein Zeichen dafür, dass Schaden und Terror für die Bevölkerung zu den Variablen in diesem wie in allen Kriegen gehören, in denen eine totale Mobilisierung der Gehirne (und ihres Verhaltens) am Werk ist. Der Einsatz von Umweltkatastrophen als Kriegswaffe oder der Zusammenbruch der Kommunikation, wenn die *backbones* des Internets unter Wasser als mögliches Ziel neuer Sabotageakte genannt werden, bilden ein Kontinuum des Terrors gegen die Bevölkerung, der in der Androhung von Atomwaffen kulminiert, deren Einsatz wahrscheinlicher wird mit jedem Tag, den sich dieser Krieg, der nicht in der Ukraine endet, weiter hinzieht.

Wie die Hauptthese des zweiten Kapitels zeigt, ist es, wenn man den Ersten Weltkrieg tektonisch als die ursprüngliche Episode des modernen Kriegs festlegt und annimmt, in der Tat so, dass jeder moderne Krieg seither Formen des Faschismus hervorbringt, fördert und beschleunigt. Dieser Prozess verleiht der Ablehnung dieses Krieges in der Ukraine eine zusätzliche Dimension der Schwere und Dringlichkeit und macht es zwingend erforderlich, die Bedingungen für einen emanzipatorischen Frieden oder, wie es im dritten Kapitel heißt, für einen *konstituierenden Frieden* in Europa zu ermitteln.

Daher die politische Sterilität der Argumente, die sich in dem fiktiven Gespräch zu Beginn dieser Präsentation widerspiegeln und sich vor allem auf das Verhalten von Staaten und Blöcken stützen, die als geopolitische Subjekte betrachtet werden. Einerseits ist ein solcher Dialog aus mehreren Gründen unproduktiv: Weil Hyperkomplexität und Ungewissheit die beherrschenden Faktoren eines Krieges im Zentrum

Europas sind; weil die wichtigsten Mächte des Weltsystems beteiligt sind; und weil dieser Krieg die Ausbreitung von sozialen Krisen sowie Konflikten um Löhne und Umverteilung, Migration sowie globale Erwärmung verstärkt. Andererseits führt die Diskussion nirgendwo hin, vor allem, weil sie der entscheidenden Frage für den Zusammenhang von Frieden und Befreiung der subalternen Klassen ausweicht: dem (konfliktreichen) Prozess, ein Kriegsregime im atlantischen Subsystem zu etablieren (in Russland und seinen Satellitenstaaten ist das Kriegsregime bereits eine verfestigte Tatsache).

Was verstehen wir unter einem Kriegsregime? Im Wesentlichen die Einführung des Freund-Feind-Schemas in das Regierungshandeln in der Außen- und Innenpolitik. Das heißt: Das Kriegsregime findet Anwendung in den Beziehungen zwischen den politischen Parteien und Kräften, zwischen der Regierung und den politischen und sozialen Kämpfen, in der öffentlichen Sphäre der Medien und der sozialen Netzwerke sowie in der tatsächlichen Praxis der Meinungs- und Demonstrationsfreiheit. Was bedeutet es, ein Freund-Feind-Schema in die Funktionsweise einer konstitutionellen Regierung einzuführen? Es bedeutet vor allem die Produktion und die wirksame Verbreitung eines Narrativs, das dem (konstruierten, mehr oder weniger expliziten, stets unter neuen Formen und Bezeichnungen präsenten) Feind die Verschärfung der Krisen und deren Auswirkungen anlastet. Der Feind wird für alle notwendigen Maßnahmen verantwortlich gemacht, die der Bevölkerung auferlegt werden. Sei es ein „Lohnpakt", Moratorien für den Ausstieg aus fossilen Brennstoffen, erhöhte Militärbudgets oder die Notwendigkeit, mit

Erdöldiktaturen zu paktieren, um mit anderen Erdöldiktaturen fertig zu werden.[30]

Wie wird sich das Kriegsregime in Europa entwickeln und einrichten? Wird es wie eine Dampfwalze aufgefahren oder gibt es Widersprüche zwischen dem europäischen und atlantischen Kommando sowie den Interessen der nationalen Finanz- und Politoligarchien? Für diese Analyse ist es notwendig, Präzedenzfälle vor Augen zu haben. Wie wir im ersten Kapitel erörtert haben, drehen sich die sozialen und politischen Konflikte seit der Finanz- und dann der Steuer- und Wirtschaftskrise von 2008 um die fiskalischen und monetären Axiome des Neoliberalismus (Austerität und Abwertung von Arbeitskräften und zuletzt der Bildungs- und Gesundheitseinrichtungen) und die Verteilungshierarchien, die durch diese Regime der Akkumulation von Kapitaleinkommen entstehen, sowie um die Frage der Demokratie und der nationalen Souveränität in der EU. Vor dem Hintergrund der fiskalischen Austerität konnte die EZB in dieser Zeit weder die Aufstände von 2009-2011 in Griechenland, Portugal und dem Königreich Spanien, noch das Anwachsen des weißen Suprematismus der europäischen extremen Rechten hemmen. Ebenso wenig konnte die monetäre Expansionspolitik für Banken und Unternehmen der Federal Reserve unter dem heutigen Nobelpreisträger Ben Bernanke ab 2008 die Verwandlung der US-amerikanischen Tea Party in

---

30 Im spezifischen Fall der Russischen Föderation brauchte die oligarchische Demokratie nicht viel, um ein Kriegsregime auszubauen, da, wie im zweiten Teil des ersten Kapitels erörtert, die interne Legitimation des russischen Machtblocks mit der Reaktion auf die historische Demütigung nach dem Zusammenbruch der UdSSR begründet wurde.

jene suprematistische und nationalistische Konstellation verhindern, die Trump zur Präsidentschaft verhalf und die sich im Sturm auf das Kapitol am 6. Januar 2021 als aufständische Kraft gebärdete.

In der EU stabilisierten die als *quantitative easing* (quantitative Lockerung) bekannten Mechanismen zum Ankauf von Staats- und Unternehmensanleihen in Verbindung mit der Austeritätspolitik des Stabilitäts- und Wachstumspakts der EU die Kurse der Staatspapiere der am höchsten verschuldeten Länder in der Eurozone. Ebenso hielten sie die Deflation in Schach und retteten die klassenübergreifende Allianz der Immobilien- und Finanzvermögenseigentümer:innen. Zugleich beschleunigten sie den Transfer/die Enteignung der Einkommen der davon abhängigen Arbeitskräfte, die ihr Lohnniveau und ihr Eigentum (sofern sie überhaupt eines hatten) verloren und die Qualität und Gewährleistung des Gesundheits- und Bildungswesens und aller öffentlichen Dienstleistungen zusammenbrechen sahen. Trotz alldem unterschied das damals vorherrschende Narrativ immer noch zwischen der Ebene der kapitalistischen Wirtschaft, die als natürliches System objektiviert wurde, das Exzesse oder Störungen aufweisen konnte, und der Ebene eines Systemfeindes, der seit dem 11. September 2001 im Wesentlichen durch die verschiedenen Formen des salafistischen Terrorismus von Al-Qaida und dann des Islamischen Staates verkörpert wurde.

Die Französische Republik ist aufgrund ihres fundamentalen politischen Gewichts in der EU ein gutes Beispiel für diese Mutation zum Kriegsregime. In diesem Fall hat das Gewicht der französischen kolonialen extremen Rechten des FN (Nationale Front) und später des RN (Nationaler Zusammenschluss) das Kriegsnarrativ in der französischen Ordnungspolitik verstärkt, von der Präsidentschaft Sarkozys bis zu der von Macron. Infolgedessen befindet sich das Land seit November 2015 im Ausnahmezustand[31], mit kurzen Unterbrechungen, so wie erstmals im Jahr 2017. Auf diese Weise sind polizeiliche Sonderbefugnisse zur Einschränkung der Meinungs-, Versammlungs- und Bewegungsfreiheit zur Norm geworden, insbesondere in Bezug auf Menschen, die muslimisch sind oder aufgrund (rassifizierter) physischer Aspekte oder ihres Namens als solche angesehen werden. Als im November 2018 das *Mouvement des gilets jaunes* [Bewegung der Gelbwesten] aufkam, wurde es von der französischen Regierung als ein weiterer Ausdruck von Angriffen auf die Sicherheit von Staat und Gesellschaft rezipiert, die drei Jahre zuvor zur Verhängung des Ausnahmezustands geführt hatten. Fast das gesamte System der privaten und öffentlichen Medienlandschaft sowie ihrer journalistischen und intellektuellen Belegschaft unterstützte diese Handhabung aktiv.

Gleichzeitig hat die Bewegung der Gelbwesten gezeigt, dass es möglich ist, einen Ausnahmezustand zu bekämpfen. Aber sie hat einen hohen Preis gezahlt, nicht nur durch die Bestialität der Polizei gegen die Körper und durch die juristische Repression[32], sondern auch durch die soziale Isolation, die sie erfuhr, und die daraus resultierende Blockierung ihrer Ausbreitung und Wiedervereinigung mit anderen sozialen Kämpfen.

---

31 Vgl. Jane Kilpatrick: *When a Temporary State of Emergency becomes Permanent. France as a Case Study*, Amsterdam: Transnational Institute 2020, in: https://www.tni.org/en/stateofemergency.

32 Diesbezüglich vgl. Paul Rocher: *Gazer, mutiler, soumettre. Politique de l'arme non létale,* Paris: La fabrique 2020; und *„Ne parlez pas de violences policières"*, Paris: La Revue Dessinée, édition spéciale 2020.

Man kann also festhalten, dass sich die Präsidentschaft Macrons durch die Nutzung der diktatorischen Befugnisse auszeichnet, welche die präsidentielle Verfassung der Fünften Republik erlaubt, die einst General de Gaulle auf den Leib geschneidert worden war.

Auf Macrons Agenda steht weiterhin eine tiefgreifende neoliberale Transformation, die bisher durch Klassenkämpfe innerhalb und außerhalb der französischen Staatsform seit den 1990er Jahren verzögert und blockiert wurde. Jedenfalls traf die Covid-19-Pandemie auf einen Ausnahmezustand, der perfekt dafür geeignet war, ein neoliberales Management ihrer Auswirkungen durchzusetzen, das die Massensterblichkeit der Armen und Subalternen und ihre drastische Verarmung durch fehlendes Einkommen verwaltete, während die Kapitaleigner:innen gerettet wurden. Weiter wurde in ganz Europa im Narrativ „gegen Covid-19“ bis zur Sättigung die Kriegsmetapher im Rahmen eines Alarm- und/oder Ausnahmezustands unterschiedlicher Intensität verwendet.[33] Bei der Analyse der Widersprüche,

---

33 Auch während einer Pandemie basiert der Kapitalismus auf einem grundlegenden Ausbeutungsverhältnis zwischen der *lebendigen* Arbeit (heute gleichermaßen vergesellschaftet, kooperativ, manuell und kognitiv, produktiv, dienstleistend, sorgend, sexuell und affektiv, in „Produktion“ und „Reproduktion“) und der Befehlsmacht (oder dem Kommando, wie Marx schreibt) des Kapitals. Wie alle Macht ist auch das eine *Relation*. Die Herabwürdigung von Körper und Geist, die brutale Entmündigung, das unerträgliche physische und psychische Unbehagen und die Disqualifizierung betreffen das gesamte biopolitische Verwertungsverhältnis des Kapitalismus. In diesem Sinne war der begleitende Deflationsprozess während der Pandemie ein unheilvolles Zeichen für die kapitalistische Zivilisation, ein tiefrotes Alarmsignal. Daran müssen wir uns erinnern, um die Beweggründe für das zu erfassen, was der russische Einmarsch in der Ukraine unterbrach und höchstwahrscheinlich auf dem Müllhaufen der Geschichte entsorgte: die amerikanischen und europäischen Green New Deals.

die das Kriegsregime des europäischen Kommandos auf den nationalen politischen Bühnen heute hervorbringt, ist es wichtig, den Hauptwiderspruch richtig zu identifizieren. Dies ist relevant für den Fall des Königreichs Spanien, wo eine progressive Regierung aufgrund ihres geopolitischen Vorteils (in Bezug auf die Abhängigkeit von russischem Öl und Gas) diskret die Karte des europäischen Kriegsregimes ausspielt, um ihre Position auf den Schuldenmärkten und im Streit mit den Energiekonzernen über die gesellschaftliche Rechnung der Inflation zu schützen. Gleichzeitig sieht sie in Projekten wie MidCat[34] oder den „grünen Wasserstoff"-Anlagen eine große Chance für einen Pakt mit den IBEX-35-Unternehmen und Banken, die am meisten von diesen großen Operationen profitieren werden.

Wir müssen uns an den verheerenden Preis erinnern, den die Illusionen über den „Kriegssozialismus" und seine Entsprechungen in der „*Union sacrée*" für die europäische Arbeiter:innenbewegung im Ersten Weltkrieg hatten, die heute bei einem Teil der spanischen politischen und gewerkschaftlichen Linken beliebt sind, im Einklang mit der Mehrheit der westlichen Linken. Es handelt sich dabei um eine Position, die gegenüber den Folgen des Kriegsregimes und der geografischen

34 Die durchschlagende Ablehnung eines von Macron aufgeführten französischen *grandeur*, die auf einen faktischen Boykott hinausläuft, zeugt von wachsenden Spannungen auf der deutsch-französischen Achse. Dies hat nicht nur mit der Bedrohung der französischen Energie- (und Nuklear-)Autarkie zu tun, die sich aus dem Manöver der Kriegskoordination der Gasverteilungsmärkte ergibt, um die Abhängigkeit von Russland zu verringern (und sie u.a. durch das viel billigere US-Schiefergas zu ersetzen), sondern auch mit dem begründeten französischen Misstrauen gegenüber der vollständigen Unterordnung seiner Energie- und Verteidigungsautonomie unter den Nexus NATO-EU-militärische Sicherheit in der Energieversorgung.

Ausdehnung und Hybridisierung des Krieges gleichgültig ist, die einmal mehr die Karte der kleinen Vorteile eines Nebenwiderspruchs (der Streit über die soziale Quittung für den Energiepreis) ausspielt. Dabei erkennen sie nicht, dass die Rhetorik der öffentlichen Kontrolle der Unternehmen und der Energiemärkte in der EU untrennbar mit den sozialen und politischen Folgen für die subalternen Klassen verbunden ist, die durch das Kriegsregime (das hinter dieser Rhetorik steht) verursacht werden.

1. UKRAINE MON AMOUR

Wir waren am Bahnhof. Mein Vater schlief. Ich bat meine Mutter um Erlaubnis, auf die Toilette gehen zu dürfen. – Komm schnell zurück! –, sagte meine Mutter. In dem Zug waren drei Personen aus unserem Dorf. Es war bereits dunkel geworden. Die Dampfmaschine füllte sich mit Wasser. Ich hörte es aus den Toiletten: Die Bombardierung hatte begonnen. Ich lief zu unserem Zug. Meine Eltern lagen etwas abseits des Wagens, erschossen. Sie waren absichtlich erschossen worden. Mit Maschinengewehren. Ich bedeckte ihre Wunden, um das Blut aufzuhalten. Ich habe versucht, meinen Vater zu wecken, weil ich dachte, er könnte verwundet sein. Aber nichts. Dann habe ich meinen Vater zu meiner Mutter gebracht, damit er näher ist. Ich sah in ihre Gesichter, weinte und begann, nach den Teilen zu suchen.

Donia Khaienko, 13 Jahre alt, aus Kyrykiwka, Oblast Sumy, Ukraine[35]

Der Krieg ist inmitten des eurasischen Systems ausgebrochen, und zwar auf eine Weise, die dem westlichen Militarismus gelegen kam, um einen „Ordnungskrieg" zu führen.[36] Der Krieg in der Ukraine bildet im westlichen, atlantischen und kolonialen Eurozentrismus

---

35 Aus: Lidija Tschukowskaja und Lidija Schukowa: *Haurrek hitza* (Kapitel „Aita eta ama"), Iruñea-Pamplona: Katakrak 2022. Ursprünglich 1942, mitten im Zweiten Weltkrieg, veröffentlicht, versammelt das Buch die Zeugnisse von Kindern, die durch den Krieg zu Waisen geworden und nach Usbekistan verschleppt worden waren.

36 Mithin einen Krieg, der geführt wird, um gesellschaftliche Ordnungen durchzusetzen, indem politische oder rechtliche Hindernisse oder solche der Gegenmacht zerstört werden, die nicht durch ein diplomatisches, kommerzielles oder korruptes Vorgehen überwunden werden können.

die Grundlage für eine verzerrte Wahrnehmung und ein verzerrtes Wissen (diesmal gegenläufig zur Geschichte, zum realen historischen Prozess der internationalen Beziehungen zwischen dem atlantischen Block und dem ehemaligen Sowjetblock seit dem Ende der UdSSR). Doch ist die russische Invasion nur die x-te Episode von mehr als einem Jahrhundert endloser Kriege und Massaker seit dem Ende des Ersten Weltkriegs, als sich die multinationalen (russischen, österreichisch-ungarischen, osmanischen und deutschen) Kolonialreiche auflösten.

Die Ukraine wurde somit zum tödlichen Epizentrum mehrerer sich überschneidender Kriege, in denen der ukrainische nationalistische Unabhängigkeitskampf untrennbar mit der Verlängerung des imperialistischen Weltkriegs auf ukrainischem Boden und mit dem Bürgerkrieg im ehemaligen Russischen Reich nach der Oktoberrevolution von 1917 (bis 1922) verbunden war. Ein Krieg in der Hölle, die das Gebiet nach vier Jahren des Ersten Weltkriegs war; ein Krieg um Territorium, vor allem aber um die Getreideernten und um die Erze von Donezk.

In dieser Zeit, nach dem Rückzug der deutschen Armeen mit dem Waffenstillstand vom 11. November 1918, kämpften bis zu sieben verschiedene Armeen gegeneinander: die Ukrainische Volksrepublik (die am 22. Januar 1918 in Kiew gegründet wurde, in ihrer Vierten Allgemeinen Erklärung mit der bolschewikischen Regierung brach und die Unabhängigkeit proklamierte); die Westukrainische Volksrepublik (die am 1. November 1918 in Ostgalizien ihre Unabhängigkeit von Österreich-Ungarn proklamiert hatte); die ukrainische und die russische Rote Armee (die für die

Errichtung der Sowjetregierung kämpften); die Kräfte der Weißen Reaktion unter der Führung von Kornilow und Denikin; die Ukrainische Aufständische Revolutionsarmee (die Schwarze Rätearmee von Nestor Machno, Semen Karetnyk und Fedossij Schtschus); die Armeen der Zweiten Polnischen Republik von Józef Piłsudski (in ihrem Eroberungskrieg um ukrainisches Territorium); und die Armeen Rumäniens (die nach dem deutschen Zusammenbruch und dem Vertrag von Brest-Litowsk territoriale Ambitionen verfolgten). Das Grauen, das nach dem Ersten Weltkrieg über das ukrainische Territorium hereinbrach, und der Aufstieg der Jungtürken zur Macht im Osmanischen Reich (mit dem anschließenden Völkermord an den Armeniern zwischen 1915 und 1923) sind zwei der großen historischen Beispiele für das Verständnis der tödlichen Beziehungen zwischen Imperium und Nation.

Wie immer war der Krieg die Verlängerung der Politik mit anderen Mitteln, und die Politik eine Fortsetzung des Krieges. Menschen aus der Ukraine, Polen, Russland, Weißrussland oder Griechenland; jüdische, Roma-, deutsche und tatarische Minoritäten: Im Krieg vermengten sich die Linien der Klasse revolutionärer Bauern und Arbeitenden, ob sozialistisch, anarchistisch oder bolschewikisch, mit den Linien der Nation und den Linien des Antisemitismus, der alle Seiten durchzog. Denn sowohl in den russischen und ukrainischen Bürgerkriegen nach der Februar- und der Oktoberrevolution als auch im polnisch-ukrainischen Krieg und im polnisch-sowjetischen Krieg finden wir dieselbe antisemitische Invariante, mit der bemerkenswerten Ausnahme der Anarchisten und Bolschewiken: Obwohl

Einheiten der Roten Armee im ukrainischen Krieg[37] zu verschiedenen Zeiten und an verschiedenen Orten Kriegsverbrechen gegen die jüdische Gemeinschaft begingen, waren diese verglichen mit dem Rest „weniger weitgehend“[38] und in einigen Fällen wurden die Soldaten und Täter bestraft.

Um nun den langen Prozess zu verstehen, der zum russischen Einmarsch in das von der ukrainischen Regierung in Kiew kontrollierte Gebiet führte, müssen wir die Beziehungen zwischen der Ukraine und Russland, der Ukraine und der NATO, der Ukraine und der EU, Russland und der NATO, Russland und der EU sowie

---

37 Im Jahr 1920 kam es zu einer Reihe von Pogromen der Roten Armee, die fast ausschließlich die 1. Reiterarmee von Semjon Budjonny, insbesondere die Division Taraschtscha und das Regiment Bohun, im Kampf gegen die Weiße Armee von Denikin in der Südukraine verübte. Die meisten Soldaten dieser Regimenter hatten zuvor unter Denikins Kommando gestanden. In Krementschuk wurden sie bekannt dafür, dass sie ein Jahr zuvor ein Pogrom in der Stadt verübt hatten, als sie noch unter Denikins Banner kämpften. Die Führung der Roten Armee verurteilte diese Massaker aufs Schärfste und entsandte ein Regiment, das nur aus kommunistischen Parteimitgliedern bestand, um das Regiment von Bohun zu entwaffnen. Vgl. dazu die Werke des Juden Isaak Babel (als bolschewikischer Zeuge und Beteiligter), des jüdischen Schriftstellers Iwan Bunin (der über die Szenen des Pogroms der Roten Armee in Odessa am 2. Mai 1919 berichtet, dass „sie in der Nacht stürmten, alle aus den Betten zerrten und jeden töteten, den sie fanden: Die Menschen flohen in die Steppe, stürzten sich ins Meer, wurden gejagt und in einer regelrechten Hetzjagd erschossen“); und von Zvi Gitelman (als Historiker der jüdischen Erfahrung in der UdSSR, der feststellt, dass „1918 in Hluchiw und in Nowhorod-Siwerskyj schwere Pogrome der Roten Armee stattfanden, aber die Führung der Roten Armee nichts dagegen unternahm“).

38 Die Rote Armee ermordete bei 106 Pogromen 725 Juden und Jüdinnen, die (nationalistischen) Banden von Nikifor Grigorjew richteten bei 52 Pogromen 3 471 hin; mit 16 706 Toten am mörderischsten waren die Truppen von Petljura (dem Präsidenten des ukrainischen Direktoriums).

die bilateralen Beziehungen zwischen den beteiligten Staaten unter dem Gesichtspunkt der humanitär/gerechtigkeitsliebend-imperialen Phase der neoliberalen Globalisierung der letzten drei Jahrzehnte betrachten, mit dem Antikommunismus als Invariante und dem 20. Jahrhundert als Rahmen.

Wie wir weiter unten sehen werden, ist die Ambiguität der Zeit ab 1989 nicht nur ein Produkt der diplomatischen Doppelzüngigkeit und des Kampfes der Narrative, sondern eine objektive und konstitutive Tatsache im letzten Jahrzehnt des 20. Jahrhunderts – zehn Jahren, die entscheidend sein werden.[39] Der Prozess, die politischen, rechtlichen und wirtschaftlichen Strukturen des Realsozialismus in den Ländern des Ostens zu zerstören, insbesondere in der Ukraine und in Russland, weist die Merkmale einer ursprünglichen Akkumulation von Kapital durch Aneignung oder Enteignung auf.

Wichtig ist dabei, dass es sich um einen Prozess handelt, der zwischen den siegreichen Eliten in Russland und der Ukraine und den Eliten der Finanzinstitute geplant und vereinbart wurde. Nach dem Vorbild Polens und Ungarns bereitete Boris Jelzin, der im Juni 1991 zum Präsidenten der Russischen Sozialistischen Föderativen Republik und im Dezember desselben Jahres (nach dem gescheiterten Staatsstreich vom August 1991 und der Auflösung der UdSSR) zum Präsidenten der Russischen Föderation gewählt

---

39 Die Beziehungen beider Länder zur NATO in diesem Zeitraum sind von derselben konstitutiven Ambiguität geprägt: Die erste Intervention des Atlantischen Bündnisses in der Ukraine fand in Charkiw während der humanitären Notlage statt, die durch die Überschwemmungen vom 29. Juni 1995 ausgelöst wurde, als die Stadt ohne Trinkwasser war.

wurde, bereits in den letzten Monaten des Bestehens der UdSSR unter Gorbatschow eine brutale Privatisierung der staatlichen und kollektiven Unternehmen aus der Sowjetzeit vor. Diese Ausplünderung führten Teams durch, die zunächst von Jegor Gaidar und dann von Anatoli Tschubais geleitet wurden. Sie arbeiteten eng mit dem Earth Institute von Jeffrey Sachs (dessen Direktor der eigentliche Protagonist der wirtschaftlichen Schockprogramme für den „Übergang zu Kapitalismus und Demokratie" in den östlichen Ländern war) an der Columbia University sowie mit dem Internationalen Währungsfonds (IWF) zusammen. In dieser Hinsicht gibt es nur wenige Unterschiede zwischen den jeweiligen „Transitionen" in der Ukraine und in Russland.[40] Die „humanitäre" Gewalt des Übergangs in beiden Ländern brachte die Energiewirtschaft und den Landbesitz in einige wenige private Hände und stürzte dabei Dutzende von Millionen an Menschen in Armut, Elend und psychisches Leid. Die kollektive Illusion von breiten gesellschaftlichen Mehrheiten verflüchtigte sich bald aufgrund der dadurch ausgelösten

---

40 Die gesellschaftlich und politisch verheerenden Folgen beider Prozesse waren für Deng Xiaoping und den Rest der chinesischen Führung ernüchternd. Wie Isabella Weber in ihrem Buch *How China Escaped Shock Therapy* (London: Routledge 2021) dargelegt hat, wurde die interne Diskussion über die Einführung des Privateigentums am Kapital (Industrie, Immobilien, Finanzen) nach dem uns bekannten Modell geführt: Vorherrschaft des Staatseigentums in den systemrelevanten Kapitalsektoren und strenge Kontrolle der (in- und ausländischen) Märkte durch die zentrale, regionale und lokale politische Macht, die wiederum von der Kommunistischen Partei Chinas (KPCh) monopolisiert wird, die eine Öffnung ihrer Reihen für „ehrliche und patriotische Kapitalisten" nicht ausschließt. (Das Buch von Weber erscheint 2023 auf Deutsch als *Das Gespenst der Inflation. Wie China der Schocktherapie entkam* bei Suhrkamp, Anm. d. Übers.)

humanitären Katastrophe.[41] Das soziale Massaker, das zunächst als notwendiger Tribut im Prozess der neoliberalen Globalisierung (verstanden als „schwierige Geburt der Demokratie und der Menschenrechte“) hingenommen wurde, ging einher mit der Verteidigung des Privateigentums an Land und Kapital wie auch mit der Zerstörung aller aus der Sowjetzeit stammenden Formen sozialer Absicherung.

Im Jahr 2022 laufen die Beziehungen zwischen Imperien und Nationen, zwischen Hegemonen und Schlüsselstaaten wieder auf Hochtouren, wie eine Bühnenmaschinerie, vermittels deren das Publikum von Fernsehen und sozialen Medien das neue Bacchanal aus Blut und Terror leidenschaftlich verfolgt. Und da es in jedem modernen Krieg Massaker wie jenes in Butscha gibt, was ist denn die „Erfahrung“ des Krieges aus der Ferne anderes als ein besonderes Genießen, ein libidinöser/sadistischer Lohn, der die Verarmung und Entwürdigung des Lebens kompensiert, die die liberalen Demokratien im Krieg großen Teilen ihrer eigenen Bevölkerung auferlegen?

Trotz alledem oder gerade deshalb ist es nie leicht, sich der *vorherrschenden Realität* zu widersetzen. Wie wir im zweiten Kapitel sehen werden, beruht der moderne Krieg auf der *totalen Mobilisierung*, auf einer

---

41 Dies erklärt das Bestehen der wiedergegründeten kommunistischen Parteien sowohl in Russland als auch in der Ukraine. Die Kommunistische Partei der Russischen Föderation unter Führung von Gennadi Sjuganow erhielt bei den Parlamentswahlen im Juni/Juli 1996 32 Prozent der Stimmen. Die Kommunistische Partei der Ukraine war von 1990 bis zur sogenannten Orangenen Revolution zwischen November 2004 und Dezember 2005 stets die stimmenstärkste Partei in der Ukraine, befand sich jedoch immer in der Opposition. Heute ist sie verboten.

Gewaltanwendung, die das Leben der Bevölkerung in Mitleidenschaft zieht, ob sie es will oder nicht. Gleichzeitig haben wir bereits gesagt, dass die Unterscheidung zwischen Krieg und Frieden nicht mehr binär oder dichotom verläuft, dass der Kriegsprozess nicht mehr nur aus militärischen Aktionen besteht, sondern dass der Krieg hybrid oder nichtlinear ist. Nach Ansicht der chinesischen VBA-Strategen[42] oder basierend auf der „Gerassimow-Doktrin"[43] handelt es sich um einen uneingeschränkten Krieg. In einer vernetzten Welt dient totale Mobilisierung dazu, die globalen Psyche zu erobern oder zu konditionieren.[44]

Welchen Sinn macht es also, mehr als 100 Jahre nach dem Ersten Weltkrieg den unkonventionellen modernen Krieg auf der Grundlage des Völkerrechts zu

---

42 Die Abkürzung steht für „Volksbefreiungsarmee", die regulären Streitkräfte Chinas.

43 Russischer General, Stratege und stellvertretender Verteidigungsminister.

44 Es ist eine makabre Ironie, dass all diese strategischen Aspekte, die der Exzellenz des russischen militärischen Geheimdienstes zugeschrieben werden (samt dem, was als „reflexive Kontrolle", d. h. Täuschungshandlungen aller Art zur Konditionierung der Handlungen oder Unterlassungen des Gegners, oder als *Maskirowka*, d. h. Täuschungs- und Verschleierungstechniken, bekannt ist), in Wladimir Putins „Spezialoperation" durch Abwesenheit auffallen. Was diesen Aspekt des Krieges betrifft, gewinnt vielmehr die Regierung von Wolodymyr Selenskyj, dem Schauspieler, der zum Helden wurde. Dem harten Kern des Kremls sind bei der Planung der Invasion mehrere Fehleinschätzungen von großer Tragweite unterlaufen, nicht nur bezüglich der ukrainischen militärischen Antwort oder der westlichen Reaktion, sondern auch bezüglich der Armseligkeit des eigenen imperialistischen Narrativs und der Grobschlächtigkeit der in den sozialen Medien verfolgten Neuropolitik. Der westliche Block wiederum hat sich diese Gelegenheit nicht entgehen lassen und sich militärisch in diesen letzten Akt der langen Abfolge strategischer Konfrontationen und Kooperationsphasen zwischen dem NATO-System und Russland gestürzt.

analysieren?[45] Keinen, da es keine gerechten modernen Kriege mehr geben kann, zumal sie alle den Keim des Faschismus in sich tragen.

Andererseits, wenn man die Beziehungen zwischen Staaten und Staatssystemen betrachtet, was ist Recht ohne Macht, *ius* ohne *imperium*? Und die Befehlsmacht, das planetarische *imperium*, wem steht sie zu? Genau das steht in diesem Krieg auf dem Spiel: Das neue Jahrhundert bringt entscheidende Risse in der US-Hegemonie über das Weltsystem mit sich, die kurz zuvor mit dem Zusammenbruch der UdSSR und dem vernichtenden Sieg der westlichen Armeen im Ersten Irakkrieg 1991 besiegelt worden war. Vor diesem Hintergrund widmen wir uns im Folgenden dem Problem, den Krieg in der Ukraine zu charakterisieren.

---

45 Die russische Invasion in der Ukraine ist ein (x-ter) eklatanter Verstoß gegen die UN-Charta, die in Artikel 2 Absatz 4 besagt: „Alle Mitglieder unterlassen in ihren internationalen Beziehungen jede gegen die territoriale Unversehrtheit oder die politische Unabhängigkeit eines Staates gerichtete oder sonst mit den Zielen der Vereinten Nationen unvereinbare Androhung oder Anwendung von Gewalt." In ähnlicher Weise erinnert die 1970 verabschiedete Resolution 2625 (XXV) der Generalversammlung an die „Pflicht der Staaten, in ihren internationalen Beziehungen jeden gegen die politische Unabhängigkeit oder die territoriale Unversehrtheit eines Staates gerichteten militärischen, politischen, wirtschaftlichen oder sonstigen Zwang zu unterlassen". Die Resolution 3314 (XXIX) von 1974 definiert Aggression als „Anwendung von Waffengewalt durch einen Staat, die gegen die Souveränität, die territoriale Unversehrtheit oder die politische Unabhängigkeit eines anderen Staates gerichtet" ist, und inkludiert darin ferner „das Entsenden bewaffneter Banden, Gruppen, Freischärler oder Söldner durch einen Staat oder in seinem Namen, wenn diese mit Waffengewalt Handlungen gegen einen anderen Staat ausführen".

Von der Ohnmacht des Völkerrechts

> *Wir sind die Ukraine Spaniens, sagte ein Katalane und versuchte, sich dem Gast verständlich zu machen. Vieles hängt von unserem Schicksal ab. Wenn die Provokateure eine terroristische Situation heraufbeschwören, wird ein Eingreifen unvermeidlich sein, und zwar nicht nur von Italien und Deutschland. Es ist notwendig, alle unsere Nerven anzuspannen und uns so gut wie möglich zu kontrollieren, um Unruhen in Barcelona zu vermeiden.*
> Michail Kolzow, Spanisches Tagebuch

Was die politische und analytische Bewertung der Unterscheidung zwischen Aggressor und Geschädigtem betrifft, so sei daran erinnert, dass sich ihr Gebrauch und ihre Anwendung im modernen Krieg mit dem Kolonialismus sowie Imperialismus überlagern. Nicht nur aufgrund der ethnischen, rassistischen und faschistischen Implikationen, die, wie wir im nächsten Kapitel sehen werden, die Kriegserzählungen seither angenommen haben, sondern auch, weil Kolonien, unterdrückte Nationen, staatenlose Völker und ethnische Minderheiten zu den Epizentren und Sühneopfern der Auseinandersetzungen zwischen imperialen Blöcken um verschiedene dominante Nationalstaaten werden. Die unmittelbare Auswirkung davon ist, dass es fortan keinen militärischen Konflikt zwischen Staaten mehr gibt, der nicht die Komplexität von mindestens zwei Dimensionen der Feindseligkeit aufweist: die kriegerische und rechtliche Ebene eines Invasions- oder Angriffskrieges und die (die Ereignisse in die Vergangenheit und in die Zukunft verlängernde) Ebene des Antagonismus zwischen Blöcken und/oder Staatensystemen.[46]

---

46 Sicherlich ließen sich die Beispiele auf das 19. Jahrhundert ausdehnen, das den modernen Krieg vorwegnahm: Der Deutsch-Französische Krieg 1870–1871 betraf vor allem das Elsass und

Mit dem 20. Jahrhundert kamen staatenlose Nationen und Völker ins Spiel, die auf koloniale und imperiale Konstrukte aufgeteilt waren.[47]

Bei Kriegen zwischen Nationalstaaten, ob westlichen oder kolonialen Ursprungs, entspricht die rechtliche Form des Konflikts nicht der realen Form des Kriegsprozesses. Das heutige Völkerrecht ist nach wie vor das alte *ius gentium* und basiert auf der Rechtspersönlichkeit der Nationalstaaten und ihrer Beziehungen als elementare Einheiten der Souveränität. Die UN-Charta und die Genfer Konvention bilden den Kern der Kriegs- und Friedensbeziehungen zwischen souveränen Staaten, die als „Individuen" mit Rechten und Pflichten betrachtet werden, unabhängig von ihrer Größe, Bevölkerung oder wirtschaftlichen und militärischen Macht. Unter diesem Gesichtspunkt ist der Krieg in der Ukraine ein Invasionskrieg[48] und verletzt damit die Souveränität und

---

Lothringen, hybride Gebiete, die seit dem Dreißigjährigen Krieg (1618–1648) den für jede Grenzregion, jeden *limes* zwischen alten Reichen und Königreichen, typischen Spannungen ausgesetzt waren.

47 Erinnern wir uns an die Massaker, Folterungen und „wissenschaftlichen Experimente" des deutschen Kolonialismus in Südwestafrika zwischen 1904 und 1908, die Hunderttausende Herero, Nama und San das Leben kosteten (und einen Präzedenzfall für die „Vernichtungswissenschaft" schufen, die das Hitler-Regime später einführte). Ebenso darf man die Völkermorde nicht vergessen, die die Jungtürken des Osmanischen Reichs während des Ersten Weltkriegs begingen und die gegen Armenier:innen (mehr als eine Million Opfer), Assyrer:innen in Mesopotamien (75 000 Tote) oder Griech:innen in Anatolien (Massaker an Hunderttausenden von Zivilist:innen) gerichtet waren.

48 Dagegen ist zum Beispiel der Erste Weltkrieg nicht aufgrund einer Aggression ausgebrochen, sondern infolge des Attentats auf Erzherzog Franz Ferdinand, Thronfolger von Österreich-Ungarn, und seine Frau Sophie Chotek. Die österreichisch-ungarische Regierung schrieb das Attentat direkt dem serbischen Staat zu, stellte am 23. Juli 1914 ein Ultimatum und erklärte am 28. Juli den Krieg.

territoriale Integrität des ukrainischen Staates gemäß Artikel 2 Absatz 4 der Charta und der Resolution 2625 (XXV) der UN-Generalversammlung.

Zuvor war durch den Vertrag von Versailles nach dem Ende des Ersten Weltkriegs der Völkerbund gegründet worden, der die gleichen Ziele verfolgte wie die späteren Vereinten Nationen (UN), jedoch ohne die Einschränkungen des innerstaatlichen öffentlichen Rechts, die später in der Allgemeinen Erklärung der Menschenrechte von 1948 festgelegt wurden. Mit dem Völkerbund wurde zum ersten Mal ein internationaler Pakt zwischen souveränen Nationalstaaten geschlossen, um zwischenstaatliche Streitigkeiten[49] zu schlichten und dadurch Krieg zu vermeiden. Im Laufe seines Bestehens gelang es dem Völkerbund, in einigen Konflikten zu schlichten und eine Eskalation zu vermeiden. Doch andere Konfrontationen mit stark involvierten Kolonialmächten offenbarten, was schon Spinoza oder Thukydides wussten, nämlich dass Macht Recht schafft und dass, wie wir in der berühmten Passage aus der *Geschichte des Peloponnesischen Krieges* lesen:[50]

---

49 Dazu gehören der Streit zwischen Schweden und Finnland um die Åland-Inseln im Jahr 1920, der Konflikt zwischen Deutschland und Polen um Oberschlesien im Jahr 1921, der Krieg zwischen Griechenland und Bulgarien nach den Grenzkämpfen in Petritsch im Oktober 1925, der Streit zwischen dem Vereinigten Königreich und dem Irak um die Stadt Mossul (der mit dem Grenzvertrag im Juni 1926 zugunsten des Vereinigten Königreichs gelöst wurde) und der Krieg zwischen Kolumbien und Peru im Jahr 1933 (der Leticia-Krieg).

50 Thukydides: *Der Peloponnesische Krieg*, Berlin: De Gruyter 2017, S. 927; englischer und griechischer Text unter: http://www.perseus.tufts.edu/hopper/text? doc=Perseus%3Atext%3A1999.01.0199%3Abook%3D5%3Achapter%3D89%3Asection%3D1.

> „das Gerechte (*dikaia*) in der Auseinandersetzung der Menschen miteinander nur dann entscheidend ist, wenn beide gleichmäßig in ihrer Handlungsfreiheit eingeschränkt sind (*apo tis isis anankís*); das Machbare jedoch die Überlegenen (*dynatá*) durchsetzen und die Schwachen hinnehmen."

Obwohl die im Ersten Weltkrieg besiegten Kolonialmächte schließlich in den Völkerbund aufgenommen wurden[51], waren sie bald darauf im Zuge des Crescendos der Feindseligkeiten, die zum Zweiten Weltkrieg führten, wieder ausgetreten. Dies konnte nicht anders sein und zeigt letztlich die analytische Unzulänglichkeit der Kategorien des Völkerrechts zwischen Staatensystemen, um Konflikte zwischen Regionen, Blöcken und Eliten zu lösen, wenn diese im Rahmen der politischen und institutionellen Entwicklung eines Weltmarktes unter kolonialen, imperialistischen oder anderen Herrschaftsformen zwischen Zentren, Semiperipherien und Peripherien auftreten, entsprechend den historischen Entwicklungsphasen des kapitalistischen Weltmarktes seit dem 17. Jahrhundert.

Folglich waren weder der Völkerbund noch die UNO (die Nachfolgeorganisation nach dem Zweiten Weltkrieg) in der Lage, die alten Beobachtungen von Thukydides und Spinoza durch ihr Handeln zu widerlegen. Letzterer wandte seine Studie nicht auf die internationalen Beziehungen an, sondern hielt es für einen Satz von absoluter Gültigkeit, dass auch die Staaten [*imperia*] „so viel Recht [haben], wie weit [ihre] Macht reicht". Beide internationalen Organisationen (UNO und Völkerbund) wurden nach den Bedingungen der

---

51 Österreich im Jahr 1920, Deutschland im Jahr 1926 und die UdSSR im Jahr 1934.

Sieger der beiden Weltkriege gegründet. Und im Kontrast zwischen der Isonomie (gleiches Recht) und der Allokratie (Machtgefälle) ihrer Mitglieder liegt ihre Unfähigkeit, die Ziele von Frieden und Sicherheit zu erreichen. Dies führt dazu, dass Krieg gemäß den zwingenden Regeln des humanitären Völkerrechts, die den „gerechten Krieg" definieren, als letztes Mittel eingesetzt wird, worauf wir weiter unten eingehen werden.[52]

Letztlich war der Völkerbund zum Scheitern verurteilt (und die Mitgliedschaft Deutschlands und der Sowjetunion änderte daran wenig). Der Vertrag von Versailles erlegte Deutschland demütigende Bedingungen auf, die entstehende sowjetische Macht (die UdSSR entstand 1922) wurde als Verbrecherstaat betrachtet und der Rat des Völkerbunds musste verbindliche Beschlüsse einstimmig fassen.[53] Infolgedessen konnte der Völkerbund die französische Besetzung des Ruhrgebiets zwischen 1923 und 1925 nicht verhindern (der Vertrag von Versailles ermächtigte Frankreich dazu, falls die deutschen Kriegsreparationen nicht gezahlt wurden). Er gab dem faschistischen Italien in seinem Konflikt mit Griechenland um die Insel Korfu (mit Albanien als Schlüsselstaat) Recht, war nicht in der Lage, den japanischen Imperialismus in der Mandschurei zu stoppen (der seinen Vormarsch in China festigte und den Völkerbund 1933 verließ), und konnte die italienische Invasion in Abessinien 1935 nicht verhindern (was wiederum

---

52 Der Konflikt in Palästina ist ein perfektes Beispiel für die begrenzte Gültigkeit der (rechtlichen) Unterscheidung zwischen Angreifer und Angegriffenem. Außerdem hat die tatsächliche Praxis des *imperium* in keinem anderen Fall die Verbindlichkeit und jeden Schimmer von Ethik des internationalen Rechts dermaßen zunichte gemacht.

53 Diesbezüglich ist die UNO aufgrund des Vetorechts der ständigen Mitglieder des Sicherheitsrats weniger demokratisch.

zum Austritt Italiens aus dem Völkerbund im Dezember 1937 führte). In den Jahren vor dem Zweiten Weltkrieg geriet der Völkerbund schließlich aufgrund seines Verhaltens im Spanischen Bürgerkrieg, im chinesisch-japanischen Krieg 1937, bei der deutschen Annexion des Sudetenlandes 1938 oder beim sowjetischen Einmarsch in Finnland 1939 in die Kritik.

Es wird oft behauptet, dass dieses Scheitern auf vermeidbare Faktoren zurückzuführen war, wie zum Beispiel (1) die Entscheidung des US-Kongresses, dem Bund nicht beizutreten (wenn dieser auch den Geist der 14 Punkte von Präsident Woodrow Wilson[54] übernommen hatte); (2) die Tatsache, dass er keine eigenen Streitkräfte besaß; (3) das Scheitern wichtiger Vorschläge wie des Genfer Protokolls von 1924, das eine obligatorische Schiedsgerichtsbarkeit bei Streitigkeiten zwischen Staaten eingeführt hätte und die Schaffung eines Internationalen Gerichtshofs vorsah; oder (4) das Scheitern der Abrüstungskonferenz von 1932–1934, die nichts tun konnte, um die Wiederaufrüstung der Mächte, die später die nazi-faschistische Achse im Zweiten Weltkrieg bilden sollten, zu verhindern oder abzubremsen. Doch diese Annahmen halten der Prüfung durch die Fakten nicht stand. Dazu gehört vor allem, dass die Gründung der UNO im Jahr 1945 nach dem schlimmsten Krieg stattfand, den die Menschheit je erlebt hat und in dem sich die Schrecken, die im Ersten Weltkrieg die Prätentionen der eurozentrischen Zivilisation erschütterten, ins Unermessliche steigerten: bis hin zur Shoah, zu Hiroshima und Nagasaki und zu

54 Insbesondere den letzten Punkt: „Ein allgemeiner Verband der Nationen muss gegründet werden mit besonderen Verträgen zum Zweck gegenseitiger Bürgschaften für die politische Unabhängigkeit und die territoriale Unverletzbarkeit der kleinen sowohl wie der großen Staaten."

den mehr als 23 Millionen Menschen, die in der UdSSR ihr Leben verloren, um das Dritte Reich daran zu hindern, den Rest ihrer Bevölkerung zu vernichten, Eurasien zu erobern und den gesamten Globus zu beherrschen.

Die UNO hat sieben Jahrzehnte lang dazu beigetragen, offene Kriege zwischen Großmächten zu verhindern, aber wie im Falle des Völkerbundes können wir diese Wirkung kaum auf die Verfassung dieser Organisation und ihre Führungsstruktur zurückführen.[55] Das Problem besteht nicht darin, dass die Rechtsverfassung der UNO ein Mischmodell ist, das den Vorrang der universellen Norm (die der Ausübung der Souveränität durch die Nationalstaaten Grenzen setzt) mit dem Rechtsrealismus verbindet, der sich in der Zusammensetzung und den Befugnissen des Sicherheitsrats widerspiegelt (dessen ständige Mitglieder – die Siegermächte des Zweiten Weltkriegs, darunter China – ein Vetorecht gegen die Resolutionen des Rates haben). Diese Macht der ständigen Ratsmitglieder bedeutet, dass die grundlegende, von Hans Kelsen inspirierte Institution der UNO, der Internationale Strafgerichtshof, daran gehindert wird, unabhängig zu handeln und somit die Rolle einer obersten Institution zu spielen, deren Urteile verbindlich sind. Es sollte nicht sein. Dabei legte Kelsen ein Jahr vor Kriegsende (das heißt vor Hiroshima und Nagasaki) und auch bevor die Dimensionen der Nazi-Verbrechen und der von der Bevölkerung der UdSSR gezahlte Preis bekannt waren, in seinem Werk „Frieden durch Recht“[56] dar:

---

55 Die allokratische oder hierarchische Philosophie sowohl des Völkerbundes als auch der UNO spiegelt sich in ihrer Struktur wider: In beiden Fällen besetzen Siegermächte und von einer Generalversammlung gewählte, nicht ständige Mitglieder den Rat.

56 Hans Kelsen: *Peace Through Law*, Chapell Hill: University of North Carolina Press 1944.

> „Krieg ist Massenmord, die größte Schande unserer Kultur, und die Sicherung des Weltfriedens ist unsere wichtigste politische Aufgabe, eine Aufgabe, die weit wichtiger ist als die Entscheidung zwischen Demokratie und Autokratie oder zwischen Kapitalismus und Sozialismus; kein wesentlicher gesellschaftlicher Fortschritt ist möglich, solange nicht eine internationale Organisation geschaffen wird, in der der Krieg zwischen den Nationen der Erde wirksam verhindert wird.“[57]

Die UNO hätte mit einer anderen rechtlich-politischen Architektur gegründet werden müssen, um den Frieden wirksam zu garantieren. Es hätte eine Organisation sein müssen, die sich auf die Definition von Kelsen stützt:

> „Eine internationale polizeiliche Kraft ist nur dann wirksam, wenn sie auf der Verpflichtung der Mitgliedsstaaten zur Abrüstung oder zu einer radikalen Einschränkung ihrer Bewaffnung basiert, so dass nur das Bündnis befugt ist, eine Streitmacht von beträchtlicher Stärke zu unterhalten. Eine polizeiliche Kraft ist nur hinsichtlich ihrer Rechtsgrundlage, dem internationalen Vertrag, ‚international‘. ‚National‘ ist sie jedoch in Bezug auf ihren Zentralisierungsgrad, denn ein Bündnis mit einer zentralisierten Exekutive ist kein internationaler Staatenbund mehr, sondern ein eigenständiger Staat.“[58]

Doch wie wir wissen, setzte sich das „Dogma der Souveränität“ (wie Kelsen es selbst nannte) durch und trug Früchte. Dies geschah jedoch nicht nur aufgrund ideologischer Entscheidungen, sondern weil das *imperium* des aus dem Zweiten Weltkrieg hervorgegangenen

---

57 Ebd., S. VIII.

58 Ebd., S. 19.

Staatensystems[59] die Aufteilung der Einflusssphären und einen Kalten Krieg erzwang, der bereits 1948 durch die Doktrin der nuklearen Abschreckung bestimmt wurde. Das Gleichgewicht des Terrors war unter diesen Bedingungen die Garantie dafür, dass es keinen weiteren Weltkrieg geben würde, das heißt es garantierte, dass sich der Krieg als Fortsetzung der Blockpolitik mit anderen Mitteln als eine Reihe von *proxy wars*, subsidiären Kriegen oder Stellvertreterkriegen, über den Planeten ausbreitete: Korea, Suezkanal, Vietnam, Mittelamerika, Angola, Afghanistan und so viele weitere.

Das Muster, das diesen Zeitraum beherrscht, dreht sich um die politische Ausrichtung der Staaten und Regierungen, die aus dem großen Prozess der Entkolonialisierung nach dem Zweiten Weltkrieg hervorgegangen sind. Wenn ein Krieg auf dem europäischen Kontinent oder in der Nähe einer der beiden Supermächte verboten war (weil er als direkter Angriff angesehen wurde), so galt dies nicht für Kriege in den Randgebieten der sogenannten Dritten Welt oder, ab 1955, zwischen Mitgliedern der Bewegung der Blockfreien.[60]

---

59 Die Artikulation dieses Systems begann mit der Erklärung von St. James im Juni 1941 und fand seine Fortsetzung mit der Konferenz von Jalta im Februar 1945, bei der zur Schaffung der Konferenz der Vereinten Nationen in San Francisco aufgerufen wurde, die im April 1945 stattfinden sollte.

60 Als der Internationale Gerichtshof die USA 1986 wegen der Unterstützung bewaffneter Contra-Aktionen gegen die sandinistische Regierung in Nicaragua verurteilte, zogen sich die USA aus dem Verfahren zurück und verhinderten, dass der UN-Sicherheitsrat Nicaragua eine Entschädigung zukommen ließ. Im Falle der sowjetischen Invasion in Afghanistan 1979 reagierten die Vereinten Nationen unter dem Vorsitz des ehemaligen Nazis Kurt Waldheim erst 1981 mit der Ernennung von Javier Pérez de Cuéllar zum Sondergesandten. Die Doktrin der „begrenzten Souveränität" war nicht nur ein Attribut der sowjetischen Führung, als sie 1956 in Ungarn und 1968 in der Tschechoslowakei einmarschierte, sondern wurde auch von den Vereinigten Staaten 1961 in Kuba, 1965 in der Dominikanischen Republik, 1983 in Grenada und 1989 in Panama praktiziert.

Humanitäre Kriege

Hat sich nun also etwas geändert, als der erwähnte Sowjetblock zwischen 1989 und 1991 zusammenbrach? Erlaubte das Ende der Blockdynamik und der Gefahr eines neuen Weltkriegs eine Atempause und ermöglichte es, in Ermangelung von Konkurrenten des absoluten Hegemons USA, eine Angleichung zwischen dem Völkerrecht und der effektiven Ausübung des *imperium* auf dem Planeten? Die westlichen Kommentare wollten es damals so sehen. Die Charta von Paris für ein neues Europa vom November 1990, an der fast alle europäischen Regierungen (sowie die UdSSR, die Vereinigten Staaten und Kanada) teilnahmen, war die Geburtsstunde der Organisation für Sicherheit und Zusammenarbeit in Europa (OSZE) und schien nicht nur einen Abrüstungsprozess, sondern auch eine Homogenisierung der politischen und rechtlichen Systeme Eurasiens im Rahmen von Rechtsstaatlichkeit, freien Märkten und Multilateralismus einzuläuten.

Aber wir können die Narrative nicht unter einem bloß formalen Gesichtspunkt analysieren oder indem wir allein ihre Wahrheitswerte betrachten. Vielmehr müssen wir sie in ihren praktischen Dispositiven betrachten, weil Narrative immer auf Äußerungsagenten und ihre institutionellen, medialen oder militärischen Gefüge bzw. Zusammensetzungen reagieren. Tatsächlich ist es der Weltmarkt der US-Hegemonie und des neoliberalen Regimes, der – als kollektiver Kapitalist – den Diskurs über die rechtliche, wirtschaftliche und politische Homogenisierung der Welt verkündet, welche der „Anomalie" der Existenz der UdSSR und ihres Subsystems von Staaten folgt. Damit begann ein allgemeiner Prozess der proaktiven Codierung des politischen

Wandels in der Welt. Was unter Berücksichtigung der langen Dauer des 19. und 20. Jahrhunderts als tiefgreifende „neoliberale Konterrevolution“ erschien, stellte sich nun als die (wenn auch nicht „hindernisfreie“) Verwirklichung eines endlich demokratischen globalen *imperium* dar. Man muss diesen allgemeinen Prozess der Codierung und Homogenisierung, der – mit bemerkenswerten Veränderungen – seit 1991 die Weltbühne beherrscht, im Blick behalten. Denn ansonsten kann man den tiefgreifenden Zusammenhang zwischen dem Prozess der EU-Erweiterung seit der Einheitlichen Europäischen Akte von 1992 (sowie der Osterweiterung der NATO), der Integration des ehemaligen Sowjetblocks in den Weltmarkt und dem Auf und Ab der Beziehungen zwischen Russland und der atlantischen Welt von 1999 bis heute nicht verstehen.

Die Ungewissheiten bezüglich der Auswirkungen der neuen Äußerung eines kollektiven westlichen Kapitalismus aus dem Munde seines Hegemons USA zerstreuten sich bald, und der alte Slogan „Frieden durch Stärke“ wurde wieder in all seinem Zynismus eingesetzt. In der letzten Phase der Reagan-Präsidentschaft wurde die Militärdoktrin des US-Hegemons (die einen derartigen Zusammenbruch des Sowjetblocks nicht vorgesehen hatte) in dem Dokument der Kommission für integrierte langfristige Strategie von 1988[61] zusammengefasst. Die Konfrontation mit der UdSSR stand weiterhin im Mittelpunkt der Aufmerksamkeit („in den nächsten 25 Jahren“), aber China und Japan

---

61 *The Commission on Integrated Long-Term Strategy*, kontrolliert von den großen Namen des späten Kalten Krieges: Albert Wohlstetter (der die nachfolgenden *Neocons* beeinflussen sollte), Henry Kissinger und Zbigniew Brzezinski.

wurden bereits als Großmächte „in den nächsten zwei Jahrzehnten“ ausgemacht. Interessant ist, dass es sich hier nicht um einen rhetorischen Text mit Verweisen auf die großen Werte handelt, die die USA verkörpern. Sondern um eine Diagnose, die in einer Zeit geschrieben wurde, die neu zu sein schien, in der aber die einzelnen Konfliktherde unbekannt waren. In diesem Sinne ist das Dokument reich an strategischen Überlegungen zu den Krisenherden am Persischen Golf (Iran), auf der Arabischen Halbinsel, in der Levante und im Pazifik sowie an Forderungen nach militärischer Unterstützung für alle antikommunistischen Bewegungen in der sogenannten Dritten Welt. Es war jedoch nicht zu übersehen, dass die UdSSR nicht länger das Leitmotiv der Sicherheitsdoktrin und damit der Ressourcenmobilisierung für den „militärisch-industriellen Komplex“, wie Präsident Dwight Eisenhower ihn nannte, sein können würde.[62]

Nicht zufällig tauchte damals der Begriff Schurkenstaaten (*rogue states*) auf, ein Ausdruck, der später mit dem Ende der UdSSR eine zentrale Bedeutung erlangen sollte. Aggressorstaaten, gefährliche Partikel in einer Welt, in der zum ersten Mal die volle Kraft des Völkerrechts am Horizont erschien, die endgültige Verwirklichung der Ziele des Rechts durch ein demokratisches globales *imperium*, das „Ende der Geschichte“ Francis Fukuyamas[63]: liberale Demokratien und Menschenrechte.

---

62 Colin Powell, der damalige Vorsitzender der *Joint Chiefs of Staff*, sah sich dem Druck des Kongresses ausgesetzt, den US-amerikanischen Militärhaushalt zu kürzen und umzustrukturieren.

63 Vgl. Francis Fukuyama: *Das Ende der Geschichte. Wo stehen wir?*, München: Kindler 1992.

Wie die Geschichte es will – oder die Launen der Geschichte es wollen – überfiel der Irak am 2. August 1990, dem Tag, an dem Präsident Bush in Aspen, Colorado, die „neue regionale Strategie“ vorstellte, Kuwait.[64] Das Regime von Saddam Hussein war mit den USA verbündet und wurde von diesen in ihrem Zermürbungskrieg mit dem Iran (1980–1988) militärisch und finanziell unterstützt, war aber völlig bankrott und nicht in der Lage, seinen internationalen finanziellen Verpflichtungen nachzukommen. Der Rest der Geschichte ist bekannt, aber es wäre ein Fehler, ihn zu übergehen: Für die Siegermacht des Kalten Krieges (die jedoch fiskalisch ausgepumpt und am Gewicht ihres militärisch-industriellen Komplexes sowie an den jahrzehntelangen Angriffen auf die langfristigen Institutionen des New Deal erstickt war, die während den Präsidentschaften von Franklin D. Roosevelt bis Lyndon B. Johnson aufgebaut wurden) bot der Golfkrieg die große Gelegenheit, in der neuerlichen Krise des Weltsystems eine neue Abfolge hegemonialer/imperialer Bekräftigungen in Gang zu setzen.

So entstand das Reich der Menschenrechte in einer zutiefst unausgeglichenen Welt, die durchaus Gründe für die Umwandlung des Atlantischen Bündnisses in einen neuen Club zur Verteidigung der „freien Welt“ gegen Schurkenstaaten und „Reste des Totalitarismus“ auf dem ganzen Planeten bot (einschließlich China, das

---

64 Saddam Husseins Irak befand sich in einem Wirtschaftskrieg mit dem benachbarten Kuwait wegen dessen überschüssiger Ölproduktion (die die Preise drückte und damit die irakischen Staatseinnahmen verringerte) und wegen des Eigentums am auf der Grenze gelegenen Ölfeldes von Rumaila, das Kuwait nach irakischer Auffassung von illegal ausbeutete.

im Juni 1989 den demokratischen Aufstand auf dem Tian'anmen-Platz militärisch niedergeschlagen hatte).

In diesem Zusammenhang ist es wichtig, die starken Verbindungen zwischen dieser Periode von Kriegen, die „aus humanitären oder Menschenrechtsgründen" geführt wurden, und dem Zyklus der Finanzliberalisierung oder der neoliberalen „Bottom-up"-Globalisierung festzuhalten. Beide fanden im Weltsystem mehr oder weniger zeitgleich statt, wenn wir die zehn Jahre zwischen der ersten Krise des Postfordismus von 1990–1991 in den USA (was in Europa den Jahren 1992–1994 entspricht) und dem Platzen der Dotcom-Blase von 2000–2001 insgesamt betrachten. Im Hinblick auf militärische Konflikte und Militärbündnisse war dies der Höhepunkt dessen, was John Mearsheimer später in Bezug auf den zunehmenden Widerspruch mit den internationalen Realitäten der Zeit nach dem Kalten Krieg „die große (progressiv-)liberale Wahnvorstellung" nannte. In diesem ideologischen Rahmen wird der Slogan der Liberalisierung unisono (als eine Art industrielle Produktion der vorherrschenden Realität) von Regierungen und Unternehmen, Politolog:innen und Ökonom:innen, Zentral- und Privatbanken sowie dem IWF und der Weltbank proklamiert, wobei Letztere inzwischen praktisch von allen Spuren des Keynesianismus befreit ist.[65]

Der Inbegriff des „humanitären Konflikts" der 1990er Jahre war der Krieg in der Sozialistischen Föderativen Republik Jugoslawien (SFRJ), der sich über das ganze Jahrzehnt erstreckte. Chroniken führen die Krise, die zu ihrer Auflösung führte, auf den Krieg zwischen den

---

65 In diesen entscheidenden Jahren leiteten der berüchtigte Michel Camdessus und der ehemalige JP-Morgan-Manager Lewis Thompson Preston jeweils IWF und Weltbank.

Föderationen (die zu ethnisch basierten Nationalstaaten wurden), das Gewicht des panserbischen Nationalismus und die reaktive Dynamik der anderen Nationalitäten zurück. Wenig Beachtung findet die Tatsache, dass die SFRJ zu diesem Zeitpunkt bereits ein weiteres Opfer der Strukturanpassungsprogramme des IWF war. Zu Beginn der 1980er Jahre wies das Land eine Binnenverschuldung von fast 40 Milliarden US-Dollar auf, hatte hohe Arbeitslosenquoten (insbesondere bei der Jugend) und über mehrere Jahre hinweg schrumpfte die Wirtschaft. Es kam zu dem Moment, an dem das finanzielle Überleben von den Milliardenüberweisungen qualifizierter Arbeitskräfte abhing, die über die Welt verstreut arbeiteten. Und es ist kein Zufall, dass der jugoslawische Ministerpräsident Ante Marković im Oktober 1989 mit Präsident George H. W. Bush zusammentraf, um eine Rettung der jugoslawischen Wirtschaft durch ein neues IWF-Abkommen auszuhandeln. Diese Maßnahme, die eine Abwertung der Löhne und der Währung, eine brutale Kürzung der öffentlichen Ausgaben und die Privatisierung wichtiger selbstverwalteter Unternehmen (ein entscheidendes Element und Unterscheidungsmerkmal des jugoslawischen Realsozialismus) beinhaltete, zerstörte die wirtschaftlichen und politischen Grundlagen der Föderation. Zwei Jahre später brach der Krieg aus. Nach dem Ersten Golfkrieg konnten eine UNO, die durch den Zusammenbruch der UdSSR aus dem Gleichgewicht geraten war, sowie ein China, das noch nicht in der Lage war, sein Gewicht im Sicherheitsrat geltend zu machen, die ethnischen Säuberungen im Lande nicht verhindern. Dies ist die goldene Periode der humanitären NATO mit Kriegsmaschinen von eminenter Überlegenheit, die mit der Operation *Deliberate Force* nach den Massakern von Srebrenica und Sarajevo im Juli und August 1995 begann. Das Scheitern der humanitären Kriege der 1990er Jahre, verkörpert im Blutbad auf dem Balkan, machte einer neuen Erzählung vom Kreuzzug für die Demokratie Platz: dem gerechten Krieg.

Der gerechte Krieg

Besondere Aufmerksamkeit muss den politischen Argumenten gewidmet werden, die auf der Grundlage des Völkerrechts und von linken und menschenrechtlichen Positionen aus den ukrainischen Kriegseinsatz gegen die russische Invasion als „gerechten Krieg" qualifizieren und rechtfertigen. Erstaunlich ist der Rückgriff einiger dieser Positionen auf das internationale öffentliche Recht, auf die Theologie, auf die Architektur der öffentlichen Moral (untersucht von Cicero in *De officiis*[66]) und auf die Institutionen der gut regierten *polis* (analysiert von Aristoteles in seiner *Politik*[67]).

Damit soll nicht gesagt werden, dass das Argument des „gerechten Krieges" der Tradition der sozialistischen und kommunistischen Bewegung fremd wäre. Bereits 1936 analysierte Erich Wollenberg die Frage in „Gerechte Kriege im Lichte des Marxismus".[68] Seiner Ansicht nach kann die Frage des „gerechten Krieges" nicht losgelöst von der Zeit und der konkreten Analyse der jeweiligen Situation betrachtet werden. Und von seinem

---

66 Vgl. Marcus Tullius Cicero: *De officiis. Vom pflichtgemäßen Handeln*, München: Artemis & Winkler 2008.

67 Vgl. Aristoteles: *Politik*, Hamburg: Meiner 2012.

68 Wollenberg war ein deutscher kommunistischer Dissident (1892–1973). Vgl. Erich Wollenberg: „Just Wars in the Light of Marxism", in: *New International,* Vol. 3, No.1, Februar 1936, unter: https://www.marxists.org/history/etol/newspape/ni/vol03/no01/wollenberg.htm.

Standpunkt aus, der dem des orthodoxen Marxismus der Dritten Internationale (und in dieser Hinsicht auch dem der Vierten Internationale) entspricht, besteht die Unterscheidung hauptsächlich darin, dass in der Periode des Aufstiegs der Bourgeoisie im 19. Jahrhundert die nationalen Befreiungskriege vom Joch der Imperien eindeutig legitim waren. Er bezog sich auf jene bürgerlichen Revolutionen, „deren Inhalt neben der Abschaffung des Feudalismus (Emanzipation der Bauernschaft, neue Rechtsprechung, institutionelle Veränderungen, Umgestaltung des Staates) gerade in der *Bildung großer Nationalstaaten* bestand". Im 20. Jahrhundert habe eine bürgerliche Revolution aber keinen Platz mehr, sondern nur eine sozialistische. Diese würde die demokratischen Aufgaben erfüllen, welche die Bourgeoisie von nun an nicht mehr wahrnehmen kann (weil sie zu einer reaktionären Weltklasse geworden ist, die in jeder Revolution die Gefahr sieht, dass die Arbeiter:innenklasse das Proletariat und die arme Bauernschaft anführt, um die Macht der Kapitaleigentümer zu stürzen).[69] Dieser Hinweis darauf, dass auch in der leninistischen Tradition das Argument der gerechten Kriege in modifizierter Weise aufgegriffen wird, erscheint sehr wichtig, denn er hilft dabei, die Wiederholung derselben Argumente bis heute zu verstehen, wenn es darum geht, den Kriegseinsatz der Regierung von Wolodymyr Selenskyj als „gerechten Krieg" zu definieren. Tatsächlich hat Lenin selbst den Inhalt der bolschewikischen Variante zu diesem Thema in einem im September 1916, mitten im Ersten Weltkrieg und vor der Februarrevolution 1917,

---

69 Für Wollenberg „muss der Charakter eines Krieges, der von einem Staat geführt wird, von Marxisten je nach der Politik der herrschenden Klasse dieses Staates bestimmt werden".

veröffentlichten Text mit dem Titel „Das Militärprogramm der proletarischen Revolution" klargestellt.[70] Für Lenin sind nationale Kriege, wie auch der Nationalismus, nicht an sich negativ. Vielmehr hängt dies von ihrem emanzipatorischen Inhalt ab. So wie der Nationalismus der großen imperialistischen Mächte nicht mit dem Nationalismus der staatenlosen Völker und Nationen oder der großen kolonialisierten Nationen verglichen werden kann, ist der nationale Krieg gerecht und legitim:

> „Eine der grundlegendsten Eigenschaften des Imperialismus besteht eben darin, dass er die Entwicklung des Kapitalismus in den rückständigsten Ländern beschleunigt und dadurch den Kampf gegen die nationale Unterdrückung ausbreitet und verschärft. Das ist Tatsache. Und daraus folgt unvermeidlich, dass der Imperialismus nationale Kriege öfters erzeugen muss. *Junius*, der in seiner Broschüre die genannten *Leitsätze* verteidigt, sagt, in der imperialistischen Epoche führe jeder nationale Krieg gegen eine von den imperialistischen Großmächten zum Eingreifen einer andern, mit der ersten konkurrierenden, ebenfalls imperialistischen Großmacht, und dadurch werde jeder nationale Krieg in einen imperialistischen verwandelt. Dieses Argument ist aber auch unrichtig. Es *kann* so sein, es ist aber nicht immer so. Mehrere Kolonialkriege in den Jahren 1900 bis 1914 gingen nicht diesen Weg. [...] Die Verneinung jeder Möglichkeit nationaler Kriege unter dem Imperialismus ist theoretisch unrichtig,

---

70 Wladimir Iljitsch Lenin: „Das Militärprogramm der proletarischen Revolution", zuerst veröffentlicht im September und Oktober 1917 in der *Jugend-Internationale No. 9 & 10.* Russisch erst 1929 in der Werkausgabe erschienen, unter: https://www.marxists.org/deutsch/archiv/lenin/1916/10/militaer.htm.

historisch offenkundig falsch, praktisch gleicht sie dem europäischen Chauvinismus: Wir, die wir zu den Nationen gehören, die Hunderte Millionen Menschen in Europa, Afrika, Asien usw. unterdrücken, wir sollen den unterdrückten Völkern erklären, ihr Krieg gegen ‚unsere' Nationen sei ‚unmöglich'!"[71]

Lenin hatte die Gelegenheit, die unauflösbare Wirklichkeit dieser sich überschneidenden Dimensionen anlässlich des ukrainischen Unabhängigkeitskrieges zwischen 1917 und 1921, den wir im zweiten Kapitel behandeln werden, in der Praxis zu testen. Aber in seinem langen Artikel gibt es, abgesehen von einer Variation des Arguments der gerechten Kriege, eine ganze politische Konzeption des Krieges und seiner Beziehung zum Klassenkampf. Indem er ausdrücklich Clausewitz' Motto vom Krieg als Fortsetzung der Politik mit anderen Mitteln zitiert, stellt Lenin klar, dass die sozialistische Revolution nur das siegreiche Ergebnis des Bürgerkriegs jedes Landes sein kann:

> „Zweitens. Bürgerkriege sind auch Kriege. Wer den Klassenkampf anerkennt, der kann nicht umhin, auch Bürgerkriege anzuerkennen, die in jeder Klassengesellschaft eine natürliche, unter gewissen Umständen unvermeidliche Weiterführung, Entwicklung und Verschärfung des Klassenkampfes darstellen. Alle großen Revolutionen bestätigen das. Bürgerkriege zu verneinen oder zu vergessen hieße, in den äußersten Opportunismus verfallen und auf die sozialistische Revolution verzichten. Drittens schließt der in einem Lande siegreiche Sozialismus keineswegs mit einem Male alle Kriege überhaupt aus. Im Gegenteil, er setzt solche voraus. Die Entwicklung des Kapitalismus geht

71 Ebd.

> höchst ungleichmäßig in den verschiedenen Ländern vor sich. Das kann nicht anders sein bei der Warenproduktion. Daraus die unvermeidliche Schlussfolgerung: Der Sozialismus kann nicht gleichzeitig in *allen* Ländern Siegen. Er wird zuerst in einem oder einigen Ländern siegen, andere werden für eine gewisse Zeit bürgerlich oder vorbürgerlich bleiben. Das muss nicht nur Reibungen, sondern auch direktes Streben der Bourgeoisie anderer Länder erzeugen, das siegreiche Proletariat des sozialistischen Staates zu zerschmettern. In solchen Fällen wäre ein Krieg unsererseits legitim und gerecht, es wäre ein Krieg für den Sozialismus, für die Befreiung anderer Völker von der Bourgeoisie. Engels hatte vollständig recht, als er in seinem Briefe an Kautsky (vom 12. September 1882) ausdrücklich die *Möglichkeit* von ‚Verteidigungskriegen' des Sozialismus, *der schon gesiegt hat*, anerkannte. Er meinte nämlich die Verteidigung des siegreichen Proletariats gegen die Bourgeoisie anderer Länder."[72]

Es wäre äußerst vulgär und böswillig, an dieser Stelle zu behaupten, Lenin oder die Bolschewiki oder die Kommunist:innen der Dritten und Vierten Internationale seien für eine kriegerische Konzeption der Politik verantwortlich, die ihrerseits die Gewalt und den Terror erkläre, welche die Weltgeschichte bis heute prägen. Und zwar sowohl im Namen des bolschewikischen Projekts der Weltrevolution als auch im Namen des Kampfes gegen die liberalen Demokratien und faschistischen Diktaturen, die ihre Existenz und Ausbreitung bekämpfen. Ein gewisser ideologischer Antileninismus vergisst, dass Marx und Engels, als sie die Erfahrungen der Pariser Kommune analysierten, ihr Pamphlet mit

72 Ebd.

dem Titel *Der Bürgerkrieg in Frankreich* versahen. Im Gegenteil gilt es zu beweisen, dass seit der englischen und französischen Revolution die demokratische konstituierende Macht – das heißt die konstituierende Macht, die in den verschiedenen historischen Zusammensetzungen der Multitude ihr subjektives Rechenzentrum hat – sich nur durch revolutionäre Gewalt als Antwort auf die vorherige reaktionäre Gewalt der konstituierten Mächte ausdrücken konnte. Und dass das revolutionäre Ereignis sowie die Maßlosigkeit der demokratischen konstituierenden Macht (in Bezug auf die Ziele der aufstrebenden Bourgeoisie) nicht lange brauchten, um eine Synthese zu schaffen, die ab dem 19. Jahrhundert immer mehr reaktionäre Gewalt auslöste. Diese war Begleiterscheinung der Sklavenhalter- und Kolonialstaaten (Frankreich, Preußen, England), die auf die „gefährlichen Klassen“ dieselbe Art von Gewalt ausübten, die in den Kolonien eingesetzt wurde. Als der französische Nationalkonvent zwischen 1793 und 1795 die Sklaverei in Frankreich und den Kolonien abschaffte, fand die napoleonische Reaktion die stärkste Unterstützung bei den weißen haitianischen Plantagenbesitzern, deren Ziel die Wiedereinführung der Sklaverei war. Die Intervention der Spanier, Briten und später der Amerikaner änderte nichts an diesem zentralen Ziel, das die schwarze Bevölkerung des Landes um ein Drittel reduzierte.[73]

Der immer wieder faszinierende Reaktionär aus Extremadura, Juan Donoso Cortés, hat das Verdienst, seine extremistischen Urteile über die politische Realität des Königreichs Spanien Mitte des 19. Jahrhunderts

73 Vgl. C.L.R. James: *Die schwarzen Jakobiner. Toussaint Louverture und die Haitianische Revolution*, Berlin: Dietz & b-books 2022.

mit den authentischen Leidenschaften des europäischen Kontexts seiner Zeit aufzuladen, wie es beispielhaft in seiner „Rede über die Diktatur“[74] zum Ausdruck kommt, die er am 4. Januar 1849 auf dem spanischen Kongress der Monarchie von Isabella II. hielt, wenige Monate nach dem Ausbruch der europäischen Revolutionen von 1848:

> „Nun, das sind, in fast ganz Europa, meine Herren, die konstitutionellen Regierungen; ohne es zu bedenken, ohne es zu wissen, hat es uns gestern Herr Cortina bewiesen. Hat nicht Herr Cortina zu uns gesagt, dass er, und zwar mit Grund, das, was die Geschichte sagt, dem vorzieht, was die Theorien sagen? Ich rufe die Geschichte an. Was sind, Herr Cortina, diese Regierungen mit ihren legitimen Mehrheiten, die immer von den stürmischen Minderheiten besiegt werden, mit ihren verantwortlichen Ministern, die nichts verantworten, mit ihren unverletzlichen Königen, die immer verletzt und entweiht werden? So besteht die Frage, meine Herren, wie ich zuvor gesagt habe, nicht zwischen Freiheit und Diktatur; wenn sie zwischen Freiheit und Diktatur bestände, so würde ich für die Freiheit stimmen, wie alle, die wir uns hierhersetzen. Aber das Problem ist dieses, und damit will ich schließen: es handelt sich darum, zwischen der Diktatur der Auflehnung und der Diktatur der Regierung zu wählen; und in diesem Falle erwähle ich die Diktatur der Regierung als die weniger belästigende und die weniger beleidigende. [...] Es handelt

---

74 Juan Donoso Cortés: „Discurso sobre la dictadura“, gehalten vor dem Kongress der Abgeordneten: https://es.wikisource.org/wiki/Discurso_sobre_la_dictadura. Übers. in ders.: *Drei Reden. Über die Diktatur, Über Europa, Über die Lage Spaniens*, S. 48f, veröffentlicht 1948 im zweifelhaften Thomas Verlag in Zürich, der kurz zuvor vom Franco-Verehrer James Schwarzenbach übernommen wurde (Anm. d. Übers.).

> sich darum, zwischen der Diktatur, die von unten kommt, und der Diktatur, die von oben kommt, zu wählen; ich erwähle mir die, welche von oben kommt, weil sie aus reinlicheren und ausgeglicheneren Gegenden stammt. Es handelt sich schließlich darum, zu wählen zwischen der Diktatur des Dolchs und der Diktatur des Säbels; ich wähle mir die Diktatur des Säbels, denn sie ist die vornehmere."[75]

„Vornehm" deutet hier nicht nur auf eine stilistische Wahl von Donoso Cortés hin, sondern verweist auf das, was für den Historiker Arno Mayer der Schlüssel zur Lektüre der europäischen Moderne bis heute ist: Das existenzielle Bedürfnis, der politischen Autonomie der Multitude an arbeitenden, proletarischen und popularen Klassen ein Ende zu setzen, verwandelt die wachsende bürgerliche Hegemonie und demokratische Souveränität in eine Dialektik der Wiederherstellung des *Ancien Régime*, das heißt mit den militärischen, juristischen und klerikalen Eliten und den Großgrundbesitzern.[76] Donoso kommt das Verdienst zu, das reaktionäre Pathos (und die Bekräftigung der Vereinbarkeit von Industrialismus und kolonialem und renditegetriebenem Extraktivismus) mit extremer Triebkraft explizit zu machen (und gleichzeitig zu verwandeln). Und er tut dies auf der Grundlage einer Affirmation des Prinzips der Gewalt, das in der Setzung und Erhaltung von Klassenmacht am Werk ist, einer Affirmation des unmittelbar theologisch-politischen Charakters der Befehlsmacht des Staates. Eben dies sollte Carl Schmitt dazu veranlassen, ihn als einen

---

75 Ebd.

76 Vgl. Arno J. Mayer: *Adelsmacht und Bürgertum. Die Krise der europäischen Gesellschaft 1848–1914*, München: Beck 1984.

der Väter der modernen Souveränität zu betrachten, die auf der Möglichkeit beruhe, in einem politischen Feld einen Ausnahmezustand zu erklären, in dem nur die Unterscheidung zwischen Freund und Feind gilt.[77] Es ist derselbe Geist, in dem die Dritte Französische Republik von Adolphe Thiers, die aus der Niederlage gegen das Bismarck'sche Deutschland hervorging, die Orléanisten und Legitimisten nicht aus der materiellen und formellen Verfassung ausschließen wollte. Denn der existenzielle Feind war die Pariser Kommune, die fast zeitgleich mit der Republik ausgerufen wurde. Die Grausamkeit der Repression gegen die *communards* und die Verurteilung ihres Andenkens sind Teil jenes langsamen Metabolismus der Gewalt des real existierenden Kapitalismus, der aus der sukzessiven Kristallisation von Kriegsmaschinen hervorgeht, die in den Vereinnahmungs-/Polizeiapparaten der kolonialen Verfassungsstaaten aufgebaut wurden.

Lenins Realismus basiert auf dieser Wirklichkeit, und mehr als ein Jahrhundert später musste sich diese historisch-materialistische Sichtweise mit einem Problem auseinandersetzen, das ein immer noch optimistischer Engels als gelöst ansah (darin stark beeinflusst von der Realität der Kämpfe der subalternen Klassen in England am Ende des Jahrhunderts und von den wahlpolitischen und gewerkschaftlichen Fortschritten der deutschen Sozialdemokratie). Das heißt: Ein Bürgerkrieg war nicht notwendigerweise unvermeidlich. In seiner Polemik gegen den antisemitischen Sozialisten Eugen Dühring sagt er im Abschnitt über „Gewaltstheorie“:

---

77 Vgl. Carl Schmitt: *Donoso Cortés in gesamteuropäischer Interpretation*, Berlin: Duncker & Humblot 2009.

„Und sie [die Gewalt] hat sich in dieser ihr angemessenen politischen und rechtlichen Atmosphäre glänzend entwickelt, so glänzend, dass die Bourgeoisie schon nicht mehr weit von der Stellung ist, die der Adel 1789 einnahm: sie wird mehr und mehr, nicht nur sozial überflüssig, sondern soziales Hindernis; sie scheidet mehr und mehr aus der Produktionstätigkeit aus und wird mehr und mehr, wie seinerzeit der Adel, eine bloß Revenuen einstreichende Klasse; und sie hat diese Umwälzung ihrer eignen Stellung und die Erzeugung einer neuen Klasse, des Proletariats, fertiggebracht, ohne irgendwelchen Gewaltshokuspokus, auf rein ökonomischem Wege. Noch mehr. Sie hat dies Resultat ihres eignen Tun und Treibens keineswegs gewollt – im Gegenteil, es hat sich mit unwiderstehlicher Gewalt gegen ihren Willen und gegen ihre Absicht durchgesetzt; ihre eignen Produktivkräfte sind ihrer Leitung entwachsen und treiben, wie mit Naturnotwendigkeit, die ganze bürgerliche Gesellschaft dem Untergang oder der Umwälzung entgegen. Und wenn die Bourgeois jetzt an die Gewalt [gegen das Proletariat] appellieren, um die zusammenbrechende ‚Wirtschaftslage' vor dem Einsturz zu bewahren, so beweisen sie damit nur, dass sie in derselben Täuschung befangen sind wie Herr Dühring, als seien die politischen Zustände die entscheidende Ursache der Wirtschaftslage'; dass sie sich einbilden, ganz wie Herr Dühring, sie könnten mit dem ‚Primitiven', mit ‚der unmittelbar politischen Gewalt' jene ‚Tatsachen zweiter Ordnung', die Wirtschaftslage und ihre unabwendbare Entwicklung umschaffen und also die ökonomischen Wirkungen der Dampfmaschine und der von ihr getriebnen modernen Maschinerie, des Welthandels und der heutigen

> Bank- und Kreditentwicklung mit Krupp-Kanonen und Mauser-Gewehren wieder aus der Welt schießen."[78]

Stark verbesserte Versionen von Krupp-Kanonen und Mauser-Gewehren (sowie die Nutzung der Produktivkräfte der Wissenschaft durch die Firma Bayer für die Erfindung chemischer Waffen wie Senfgas oder Phosgen) trugen dazu bei, dass das Zusammenspiel zwischen Kriegsmaschinen und den Befehlsmächten der imperialistischen Staaten über Clausewitz' Überlegungen zu den napoleonischen Kriegen hinausging: Sie taten ihren Teil, die faschistischen Formen oder Resultanten entsprechend den sechs grundlegenden Matrizen herauszuarbeiten, die wir im zweiten Kapitel analysieren werden. Seither konnten wir bemerken, dass die Axiomatik des Kapitalismus das Massaker, die Hungersnot, den Genozid und den Ökozid als Variablen des *Schocks* und der ursprünglichen Akkumulation inkorporiert hat und, wie wir weiter unten sehen werden, den Faschismus als entweder latente oder aktive Komponente des menschlichen fixen Kapitals, nämlich unserer im Netz verbundenen und ausgebeuteten Gehirne, eingeführt hat. Und das hat zwangsläufig Konsequenzen für die *Notwendigkeit* von Bürgerkriegen oder nationalen Befreiungskriegen, die die „gerechten Kriege" sein sollten, von denen Lenin schreibt.

Wir sehen also, dass die Unterscheidung zwischen Aggressor und Angegriffenem aus völkerrechtlicher

---

78 Zusammengefasst: Die Bourgeoisie ist der Ansicht, dass dieselbe Gewalt, die sie zur Zerstörung des bröckelnden Gebäudes des Ancien Régime eingesetzt hat, auch zur Zerschlagung derjenigen eingesetzt werden kann, die sich gegen ihre Überflüssigkeit auflehnen. Vgl. Friedrich Engels: „Anti-Dühring", in: *MEW* 20, 153f.

Sicht zutreffend ist, aber aus Sicht der tatsächlichen Funktionsweise des planetarischen *law enforcement* fehlgeht. Dennoch oder gerade deshalb umfasst das Gefälle der Unterstützung für die Kriegspolitik durch linke Sektoren mindestens drei Richtungen, die sich abstrakt an die ukrainische oder russische Bevölkerung wenden, die *in absentia* von Wolodymyr Selenskyj oder Wladimir Putin vertreten werden.

Da ist zum einen die Position der Befürwortung diplomatischer, wirtschaftlicher und politischer Sanktionen gegen Russland, die sich in dieser Phase des Krieges in die Ecke gedrängt sieht und die von Intellektuellen wie Jürgen Habermas hochgehalten wird. Zweitens gibt es die kriegstreiberische Mehrheitsmeinung, die Waffenlieferungen, die Aufrüstung der EU und die Fortsetzung der Kriegsanstrengungen ohne Nuancen befürwortet und die vor allem von Minderheiten der ukrainischen Linken und der europäischen Sozialdemokratie vertreten sowie von Gruppen wie der ukrainischen *Sotsyalnyi Rukh* [Soziale Bewegung] oder Intellektuellen wie Paul Mason verkörpert wird. Und drittens gibt es eine Minderheitsströmung, die sich mit dem russischen Imperialismus verbündet. Diesen drei Vernichtungslinien steht der seit langem bestehende antimilitaristische Internationalismus gegenüber (u. a. die Wobblies, die weltweite Gewerkschaft der *Industrial Workers of the World*), der vor der Herausforderung steht, einen Plan zu artikulieren, um einen konstituierenden Frieden in Europa zu erreichen.

Jürgen Habermas im Labyrinth

Der 92-Jährige, einer der letzten noch lebenden Theoretiker der Frankfurter Schule, konnte es nicht lassen, nach der *Zeitenwende** der Außen- und Handelspolitik seines Landes gegenüber Russland im Zuge des Einmarsches in die Ukraine in der deutschen Öffentlichkeit zu intervenieren.[79] Habermas hat sich seit den 1960er-Jahren mit seinem Stil, rationale Rahmenbedingungen von Debatten aufzuzeigen und dies mit einer aufgeklärten und fortschrittlichen ethischen Haltung zu verbinden, stets an den wichtigen Debatten in Deutschland beteiligt. Er tat dies zur Zeit der Entstehung des Sozialistischen Deutschen Studentenbundes (SDS) in der ordoliberalen und autoritären BRD des Jahres 1967, der die Formierung der sogenannten „Außerparlamentarischen Opposition" (APO) folgen sollte, für die er den etwas lieblosen Begriff „Linksfaschismus" prägte. Und schließlich intervenierte er, immer noch in der BRD, im „Historikerstreit" Mitte der 1980er-Jahre über den Ausnahmecharakter der „Nazi-Episode" in der deutschen Geschichte, wo er mit dem Finger auf die revisionistischen Versuche von Akademikern wie Ernst Nolte und Joachim Fest zeigte. Später sprach er sich für die Wiedervereinigung aus und prägte den Begriff der „nachholenden Revolution" als Option für ein vereintes Deutschland, das die sozialen Errungenschaften der DDR integriert; bezüglich des Ersten Golfkriegs

---

79 Und dies angesichts des schlechten Gewissens, das aus Federn wie denjenigen Dardot und Lavals oder selbst Étienne Balibars floss, die nicht zögerten, die politisch-militärische Strategie der Ukraine als „gerechten Krieg" zu bezeichnen und jene, die seit Jahrzehnten auf die Verantwortung des Atlantischen Bündnisses bei der Schaffung eines hyperexplosiven Szenarios hinweisen, als „UdSSR-Nostalgiker" und „Putin-Freunde" anzuklagen.

rechtfertigte er die Intervention der von der UNO sanktionierten Koalition mit der eklatanten Verletzung des Völkerrechts durch das Regime von Saddam Hussein. Mit demselben Argument widersetzte er sich mehr als ein Jahrzehnt später der von der Regierung Bush Jr. angeführten und von Tony Blair sowie José María Aznar flankierten Invasion, die gegen den Willen der UN-Versammlung und des Sicherheitsrats erfolgte.

Diesmal thematisiert Habermas das von ihm so genannte „westliche Dilemma" aufgrund der virulent gewordenen Kritik des politischen und medialen atlantischen Establishments an der *Ostpolitik**, die Willy Brandts sozialdemokratisch-liberale Koalitionsregierung 1969 einleitete und von den nachfolgenden konservativen Regierungen von Helmut Kohl bis Angela Merkel übernommen wurde. Angesichts der deutschen Medienkontroverse über die Waffenlieferungen an die Ukraine, die Aufrüstung der Bundeswehr und die Möglichkeit eines deutschen militärischen Eingreifens in den Konflikt äußert sich Habermas in „Krieg und Empörung" folgendermaßen:

> „Und doch irritiert mich die Selbstgewissheit, mit der in Deutschland die moralisch entrüsteten Ankläger gegen eine reflektiert und zurückhaltend verfahrende Bundesregierung auftreten. [...] Nachdem sich der Westen entschlossen hat, in diesen Konflikt nicht als Kriegspartei einzugreifen, gibt es eine Risikoschwelle, die ein ungebremstes Engagement für die Aufrüstung der Ukraine ausschließt. Diese ist durch den jüngsten Schulterschluss unserer Regierung mit den Alliierten in Ramstein ebenso wie durch Lawrows erneute Drohung mit dem Einsatz von Atomwaffen soeben wieder in ein grelles Licht gerückt worden. Wer ungeachtet dieser Schwelle den

> Bundeskanzler in aggressiv-selbstgewissem Tenor in diese Richtung immer weiter vorantreiben will, übersieht oder missversteht das Dilemma, in das der Westen durch diesen Krieg gestürzt wird. […] Das Dilemma, das den Westen zur risikoreichen Abwägung von Alternativen im Raum zwischen zwei Übeln – einer Niederlage der Ukraine oder der Eskalation eines begrenzten Konflikts zum dritten Weltkrieg – nötigt, liegt auf der Hand."[80]

Für Habermas ist klar, dass die Drohung des Einsatzes von Atomwaffen in dem Konflikt nicht außer Acht gelassen werden darf und dass die Ukraine aus Angst vor Atomwaffen nicht sich selbst überlassen werden darf, was wahrscheinlich ein Blankoscheck für die russische Regierung wäre, dasselbe mit Georgien oder Moldau zu tun. Bei beiden Extremen der Vorsicht (angesichts der nuklearen Bedrohung und angesichts des moralischen Enthusiasmus derjenigen, die Waffenlieferungen an die Ukraine befürworten, um die russische Invasion zu vereiteln, Putin auf der internationalen Bühne politisch zu besiegen und selbst sein Regime zu destabilisieren) sieht Habermas einen Generationenkonflikt zwischen denen, die den Kalten Krieg erlebt haben (und daher verstanden, dass, ohne Minderung des atlantischen und antikommunistischen Engagement der BRD, eine Ostpolitik der Entspannung und der Handelsbeziehungen das beste Mittel gegen eine nukleare Eskalation war), und den späteren Generationen, die mit den humanitären Kriegen aufgewachsen sind.[81] Letztere vermengen ihr mitfühlendes und empörtes Engagement mit der ukrainischen

80 Jürgen Habermas, „Krieg und Empörung", in: *Süddeutsche Zeitung*, 29. April 2022, S. 12.

81 So der Fall bei Außenministerin Annalena Baerbock und Vizekanzler Robert Habeck, beide Mitglieder von Bündnis 90/Die Grünen.

Situation, fühlen sich angesichts der aggressiven Forderungen von Präsident Selenskyj in ihrer historischen und moralischen Verantwortung angerufen. Dies äußert sich in der Bereitschaft zu uneingeschränkter militärischer Hilfe, mit einem unklaren Bewusstsein für die unzweifelhaften Risiken eines Zermürbungskrieges gegen eine invasorische Atommacht, über deren Pläne und mögliche Reaktionen nur lückenhaftes Wissen besteht.

Habermas spart nicht mit kritischen Kommentaren über die Bekehrung ehemaliger Pazifist:innen zum ukrainischen Kreuzzug, begleitet von einer Wiederbelebung der antisowjetischen Gemeinplätze, beispielsweise einhergehend mit der Charakterisierung Putins als neuem Hitler, der diesmal von Osten her in den Westen eindringt. Eine emotionale Verwirrung, die sie „realistische" Prinzipien der internationalen Beziehungen auf Grundlage eines Idealismus ablehnen lässt, der sie dazu bringt, sich gefährlich weit über die Schwelle hinaus zu begeben, jenseits deren eine Eskalation unvorhersehbar und unkontrollierbar wird. Aber Habermas entgeht auch nicht, dass gerade in diesem Zusammenhang die deutsche Aufrüstung und die Abkehr von den Kriterien der Ostpolitik einen Wiedereinzug imperialistischer und aggressiver Positionen der historischen deutschen Rechten begünstigen kann. Reaktionäre Kreise haben sich stets gegen die Ostpolitik gewandt und keine Gelegenheit ausgelassen, die Geschichte des Landes seit der Bismarck'schen Einigung zu revidieren und das Ergebnis der Nazi-Niederlage im Zweiten Weltkrieg im Hinblick auf den Verfassungsauftrag bezüglich Aufgaben und Umfang der Bundeswehr in Frage zu stellen. Dies ist ein weiterer der Faktoren, die zu äußerster Vorsicht und zur Notwendigkeit einer offenen und breiten

Debatte darüber führen, wie die Ukraine angesichts einer völkerrechtswidrigen Invasion unterstützt werden kann, wobei das Völkerrecht im Hinblick auf die Verantwortlichkeit der russischen Regierung geltend gemacht und gleichzeitig eine Militarisierung der internationalen Beziehungen vermieden werden muss, die das Ende der pluralistischen und deliberativen Demokratien bedeuten würde, für die Habermas eintritt.

Die Intervention von Jürgen Habermas ist bedeutend. Nicht nur aufgrund des Gewichts seiner Stimme in der europäischen und deutschen medialen Debatte, sondern auch, weil er ein Symptom dafür ist, dass der Krieg in der Ukraine und dessen lange Prolegomena, die 2014 begannen, einen Horizont der Unvorhersehbarkeit eröffnet haben, der in den letzten fünfzig Jahren beispiellos war. Es handelt sich um eine Ungewissheit, die nicht nur die Risiken einer Eskalation des Krieges betrifft, durch die andere Länder wie Moldau und Georgien (oder direkt NATO-Mitglieder wie Polen oder die baltischen Staaten) in diesen einbezogen werden könnten, sondern auch, wie wir im zweiten Kapitel sehen werden, den Umstand, dass der moderne Krieg Faktoren der Beschleunigung und einer enormen Opazität in die Finanz-, Energie-, Nahrungsmittel- und Handelskreisläufe, in die menschlichen Mobilität und in die Entwicklung der Ökosysteme einführt. Darüber hinaus erlaubt er dichte und unvorhersehbare Wechselwirkungen zwischen diesen Ebenen, die ein hyperkomplexes Bild ergeben, bei dem es nicht mehr ausreicht, von „Krise" oder „multifaktorieller Krise" zu sprechen. Eine beinahe jederzeit gemäßigte Stimme wie die von Habermas formuliert heute das tiefgreifendste und unlösbarste Dilemma des europäischen Projekts.

Paul Mason verliert den Verstand

Indessen befand sich die Position von Habermas deutlich in der Minderheit. Allgemein gesagt befürwortet die europäische *Intelligenzija* das Eingreifen der NATO in den Krieg in der Ukraine, zuweilen mit Hilfe der oben erwähnten funktionalen leninistischen Äußerungen. In dieser Abteilung und als Vertreter des angelsächsischen Raums tat sich Paul Mason[82] hervor durch sein entschlossenes Engagement für die Intensivierung der westlichen Kriegsanstrengungen als Mittel zum Triumph des sozialistischen und anarchistischen Widerstands gegen die russische Invasion und, als wäre das nicht genug, sogar zum Sturz Putins durch die popularen Massen und einer möglichen sozialistischen Revolution in der Russischen Föderation. Nein, das ist kein Scherz. Am 18. Januar 2022, einen Monat vor Beginn der „Spezialoperation" auf ukrainischem Boden, behauptete Mason im *The New European*:

> „Unter diesen Voraussetzungen sehen Sozialdemokraten wie ich sie [die NATO] als ein wertvolles Element der geopolitischen Architektur an: eine realistische Form der Abschreckung für einen Putin, der in Estland, Griechenland oder Polen mit harter Hand vorzugehen versucht,

---

82 Paul Mason schrieb vor einigen Jahren das Buch *Postkapitalismus* (Berlin: Suhrkamp 2018), dem unter anderem das Verdienst zukam, die britische und allgemein die angelsächsische Öffentlichkeit in einige der kontinentalen Debatten über die Kritik des postfordistischen Kapitalismus und die Kritik des Sozialismus, sowohl des „realen" als auch des altfordistischen sozialdemokratischen, einzuführen. Seine Herangehensweise an die Kritik der Lohnarbeit war in ihrer Matrix operaistisch und postoperaistisch, so auch damit verbundene Themen des universellen, individuellen und bedingungslosen Grundeinkommens oder der *Allmende* als neuer Produktionsweise (und nicht als vorkapitalistischer Atavismus).

> und eine wichtige Institution zur Aufrechterhaltung der nationalen Sicherheit Großbritanniens. [...] Der strategische Realismus diktiert, dass die Ukraine der NATO nicht beitreten kann, bevor ein demokratischer politischer Aufstand Putin selbst hinweggefegt hat. Sie kann jedoch eine stabile und transparente Demokratie werden, indem sie die repressiven Maßnahmen gegen linke Oppositionelle aufgibt und sich von der chronischen Korruption befreit. Und dies sollten die beiden Ziele des Westens sein, die von den liberalen, linken und progressiven Bewegungen in der Zivilgesellschaft aktiv verfolgt werden sollten."[83]

Mason schrieb dies kurz vor der russischen Invasion. Wenige Wochen nach der Aggression legte er nach und perfektionierte, was wir als „revolutionären atlantizistischen" Standpunkt bezeichnen können, und zwar in einem Artikel mit dem Titel „*Outlines of a Marxist Position*"[84], den wir hier zitieren müssen, weil er das symmetrische Gegenteil des prorussischen „geopolitischen Realismus" zum Ausdruck bringt: „Atlantizismus" gegen „*Tankies*". Im Grunde ist das Stück eine Tirade gegen reale und imaginäre Positionen der westlichen Linken, die Mason vorschnell als „Stalinismus" zusammenfasst. Vorschnell und, so sollte hinzugefügt werden, auch ungerechtfertigt, da zu dieser Kategorie all jene gezählt werden, die meinen, dass es eine Verantwortung der NATO für die zunehmenden Spannungen und die Eskalation des Krieges im Donbas seit 2014 gibt:

---

83 Vgl. Paul Mason: „War in Ukraine would be a war like no other... the West must act now", *The New European*, 18. Januar 2022, unter: https://www.theneweuropean.co.uk/paul-mason-on-war-in-ukraine-and-why-the-west-must-act-now/.

84 Vgl. Paul Mason: *Outlines of a Marxist Position*, 12. März 2022, unter: https://paulmasonnews.medium.com/ukraine-outlines-of-a-marxist-position-8410859acfc7.

> „Hier haben wir es mit Stalinismus zu tun – und zwar nicht nur eine Restloyalität zu Russland als ehemaligem Sowjetstaat, sondern um Stalinismus als Denkweise, die von 60-jährigen Nostalgikern der Sowjetära und 20-jährigen Linken geteilt wird, die vom Antihumanismus Althussers und Foucaults getrunken haben. Wenn man akzeptiert, dass ‚die Menschheit ein soziales Konstrukt ist' und dass ‚Geschichte ein Prozess ohne Subjekt ist', kann man die 1500 in Mariupol getöteten Zivilisten als ‚Neonazis' bezeichnen; man kann die Verschiebung der osteuropäischen Länder in Richtung NATO-Mitgliedschaft in den 1990er Jahren betrachten und sie als ‚Einkreisung' bezeichnen; man kann ein ganzes Volk von 41 Millionen Menschen unter die Kategorie ‚Marionetten des Westens' einordnen."[85]

Es ist wahr, die politische Prosa des angelsächsischen Linksatlantizismus hat seit den Tagen von George Orwell viel an Gewicht verloren. Aber kommen wir zu den Thesen seines Artikels. Erstens argumentiert Mason, dass die Ukraine einen Selbstverteidigungskrieg gegen eine verbrecherische Invasion führt, was richtig ist, und dass die Anerkennung dieser Tatsache nicht bedeutet, dass weniger demokratische Aspekte von Selenskyjs Regierung unterstützt würden. Zweitens argumentiert er, dass dieser Krieg die Dimension eines interimperialistischen Konflikts aufweist, da seit 2010 ein „Triimperialismus" in der Welt entstanden ist, in der neben den USA und Russland auch China dazu übergegangen ist, sich als neokoloniale Macht zu verhalten. Und er fügt an, dass, wenn das alles wäre, die leninistische Position Sinn machen würde, in einem interimperialistischen

85 Ebd.

Konflikt keine Seite zu wählen. Aber es gebe noch eine weitere Dimension, nämlich die eines Konflikts

> „zwischen zwei militarisierten kapitalistischen Diktaturen und dem liberal-demokratischen Westen. Sowohl Putin als auch Xi haben die interne Opposition und die unabhängige Arbeiter:innenbewegung zerschlagen, die Rechtsstaatlichkeit mit Füßen getreten und die volle Wucht des Überwachungskapitalismus gegen die eigene Bevölkerung gerichtet. Es gibt im Kapitalismus keine Wesenseigenschaft, die besagt, dass er stets und immerzu liberal-demokratisch bleiben wird. Im Moment ist er das aber. Abgesehen von rechtsextremen Gruppierungen (Trump, Zemmour, Orbán) *zeigen die westlichen politischen und wirtschaftlichen Eliten eine aktive Vorliebe für Rechtsstaatlichkeit, Wissenschaft, den demokratischen Prozess und die universellen Menschenrechte.*“[86]

Die Hervorhebung ist von mir, ja. Denn es ist schwer zu verstehen, mit welcher Mischung aus extremem Voluntarismus und ostentativer Böswilligkeit Mason nichts Geringeres beabsichtigt, als eine europäische und weltweite revolutionäre sozialistische Position mit der faktischen Unterstützung einer Kriegseskalation zu verknüpfen, die vollständig vom politisch-militärischen Kommando der NATO beherrscht wird, welches seinerseits, mit Ausnahme des privilegierten französischen Partners, eine Verlängerung der US-Außenpolitik ist. Für Mason geht es darum, „die ukrainische Linke, die Gewerkschaften und die Menschenrechtsorganisationen“ zu unterstützen und gleichzeitig „unseren Widerstand gegen Haushaltskürzungen, repressive Gesetze, rassistische Migrations- und Fluchtgesetze aufrechtzuerhalten sowie gegen jeden

---

86 Ebd.

Versuch, die Situation zur Durchsetzung von Einschränkungen der bürgerlichen Freiheiten auszunutzen".

Unglücklicherweise war Mason nicht in der Lage, sich mit ausreichendem Nachdruck gegen das eine Woche später erfolgte Verbot von elf bis dahin legalen ukrainischen politischen Parteien zu wehren, unter denen sich mehrere linke Parteien befanden: die Linke Opposition, die Union der linken Kräfte, die Progressive Sozialistische Partei der Ukraine, die Sozialdemokratische Partei der Ukraine und die Partei der Sozialisten. Andere, wie die Kommunistische Partei der Ukraine, die erneuerte Kommunistische Partei der Ukraine und die Kommunistische Partei der Arbeiter und Bauern, waren bereits 2015 von der Regierung von Petro Poroschenko verboten worden. Dieser ist der Hauptverantwortliche für die Militarisierung und Aufrüstung sowie für die ukrainische nationalistische Politik, die der sprachlichen, kulturellen und politischen russischen Präsenz im Land feindlich gesinnt ist.

Im Fall von Mason handelt es sich nicht um einen politischen und emotionalen Ausbruch, der durch die Härte und den Zynismus der russischen Invasion provoziert wurde, sondern durch und durch um eine politische Wette, bei der es um eine Übernahme von Verantwortung, Wachsamkeit und Ermutigung für die gemeinsamen Kriegsanstrengungen der NATO sowie der ukrainischen Regierung und des ukrainischen Generalstabs geht. Bald 100 Tage nach Beginn der Invasion sorgte sich Mason[87] um den Rückgang der Aufmerksamkeit

---

87 Artikel in *The New Statesman*: „Western fatigue over Ukraine war risks handing victory to Putin", 1. Juni 2022, unter: https://www.newstatesman.com/world/europe/ukraine/2022/06/western-fatigue-over-ukraine-war-risks-handing-victory-to-putin.

und des Interesses der westlichen Öffentlichkeit am Verlauf des Krieges, während in der Stadt Sewerodonezk Straße für Straße gekämpft wurde. Hier wird der zivilisierende Ton Masons noch schärfer:

> „Auf jeder dieser Ebenen [Land- und Seekrieg; Informationskrieg; Frage der Strategie] steht der Krieg auf dem Spiel. Das ist keine langweilige Tatsache: Es sollte eine erschreckende Tatsache sein. *Es bedeutet, dass das Schicksal des Westens – den ich nicht geografisch, sondern als Mentalität* [state of mind] *definiere* – in der Schwebe hängt."[88]

Die Hervorhebung stammt wieder von mir. In demselben Artikel hatte Mason bereits seine Einsicht bewiesen, indem er feststellte:

> „So entsetzt Sie auch über die menschlichen Folgen des Krieges sein mögen: *das ukrainische Volk will mit überwältigender Mehrheit*, dass Sie ihm erlauben, ihn weiterzuführen."

Die Hervorhebung ist auch diesmal nicht von ihm. Wir wissen nicht – denn er sagt es uns nicht – wie Meinungsumfragen durchgeführt werden können und welchen Wert sie haben in einem völlig vom Krieg zerrissenen Land, in dem 30 Prozent der Bevölkerung Russisch als Muttersprache haben und in dem sich zum Zeitpunkt der Abfassung des Artikels 20 Prozent des Territoriums in den Händen der Invasoren befanden.

Masons Fall ist extrem, aber interessant, weil er die Schwelle der Wandlung einer voluntaristischen, ideologischen Position emanzipatorischer Kriegstugenden zu einer Position der „westlichen zivilisatorischen Linken" darstellt. Eine solche politische Sichtweise behauptet,

---

88 Ebd.

dass Krieg, Demokratie, Sozialismus und Emanzipation Teil eines Kontinuums sein können, sogar unter dem einheitlichen Kommando der NATO. Dies hat Mason dazu veranlasst, einen regelrechten Kreuzzug zur Eliminierung aller Stimmen (aus der Öffentlichkeit) zu führen, die nicht mit der von der NATO, dem Pentagon und der Europäischen Kommission propagierten Konfliktdarstellung übereinstimmen. Sein besonderer Beitrag besteht darin, Medien und Persönlichkeiten, die eindeutig mit den Ansichten des Kremls übereinstimmen, mit politischen Gruppen und Podcasts in einen Topf zu werfen, die sich gegen den Krieg und das Kriegsregime, das in internationalen Beziehungen, den Medien und in der Innenpolitik der Staaten umgesetzt wird, aussprechen.[89]

Der schmerzhafte Widerspruch von Sotsyalnyi Rukh

Inmitten der militaristischen Rhetorik Paul Masons, der immensen Mehrheit der *Intelligenzija* und der europäischen Sozialdemokratie, findet sich die konkrete und körperliche Realität einiger politischer, gewerkschaftlicher und aktivistischer Minoritäten der ukrainischen Linken wieder. Diese Kräfte befürworten die Kriegsanstrengungen ihrer Regierung und die Intervention der NATO in der Überzeugung, dass Putins Russland der

89 Das Ausmaß von Masons Beteiligung an dem, was man als „verdeckte Operationen" bezeichnen könnte, wurde deutlich, nachdem *The Grayzone* (ein übrigens eher dubioses Medienprojekt, gegen das Mason eine Verleumdungs- und Zensurkampagne zu inszenieren versuchte) einige seiner Gespräche mit Verantwortlichen von Trollagenturen leakte, die mit britischen und amerikanischen Geheimdiensten verbunden sind. Vgl. „Paul Mason's covert intelligence-linked plot to destroy The Grayzone exposed", 7. Juni 2022, unter: https://thegrayzone.com/2022/06/07/paul-masons-covert-intelligence-grayzone/.

existenzielle Feind ist, der mit dem Verschwinden des ukrainischen Nationalstaates und einer Wiederholung der Unterdrückungsgeschichte durch Großrussland droht.

In der europäischen Kontroverse haben sich vor allem die Mitglieder der ukrainischen *Sotsyalnyi Rukh* [*Sozialen Bewegung*] hervorgetan, ein Verband antikapitalistischer und antistalinistischer Gruppen, der beschlossen hat, zu den Waffen zu greifen, um gegen die russische Invasion zu kämpfen, und der die von ihm sogenannte „westliche Linke" für ihre Haltung zur russischen Aggression scharf kritisiert hat. Zu ihnen gehört Taras Bilous, ein Soziologe – und außerdem Aktivist –, der in verschiedenen Artikeln und Interviews auf das Unverständnis (wenn nicht gar die Feindseligkeit) westeuropäischer Linken gegenüber der alternativen Linken in Ländern des ehemaligen Sowjetblocks hingewiesen hat. Aus Bilous' Interventionen lässt sich herauslesen, dass es so etwas wie eine Spiegelsymmetrie zwischen dem europäischen Osten und Westen gibt: Wenn für die westliche antineoliberale Linke die NATO und ihr US-Hegemon das Bollwerk von Demokratien des Privateigentums gegen soziale und wirtschaftliche Demokratie darstellen, so hat in Osteuropa der russische Regionalhegemon schon vor und seit dem Zusammenbruch der UdSSR die gleiche Rolle gespielt. Daraus folgt, dass jede politische und militärische Kraft, die ein Gegengewicht zur russischen Hypothek auf die Entscheidungsautonomie der östlichen Staaten darstellt, eine positive Kraft ist, und daher sowohl die NATO als auch die EU gegenüber Russland eher eine abschreckende als eine provozierende Rolle bekleidet haben und dies immer noch tun. Vielleicht ist es diese Annahme einer spiegelbildlichen Symmetrieachse zwischen Ost und West, die Bilous dazu veranlasst, der antineoliberalen Linken einseitig eine implizite oder explizite prorussische Haltung zuzuschreiben. Er tut dies, ohne großartig zwischen den Positionen zu unterscheiden, die dem Neostalinismus (und/oder Minderheitsausprägungen rotbrauner Querfronten) zugeschrieben werden könnten, und den Positionen, die man als die Überbleibsel der neuen Linken bezeichnen könnte, die mit der weltweiten Revolte von 1968 geboren wurde.

Was lässt sich zu dieser Symmetrie sagen? Es ist wichtig, dass wir dieses Problem angehen, denn, wie wir oben gesehen haben, hat die Erweiterung der EU um die Länder des Ostens und des Balkans weder zu einer Stärkung der Beziehungen zwischen den europäischen Linken noch zu einer relativen Angleichung der politischen Zyklen zwischen den verschiedenen Regionen geführt.

Eine solche Angleichung hat auch im Westen nicht stattgefunden, außer bei wichtigen Wendepunkten des europäischen Projekts, insbesondere während der Abläufe vom Vertrag von Maastricht (1993) zum Vertrag von Amsterdam (1997), die die neoliberale Verfassung der Union als eine Konföderation differenzierter Steuer- und Arbeitsregime konsolidierten, die einer Einheitswährung nichtöffentlichen/finanziellen Typs wie dem Euro untergeordnet sind. Oder dann später, als der misslungene Prozess des europäischen Verfassungsvertrags zwischen 2004 und 2005 entgleiste. Ausgehend von der Finanzkrise 2008 hat sich diese paradoxe Konzentration der politischen Sphären noch verstärkt, insbesondere in den Euro-Mitgliedstaaten, was mit dem Stimmenzuwachs linker und rechter Varianten des sogenannten „Souveränismus“ bei Wahlen zusammenfällt.

Dieser Prozess hat die Kluft zwischen Ost und West vertieft, aber die Gründe sind ebenso politisch wie kontingent und haben mit der Unfähigkeit zu tun, transeuropäische politische und soziale Bewegungen aufzubauen, zumindest innerhalb der 27 EU-Mitgliedstaaten. Es hat Versuche gegeben, wie den Euromayday in den 2000er Jahren, aber der Mangel an transformativem Handeln hat dazu geführt, dass der Prozess der „Integration" öffentlicher Sphären der östlichen Länder mit denen der westlichen Länder durch die alles andere als neutrale Vermittlung von EU-Agenturen und Nichtregierungsorganisationen (NGOs) stattgefunden hat, die die ausgelagerte Arbeit der Förderung „europäischer Werte" in der postsozialistischen „Zivilgesellschaft" erledigt haben. Mit anderen Worten bestand ihre Rolle darin, hinsichtlich öffentlicher Dienstleistungen, Land- und Geldeigentum oder öffentlicher Verschuldung für den Neoliberalismus zu werben, sowie für die positiven Aspekte der EU-Charta der Grundrechte (Rechte und Schutz von Frauen, LGTBQI-Personen, nationalen Minderheiten und staatenlosen europäischen Völkern – wie den Roma und Sinti). Die Auswirkungen der mächtigen Rolle der Europäischen Kommission und ihrer NGO-Kohorte sind auch an der relativen Arglosigkeit wahrzunehmen, mit der alternative osteuropäische Linke die EU- und NATO-Integration betrachtet haben. Eine Arglosigkeit jedenfalls, die ein guter Teil der Bevölkerung teilt, insbesondere Junge, Frauen und LGTBQI-Personen, und das nicht ohne Grund, wenn man das relative Gewicht von Konservatismus, Misogynie, Transphobie und Rassismus in den Ländern des Ostens während der „Transition" ab den 1990er Jahren bedenkt.

Doch abgesehen von diesen möglichen spiegelsymmetrischen Phänomenen geht es hier um die Frage, ob die NATO voll in den Krieg gegen die russische Invasion einbezogen werden sollte, und um die emanzipatorischen Möglichkeiten, die ein Sieg in diesem Krieg für die Ukraine und, *last but not least*, für Russland eröffnen würde. Überraschend ist die Arglosigkeit, mit der sich der erwähnte Bilous und sein politischer Referenzraum mit der Kriegsführung des Doppelgespanns aus ukrainischer Regierung und NATO-Oberkommando identifizieren. Wir sagen Naivität, weil sie zugleich vorgeben, dass in dieser Dynamik des Krieges (der, wie die Erfahrung des modernen Kriegs lehrt, nur noch bestialischer und mörderischer werden kann) eine revolutionäre Minderheit das Programm der nationalen Befreiung und der sozialen Revolution vereinen, Wladimir Putin „stürzen" und nebenbei einen popularen Aufstand in Russland fördern kann.

Wir haben bereits nachdrücklich darauf hingewiesen, dass es unanständig ist, einer Zivilbevölkerung vorzuschreiben, wie sie sich angesichts einer militärischen Aggression gegen ihr Territorium, sei es aus dem Ausland oder aus dem Inland, zu verhalten hat. Die Entscheidung von Gruppen und Bewegungen wie der *Sotsyalnyi Rukh*, sich den Territorialen Verteidigungseinheiten (der zivilen Miliz, die sich aus internationalen Freiwilligen und bewaffneten ukrainischen Zivilisten zusammensetzt) anzuschließen, kann daher nur mit Respekt aufgenommen werden. Aber der Respekt kann nicht bedeuten, die möglichen Folgen einer solchen Entscheidung außer Acht zu lassen. Zum Beispiel wendet sich die *Sotsyalnyi Rukh* gegen die gesamte neoliberale Politik, die die Regierung Selenskyj und ihre parlamentarische Mehrheit während des Krieges verfolgt haben, einschließlich einer Arbeitsreform, die die Beschäftigungsbedingungen zugunsten der Arbeitgeber noch prekärer macht.[90] Ihr Vorsitzender Vitaliy Dudin protestierte in einem Schreiben[91] an Präsident Selenskyj gegen deren Verabschiedung. In dem Text machen sich die tragischen Dilemmas bemerkbar, mit denen eine Kraft konfrontiert ist, die beschließt, sich an den Kriegsanstrengungen eines Staates zu beteiligen, der seit Anfang des Jahrhunderts den „Anpassungen" der atlantischen und westlichen Kreditinstitute wie etwa des IWF, des National Endowment for Democracy und der Europäischen Kommission buchstabengetreu gefolgt ist.[92]

In dem Brief schreibt Dudin:

> Das Gesetz „kommt zu einer Zeit, in der die ukrainischen Gewerkschaften und die Arbeitenden insgesamt im popularen Widerstand und in der Organisation gegenseitiger Hilfe mobilisiert sind" und ist „ein Schlag ins Gesicht für ihren Mut und ihre Aufopferung. [...] Durch solche Maßnahmen wird die Last des Krieges von den Reichsten auf die arbeitende Mehrheit verlagert. [...] Die Beschränkungen, die zum Schutz des öffentlichen Interesses auferlegt werden, müssen in einem angemessenen Verhältnis stehen, um das angestrebte Ziel zu erreichen. Das Projekt soll die Verteidigungskapazitäten stärken, aber es schafft

90 Das Gesetz „Über die Organisation der Arbeitsbeziehungen unter dem Kriegsrecht" (Gesetz 7160), verabschiedet von der *Werchowna Rada*, dem ukrainischen Parlament, am 23. März 2022.

91 Vgl. Vitaliy Dudin: „Resist Russia! Defend Workers Rights", 16. März 2022, unter: https://ukrainesolidaritycampaign.org/2022/03/16/resist-russia-defend-workers-rights/?fbclid=IwAR0_x09Rt9VreYuRi_bg_IJTe6g8iiFdMe2_KjXjZtWdykfqqg2JuvFuz4o.

92 Das sogenannte *Deep and Comprehensive Free Trade Agreement* gilt seit 2016 auch für Georgien und Moldau.

> die Möglichkeit der Ausbeutung von Arbeitenden in Unternehmen aller Branchen in der gesamten Ukraine. Mit anderen Worten: Die darin vorgesehenen Notstandsregelungen können anstatt zur Durchführung der für die Verteidigung notwendigen Arbeiten dazu genutzt werden, die Gewinne der Arbeitgeber zu steigern."[93]

In Dudins Worten verdichtet sich ein schmerzhafter Widerspruch, der nicht „überbrückt" werden kann, wie diejenigen zu behaupten pflegen, die Dialektik als permanente Übung der Vermittlung zwischen biegsamen, glättbaren und verformbaren Ecken und Kanten verstehen. In Wirklichkeit handelt es sich nicht um einen Widerspruch, sondern um einen reinen Gegensatz zur totalen Mobilisierung des Krieges in einem überfallenen oligarchisch-kapitalistischen Land (das vollständig in den Händen der NATO und der EU liegt) und zu den historischen politischen und militärischen Strategien von Mitgliedstaaten wie Polen. Es ist keine Klassenautonomie möglich, wenn man sich in den Dienst der patriotischen Armee[94] eines oligarchischen Staates wie des ukrainischen stellt. Bei allem Respekt ist das Einzige, was dazu gesagt werden kann, dass der emanzipatorische Klassenkampf in einem solchen Szenario nicht umsetzbar ist, da er, wenn er ausgesprochen und praktiziert wird, als Sabotageakt gegen die Kriegsanstrengungen (im Dienste des Feindes) gilt.

Kurzum, der politische Vorschlag von *Sotsyalnyi Rukh* bewegt sich in einer Art geschlossenem

---

93 Vgl. Dudin: „Resist Russia! Defend Workers Rights".

94 Streitkräfte, die dem Zentralkommando der NATO unter John Abizaid unterstellt sind, das die US-Militärdoktrin in einer Struktur mit sowjetischer Tradition umsetzt und paramilitärische Milizen und Söldner in das Armeekorps integriert.

Legitimationskreislauf, den die Mehrheit der öffentlichen Meinung der westlichen Linken und kleinen linken politischen Minderheiten in der Ukraine teilen. Es handelt sich um eine verkappte moralische Propaganda, denn sie bewirkt nichts anderes als die Duldung des Einsatzes der russischen und ukrainisch-atlantischen Militärmaschinerie. Außerdem ist hinzuzufügen, dass die ukrainischen Nazis parallel dazu seit 2014 als leninistische Avantgarde tätig gewesen sind, um die prowestlichen Liberalen und die Nationalisten dem diffusen „Banderismus"[95] unterzuordnen und sie mit dem faschistischen Programm in Einklang zu bringen.

Zombie-Neostalinismus

Gegenüber dem Engagement von Jürgen Habermas für die Koexistenz mit dem postsowjetischen Russland (um die Lebensfähigkeit des europäischen kapitalistischen Subsystems zu gewährleisten) und gegenüber der Konkretheit der gebrochenen, moralistischen Axiomatik von *Sotsyalnyi Rukh* und dem teleologischen Neoliberalismus von Paul Mason findet sich eine Strömung, deren Begehren vom schwarzen Loch des russischen oligarchischen und imperialistischen Kapitalismus gekapert ist.

---

95 Stepan Bandera war der oberste Führer der Organisation Ukrainischer Nationalisten, die am Massaker an Polen in Wolhynien und an antisemitischen Pogromen während des Zweiten Weltkriegs beteiligt war (der Faschismus ermordete 1,5 Millionen ukrainische Juden). Er wurde 1941 wegen seiner Forderungen nach einem unabhängigen Staat von den Nazis inhaftiert und kollaborierte ab 1944 mit ihnen. Im Jahr 1959 wurde er, den seine eigenen Leute bereits im Kalten Krieg aufgrund seines unangenehmen Charakters im Stich ließen, in München vom KGB ermordet, als er ständig mit den Geheimdiensten der BRD zusammenarbeitete. Der ukrainische Nationalismus rehabilitiert seine Figur.

Der vernichtende Sieg des Atlantikblocks im Kalten Krieg brachte in den Organisationen und Institutionen des sogenannten „Realsozialismus“ in ganz Europa, einschließlich Russlands, eine Reihe spezifischer Varianten des Metabolismus der Niederlage hervor. Es ist wichtig, sie im Auge zu behalten, so trügerisch der Vorwurf der westlichen Kriegspropaganda und der NATO-freundlichen Linken auch sein mag, hinter dem Pazifismus verberge sich eine prorussische Haltung. Denn mit Sicherheit steckt in einem beträchtlichen Teil der Positionen der ehemals prosowjetischen (oder antiatlantischen) Linken, die die NATO weiterhin kritisieren (ihre Erweiterung um osteuropäische Länder und ihre Rolle im Krieg in der Ukraine), eine Art geopolitisches Halluzinationssyndrom, das von der Logik des Freund-Feind-Verhältnisses regiert wird, wonach jede Schwächung der Macht des atlantischen Hegemons positiv sei. Aber kein *absolut* positiver Tatbestand: Eine solche Haltung gab es zum Beispiel bei den Anschlägen von Al-Qaida gegen die Vereinigten Staaten vor und nach dem 11. September nicht.

Das postsowjetische Russland ist ein Projekt des panrussischen Nationalismus, das die offizielle Erinnerung an den Sieg im Großen Vaterländischen Krieg, den Status einer nuklearen Militärmacht, die keine Scherze duldet (die ultimative Grundlage für Russlands Präsenz im UN-Sicherheitsrat), und einen *modus operandi*, der darauf beruht, „freie Hand zu haben“ bei Interventionen in regionale Konflikte und Kriege, in sich vereint. Es handelt sich um einen imperialen Block, dessen Führung an der Macht (um Putin und „Einiges Russland“) fast ausschließlich aus den Sicherheitskräften, dem Militär und den Geheimdiensten besteht (die *Silowiki*). Kurz gesagt, eine Antwort auf die maximale Ohnmacht eines gescheiterten historischen Projekts, die sich aus traurigen Leidenschaften der Vergeltung speist und gleichzeitig dem Spiel der Illusionen einer Alternative zum globalen Kapitalismus durch eine nichtwestliche historische Macht völlig auf den Leim geht. Dieselbe paranoide Wahnvorstellung existiert in der Kommunistischen Partei der Russischen Föderation (KPRF), die quasi auf Lebenszeit von Gennadi Sjuganow geführt wird, dem Kandidaten, der in allen Umfragen vor den Parlamentswahlen 1996 gegen einen in den Umfragen völlig unterlegenen Jelzin klar vorne lag.[96] Mit allen Mitteln der Nachrichtendienste und der großen Mehrheit der Medien, die von der Regierung abhängig sind, und nicht zuletzt mit dem provisorischen Darlehen des IWF in Höhe von mehr als zehn Milliarden US-Dollar gelang es, die Tendenz umzukehren.

So entstand das oligarchische Regime, das drei Jahre später Wladimir Putin übernahm, der damaligen Chef des Föderalen Sicherheitsdienstes (FSB) mit Sitz auf dem Moskauer Lubjanka-Platz. Seitdem ist die KPRF eher zu einer Interessengruppe von Beamten, Rentnern

---

96 Wie wir im letzten Teil dieses Kapitels sehen werden, hat sich eine Koalition von Oligarchen und Finanziers (Anatoli Tschubais, Michail Chodorkowski, Wladimir Gusinski, Boris Bereschowski, Wladimir Winogradow, Wladimir Potanin und ja, auch George Soros) auf dem Weltwirtschaftsforum in Davos verschworen, als sie sahen, dass die weltweiten Wirtschaftseliten ihn bereits als künftigen Präsidenten der Russischen Föderation betrachteten. Dies führte zu der sogenannten „*Soskovets*-Kampagne", um die Figur Jelzins wiederzubeleben, einschließlich der Entfesselung des Krieges in Tschetschenien, die das Gegenteil bewirkte. Dennoch hat die Kampagne ihr Ziel erreicht, ihn zum einzigen Hindernis für die Wiederherstellung der UdSSR zu machen, ein Ziel, das zu erreichen Sjuganow sich die Mühe gemacht hatte.

und Angestellten des öffentlichen Dienstes geworden, die unfähig ist, das korrupte Regime, das „Einiges Russland" repräsentiert, herauszufordern (und die angesichts des wiederholten Wahlbetrugs bei den Präsidentschafts- und Parlamentswahlen machtlos ist). Im Wesentlichen geht die KPRF mit Putins Außenpolitik, einschließlich der Invasion in der Ukraine, konform. Der Zombie-Stalinismus ist nicht auf die älteren Generationen beschränkt. Das Aufkommen der Neo-Archaismen affiziert unaufhörlich neuen Nachschub in einem symmetrischen Muster zwischen der extremen Rechten und dem Neostalinismus. Profile auf Instagram, TikTok, Streams auf Twitch oder Youtube, Chats auf Telegram, Whatsapp oder Signal zeigen sowohl eine Neubekräftigung des stalinistischen Pathos (des paranoiden, polizeiähnlichen Denkens und der rohen Gewalt als ultimativen Richters des Klassenkampfes) als auch Spiegelbilder, wenn auch nicht identische, mit den Zusammensetzungen der *Alt-Right* und der paramilitärischen Bewegungen in den USA. Nicht von ungefähr kämpfen beide Zusammensetzungen manchmal auf derselben Seite zugunsten der russischen Invasion in der Ukraine. Putins antiatlantische und antiamerikanische Rhetorik hat das Begehren beider Seiten in Beschlag genommen.

Doch trotz teilweiser Unterschiedslosigkeit und Übereinstimmung können wir den Neostalinismus nicht mit den Varianten des kommunitaristischen, traditionalistischen, imperialistischen, antisemitischen und suprematistischen Denkens identifizieren, die sich um den sogenannten Nationalbolschewismus oder die „vierte politische Theorie" von Alexander Dugin versammeln. Dugin gebührt die Ehre, das Bindeglied zwischen der Außen- und Kulturpolitik des Kremls und den Strömungen des suprematistischen und souveränen Kommunitarismus in Westeuropa geschaffen zu haben.[97] In Bezug auf den Einmarsch in der Ukraine lässt Dugin Putin oder Lawrow als *Realpolitiker** erscheinen, die nicht genügend beachten, was in diesem Konflikt auf dem Spiel steht. Nämlich nichts anderes als ein Durchbruch bei der Schaffung eines eurasischen politischen Raums, der Union der Ostslawen:

> „Ich glaube, dass die einzige Lösung die Schaffung einer Union der Ostslawen sein wird, die aus Russland, der Ukraine und Belarus besteht. Wenn die Ukrainer und zum Teil auch die Weißrussen sich weigern, sich ‚Russen' zu nennen, weil sie meinen, dass dies ein Name ist, der nur die Großrussen (‚Moskowiter') bezeichnet – nach Wladimir Rus (Moskowien), der später ein Weltreich errichten sollte –, dann wird es notwendig sein, einen viel breiteren Begriff zu verwenden. Das ist ein Problem, das wir berücksichtigen müssen, aber es ist eine Tatsache, dass sich sowohl Großrussen als auch Kleinrussen und Weißrussen (und auch andere Völker) als Teil der Ostslawen betrachten. Deshalb müssen wir diese Völker in einer allumfassenden Union vereinen. Wir müssen eine Regierung schaffen, die alle Ostslawen zusammenbringt, unabhängig davon, wie sie sich nach einer ziemlich komplizierten ethnischen Taxonomie definieren. Es ist an der Zeit, dass wir

97 Dieser politische Raum vereint im Wesentlichen die alte intellektuelle extreme Rechte der „dritten Position", zu der auch der seit den 1970er Jahren entwickelte Ansatz der *Groupe de Recherche et d'Études pour la Civilisation Européenne* (GRECE) wie auch der des italienischen neokommunitaristischen Philosophen Costanzo Preve und seines Medienjüngers Diego Fusaro gehört; weiters die sogenannte pangermanische „identitäre Bewegung" um Götz Kubitschek und seinen Antaios-Verlag, die wiederum suprematistische Initiativen wie Pegida stark beeinflusst haben.

> sowohl den Nationalismus als auch die Nationalstaaten hinter uns lassen, denn Nationalismen sind verantwortlich für Bruderkriege, wie sie derzeit in der Ukraine stattfinden. Die Union der Ostslawen wird die verschiedenen Völker in ihr erhalten müssen, aber sie wird die Nationalstaaten abschaffen müssen, da sie künstliche und fiktive Gebilde sind."[98]

Für Dugin ist der „Globalismus" das Aushängeschild für den unipolaren Herrschaftsimpuls des westlichen Liberalismus, der in seinen Augen bereits zu einem Amalgam aus toxischen und zivilisationszerstörenden Einflüssen geworden ist:

> „Russland wird nun von allen atlantischen Netzwerken ausgeschlossen, so dass wir keine andere Wahl haben, als unser eigenes System aufzubauen oder zu verschwinden. Es ist an der Zeit, dass wir unsere eigene Zivilisation aufbauen. Wir sind dabei, den ersten Schritt zu tun. Allerdings kann nur ein Großraum, ein Kontinentalstaat oder ein Zivilisationsstaat souverän sein, da ein isoliertes Land nicht in der Lage ist, auf unbestimmte Zeit mit einer totalen Abkopplung zurechtzukommen. Russland entwickelt sich zu einem Pol des Widerstands gegen den Globalismus. Der Sieg Russlands wird ein Sieg für alle antiglobalistischen Kräfte, sowohl der Rechten als auch der Linken, und für die Völker der Welt sein. Russland ist die Vorhut, die die schärfsten und gefährlichsten Veränderungen vornimmt, aber unser Sieg spornt immer alle anderen an, den ihren zu suchen, und genau das ist unsere Pflicht. Russland schafft die Voraussetzungen für das Entstehen von Multipolarität. Und alle, die uns

98 Vgl. Alexander Dugin: „Notas sobre la guerra I", unter: http://www.4pt.su/es/content/notas-sobre-la-guerra-i.

> jetzt bedrohen, werden in Zukunft unsere Leistung anerkennen. [...] Die einzige Möglichkeit, uns zu retten, ist der Bruch mit dem Westen. Was bedeutet ein vollständiger Bruch mit dem Westen für Russland? Die Rettung unseres Volkes, denn der Westen wird von ruchlosen Leuten wie den Rothschilds, Soros, Schwab, Bill Gates und Zuckerberg beherrscht, die die ekelhafteste Zivilisation in der Geschichte der Menschheit geschaffen haben. Der heutige Westen hat weder mit der griechisch-römischen Mittelmeerkultur noch mit dem christlichen Mittelalter noch mit dem gewalttätigen und chaotischen Westen des 20. Jahrhunderts zu tun. Wir stehen vor einer Anti-Zivilisation voller Giftmüll, der den Planeten vergiftet. Je eher sich Russland davon löst, desto eher werden wir zu unseren Wurzeln zurückkehren können. Was sind diese Wurzeln? Das Christentum, die griechisch-römische Welt des Mittelmeers, die europäische Zivilisation..., das sind die wahren Wurzeln, die Russland und der Westen gemeinsam haben. Diese Wurzeln sind in Russland wieder aufgeblüht, während der Westen seine eigenen Grundlagen zerstört hat und degeneriert ist."[99]

Es ist leicht zu verstehen, dass Dugin ein fundamentaler Aktivposten des russischen Regimes ist,[100] ein Gravitationszentrum, das in der Lage ist, die reaktionären Strömungen der Kritik an der neoliberalen Globalisierung unter atlantischer Vorherrschaft zu bündeln und sie auf die Dynamik eines Krieges der Zivilisationen mit Europa als Epizentrum der Schlacht zu lenken.

---

99 Ebd.

100 Zusammen mit Konstantin Malofejew, seinem Förderer, Theoretiker, Finanzoligarchen und wichtigsten Verbindungsmann zur fundamentalistischen extremen Rechten in den USA.

Auf dieselbe Art und Weise wie in der Friedensbewegung in Europa in den 1980er Jahren einerseits Ausdrucksformen und Bewegungen, die von einem libertären und emanzipatorischen generischen Kommunismus inspiriert waren, der aus den Revolten von 1968 hervorging, mit den „pazifistischen" Zweigen der Außenpolitik des Sowjetblocks koexistierten, so ist heute die Lager-Ideologie eines neuen prorussischen Campismus in den Protesten gegen die Beteiligung der NATO und der EU am Krieg in der Ukraine zu finden. Das ist nichts Neues. Aber der Unterschied ist wichtig: Während der sich verschärfenden Blockkonfrontation in den 1980er Jahren drohte nach der Stationierung von „Euromissiles" in Westeuropa und der Einleitung der *Strategic Defense Initiative* durch die Reagan-Präsidentschaft (der sogenannte „Krieg der Sterne") ein nuklearer Konflikt zu entstehen. Heute kämpfen wir im Gegensatz dazu nicht gegen eine Bedrohung, sondern gegen einen multidimensionalen Krieg, in dem die ukrainische Bevölkerung alles zu verlieren hat, der aber zudem nicht in der Ukraine endet, sondern eine Periode entfesselter Gewalt in den sozialen, politischen und diplomatischen Beziehungen auf dem ganzen Planeten eröffnet. Der Krieg in der Ukraine stellt den bisherigen Höhepunkt des systemischen Chaos dar, in das sich das kapitalistische Weltsystem fortgezogen sieht. Ein Regime, das unfähig ist, seine Widersprüche zu lösen, außer in Form von Krieg, Eroberung und der Zerstörung des Ökosystems.

Von daher kommt es, dass der Pazifismus derjenigen, die alles zu verlieren haben, wenn sie sich für eine Seite des Massakers entscheiden, nur ein konstituierender und revolutionärer, aktiver, intelligenter, mutiger und die Angst überwindender Pazifismus sein kann. Aber wer könnte das Subjekt dieses konstituierenden Pazifismus sein? Man muss die Frage anders stellen: Welche politischen Subjektivitäten können sich in diesem konstituierenden Pazifismus produzieren und selbstorganisieren? Vor allem diejenigen, die auf beiden Seiten der Kriegsfronten ihr Leben, ihre Gesundheit, ihre Rechte, ihre Umwelt, ihr Einkommen und ihr existenzielles Territorium im Kampf zwischen den paranoiden Polen der globalen kapitalistischen Macht verlieren. Wie immer müssen wir die Dinge aus der Perspektive der Subalternen beurteilen. Die Zeit des Krieges und die damit einhergehende Faschisierung versprechen der ukrainischen Bevölkerung nur noch mehr von dem endlosen Horror und Gräuel gegen die Minderheiten, die diese Bevölkerung ausmachen.

Die Wobblies weisen den Weg

An diesem Punkt und als Gegensatz zu den drei Vernichtungslinien, die die emanzipatorische Matrix erobert haben, müssen wir uns an die Geschichte der *Industrial Workers of the World* (IWW), der Wobblies, erinnern. Bis heute sind sie das beste Beispiel für eine transnationale, räteorientierte, antirassistische und kriegsgegnerische revolutionäre Gewerkschaftsbewegung: Sie hielten die Großbosse der US-amerikanischen Bergbau-, Textil- oder Holzindustrie in den ersten Jahrzehnten des 20. Jahrhunderts in Schach[101] und stellten sich ohne Nuancen gegen die Kriegsdynamik in den Arbeitsbeziehungen, die sich

101 Die sogenannte „Progressive Ära“ des legislativen Reformismus und der Ohnmacht gegenüber dem Großkapital.

erst im Zuge der globalen Systemkrise von 1929 und dem darauffolgenden New Deal zu ändern begann.[102]

Die große Krise der IWW, die keine nationale, sondern eine unmittelbar globale Gewerkschaft war, kam genau mit dem Ersten Weltkrieg und der internen Repression durch die US-Regierung. Was würde unsere natoistische Linke heute zu einer gewerkschaftlichen, politischen, trans- und multinationalen Organisation sagen, die sich gegen den von ihrer eigenen Regierung erklärten Krieg stellt? Tatsächlich hatten die IWW bereits ein Jahr vor der Kriegserklärung des US-Kongresses an Deutschland, die am 6. April 1917 verabschiedet wurde, in ihrer Zeitung *Industrial Worker* ihre Position zum Krieg in Europa und einer möglichen amerikanischen Beteiligung dargelegt:

> „Kapitalisten der Vereinigten Staaten, wir werden gegen euch, nicht für euch kämpfen! Es gibt keine Macht der Welt, die die Arbeiterklasse zum Kämpfen zwingen kann, wenn diese sich weigert."[103]

Diese ablehnende Haltung war in der Leitung der Wobblies nicht einmütig. Big Bill Haywood vertrat die Position, sich in der Antikriegskampagne zurückhaltend zu verhalten, weil man die Repressionsfähigkeit der Regierung in Zeiten der militärischen

---

102 Die Wobblies drohten nicht nur, die rassifizierten und nationalen Spaltungen der US-amerikanischen Arbeiter:innenklasse aufzuheben: Sie waren eine dem amerikanischen Nationalismus und dem Glauben an seine zivilisatorische Ausnahmestellung gegenüber völlig agnostische Gewerkschaft.

103 Resolution veröffentlicht im *Industrial Worker*, der Zeitung der IWW, kurz vor dem Eintritt der Vereinigten Staaten in den Ersten Weltkrieg, 4. April 1917.

Mobilisierung nicht unterschätzen durfte. Er lag nicht falsch: Die Pressekampagne gegen die Wobblies machte sie wegen ihrer Kriegsgegnerschaft und ihres Antiimperialismus zu einem inneren Feind und zum bevorzugten Objekt offizieller und paramilitärischer Repression. Im Juni 1917 verabschiedete der Kongress den *Espionage Act*, das Gesetzespaket, das ein Jahrhundert später Edward Snowden und Julian Assange ins Exil treiben sollte. Frank Little, der Organisator der IWW, der sich am stärksten für eine aktive Kampagne gegen die US-Kriegsanstrengungen einsetzte, wurde im August 1917 in Butte, Montana, gelyncht. Der größte Schlag traf die IWW ein Jahr später mit dem Prozess gegen mehr als 100 Aktivisten in Chicago mit Anklagen nach dem *Espionage Act*. Die meisten wurden zu Gefängnisstrafen zwischen fünf und 35 Jahren verurteilt. Nach dem Krieg, zu Beginn der 1920er Jahre, erlangten die IWW ihre Macht zurück. Aber dann beendeten interne Zwiespälte die glorreiche Zeit der Organisation: Nach der Oktoberrevolution und der neuen Realität der Dritten Internationalen waren es interne Brüche, die die Wobblies in eine Krise führten, von der sie sich nicht mehr erholten. Die führende Rolle in den Arbeitskämpfen (und, vergessen wir das nicht, die bis dahin größte Anstrengung zur Selbstorganisation der afroamerikanischen Arbeiter:innenklasse) gaben sie an die Kommunistische Partei der Vereinigten Staaten und den *Congress of Industrial Organisations* während Roosevelts New Deal ab.

Sicher, es macht keinen Sinn, geografisch, politisch und historisch so unterschiedliche Kontexte zu vergleichen. Aber, um auf *Sotsyalnyi Rukh* zurückzukommen, sind die IWW ein Beispiel dafür, wie selbst eine so gewaltige, wilde, antiimperialistische Kraft nicht verhindern konnte, von einer mit der Legitimität des Kriegszustandes ausgestatteten Verwaltung demontiert und nahezu zerstört zu werden. Wenn diese politische und gewerkschaftliche Kraft darüber hinaus ihre Klassenunabhängigkeit im impliziten oder expliziten Rahmen einer nationalen Einheitsfront gegen den Eindringling bewahren will, erscheint uns die Situation noch unmöglicher. Klassenunabhängigkeit, das heißt die Fähigkeit, für Ziele wie der Freiheit zum Streik, die Eroberung von Arbeits- und sozialen Rechten, für eigene Institutionen der Gegenmacht zu kämpfen und ein emanzipatorisches Projekt innerhalb und gegen den Rahmen neoliberaler Eigentumsdemokratien zu formulieren, ist mit dem Kriegsrecht eines oligarchischen und neoliberalen Staates wie der Ukraine unvereinbar. Und es wird immer schwieriger, wenn zusätzlich noch eine Invasionsarmee vorrückt und Leben, Ressourcen sowie politische und gewerkschaftliche Freiheiten in Gefahr bringt.

Internationalismus oder Barbarei

Ein Jahrhundert nach revolutionären internationalistischen Erfahrungen wie jenen der Wobblies zeugt der Marasmus innerhalb der westlichen Linken hinsichtlich der Reaktion auf die russische Invasion von einer Zersetzung, die sich auf die Zeit des Kalten Krieges zurückführen lässt. Er ist ein Produkt der sowjetischen Unterstützung zahlreicher nationaler Befreiungsbewegungen in den Ländern des kolonialisierten Südens, des chinesisch-sowjetischen Konflikts und seiner Auswirkungen sowie des Niedergangs der Bewegung der Blockfreien.

Die Überdeterminierung[104] jedes lokalen Konflikts durch die strategischen Interessen der beiden Großmächte des Kalten Krieges hat trotz allem einen Internationalismus, der zwar verzerrt, aber dennoch wirkungsvoll war, nicht verhindert. Erinnern wir uns an die Unabhängigkeitsprozesse in Südostasien, mit Vietnam im Mittelpunkt, an die Kubanische Revolution und später an die Guerillabewegungen in Nicaragua und El Salvador in den 1970er- und 1980er-Jahren; oder an die algerische und später die mosambikanische und angolanische Unabhängigkeit auf dem afrikanischen Kontinent. Die kriegerische Intensität der aufgeschobenen Konfrontation zwischen den Blöcken verteilte sich auf lokale Herde des politischen und sozialen Wandels und brachte ein zunehmendes Maß an Gewalt und Zerstörung mit sich, was sich zwangsläufig im Charakter der politischen Regime widerspiegelte, die aus dieser überdeterminierten Konfrontation entstanden. Jedoch konnte es wie gesagt zur gleichen Zeit im kapitalistischen Westen einen Internationalismus geben, der, ohne sich dieser sowjetischen oder chinesischen Überdeterminierung

104 Ein Begriff, der die Funktionsweise des Endeffekts eines komplexen Ganzen mit vielen Teilen erklärt: Der herrschende Teil ist derjenige, der das Ganze strukturiert. In diesem Fall bedeutet dies, dass lokale Konflikte der Blockpolitik untergeordnet wurden oder, anders gesagt, dass die Strukturen des Kalten Krieges im Lokalen präsent waren. Ganz allgemein weist Althusser darauf hin (und bricht damit mit dem Basis-Überbau-Schema des klassischen Marxismus), dass nicht die Ökonomie wichtiger ist als die Politik (oder umgekehrt), sondern dass die Ökonomie alles „überdeterminiert“: Das Konkrete wird nicht durch die Kombination von unendlich vielen Einzelfällen definiert, sondern durch eine Überdeterminierung des Weltsystems, das freilich ein begrenztes Spielfeld lässt. In der Psychoanalyse ist es das Verdrängte, das die Psyche insgesamt überdeterminiert. Vgl. Louis Althusser: „Widerspruch und Überdetermination“, in: *Für Marx*, Frankfurt a.M.: Suhrkamp 1968/2021.

entziehen zu können, eine grundlegende Rolle dabei spielte, die koloniale und imperialistische Politik des atlantischen Blocks zu delegitimieren. Vom Algerienkrieg bis zum Vietnamkrieg, von der Kubanischen Revolution bis zum chilenischen Prozess und der sandinistischen Revolution, nicht zu vergessen die Unterstützung des Kampfes gegen das suprematistische Regime im südafrikanischen Apartheidstaat, konnte die Öffentlichkeit des emanzipatorischen Internationalismus relativ unabhängig agieren und ihr Handeln in einen Druck von unten auf die eigenen Regierungen und deren diplomatisches und militärisches Vorgehen übertragen. Dies erfolgte in Form von direkter materieller und finanzieller Hilfe und durch freiwillige Mitarbeit in den Bereichen Gesundheit, Logistik und Politik. Die großen Schläge für den sozialistischen Internationalismus in dieser Zeit waren die gewaltsame Beendigung des Berliner Aufstands im Juni 1953, der Einmarsch in Ungarn 1956 und in die Tschechoslowakei im Frühjahr 1968. Im Jahr 1979 fanden sowohl die sowjetische Invasion in Afghanistan als auch der chinesisch-vietnamesische Krieg statt und signalisierten das düstere Ende dieses Internationalismus des Kalten Krieges.

Nicht von ungefähr fällt diese Periode mit dem Krieg in Palästina, dem Beginn der Nakba und einem palästinensischen Protagonismus in der internationalistischen Solidarität zusammen. Seit damals haben die Levante und der Nahe Osten das Terrain der brutalsten Überdeterminierung der antikolonialen Anliegen und der Grenzen des Internationalismus nicht wieder verlassen. Zwischen der Suez-Krise von 1956 und der Ersten Intifada, die 1987 begann und in gewisser Weise die Abkommen von Madrid (1991) und Oslo (1993) ermöglichte, stand die palästinensische Sache trotz der Überdeterminierung durch die Geopolitik der Blöcke an der Spitze der antikolonialen Politik in der arabischen Welt, unter der Führung der PLO. Nach der Gründung der Palästinensischen Autonomiebehörde begann der unaufhaltsame Niedergang der Palästinensischen Befreiungsorganisation PLO, der mit dem Ende des Kalten Krieges und dem Beginn der Hegemonie des wahhabitischen und salafistischen politischen Islamismus zusammenfiel, der seinerseits von den Ölmonarchien der arabischen Halbinsel in ihrer Konfrontation mit dem Westen überdeterminiert wurde.

Der zapatistische Aufstand vom 1. Januar 1994 leitet jedoch eine völlig neue globale revolutionäre Politik ein. Diese stellt eine globalisierte Welt unter der unangefochtenen Herrschaft des Neoliberalismus in Frage, mit einer leidenden und ausgebeuteten Menschheit, die eine Vielzahl von Geografien, Geschlechtern, rassifizierten Differenzen und Figuren der Ausbeutung vereint. Die globale Bewegung der Antiglobalisierung und/oder des Altermondialismus ist zutiefst inspiriert von diesem transnationalen Internationalismus, von Bewegungen, Gruppen und Individuen anstelle von Regierungen und Regimen; von medialer und technopolitischer Agitation anstelle von Militarisierung und Befehlsketten; von gegenseitiger Unterstützung in den jeweiligen Kämpfen und Zusammentreffen bei Ereignissen und Gegengipfeln. Es ist ein Internationalismus, der militärische Auseinandersetzungen vermeidet und das Recht auf Selbstverteidigung bejaht. Wie wir wissen, hat die extreme Gewalt der neoliberalen Regime in Mexiko, den USA und Europa zur Schwächung dieses neuen Internationalismus oder Transnationalismus geführt. Ohne gänzlich zu verschwinden, wurde der von der EZLN eingeleitete Bruch von staatszentrierten Projekten verdrängt, die sich in den sozialen und politischen Plattformen zementierten, die den sogenannten „lateinamerikanischen progressiven Regierungszyklus“ der 2000er Jahre beginnend mit dem in Porto Alegre initiierten Weltsozialforum förderten, unterstützten und aufrechterhielten. Jene Phase des „Angriffs auf die Institutionen“ konnte die Folgen des neoliberalen Finanz-, Wirtschafts- und Kolonialregimes der neoliberalen Macht nur teilweise abmildern und es gelang dabei nicht, eine kontinentale Alternative aufzubauen.

Um den gegenwärtigen europäischen Internationalismus zu analysieren, ist es daher notwendig, den lateinamerikanischen politischen Zyklus[105] zu berücksichtigen, den der Aufstand der Zapatist:innen 1994 in Chiapas einleitete und der dazu beigetragen hat, die

---

105 Die neuen progressiven Regierungen in Lateinamerika – eine laxe Definition, die so unterschiedliche Prozesse wie den bolivarischen Prozess in Venezuela, den von Lula und der PT in Brasilien, den indigenen und sozialistischen Prozess von Evo Morales, den neoperonistischen Prozess von Néstor und Cristina Kirchner oder die Frente Amplio in Uruguay umfasst – haben im Wesentlichen Modelle und Narrative der Staatsführung hervorgebracht. Es ist hier nicht der Ort, diese Erfahrungen im Detail zu analysieren. Uns interessiert, dass in den neuen progressiven Regierungen der Diskurs und die Praxis des Antiimperialismus und der nationalen Souveränität mit popularer Basis erneuert wurden (mit bemerkenswerten regionalen und nationalen Unterschieden, während die Akkumulationsmodelle grundsätzlich extraktivistisch und daher zutiefst renditegetrieben und konservativ in Bezug auf soziale Hierarchien sind). Sie ging einher mit der Entstehung des breiteren globalen BRICS-Zyklus, der in Lateinamerika endete, als die PT von Dilma Rousseff, die Regierungspartei in Brasilien (die hegemoniale regionale Macht), nicht in der Lage war, die Aufstände von 2013 für einen sozialen Wandel zu nutzen: Repression – und die auf sie folgende Enttäuschung – ebneten den Weg für Bolsonaros Rechtsextremismus.

Praktiken und Diskurse der sozialen Bewegungen und eines Teils der europäischen Linken zu erneuern: Aus dem lakandonischen Dschungel und den Straßen in Seattle, Prag oder Genua taucht in der Zeit der kapitalistischen Globalisierung eine neue Figur des Internationalismus auf. Im Großen und Ganzen und mit bemerkenswerten Ausnahmen sind der Einfluss und die Prozesse der Übersetzung des Zapatismus (Koalitionsmodelle direkter Aktion, die den Gipfeln der politischen und korporativen Oligarchien des kapitalistischen Globalisierungsprozesses entgegentreten werden) in Europa vor allem in radikalen, autonomen und Versammlungsbewegungen präsent.[106]

Der „Putsch im Empire" der Regierung Bush Jr. nach dem Angriff auf die Zwillingstürme am 11. September 2001 setzte dem neuen globalen Transnationalismus, der von der zapatistischen Bewegung ins Leben gerufen wurde, ein jähes Ende. Unter dem Namen „Krieg gegen den Terror" führte er ein Regime von Krieg und Polizei ein, welches das 21. Jahrhundert bisher bestimmt hat (mit der zwiespältigen Ausnahme der Präsidentschaft

---

106 Gleichzeitig übten die Erfahrungen des lateinamerikanischen progressiven Regierungszyklus ihren Einfluss auf die sozialdemokratische Linke und den späten Eurokommunismus aus bzw., anders ausgedrückt, auf Organisationen und Kollektive mit einem starken Streben nach Partei, Regierung und Besetzung der Gravitationszentren der Staatsform. Das bemerkenswerteste Beispiel für einen direkten und unmittelbaren Einfluss ist das Weltsozialforum, das 2001 in Porto Alegre ins Leben gerufen wurde und in seinen europäischen Wiederholungen als öffentliche Agora für den Dialog und die Konfrontation zwischen Gewerkschaften und sozialen Bewegungen sowie der europäischen Linken und radikalen Linken dienen sollte. Ihr Hauptziel ist es, nach neuen Modellen der Regierungsführung und der Beteiligung zu suchen, und als Basis dafür Projekte zur Besetzung des Staates, um diese als Bollwerk gegen die kapitalistische Globalisierung zu „nutzen".

Trumps, die viel stärker auf innere Angelegenheiten ausgerichtet war). Wenige Monate vor dem 11. September zeigte sich das Gesicht der bewaffneten Globalisierung in dem Belagerungszustand, der in Genua anlässlich des G8-Gipfels (mit Wladimir Putin *inter pares*) ausgerufen und mit grausamer Gewalt gegen die transnationale Multitude von Aktivist:innen durchgesetzt wurde, die an den Aktionen der Gegengipfel teilnahmen. Dabei kam Carlo Giuliani ums Leben. Die italienische Polizei, die Carabinieri, die Armee und die Geheimdienste nahmen hunderte Personen fest und folterten sie.

Zehn Jahre später pulsierte der Internationalismus/Transnationalismus mit voller Kraft im Zyklus der Proteste und Revolten von 2011 (er war in der Lage, neue politische und kommunikative Agenden zu konstituieren und eine Produktion von Subjektivität durchzuführen)[107], die als Antwort auf das kapitalistische Management der 2008 begonnenen systemischen Krise verstanden werden kann. Der darauffolgende reaktionäre Zyklus verstärkte die Militarisierung derselben Instrumente (am treffendsten bezeichnet mit dem englischen Ausdruck *weaponization*) durch die tiefgehende Verschaltung von digitalen und medialen oligarchischen Plattformen mit der Beförderung der Produktion

---

107 Es handelt sich um einen Protestzyklus, der als Novum einen Emanzipationsversuch ausgehend von der Wiederaneignung der Maschinensysteme der Globalisierung auf den Tisch bringt, von der Soft- und Hardware des Internets bis hin zu den transnationalen logistischen Netzen. Es war die letzte Gelegenheit, bevor sich die reaktionäre Welle in der ganzen Welt ausbreitete (von Russland bis Brasilien, über Ägypten, Syrien, die Vereinigten Staaten, Indien, das Vereinigte Königreich und die Türkei, neben anderen Brandherden), als eine aufbrausende und paranoische Antwort auf die Formen und Inhalte der Revolten, die auf dem vernetzten System der Plätze, der sozialen Netzwerke und der kommunikativen Gegenmacht basieren.

faschistischer, misogyner, rassistischer und neoimperialistischer Subjektivitäten.

Statt von Technofeudalismus muss man von einer oligarchischen Hyperkonzentration der Produktionsmittel von Subjektivität, Sprachen, Gefühlen, Wahrnehmungen und Affekten sprechen. Dies ist nicht unvereinbar (im Gegenteil) mit der Gestaltung von Profitformen aus der Tätigkeit dieser produzierten Subjektivitäten selbst. Die neue Reaktion macht ethnische Kriege, Kriege der Geschlechter und der Nationen zum Gegenstand der Produktion von Einkommen sowie Privilegien und bringt den Bürgerkrieg in die öffentliche, politische und mediale Sphäre. Die stets wachsamen Theoretiker der Denkfabrik RAND Corporation, die voll in die Gestaltung der amerikanischen und atlantischen Politik gegenüber Russland und der Rolle der NATO eingebunden sind, charakterisieren diese Transformation als Cyberkrieg.[108]

Welchen Wert, wenn nicht einen propagandistischen, hat es in einem solchen Kontext, von „gerechten Kriegen" zu sprechen? Das Gebaren eines Kriegsdispositivs hängt nicht mehr von der politischen oder ethischen Vormundschaft eines kollektiven Subjekts, einer politischen Partei oder einer Regierung ab, wenn es das jemals getan hat, sondern von einem biopolitischen Ökosystem, das von sprachlichen, wahrnehmungsbezogenen, informatorischen oder digitalen Kriegsmaschinen beherrscht

---

108 Einer der führenden Theoretiker der Transformation in den Beziehungen zwischen Krieg, Politik und Kommunikation, John Arquilla, hat in seinem Buch *Bitskrieg, The New Challenge of Cyberwarfare* (Meford: Polity Press 2021) diese verallgemeinerte *weaponization* der Körper-Maschine analysiert, die über Hilfsfunktionen in der hybriden Kriegsführung weit hinausgeht.

wird, die die politische Kontrolle des Krieges verhindern. Wie wir noch sehen werden, gehen heute Politik, das kapitalistische Geschäft und Krieg ineinander über und verwandeln sich gemäß einer totalen Mobilisierung, in der die „Personen" nicht das Kommando haben, sondern als Körper-Maschinen einer *weaponization* der Subjektivität, des öffentlichen Raums und der Ökosysteme unterworfen sind; und dies im Dienste einer unvermeidlichen Faschisierung. NATO-Dokumente sprechen von „Interoperabilität", wenn es um die Fähigkeit verschiedener militärischer Organisationen geht, gemeinsame Operationen durchzuführen.[109]

Wenn wir den Begriff der Interoperabilität auf die Gesamtheit der Mittel ausdehnen, die einen uneingeschränkten, nicht-linearen, hybriden Krieg ausmachen, wie er in der Ukraine gegen die russische Invasion geführt wird, stellen wir fest, dass der zentrale Akteur der Interoperabilität die (mit Sensor und Sender) angebundene Körper-Maschine ist. In einem Konflikt, der den Krieg in die Zivilbevölkerung trägt (in dem die Zivilbevölkerung nur eine Erweiterung mehr der Schlachtfelder ist), besteht die Interoperabilität nicht nur zwischen

---

109 „Diese Organisationen können verschiedenen Nationalitäten oder verschiedenen Streitkräften (Land-, See- oder Luftstreitkräften) angehören oder beides zugleich. Interoperabilität ermöglicht es, dass Streitkräfte, Einheiten oder Systeme zusammenarbeiten können. Dies setzt voraus, dass sie über gemeinsame Doktrinen und Verfahren, Infrastrukturen und Stützpunkte verfügen und in der Lage sind, miteinander zu kommunizieren. [...] Interoperabilität erfordert nicht unbedingt eine gemeinsame militärische Ausrüstung. Wichtig ist, dass diese Ausrüstungen in der Lage sind, gemeinsame Dienste zu nutzen und mit anderen Ausrüstungen zu kommunizieren". Vgl. NATO: „Interoperability for Joint Operations", 2006, unter: https://www.nato.int/nato_static_fl2014/assets/pdf/pdf_publications/20120116_interoperability-en.pdf.

Armeekorps, sondern auch zwischen menschlichen und digitalen Sicht- und Wahrnehmungsmaschinen (Aufklärungsdrohnen), die über verschlüsselte Netze oder das Internet selbst verbunden sind: Die Körper-Maschine als Waffe, Intelligenz und Information nimmt *avant la lettre* den androiden Krieger der Zukunft vorweg.

Wenn wir also weiterhin von gerechten Kriegen sprechen, dann sind es solche, in denen die physische Existenz ganzer Völker und Kulturen auf dem Spiel steht. In denen man um das Überleben als solches kämpft. Aber sie als gerecht zu bezeichnen kann nicht verwischen, dass das, worum gekämpft wird, das Überleben ist, das – Epik und Romantik ausgeschlossen – weit von einem emanzipierten Leben entfernt ist. In diesem Sinne waren die Kriege der polnischen Juden und Jüdinnen im Warschauer Ghetto gerecht, oder die der sowjetischen Bevölkerung angesichts der Operation Barbarossa im Jahr 1941; ebenso wie heute die der Kurd:innen in Rojava, der Palästinenser:innen gegen die spezifische Form des kolonialen Faschismus und Militarismus des israelischen Staates, der Sahrauis gegen die marokkanische Invasion oder der Rohingya in Myanmar, wenn sie sich entscheiden, zu den Waffen zu greifen. Aber verbannen wir ein für allemal die Vorstellung, dass eine emanzipatorische Demokratie aus einem modernen Krieg hervorgehen könne oder dass eine Demokratie mit einem modernen Krieg vereinbar sei.

Das ist der Moment, uns zu fragen, ob der Verteidigungskrieg der Ukraine, der durch die russische Invasion ausgelöst wurde, nicht genau ein Krieg um das physische Überleben der Bevölkerung ist. Und hier kommen wir zum Kern des Problems: die Art und Weise, in der die moralische Erpressung mit dem Nazismus

Teil der Propaganda beider Seiten ist. Seit dem Zweiten Weltkrieg sind sowohl die Shoah als auch die Ziele des *Generalplans Ost** in die Erinnerung an unerträgliche politische Verbrechen eingegangen. Je nach politischer Geografie wird dem einen oder dem anderen Völkermord eine größere oder außergewöhnlichere Bedeutung beigemessen.[110]

Sowohl die russische als auch die ukrainische Oligarchie bezeichnen den Feind bis zum Überdruss als den neuen Nazismus, während sie sich gleichzeitig bei ihren Kriegsanstrengungen und bei der propagandistischen Bekundung von Zivilcourage maßgeblich auf nazifaschistische Söldner und Aktivist:innen stützen: Wagner und Asow, Utkin und Prokopenko. Die russische Propaganda rechtfertigt ihre „militärische Spezialoperation" in der Ukraine mit der Notwendigkeit, „die Menschen" im Donbas zu schützen, die „seit acht Jahren unter der Erniedrigung und dem Völkermord durch das Kiewer Regime leiden", gegen die die „Operation" zur „Entmilitarisierung und Entnazifizierung" der Ukraine gerichtet sei.[111] Die ukrainische Propaganda hat ihrerseits bis zum Überdruss Vergleiche mit dem Warschauer Ghetto, der Bombardierung von Gernika und dem Einmarsch der Nazis in die Ukraine (damals Teil der UdSSR) bemüht und Moskau beschuldigt, einen Völkermord im Donbas zu planen. Der Grad der Irreversibilität von Worten

---

110 In Westeuropa herrscht sowohl Geringschätzung als auch Ignoranz gegenüber den Dimensionen des unvollständigen Völkermords an den slawischen und baltischen Bevölkerungen, der im *Generalplan Ost** der Nazis detailliert geschildert wird, wie die „Endlösung" der „Judenfrage" beschlossen auf der Wannseekonferenz.

111 Die Rede von Wladimir Putin, am 24. Februar 2022. Vgl. Zeitschrift Osteuropa: *Russlands Krieg gegen die Ukraine. Propaganda, Verbrechen, Widerstand*, Heft 1–3/2022, S. 141–148.

(die Handlungen auslösen oder den Bezugskontext von Handlungen verändern) wird besonders deutlich, wenn US-Präsident Joe Biden, Oberbefehlshaber der größten Militärmacht in der Geschichte der Menschheit und des zweitgrößten Atomwaffenarsenals, am 12. April 2022 behauptet, dass Wladimir Putin dabei sei, in der Ukraine einen Völkermord zu begehen.[112] Fast einen Monat später, am 9. Mai 2022, dem 77. Jahrestag des Sieges der Alliierten über die Achsenmächte, unterzeichnete Biden das Dokument *Lend-Lease Act for the Defence of Democracy in Ukraine*. Das letzte *Lend-Lease*-Gesetz unterzeichnete Franklin D. Roosevelt am 11. März 1941, um militärische Hilfsleistungen für die Alliierten, einschließlich der UdSSR, zu erleichtern.[113]

Was angesichts eines (Stellvertreter-)Krieges zwischen Atommächten die größte Herausforderung an die politische und ethische Verantwortung sein sollte, ist zu einer Leier des hemmungslosen Medien- und Politikkonsums geworden. Denn wenn wir es mit Nazis und Völkermördern zu tun haben, dann müssen alle notwendigen menschlichen und militärischen Kräfte eingesetzt werden, um sie zu stoppen und zu zerschlagen, weil es keinen Preis gibt für das Überleben eines großen Teils der Menschheit oder der Menschheit als Ganzes. Es gäbe keine Begrenzung der Zahl der Todesopfer im Kampf oder der eingesetzten Waffen, da andernfalls

112 In Worten: „Ja, ich nannte es Völkermord [...] Es wird immer deutlicher, dass Putin versucht, selbst die Idee, dass es Ukrainer gibt, auszulöschen." Vgl. „Biden calls Russian war in Ukraine ‚genocide'", PBS NewsHour, unter: https://www.pbs.org/newshour/politics/biden-calls-russian-war-in-ukraine-genocide.

113 Das Gesetz erlaubt uneingeschränkte Militärhilfe für die ukrainischen Kriegsanstrengungen auf *Lend-Lease*-Basis (mit der impliziten Annahme, dass die Hilfe zurückgezahlt werden muss).

die Ausrottung und/oder die Versklavung und der Hunger sicher oder wahrscheinlich sind. Wenn die genannte *„reductio ad Hitlerum"* von Talkshows und sozialen Netzwerken zur präsidialen Kriegskommunikation übergeht, wird die Schwelle der hohen Wahrscheinlichkeit eines Weltkriegs überschritten und die vollständige Unterordnung des sozialen, wirtschaftlichen und politischen Lebens (sowie der Ökosysteme) unter die Kriegsanstrengungen gegen den wiederauflebenden „Nazismus" gerechtfertigt. Damit haben wir das perfekte Szenario für selbst erfüllende Prophezeiungen: Wie wir zu Beginn gesehen haben, ist es gerade die Fortsetzung des Krieges, die die Sehnsucht nach Völkermord und Ausrottung auf beiden Seiten sät und beschleunigt.

Wir wissen jedoch und müssen betonen, dass die russische Invasion, so abscheulich und verbrecherisch sie auch sein mag, nicht das Ziel eines Völkermords oder des Verschwindens des ukrainischen Volkes verfolgt. So wie es auch nicht stimmt, dass Selenskyjs Regierung ein Deckmantel sei, um ein „Nazi"- und „Banderisten"-Regime zu verbergen. Entscheidend ist, auf diese Differenzierung hinzuarbeiten, um den Krieg zu beenden. Die Beförderung der Indifferenz durch eine *„reductio ad Hitlerum"* ist neben der reinen Kriegspropaganda die größte Verantwortungslosigkeit in der jüngeren Geschichte der sozialen Kommunikation.

Akkumulation im postsowjetischen Raum

Vom Kampf gegen die Propaganda hängt die Möglichkeit ab, dem Kriegsregime, das sich vom Zentrum Europas aus in der ganzen Welt ausbreitet, zu widerstehen und vielleicht sogar dagegenzuhalten. Der Kern der Öffentlichkeitsarbeit beider Seiten besteht darin, die

Möglichkeit eines Waffenstillstands und einer provisorischen diplomatischen Lösung zu negieren.[114]

Die Minsker Vereinbarungen wurden verletzt und sind tot, auch wenn ihr Inhalt notwendigerweise die Grundlage für jede halbwegs solide Verständigung sein muss. Das Problem ist, dass im Laufe der Zeit die Kriegsverbrechen und die Verwüstung von Gebieten und Städten zunehmen und die globalen Auswirkungen des Krieges auf die Energie- und Nahrungsmittelressourcen des Landes spürbar werden, was das Ganze zu einem starken Teilchenbeschleuniger macht. Diese Dynamik bewirkt, dass alte und neue Missstände sowohl Rache- und Gerechtigkeitsgefühle auf ukrainischer Seite (für Kriegsverbrechen und die Zerstörung der Ukraine) hervorbringen, als auch einen Revanchismus auf russischer Seite für die x-te Demütigung durch das „westliche Kollektiv" gegenüber dem, was historisch als „Kleinrussland" (*Malorosiya*) bezeichnet wurde.

Wenn wir zustimmen, dass dieser Krieg nicht nur ein weiterer in einem Archipel von Konflikten auf der ganzen Welt ist, sondern dass er eine zunehmende Verdichtung tatsächlicher und potenzieller Gewalt in Europa und eine erhebliche Ausweitung militärischer, paramilitärischer und staatlicher Gewalt in der übrigen Welt darstellt, müssen wir das begründen und dabei darüber hinausgehen, was auf den ersten Blick naheliegt. Die Wahrnehmung des Schreckens und der Gefahren sowie die Empörung über die erdrückende Gewalt gegen die ukrainische Zivilbevölkerung seitens einer Invasionsarmee vermischen sich mit der Kriegspropaganda, die

114 Gleichzeitig kann sich keiner der direkt am Konflikt beteiligten Akteure eine Niederlage leisten, die nicht durch die Vereinbarung eines Waffenstillstands kaschiert würde.

darauf abzielt, unsere Bereitschaft zu wecken, etwas dagegen zu unternehmen (um sie in den Dienst des einen oder anderen Blocks zu stellen).

Deshalb ist es notwendig, die Situation an der Wurzel zu greifen: damit unsere Ablehnung des Krieges nicht in der Ohnmacht einer juristischen Argumentation[115] gefangen ist, oder in der ethischen Lähmung durch ein schlechtes Gewissen (das schweigt, aber die militärische Eskalation zulässt, die durch die Reaktion des atlantischen Westens provoziert wurde), oder in einem neutralisierten Gewissen durch die Angst vor der Folge, als Komplize der Verbrechen der russischen Regierung gebrandmarkt zu werden.[116] Die Situation an der Wurzel zu greifen bedeutet, die sehr hohe Wahrscheinlichkeit einer solchen Invasion zu verstehen, indem man Eigenschaften und Dynamik der beteiligten Hauptakteure analysiert. Und es bedeutet, eine zeitliche Perspektive auf die Entwicklung der Ereignisse und ihre Wendepunkte zu haben.

Weiter unten werden wir auf einige bestimmende Episoden in der durchweg tragischen Geschichte der ukrainischen politischen Nation in der Moderne und insbesondere in der Zeit zwischen den beiden Weltkriegen eingehen. Es gibt jedoch eine radikale Ursache in der heutigen Ukraine, die wichtiger ist als Geschichte und Geografie, auch wenn diese helfen, den Krieg zu erklären: Seit über 20 Jahren ist die Ukraine

---

115 „Putin hat den Krieg begonnen, also ist er schuld am Krieg und es liegt an ihm, ihn zu beenden", so die ungefähren Worte des NATO-Generalsekretärs Jens Stoltenberg bei seinem Auftritt am 23. März 2022.

116 Ein *putinista*, ein „*Putinversteher**", wie man in Deutschland sagt, oder ein „*fiancheggiatore di Putin*", auf Italienisch.

nach Moldau das ärmste Land in Europa, was das Pro-Kopf-Einkommen angeht, und in demselben Zeitraum steht es im europäischen Vergleich zuunterst im Index der menschlichen Entwicklung der Vereinten Nationen (zusammen mit Moldau und Nordmazedonien).[117] Wie wir wissen, passen die Gründe für diese enorme Ungleichheit weder zum Reichtum an natürlichen Ressourcen noch zum technischen, wissenschaftlichen und humanistischen Entwicklungsstand der ukrainischen Bevölkerung seit ihrer Integration in die UdSSR. Sie sind im Gegenteil eng mit dem (klassen-)politischen Charakter des Unabhängigkeitsprozesses der Ukraine nach der Auflösung der UdSSR im Jahr 1991 verbunden. Tatsächlich kommt, wie der Russlandexperte Mark Galeotti feststellte, der Ukraine die zweifelhafte Ehre zu, während des brutalen Prozesses des Ausstiegs aus dem sogenannten „Realsozialismus" noch schlechtere politische Eliten gehabt zu haben als Russland. Wie Russland wählte auch die Ukraine bei der Einführung der „Marktwirtschaft" die Schocktherapie.

Mit Ausnahme von Wolodymyr Selenskyj sind alle Präsidenten und ein Großteil der politischen Klasse des Landes seit der Unabhängigkeit Produkte dessen, was Max Weber „politischen Kapitalismus" nannte, das heißt einer – notwendig gewaltsamen – Herstellung *ex novo* der notwendigen Bedingungen des

117 Vgl. UN Data, „Per capital GDP at current prices – US dollars", unter: https://data.un.org/Data.aspx?d=SNAAMA&f=grID%3A101%3BcurrID%3AUSD%3BpcFlag%3A1 und Human Development Reports, „Table 2: Trends in the Human Development Index, 1990–2001", unter: https://hdr.undp.org/data-center/documentation-and-downloads.

Kapitalismus.[118] Ein politischer Kapitalismus wäre demnach der Einsatz des *imperium*, der in einem Nationalstaat oder in einem System der Befehlsmacht, das auch aus transnationalen Organisationen besteht, verdichteten Macht, um diese Bedingungen in der Auseinandersetzung mit anderen gesellschaftlichen Kräften durchzusetzen. Der politische Kapitalismus, der in den Ländern des „Realsozialismus" herrschte, hat jedoch wenig mit dem Modell Webers zu tun.

In den 1990er Jahren hatten die Bretton-Woods-Institutionen, der IWF und die Weltbank, die keynesianischen Postulate hinter sich gelassen und konnten in den 1980er Jahren ihre Formeln zur „Strukturanpassung" an den großen Rivalen der Semiperipherie ausprobieren: Mexiko hatte 1982 Bankrott angemeldet und Brasilien 1987 die Zahlungen zur Schuldenbegleichung eingestellt. Das Entwicklungsprojekt der 1948 gegründeten UN-Wirtschaftskonferenz für Lateinamerika und die Karibik (CEPAL) war endgültig gescheitert. Ein immenser Transfer von Reichtum aus den öffentlichen

---

118 Erinnern wir uns, dass Weber in seiner späteren Kapitalismustheorie vier Komponenten des rationalisierten Kapitalismus ausmacht: (1) ein Angebot an „freien Arbeitskräften", das heißt Arbeitskräfte ohne Mittel für eine unabhängige Subsistenz; (2) eine minimale unternehmerische Organisation; (3) eine technologische Infrastruktur für die Produktion; und (4) uneingeschränkte Marktinstitutionen. Gleichzeitig gibt es notwendige Zwischenbedingungen (ein berechenbares Regelsystem und ein allgemeiner „Geist" oder eine Ethik, die mit den Zielen des Kapitalismus übereinstimmen) und notwendige tieferliegende Bedingungen (ein bürokratischer und administrativer Staat und eine klare normative Definition von Eigentums- und Bürgerrechten). Dann gibt es noch die fundamentalen oder ultimativen Bedingungen: Ausbildung der Beamtenschaft, Infrastrukturen für Verkehr und Kommunikation, ein Währungs- und Steuersystem, ein effizientes Buchführungs- und Erfassungssystem und ein effektives Monopol für die Kontrolle und den Zugang zu Waffen.

Kassen an die *Criollo*-Eliten und deren systematische Kapitalflucht zu US-Banken und -Fonds ist die Klassenrealität dieser kontinentalen Transformation, die bis heute nicht ausgebügelt wurde, auch nicht in den 2000er-Jahren des sogenannten „lateinamerikanischen progressiven Zyklus".

Die Anwendung der gleichen Therapie auf Osteuropa war zuvor in Polen erprobt worden, nach dem vereinbarten Übergang zu einem Parteiensystem, das von den katholischen Eliten der Gewerkschaft *Solidarnosc* [Solidarität] dominiert wurde. Die Regierung von Premierminister Tadeusz Mazowiecki, für die Jeffrey Sachs ein Dokument ausarbeitete, das diese sofort annahm, löste die Regierung von General Wojciech Jaruzelski ab. Polen ist Sachs' einzige relative Erfolgsgeschichte, und es ist leicht zu verstehen, warum: Es war das am wenigsten „sozialistische" Land in ganz Osteuropa, und die subjektiven und Klassenbedingungen für die Herausbildung des politischen Kapitalismus waren am günstigsten. In einem Bericht über Polen im Jahr 1994 erklärte Sachs:

> „Die systemische Krise kann ebenfalls schnell angegangen werden, allerdings nicht in demselben Zeitrahmen wie die Finanzkrise. Während die Finanzkrise in wenigen Monaten unter Kontrolle gebracht werden kann, dauert die Bewältigung der Systemkrise Jahre, selbst unter den günstigsten politischen Bedingungen, wenn Regierung und Leute hinter den Reformmaßnahmen stehen. Die Umstellung von zentraler Planung auf Märkte erfordert zwei Arten von Maßnahmen. Die erste, und verwaltungstechnisch einfachere, ist die Abschaffung der zentralen Planung. Die bürokratischen Eingriffe in die Wirtschaft müssen beendet werden, und die Märkte müssen frei

> funktionieren können. Dies bedeutet unter anderem die Abschaffung von Preiskontrollen, von Lizenzen für den internationalen und internen Handel, den freien Zugang für neue Privatunternehmen in praktisch allen Wirtschaftszweigen und ein Ende der bürokratischen Eingriffe in einzelne Unternehmen. Das zweite Maßnahmenpaket umfasst den Aufbau neuer Institutionen des modernen Kapitalismus, einschließlich eines modernen Wirtschaftsrechts, einer unabhängigen Justiz zur Durchsetzung des neuen Wirtschaftsrechts und einer privaten Eigentumsstruktur bei Unternehmen, die das staatliche Eigentum an denselben ersetzt. Während der Abbau der zentralen Planung buchstäblich in Tagen oder Monaten erfolgen kann, dauert der Aufbau neuer Institutionen Jahre. Selbst die Massenprivatisierung von Staatsbetrieben, wie sie in der Tschechischen Republik und in Russland durchgeführt wird, ist ein Projekt von mehreren Jahren.“[119]

Ironischerweise schiebt der Jeffrey Sachs von 2022 die russische Invasion und der Krieg in der Ukraine auf folgendes:

> „Der Krieg [...] ist die Kulmination eines 30-jährigen Projekts der amerikanischen neokonservativen Strömung. In der Regierung Biden sitzen dieselben Neokonservativen, die die gezielten Kriege der USA in Serbien (1999), Afghanistan (2001), Irak (2003), Syrien (2011) und Libyen (2011) vorangetrieben haben und so viel dafür getan haben, den Einmarsch Russlands in die Ukraine zu provozieren. Die Bilanz der Neokonservativen ist ein einziges Desaster. Dennoch hat Biden sein Team mit Neokonservativen

119 Vgl. Jeffrey Sachs: „Shock Therapy in Poland: Perspectives of Five Years“, 6. April 1994, unter: https://www.jeffsachs.org/newspaper-articles/zw4rmjwsy4hb9ygw37npgs97bmn9b9.

> besetzt. Im Ergebnis führt Biden die Ukraine, die USA und Europa in ein weiteres geopolitisches Debakel. Wenn Europa einen Funken Einsicht hat, wird es sich von diesen außenpolitischen Debakeln der USA lösen."[120]

Es scheint, als projizierte Jeffrey Sachs die Auswirkungen von 40 Jahren ununterbrochener kapitalistischer Schockmaßnahmen seit dem Ende des Kalten Krieges auf andere, die „*Neocons*". Als könnte die Kontinuität der US-Außenpolitik, für Jeffrey Sachs verdichtet in der Figur von Victoria Nuland, der derzeitigen stellvertretenden Außenministerin in der Regierung Biden, die gesamte ökosystemische Dimension der neoliberalen kapitalistischen Konterrevolution seit den 1980er Jahren erklären. Als könnte die Existenz von Steuerparadiesen in Commonwealth- oder EU-Ländern (wie Luxemburg) allein die Akkumulation/Expropriation von Reichtum durch die globalen kapitalistischen Eliten erklären. Victoria Nuland war schon vor dem Ende der UdSSR in die russische Politik involviert und hat in allen US-Regierungen außer der von Trump gedient. In ihrer Person verdichtet sich die „*Union sacrée*", die bei der Verteidigung der strategischen Interessen der USA in der ganzen Welt und vor allem in Osteuropa keine Parteigrenzen kennt. Sie ist die Lebenspartnerin von Robert Kagan, dem Gründer des *Project for the New American Century* und intellektuellen Star des Irak-Kriegs. Ihre eigene Leistung im Laufe der Jahrzehnte macht es unnötig, aus ihrer persönlichen Beziehung

---

120 Vgl. Jeffrey Sachs: „Ukraine is the Last Neocon Disaster", 27. Juni 2022, unter: https://www.jeffsachs.org/newspaper-articles/m6rb2a5tskpcxzesjk8hhzf96zh7w7. Später sollten dann die „Währungsstabilisierungen" in Slowenien und Estland erfolgen.

abzuleiten, wie tief ihre politischen Ansichten übereinstimmen. Es wäre unverantwortlich, aus Angst, von der atlantischen Inquisition des Putinismus bezichtigt zu werden, nicht an ihre zentrale operative Rolle bei der militärischen Eskalation während und nach dem Euromaidan im Jahr 2014 zu erinnern. Victoria Nuland wird in die Geschichte der Diplomatie eingehen für ihr berühmtes „*Fuck the EU*", das sie in einem (abgehörten) Gespräch mit dem US-Botschafter in der Ukraine äußerte. Darin ging es um die Möglichkeit, dass die EU statt der UNO (Nulands bevorzugte Option) die Führung im Vermittlungsprozess nach dem Euromaidan übernimmt. Kurz gesagt scheint sie zusammen mit John Abizaid[121] eine der wichtigsten Schaltstellen in dem Prozess gewesen zu sein, der den ukrainischen Bürgerkrieg (unter der Präsidentschaft von Petro Poroschenko) auf das Äußerste verschärfte, woraufhin der enge Kreis der russischen Macht die Entscheidung zum Einmarsch in das Land getroffen hat.

Die Ukraine unter den Kriegsoligarchen

Wenn wir die sozioökonomischen Wurzeln des Krieges in der Ukraine tiefer ergründen wollen, müssen wir neben der Blockdynamik und den historischen Konflikten zwischen der russischen Staatsformation und der unvollendeten ukrainischen Nation auch das biopolitische Experiment der von Jeffrey Sachs geleiteten „Schockdoktrin" in Russland und der Ukraine betrachten. Es gibt viele Parallelen und gewichtige

---

121 General im Ruhestand und ehemaliges Mitglied des US-Zentralkommandos (CENTCOM), mit Einsatzbefehl im Zweiten Irakkrieg. Obama ernannte ihn im September 2016 zum Berater des ukrainischen Verteidigungsministers.

Unterschiede in der Entwicklung der jeweiligen Prozesse und ihrer Resultate.

Im Jahr 1991 war die Ukraine eine der ärmsten Unionsrepubliken der UdSSR. 1986 ereignete sich auf ihrem Gebiet die Nuklearkatastrophe von Tschernobyl, die neben der Zerstörung des Ökosystems in einem Gebiet von mehr als 5000 Quadratkilometern, das weniger als 100 Kilometer von Kiew entfernt ist, einen Schaden von schätzungsweise 68 Milliarden US-Dollar (in heutigen Dollar) verursachte. Der wirtschaftliche und politische Zerfallsprozess, von dem die gesamte UdSSR in den 1980er Jahren betroffen war, führte in der Ukraine, einer Getreidekammer und im Donbas einem Zentrum von Bergbau- und Stahlindustrie, zu einer humanitären Katastrophe, von der sich das Land nur langsam erholte, bevor es 2014 in einen Bürgerkrieg stürzte: Zwischen 1991 und 2014 sank die Bevölkerung infolge von Abwanderung, steigender Sterblichkeit und sinkender Geburtenrate von 52 auf 45 Millionen. Im Jahr 2021 betrug die Bevölkerungszahl rund 41 Millionen. Die Lebenserwartung begann 1989 zu sinken und lag 1998 bei 67 Jahren. Es dauerte 15 Jahre, bis sie im Jahr 2013 wieder den Höchststand von 71 Jahren erreichte, den sie bereits 1988 hatte.

All dies ist nicht auf einen Mangel an ausländischen Investitionen oder die wirtschaftliche Isolation des Landes zurückzuführen. Im Gegenteil, das Land wurde mit Krediten des IWF und der Weltbank überschwemmt. Aber diese dienten dazu, eine oligarchische Klasse zu schaffen inmitten einer stratosphärischen Korruption, die einer Studie des *Atlantic Council* aus dem Jahr 2007 zufolge auf einem Niveau liegt, das den korruptesten Ländern der Welt eigen ist. Ironisch könnte man dies als „konstituierende Korruption" bezeichnen.

Wer hatte die besten Voraussetzungen, Oligarch zu werden? Genau jene Mitglieder der Staats- und Parteibürokratie, die mit den internationalen Finanzinstitutionen in Kontakt standen und die aufgrund ihrer leitenden Position in öffentlichen Unternehmen oder ihrer politischen Zuständigkeit in der Lage waren, sich die privatisierten Vermögenswerte auf kriminelle Weise anzueignen. Sie erhielten einen privilegierten Zugang zu den verschiedenen Verfahren, die in diesen Prozessen regelmäßig angewandt werden. Dazu zählten Versteigerungen, Beteiligungsscheine oder Eigentumszertifikate. Zuvor war ein Kreislauf aus Korruption und Umsatzbeteiligung erforderlich, damit privatisierte Vermögen zu lächerlichen oder sogar negativen Preisen gehandelt werden konnten, was sie für den „Volkskapitalismus", der das noble Ziel der von Jeffrey Sachs inspirierten Schockprogramme war, unattraktiv machte. Richter:innen, Staatsanwält:innen, Inspektor:innen, Regierungsmitglieder: Die transversal verlaufende Korruption machte es möglich, dass der ukrainische Unabhängigkeitsprozess mit der Bildung eines Oligarchenstaates zusammenfiel.

Es ist einigermaßen unbestritten, dass Leonid Kutschma, der zweite Präsident der postsowjetischen Ukraine, der Gründervater der ukrainischen Oligarchie ist. Nach seinem Amtsantritt im Oktober 1994 unterstützte ihn der IWF durch ein Darlehen in Höhe von 360 Millionen US-Dollar, um einen neuen Angriff auf die soziale Absicherung im Lande zu starten. Er drängte auf die Abschaffung beitragsunabhängiger Sozialleistungen sowie der Preiskontrollen für lebenswichtige Güter. Er leitete auch die Privatisierung von landwirtschaftlichen Betrieben und fruchtbarem Land in den Tschernosem-/Schwarzerderegionen ein (ein Prozess, der noch nicht abgeschlossen ist). Dies hatte verheerende Folgen, nicht nur im sozialen, sondern auch im rein makroökonomischen Bereich: eine Inflation von 400 Prozent, die zur Entmonetarisierung eines großen Teils des Handels mit Grundnahrungsmittel führte, und den Rückgang des Bruttoinlandsproduktes um fast 46 Prozent gegenüber 1990. Die Kutschma-Periode dauerte bis zur „Orangenen Revolution" von 2004. Das ist also die Zeit, in der sich die oligarchischen Gruppen herausbildeten, die das politische System der Ukraine beherrschen. In diesem war die Kommunistische Partei wie erwähnt bis zu ihrem Verbot im Jahr 2015, nach dem Euromaidan, die wichtigste Oppositionskraft.

Der ukrainische Soziologe Demid Chernenko hat drei Kriterien aufgestellt, um die Bildung von Oligarchengruppen in der Ukraine zu analysieren. Auf der einen Seite stehen sie in der Rangliste der 100 reichsten Privateigentümer des Landes an erster Stelle und neigen dazu, ihren Reichtum durch Offshore-Firmen und Strohleute zu verschleiern, wobei die typische Eigentumsstruktur zwei bis vier Vermittler:innen zwischen dem öffentlichen Unternehmen und dessen tatsächlichem Eigentümer ausweist. Auf der anderen Seite beruht die oligarchische Macht auf der Verschmelzung von politischer Macht und Eigentum, so dass jede oligarchische Gruppe mindestens eine Repräsentation im Parlament oder in der Regierung hat und so ihre Interessen durchsetzen kann. Und schließlich kontrollieren Oligarchen zwei oder mehr Geschäfte, die in ihrer regulären Tätigkeit koordiniert sind, was eine strategische

Abstimmung zwischen verschiedenen Oligarchengruppen nicht ausschließt. Auf Grundlage dieser Kriterien macht Chernenko die Existenz von mindestens 35 oligarchischen Gruppen aus, vor allem im Bergbau, in der Maschinen- und Elektroindustrie, in der Lebensmittelindustrie, in der Metallurgie und in den öffentlichen Versorgungsbetrieben.[122]

Folglich ist es wichtig darauf hinzuweisen, dass die Dialektik des ukrainischen politischen Systems mit Zusammenstößen zwischen oligarchischen Gruppen einhergeht. Man denke nur an Rinat Achmetow, der mit seiner Holding *System Capital Management* als Inhaber des größten ukrainischen Vermögens gehandelt wird. Achmetow war einer der Oligarchen, die während des Euromaidan 2014 am stärksten ins Visier genommen wurden, vor allem aufgrund seiner explizit beherrschenden Rolle in der Partei der Regionen, die Viktor Janukowitsch 2010 zum Präsidenten machte. Bis zu ihrer Auflösung nach dem Euromaidan war es eben diese Partei der Regionen, die gute Beziehungen zu Russland am meisten anstrebte und die außerdem russischsprachige Minderheiten vertrat sowie für eine föderale Dezentralisierung des Landes einstand. Es ist interessant zu sehen, wie eine Partei, die grundsätzlich genauso klientelistisch und korrupt ist wie die anderen Parteien, die in diesem Land Wahlen gewonnen haben, beschuldigt wird, prorussisch zu sein, als ob gute Beziehungen zu Russland ein Zeichen der Unterwerfung oder Kapitulation, wenn nicht gar des Verrats wären. Die Wahlsoziologie ihrer Resultate stützt dieses Urteil nicht. Es ist plausibler

---

122 Vgl. David Chernenko: „Capital Structure and Oligarch Ownership", 2018, unter: https://mpra.ub.uni-muenchen.de/83641/1/MPRA_paper_83641.pdf.

anzunehmen, dass sie als seriöse Klientelpartei nicht darauf verzichten konnte, mit allen Interessensgruppen des Landes Geschäfte zu machen. Dies spiegelt sich in dem Versuch wider, das Gleichgewicht in den Beziehungen zur EU, zur NATO und zu Russland zu wahren. Im Jahr 2010 verpflichtete sich die Partei von Janukowitsch und Achmetow, die notwendigen gesetzgeberischen Schritte einzuleiten, um eine Freihandelszone mit der EU zu schaffen. 2012 begann der Prozess zur gemeinsamen Unterzeichnung des Assoziierungsabkommens zwischen der EU und der Ukraine, der sich vor allem durch die deutsche Unterstützung für die ehemalige Ministerpräsidentin Julia Timoschenko verzögerte, die wegen Korruption inhaftiert war.

Die Geschichte dieser Verhaftung spiegelt auch die Unmöglichkeit wider, die jüngste politische Geschichte der Ukraine als eine Konfrontation zwischen prowestlichen und prorussischen Kräften zu interpretieren, geschweige denn zwischen Anhänger:innen des europäisch-westlichen Rechtsstaats auf der einen und einer autoritären Demokratie nach russischem Vorbild auf der anderen Seite. In jedem Fall stellte die später als „Gasprinzessin" bezeichnete Timoschenko vor ihrem Eintritt in die Politik 1998 eine besondere Figur in der ukrainischen politischen Landschaft dar: Die Akademikerin und Ingenieurin sprang in die Privatwirtschaft ab, sobald Gorbatschows Maßnahmen der *Perestroika* dies zuließen. Zusammen mit ihrem Ehemann gründete sie die Firma *Ukrajinskyj Bensin*, die sie bald in *Vereinigte Energiesysteme der Ukraine* umbenannten. Sie übernahm das Geschäft, importierte russisches Gas in die Ukraine, trug entscheidend zu den Import- und Exporthandelsbeziehungen mit Russland bei, und noch vor der Jahrhundertwende war Timoschenko eine der reichsten Geschäftsfrauen des Landes. Als sie stellvertretende Ministerpräsidentin für Energie im Kabinett des Ministerpräsidenten und späteren Präsidenten Wiktor Juschtschenko wurde, zeichnete sich ihre Arbeit eher durch Effizienz als durch Korruption aus. Sie hatte ihren Anteil daran, die Energieunternehmen verglichen mit den durchschnittlichen ukrainischen Wirtschaftssektoren zu einem besonders effizienten kapitalistischen Sektor zu machen. Entgegen den lagerförmigen Lesarten entsprachen die Interessen, die zur Verhaftung von Julia Timoschenko im Jahr 2011 führten, einer übergreifenden Koalition von Oligarchenführern. Im Mittelpunkt eines solchen Bündnisses soll Viktor Janukowitsch stehen, in enger Zusammenarbeit mit dem ehemaligen Präsidenten Viktor Juschtschenko, der zusammen mit Timoschenko die „Orange Revolution" von 2004 gegen den mutmaßlichen und sehr wahrscheinlichen Wahlbetrug bei den Präsidentschaftswahlen zugunsten von Janukowitsch angeführt hatte. Sowohl „Unsere Ukraine", die Partei um Juschtschenko, als auch der Block von Julia Timoschenko waren Parteien, die der Europäischen Volkspartei angehörten, das heißt EU-freundliche und atlantische Rechtsparteien. Dies verhinderte jedoch nicht, dass sie in ihrer ersten Amtszeit als Ministerpräsidentin (Februar–September 2005) auf Betreiben von Präsident Juschtschenko selbst ein erstes Strafverfahren über sich ergehen lassen musste. Der Hauptgrund scheint die Unabhängigkeit Timoschenkos von den oligarchischen Interessen Präsident Juschtschenkos und seiner Verbündeten (unter anderen dem künftigen Präsidenten und Hauptverantwortlichen für die militärische Eskalation des ukrainischen

Bürgerkriegs nach dem Euromaidan 2014, Petro Poroschenko) gewesen zu sein.

Gegen jede lineare und schematische Vereinfachung spiegelt Timoschenkos zweite Amtszeit als Ministerpräsidentin das ukrainische politische Labyrinth als einen ständigen Krieg um die Aneignung von Renditen und Eigentum zwischen verschiedenen Fraktionen der politischen und wirtschaftlichen Eliten in einer stets unvollendeten ukrainischen Nationalität wider. Das Thema des russischen Gases stand erneut im Mittelpunkt, und zwar nach einem eher ungewöhnlichen Drehbuch: Ministerpräsidentin Julia Timoschenko wollte die Beziehungen zu Russland über Gasliefervertträge direkt wieder aufnehmen. Der Grund dafür war, dass Präsident Juschtschenko beschlossen hatte, russisches Gas über eine in der Schweiz ansässige Zwischengesellschaft, RosUkrEnergo, zu kaufen, die sich im gemeinsamen Besitz von russischem und ukrainischem Oligarchenkapital befindet. In direkten Gesprächen mit Wladimir Putin gelang es Timoschenko 2007, die Wiederaufnahme der Gaslieferungen ohne Vermittler:innen zu erreichen und den Weg für die Unterzeichnung neuer bilateraler Verträge zu ebnen. 2009 brach der sogenannte Gaskrieg aus, der in der Ukraine und damit auch in den europäischen Ländern, die am stärksten von russischem Gas abhängig sind, zu Engpässen führte. Ausgelöst wurde er durch die Kündigung bilateraler Verträge und die Schulden des staatlichen ukrainischen Gasunternehmens Naftogaz bei der russischen Gazprom in Höhe von 2,4 Milliarden US-Dollar. Die direkte Beteiligung der Familie von Präsident Juschtschenko an Naftogaz erklärt die Kampagne und die strafrechtliche Verfolgung von Timoschenko viel besser als die Spaltung zwischen prorussischen und prowestlichen Orientierungen. Dies spricht für eine nationale politische Dynamik, in der die Systemkrise von 2008 als Faktor für die Radikalisierung der Konflikte zwischen den Oligarchen einerseits und die politische und soziale Unruhe der Bevölkerung andererseits eingreift.

Nur wenige Analysen sind so aufschlussreich wie die des Ukrainers Volodymir Ischenko, der die drei ukrainischen politischen Revolutionen der letzten drei Jahrzehnte – die Granitrevolution vom Oktober 1990 (als die UdSSR noch existierte), die Orangene Revolution zwischen November 2004 und Februar 2005 und die Revolution der Würde/Euromaidan zwischen November 2013 und Februar 2014 – als „unzureichende Revolutionen" interpretiert hat. Seiner Ansicht nach handelte es sich in allen drei Fällen um populare Aufstände, die von Kräften vereinnahmt wurden, die den Beteiligten fremd waren. In diesem Sinne hat der Euromaidan 2014 die Krise der politischen Repräsentation, die das Land seit seiner Unabhängigkeit im August 1991 begleitet, nur negativ verstärkt:

> „Die postsowjetischen Maidan-Revolutionen waren vor allem eine Bedrohung darin, dass die eine oder andere Elitegruppe durch eine rivalisierende Gruppe ersetzt werden könnte. Aber sie stellten nie eine existenzielle Bedrohung für die herrschende Klasse dar, die sie dazu zwingen würde, die subalternen Klassen ‚anzuführen', anstatt sie lediglich zu beherrschen. Die politische Repräsentation der Interessen gesellschaftlicher Gruppen wurde sowohl ‚von oben' als auch ‚von unten' untergraben. Die wichtigsten Parteien der herrschenden Eliten reproduzierten und verschärften die Laster der späten Breschnew'schen

> Kommunistischen Partei – bedeutungslose Ideologie, Klientelismus und wenig aktivistische Partizipation. Der de-modernisierende Zerfall ließ die sozialen Interessen der Gruppen, aus denen sich die postsowjetischen Gesellschaften zusammensetzten, schlecht gegliedert und kaum organisiert zurück. Der Abstand zwischen den unmittelbaren Interessen der Durchschnittsperson und jeglicher Politik oder Ideologie hat sich nur noch vergrößert."[123]

Wer sind für Ischenko diese elitären Gruppen, die den Aufstand vereinnahmt haben? Kann man von einem klaren Gegensatz zwischen den Eliten und der aktivistischen Basis der Bewegung sprechen? Seiner Analyse zufolge gab es zwei gegensätzliche Eliten. Auf der einen Seite stehen der spätere Präsident und einer der Hauptverantwortlichen für die Eskalation in Richtung Krieg, der Oligarch und Politiker Petro Poroschenko, und westliche NGOs aller Art, vom *National Endowment for Democracy* (einem klassischen Instrument der US-Außenpolitik) über die *Open Society* bis hin zu EU-finanzierten Menschenrechtsorganisationen. Hinzu kommen die im März 2013 gegründete und von Julia Timoschenkos *Allukrainischer Vereinigung Vaterland* geförderte, rechtsgerichtete Aktion „Ukraine, steh auf!" (die im Juni 2014 einen eigenen paramilitärischen Zweig gründete, der seither an den Kämpfen im Donbas beteiligt und heute in die Territorialen Verteidigungseinheiten integriert ist); die allukrainische Vereinigung *Swoboda* [Freiheit], die sich damals im Aufwind befand und hauptsächlich für die erneute Legitimierung des

123 Volodymyr Ishchenko: „Ukraine in the Vicious Circle of the Post-Soviet Crisis of Hegemony", 29. Oktober 2021, unter: https://lefteast.org/ukraine-in-the-vicious-circle-of-the-post-soviet-crisis-of-hegemony/.

Bandera-Faschismus in der Ukraine verantwortlich war; sowie Arsenij Jazenjuk, ein Verbündeter Timoschenkos und von Victoria Nuland als bester Kandidat für die Präsidentschaft des Landes nach dem Euromaidan bevorzugt, der nach dem Sturz Janukowitschs Premierminister wurde, um kurz darauf zurückzutreten und im September 2014 die rechte, atlantische und nationalistische *Volksfront* zu gründen. Auf der anderen Seite stand das, was Ischenko auch als „politische Kapitalisten" bezeichnet, das heißt im Wesentlichen der damalige Präsident Viktor Janukowitsch und die Partei der Regionen, die zwar ihre politische, nicht aber ihre wirtschaftliche Macht verlieren sollte. Und zusammen mit der Partei der Regionen verlor auch die gesamte offizielle Linke, mit der einflussreichen Kommunistischen Partei an der Spitze, die ein Jahr später von der Regierung unter Petro Poroschenko verboten wurde.

Es gibt ein sehr wichtiges Element in Ischenkos Analyse, das oft unbemerkt bleibt und das dazu beiträgt, das scheinbare Paradox einer nationalistischen und rechten Radikalisierung im Land zu erklären, ohne dass sich dies in den Wahlen nach dem Euromaidan widerspiegelt. Seiner Meinung nach besteht der große Sieg des ukrainischen Neobanderismus darin, den politischen Diskurs fast aller Koalitionskräfte auf dem Euromaidan hegemonial vereinnahmt zu haben. Damit hätten sie die ukrainische Regierung und Armee unter Poroschenkos Präsidentschaft (und die Interimsregierung von Ministerpräsident Arsenij Jazenjuk unter der Präsidentschaft seines Glaubensbruders Oleksandr Turtschynow) kooptiert. *Swoboda* stellte drei Minister in dieser Regierung, darunter im Verteidigungsressort. Für Ischenko hat das, was er den „zivilen Nationalismus" eines Teils des Euromaidan nennt, den ethnischen Nationalismus, der sich durch alle Parteien des siegreichen politischen Blocks der Revolution der Würde zieht, nicht ausgehöhlt, sondern vielmehr vertieft und ihm den Weg geebnet.

Das Scheitern des ersten Minsker Abkommens, das im September 2014 beschlossen wurde, wird diese Situation nur noch verschlimmern. In einer Bürgerkriegssituation mit den Republiken Donezk und Luhansk hatten die ukrainisch-nationalistischen extremen Rechten eine beträchtliche Handlungsfreiheit. Dies beinhaltete permanente Angriffe auf linke Aktivist:innen, Feminist:innen, Roma und LGTBQI-Personen. An dieser Stelle ist es wichtig, darauf hinzuweisen, dass dieser übergreifende Charakter der extremen Rechten ein gemeinsames Merkmal beider Seiten im ukrainischen Bürgerkrieg ist. Dies ist nicht nur entscheidend für die Interpretation dieses Krieges und seiner Folgen. Es bestätigt auch, was wir im zweiten Kapitel dieser Arbeit über die Beziehung zwischen Krieg, Kriegsmaschinen sowie faschistischen Wahrnehmungen und Affekten darlegen werden. Leider passt das ukrainische Szenario gut zu solchen Überlegungen.

Das semiperiphere Russland

In einem grundlegenden Essay, der 2014 veröffentlicht wurde, verteidigen Georgi Derluguian und Immanuel Wallerstein die These einer relativen Kontinuität Russlands im modernen Weltsystem als semiperipherer Staat.[124] Die Autoren stellen radikale Fragen:

---

124 Georgi Derluguian & Immanuel Wallerstein: „De Iván el Terrible a Vladímir Putin: Rusia en la perspectiva del sistema-mundo", in: *Nueva Sociedad*, No. 253, Buenos Aires, September/Oktober 2014, unter: https://nuso.org/articulo/de-ivan-el-terrible-a-vladimir-putin-rusia-en-la-perspectiva-del-sistema-mundo/.

> „Warum ist Russland im Vergleich zu anderen slawischen Ländern so groß und bevölkerungsreich? Warum wirken seine prominentesten Herrscher – Iwan der Schreckliche und Zar Peter I., Lenin und Stalin oder heute Putin – so wild despotisch und so besessen vom Westen, dem sie sowohl widerstehen als auch nacheifern? Um eine sinnvolle Antwort auf diese Fragen zu geben, muss man die Entstehung des russischen Staates bis zu seinen Anfängen zu Beginn des 16. Jahrhunderts zurückverfolgen, als die moderne Welt selbst Gestalt annahm."[125]

Das Russische Reich nahm an der Gestaltung der kapitalistischen und imperialen Weltwirtschaft im 16. und 17. Jahrhundert, die auf die westeuropäischen Staaten beschränkt war, nicht teil. Im Wesentlichen führte die Finanzierung der Kriege um die imperiale Hegemonie zwischen den Staaten zu einer immensen Anhäufung von Geldkapital durch europäische Bankiers, das wiederum für die koloniale Expansion der entstehenden Weltwirtschaft verwendet wurde. Doch im Gegensatz zu westlichen Staaten oder Nachbarn wie Polen hatte der russische Staat eine:

> „[...] ununterbrochene Fähigkeit der Herrscher, die Interessen der Elite in Schranken zu halten, und den Zielen des Staates (das heißt der Zaren) unterzuordnen. Die zaristischen Reformen veranschaulichen diesen Punkt sehr gut. Zar Peter I. wurde ‚der Große' zwischen den 1690er- und 1720er-Jahren, und das nicht nur, weil er die Dringlichkeit erkannte, militärische und administrative Innovationen aus dem Westen zu importieren."[126]

---

125 Ebd., S. 1.

126 Ebd., S. 51.

Das von der vorherrschenden eurozentrischen Geschichtsschreibung vorgeschlagene Schema ist ein Prozess westlicher kapitalistischer Modernisierung, der auf kolonialen Nationalstaaten und Metropolen basiert, in denen demokratische Mittelschichten und Arbeiter:innenklassen gedeihen, die sich für die Verbesserung ihrer Lebensbedingungen organisieren (obwohl sie sich meist mit ihrer Subalternität in Bezug auf die politische, wirtschaftliche und kulturelle Macht zufriedengeben). Nach Derluguian und Wallerstein folgt die Geschichte Russlands jedoch einem anderen Muster: dem der semiperipheren Staaten, das heißt der Staaten, die einen Zwischenraum einnehmen und Elemente sowohl aus dem Zentrum als auch aus der Peripherie des Weltsystems aufweisen. Im Falle Russlands sind die Versuche, zu den dominierenden Staaten des modernen Weltsystems aufzuschließen, mittels diktatorischer Vorgehensweisen unternommen worden:

> „Russland war gezwungen, bei jeder Gelegenheit seine Streitkräfte aufzustocken, um diese geopolitischen Möglichkeiten zu nutzen. Dies erforderte stets energische Kampagnen zur Förderung einer neuen Armee und eines verstärkten Staatsapparats sowie Steuereinnahmen und der Epoche entsprechende Produktionsgrundlagen. Daher auch die hyperaktiven und transformatorischen Despoten: Iwan der Schreckliche, Peter der Große, Stalin. Ihr Erscheinen in Momenten des Aufstiegs der russischen Staatsmacht war kein Zufall. Das Wiederauftreten despotischer und aktiver Herrscher ist mit der typischen Strategie der Semiperipherie verbunden, den Mangel an kapitalistischen Ressourcen durch verstärkten Zwang zu kompensieren. In allen drei Fällen ermöglichten äußerst repressive Maßnahmen die

> Sprünge zur nächsten Stufe staatlicher Zentralisierung und militärischer Macht. Diese zielte darauf ab, den Bäuerinnen und Bauern so viel wie möglich an menschlichen und steuerlichen Ressourcen zu rauben. Aber zwischen den Herrschern des Staates und der einfachen Bevölkerung gab es immer verschiedene Arten von Eliten. Jede energische Anstrengung, Russlands Position im Weltsystem zu verbessern, musste damit einhergehen, die alten Eliten zu demontieren und durch neue Kader zu ersetzen, deren Tauglichkeit, Identität und organisatorische Gruppierung mit den Zielen der Staatsreform übereinstimmten."[127]

Für die Autoren gelten selbst die russischen Revolutionen von 1917 als eine weitere Episode im Kampf des russischen semiperipheren Gebildes, ein zentraler Staat im Weltsystem zu werden. Ihrer Meinung nach entsprach das Arbeiter- und Proletarierbekenntnis der bolschewikischen Partei nicht der tatsächlichen Zusammensetzung ihrer Avantgarde, die hauptsächlich aus Jurist:innen, Ärzt:innen, Wissenschaftler:innen, Professor:innen, Ingenieur:innen oder Literat:innen bestand, das heißt, der durch die Organisation der zaristischen Macht zur Ohnmacht verurteilten *Intelligenzija*. Wenn die Oktoberrevolution von 1917 unerklärlich ist, ohne die Auswirkungen des Ersten Weltkriegs auf die Bevölkerung des Russischen Reiches zu berücksichtigen, so kann die frühere Revolution von 1905 nicht verstanden werden, ohne das Scheitern des letzten Versuchs des Zarismus zu betrachten, sich Zugang zum Zentrum des Weltsystems zu verschaffen, das damals der britische imperiale Hegemon beherrschte.

---

127 Ebd., S. 53.

Dieser Versuch steht in engem Zusammenhang mit Sergei Witte[128], der seine Ausbildung in der damaligen kaiserlichen Ukraine absolvierte und seine Karriere mit der Planung und Verwaltung von Eisenbahnen begann. Diese war unerlässlich, um damals wie heute Getreide und fossile Brennstoffe zu transportieren, aber auch um militärische Operationen (wie im Balkankrieg zwischen dem Russischen und dem Osmanischen Reich zwischen 1877 und 1878) durchzuführen. Die Eisenbahn bildete die Grundlage für die Industrialisierung, die sich in den letzten Jahren des 19. Jahrhunderts beschleunigte. Witte leitete den Bau der Transsibirischen Eisenbahn und förderte die Ausbildung der technischen Kader der Verwaltung auf meritokratischer Grundlage, im Gegensatz zum System von Klientelismus und Patronat, das die zaristische Verwaltung immer beherrscht hatte. Er führte den Rubel an den Goldstandard heran, um in- und ausländische Investitionen zu erleichtern. Auch versuchte er, Zar Nikolaus II. davon zu überzeugen, eine Landreform einzuleiten und die Bauernfrage als Schlüsselfaktor für die Modernisierung des Reiches zu lösen.

Die entscheidende Rolle des Putilow-Konsortiums (insbesondere seiner Fabriken in St. Petersburg) bei den Revolutionen von 1905 und 1917 ist das Ergebnis dieser Bemühungen, sich in das Zentrum des Weltsystems und seiner Widersprüche zu integrieren. Schließlich ist eine effektive Modernisierung (verstanden als Zugang zum Zentrum des Weltsystems oder als dessen Besetzung)

---

128 Hoher Beamter und Herrscher zwischen den letzten beiden Zaren, Alexander III. und Nikolaus II. Seine Figur drückt den grundlegenden Widerspruch aller Versuche aus, die russische semiperiphere Formation vor und nach der Sowjetrevolution von 1917 zu modernisieren.

ein spezifisches Ergebnis von Klassenkämpfen. Wie wir oben gesehen haben, musste diese Modernisierung im Russischen Reich an den Klasseninteressen der *Intelligenzija* und des wachsenden, aber in der Minderheit befindlichen Industrieproletariats sowie an der kapitalistischen Transformation der Landwirtschaft und der Klassenzusammensetzung der Bauernschaft des Reiches gemessen werden. Und das erwies sich als unmöglich, weil dadurch einer der Pfeiler der semiperipheren imperialen Formation untergraben wurde, wie Derluguian und Wallerstein betonen:

> „Obwohl Russland immer noch eine Großmacht war, war es um 1900 unsicher über seinen Status im Verhältnis zum Westen. Innenpolitisch litt das Russische Reich unter großen Unterschieden zwischen Arm und Reich, politischer Unzufriedenheit, polizeilicher Brutalität, einer allgemein trägen und korrupten Bürokratie und einem peinlichen Mangel an technologischem Fortschritt, auch wenn es einige hervorragende Akademiker und Ingenieure gab. Trotz der Bemühungen der Regierung, moderne Industrien zu fördern, waren sowohl der russische Haushalt als auch die herrschenden Eliten von Getreide- und Erzexporten abhängig. Kurzum, alles deutete darauf hin, dass Russland hinter dem Westen zurückblieb und sich in Richtung der Peripherie bewegt."[129]

Es geht um den Widerspruch zwischen der Entwicklung eines Industriekomplexes wie den Putilow-Werken und einer Arbeiterpolitik des zaristischen Regimes, die auf dem Wechsel zwischen reiner Repression und dem, was als „Polizeisozialismus" bekannt wurde, beruhte. Wir

129 Ebd., S. 54.

erwähnen sie wiederholt aufgrund ihrer Relevanz: In den Putilow-Werken verdichtet sich der zentrale Knoten der Klassenwidersprüche, die im Laufe des 20. Jahrhunderts die Beziehungen des Kaiserreichs (und später der UdSSR) mit dem modernen Weltsystem kennzeichnen werden: die Widersprüche zwischen den industriellen Arbeiter:innenklassen, der technisch-wissenschaftlichen *Intelligenzija* und den politischen Oligarchien des Kaiserreichs, ohne die *Nomenklatura* des sowjetischen Staates und der Partei zu vergessen. Dazwischen eine arme Bauernschaft, die 1861 formell aus der Leibeigenschaft entlassen wurde und zumindest bis Mitte der 1960er-Jahre das Sühneopfer des semiperipheren Kapitalismus der letzten Periode der Romanow-Dynastie und ihrer Kriege sowie der beschleunigten Modernisierung und der Herausforderung des Weltsystems durch die UdSSR sein sollte.

Die Putilow-Werke wurden 1801 durch einen Erlass von Zar Paul I. in St. Petersburg (unter dem Namen St. Petersburger Eisenwerke) gegründet und anfangs von schottischen Einwanderern betrieben. 1873 wurde das Unternehmen in eine Aktiengesellschaft umgewandelt. Diese produzierte ab 1874 Güterwagen, zehn Jahre später Personenwagen, und um die Jahrhundertwende begann die Herstellung von Lokomotiven.

Der große Aufschwung des industriellen Komplexes kam mit der Jahrhundertwende und dem Wettrüsten zwischen den Kolonialmächten. Im Jahr 1912 wurde die Putilow-Werft für die Produktion von Kreuzern und Zerstörern gegründet. Dies war der Auftakt dazu, dass die Fabriken zum Produktionszentrum für die Kriegsmaschinerie des Reiches in St. Petersburg wurden und der Staat ab 1915 eingriff, um die schnelle Lieferung von Kriegsmaterial zu gewährleisten.

Die Revolution von 1905 kann als Höhepunkt eines Zyklus von Protesten und Streiks bezeichnet werden, der in der Putilow-Fabrik begann. Dies geschah vor dem Hintergrund einer weit verbreiteten Verarmung der Bevölkerung, des Hungers, des entsetzlichen Elends der großen Mehrheit der Bauern (unter anderem aufgrund des Verfalls der Getreidepreise, der Haupteinnahmequelle) und der Unzufriedenheit über die Niederlage nach dem imperialistischen Abenteuer des Kaiserreichs in der Mandschurei und in Korea (Russisch-Japanischer Krieg). Rund um die Putilow-Werke spielt sich das Schicksal des russischen Experiments des „Polizeisozialismus" ab, dessen Einfluss auf einige Wesenszüge der stalinistischen Periode unbestreitbar ist. Seine großen Figuren sind der Initiator der Idee, Sergej Wassiljewitsch Subatow, und sein großer Regisseur, der orthodoxe Priester Georgi Gapon. Subatows Fall ist von besonderem historischem Interesse: Der Sohn eines durchschnittlichen Militäroffiziers wurde aufgrund seiner frühen politischen Rastlosigkeit zum Anführer des nihilistischen Zirkels in seinem Gymnasium und schloss sich später der russischen populistischen Bewegung an. Von der zaristischen Polizei wegen seiner Kontakte zur *Narodnaja Volia* [Volkswille] bedrängt, dauerte es nicht lange, bis er von der Polizei in die populistischen Organisationen eingeschleust wurde, was zu zahlreichen Verhaftungen und Zerschlagungen führte. Als er aufgeflogen war und von der *Narodnaja Volia* zum Tode verurteilt wurde, gab er seine Infiltrationstätigkeit auf und wurde Leiter der Ausbildungs- und Infiltrationsmaßnahmen in den revolutionären Organisationen. Seine Erfolge der Repression in der populistischen Bewegung waren berühmt-berüchtigt und trugen wesentlich zu ihrer Schwächung bei.

Am Ende des 19. Jahrhunderts sah er sich jedoch einer ganz anderen Kraft gegenüber: der Arbeiter:innenbewegung und ihren marxistischen Ausdrucksformen, die sich 1898 in der Gründung der *Russischen Sozialdemokratischen Arbeiterpartei* verdichteten. Die Moskauer Erfahrung mit der Unterdrückung einer der ersten gewerkschaftlichen Organisationen, der Moskauer Arbeitergewerkschaft, wird Subatow ermöglichen, die Verbindung zwischen der sozialdemokratischen (marxistischen) revolutionären *Intelligenzija* und der Industriearbeiter:innenklasse zu entdecken, das heißt die grundlegende Verbindung, die den Kern der Thesen von Wladimir Iljitsch Uljanow (Lenin) in *Was tun?* (1902) ausmacht: die zentralisierte Organisation von Berufsrevolutionären, die in die Arbeiter:innenbewegung eingreifen und „revolutionäres Bewusstsein von außen bringen", gegen die Reduzierung des Arbeiterkampfes auf die rein gewerkschaftliche Dimension.

Subatows Hypothese lautet, dass die gleiche Überzeugungsarbeit von außen durch von der Regierung geschaffene Kaderorganisationen geleistet werden kann, während gleichzeitig revolutionäre Organisationen, die hauptsächlich aus Intellektuellen bestehen, isoliert und unterdrückt werden. Es ist der Beginn der sogenannten *Subatowschtschina*, der Organisation der regierungsnahen Gewerkschaften, die von der zaristischen Polizei kontrolliert wird.

Der Pope Georgi Gapon traf sich 1902 mit Subatow und begann, an der Erweiterung und Verbesserung der Gewerkschaftsorganisation zu arbeiten. Während die „Subatow-Methode" darin besteht, die Arbeiterführer zu überreden und zu bestechen (damit sie mit der Polizei zusammenarbeiten und die Forderungen nach besseren

Arbeitsbedingungen durch die Vermeidung von Streiks und großen Protesten vermitteln), ist es für Gapon unmöglich, die sozialdemokratischen Organisationen auf diese Weise auszubooten, da das Stigma der Polizeiinfiltration in den Organisationen nicht mehr zu beseitigen ist. Gapon übernahm die von Subatow unterstützte Gewerkschaft (Gesellschaft zur gegenseitigen Unterstützung der Arbeiter in der mechanischen Produktion), änderte ihre Satzung und ihren Namen und machte sie zum Gesprächspartner von Unternehmen und Regierung, wodurch sie der direkten Kontrolle durch die Polizei entzogen wurde. So entstand die Organisation, die als „die Versammlung“ bekannt werden sollte, kondensiert aus der St. Petersburger Versammlung der Fabrikarbeiter. Hier beginnt die Phase der seither bekannten tiefgreifenden Zweideutigkeit der Figur des Gapon.

Im Gegensatz zu dem von der *Subatowschtschina*-Polizei durchdrungenen regierungsfreundlichen Sozialismus brachte Gapons Betonung der autonomen Arbeiterorganisation und der Gültigkeit von Massenprotesten und Streiks seine Gruppe näher an den Kreis der Sozialdemokrat:innen im Umfeld von Eva Karelina. Gemeinsam schufen sie ein geheimes Komitee zur Direktion der Bewegung, aus dem der Organisationszyklus hervorging, der bis 1904 andauerte (dank der Arbeit der sozialdemokratischen Komponente der Karelina-Gruppe). An der Versammlung nahmen mehrere tausend Mitglieder teil, wobei Karelina selbst die Sektion der in der Textilindustrie beschäftigten Frauen leitete. In dieser Zeit entsprach die Tätigkeit von Gapon kaum einem polizeilichen Muster: Er machte Politik gegen das Gesetz und förderte die Ausweitung der Aktivitäten der Versammlung auf die übrigen Arbeitermilieus von

St. Petersburg (und später auf Moskau, Kyjiw und Charkiw). Dabei nutzte er seine Kontakte zur Regierung und zur Polizei, um nicht gestört zu werden, während er die Arbeitnehmer:innen kritisierte und aufforderte, aus den Gewerkschaften der *Subatowschtschina* auszutreten.

Im Dezember 1904 kam es zur Entlassung von vier Arbeitern in der Putilow-Fabrik, die angeblich der Versammlung angehörten. Als Reaktion darauf wurde ein Streik in der Anlage organisiert, die in der Folge lahmgelegt war, und der sich auf Hunderte von Fabriken in der ganzen Stadt ausweitete. Das Komitee der Versammlung beschloss daraufhin, eine Petition an die Behörden zu richten und diese mit einem friedlichen Marsch am Sonntag, dem 22. Januar 1905, zu begleiten. Das zaristische Massaker an den Demonstranten wurde als Blutsonntag bekannt: Hunderte oder Tausende wurden getötet und Tausende durch Schüsse der Streitkräfte verwundet. Daraufhin brachen in allen großen Industriezentren des Reiches Arbeiterstreiks aus, und im Mai 1905 wurde in der Textilstadt Iwanowo der erste Sowjet gegründet. In den folgenden Monaten bildeten sich 62 Arbeiter-, Soldaten- und Bauernsowjets.

Obwohl der Marsch als völlig unbewaffnetes – aber gleichzeitig mit dem festen Willen, gehört zu werden – Begehren von Arbeitern und Familien an den Zar Nikolaus II. organisiert worden war, sollte der Blutsonntag Gapon in sozialdemokratischen, anarchistischen und sozialrevolutionären Kreisen im Exil den Ruf eines Revolutionärs einbringen. Er machte einen guten Eindruck auf alle: von Plechanow bis Kropotkin, von Lenin bis Gorki. In seinen Pamphleten nach dem Blutsonntag rief er zum gewaltsamen Sturz von Nikolaus II. auf. Die Sozialdemokrat:innen im Exil erschienen ihm als Intellektuelle, nicht als praktische Widerstandskämpfer:innen. Er fühlte sich bei den Sozialrevolutionär:innen wohler, die ihm dabei halfen, im April 1905 zum Vorsitzenden der Konferenz aller revolutionären Parteien gewählt zu werden. Mit dieser Legitimation kehrte er nach St. Petersburg zurück, um die *Allrussische Arbeitergewerkschaft* zu gründen, die sich ausdrücklich gegen die (als dogmatische Intellektuelle gebrandmarkten) Sozialdemokrat:innen und Sozialrevolutionär:innen wandte. Zuletzt erschien Gapons Beharren recht merkwürdig, wonach die Arbeiter:innen sich selbst befreien, ohne die Einmischung von Intellektuellen, die vom wirklichen Leben abgekoppelt sind (eine Anspielung auf die russische Sozialdemokratie). Von daher rührte der Versuch, unter seiner Führung eine Arbeiterpartei zu gründen, ein Projekt, auf das sich die Sozialrevolutionär:innen und Kropotkin selbst, der die Gründungsschrift der Partei verfassen sollte, einließen.

In der Zwischenzeit reagierte das Zarentum auf die Folgen des Blutsonntags, indem es am 11. Februar eine Kommission unter dem Vorsitz des Senators des zaristischen Staatsrats, Nikolai Wladimirowitsch Schidloski, einsetzte. Im August 1905 wurde als Ergebnis seiner Arbeit die Staatsduma als eine Art parlamentarische Demokratie geschaffen. Der Oktober-Generalstreik beschleunigte die Veröffentlichung des von Nikolaus II. unterzeichneten „Obersten Manifests zur Verbesserung der staatlichen Ordnung“ im November 1905. Dieses stellte einen Schritt zur liberalen Demokratisierung des zaristischen Regimes dar. Weil er sich weigerte, eine Amnestie zu beantragen, kehrte Gapon nach St. Petersburg zurück, um erneut den Vorsitz der Versammlung zu übernehmen. Hier kippte seine Figur endgültig, als er sich bereit erklärte, in Verhandlungen mit dem Innenminister, dem allgegenwärtigen Grafen Sergei Juljewitsch Witte, einzutreten. Im Gegenzug für Geldmittel und die Wiederherstellung der Legalität der Versammlung verpflichtete sich Gapon, gegen einen bewaffneten Aufstand und die revolutionären Parteien zu kämpfen. Er schrieb einen „Brief an die Russische Versammlung der Fabrikarbeiter" in St. Petersburg, in dem er die Arbeiter eindringlich davor warnte, der marxistischen Doktrin zu folgen:

> „Ihr, die ihr kein detailliertes Wissen über Marx habt, wisst in der Tiefe eurer proletarischen Stellung instinktiv viel besser als jeder andere, wie man Entscheidungen trifft und Fehler vermeidet, die für euch und für das gesamte Proletariat fatal sind. Vergesst nicht, dass auch ihr die Weltuniversität des Hungers, der Kälte, der Armut und der Entbehrungen absolviert habt und dass ihr im weiteren Verlauf eures Lebens die Wissenschaft der verschiedenen Arten von Demütigungen und Kränkungen, die Wissenschaft aller Arten von Unterdrückung und Gewalt gründlich studiert haben werdet. Vergesst nicht, dass der praktische Menschenverstand des heldenhaften russischen Arbeiters, wenn er auf die russische Wirklichkeit angewandt wird, weit größer ist als der des deutschen Marx [...]."[130]

Graf Witte und Gapon taten sich schließlich zusammen. In der europäischen und amerikanischen Presse lobte Gapon die Politik Wittes und warnte vor dem

---

130 Vgl. den „Brief an die Mitglieder der ‚Versammlung der russischen Fabrikarbeiter'" [Письмо к членам „Собрания русских фабрично-заводских рабочих" (Гапон)], unter: https://ru.wikisource.org/.

Massaker und der Gefahr eines Bürgerkriegs, die ein bewaffneter Aufstand gegen die Regierung, wie von den revolutionären Parteien vorgeschlagen, mit sich bringen würde. Ihr erklärtes Ziel war es, „die Bewegung zu stoppen“. Das Scheitern des bewaffneten Aufstands in Moskau im Dezember 1905, der von den Sowjets der Arbeiterdeputierten organisiert worden war, bedeutete jedoch das Ende der Modernisierungsperiode des Grafen Witte und den Anfang vom Ende des Popen Gapon. Der neue Innenminister, Pjotr Nikolajewitsch Durnowo, arbeitete daran, Wittes Werk zu zerstören und Gapons langjährige Zusammenarbeit mit der Polizei seit der Zeit der *Subatowschtschina* auffliegen zu lassen. Die Varianten des „Polizeisozialismus“ waren gescheitert. Und es war nichts mehr so wie zuvor in der Arbeiter:innenbewegung des Russischen Reiches, in der Reichshauptstadt bis 1918 noch weniger. Am 2. März 1917 wurde das Zentrum für die Herstellung von Kriegsmaschinen für entsprechende Einsätze bestreikt, angesteckt von der Streikwelle in allen Industriezweigen der Stadt seit Januar und Februar. Anfang März legte die Ausbreitung von Arbeiterstreiks gegen Krieg, Hunger und Zarismus die Stadt lahm. Und am 8. März brach in der Hauptstadt der bewaffnete Aufstand aus, der 370 Jahren Zarismus ein Ende setzen sollte.

Im Zentrum der Welt

Die Oktoberrevolution von 1917 erzwang schließlich das von Pope Gapon so geschmähte Bündnis zwischen der *Intelligenzija*, die der modernisierende Reformismus des Grafen Witte nicht in seine Ziele des Zugangs zum Zentrum des Weltsystems integrieren konnte, und der zwar in der Minderheit befindlichen, aber entscheidenden

Arbeiter:innenklasse, die der „Polizeisozialismus“ nicht zu beherrschen vermochte.

Erst mit der UdSSR erhielt die alte panrussische *polity* bekanntlich Zugang zum Zentrum des Weltsystems, wenn auch nur für kurze Zeit und um den Preis zahlloser Massaker, der Demokratie und des Kommunismus (zugleich Konsequenzen und Bedingungen für die Ausweitung der Revolution, die nicht stattfand und mit der Konsolidierung des stalinistischen Blocks in Partei und Staat nicht mehr angestrebt wurde). Ein Kontinuum von Katastrophen zwischen 1917 und 1945, in dem sich die Verteidigung des (ersten und wichtigsten) Sowjetstaates und die Verteidigung des russischen Vaterlandes vermischten: ein Mix, in dem die erstere Erzählung schließlich verschluckt wurde von der zweiteren, welche sich durch den „Großen Vaterländischen Krieg“ gegen die Nazi-Invasion von 1941–1945 verfestigte. Derluguian und Wallerstein maßen dem ideologischen oder narrativen Faktor der bolschewikischen Führung wenig Bedeutung bei und konzentrierten sich mehr auf die Komponenten (*Nomenklatura* der Partei, technisch-wissenschaftliche *Intelligenzija* und Arbeiter:innenklasse) für den Aufbau eines fortschrittlichen Industriestaates:

> „Die Strategie des Staatsaufbaus, die wir als ‚Leninismus‘ bezeichnen, hat nur sehr wenig vom klassischen Marxismus geerbt, da sie in Wirklichkeit auf der Verschmelzung von drei wichtigen Entwicklungen in der zeitgenössischen Organisation der Staatsmacht beruht. Die erste war die ideologisch inspirierte und disziplinierte Partei, die die politische Beteiligung der Massen und den Aufstieg aus den unteren Schichten der Gesellschaft förderte. Die zweite war die industrielle Planwirtschaft der Massenproduktion, ob das

> bedeuten würde, was man in einer eher zivileren Version des Kapitalismus ‚Fordismus' nennt, oder aber deutsche Kriegsplanung, die eine groß angelegte Urbanisierung, Bildung und Sozialhilfeversorgung erforderte. Diese beiden Neuerungen – die politisch-ideologische Mobilisierung auf der einen und die industrielle Mobilisierung auf der anderen Seite – führten zur dritten großgeschriebenen Mobilisierung: der Schaffung der mechanisierten Armee aus wehrpflichtigen Massen."[131]

Mit dem Ende der Terrormethoden zur Mobilisierung der Produktion, seit dem Amtsantritt Nikita Chruschtschows als Sekretär der KPdSU im Jahr 1956, fand in der UdSSR so etwas wie ein zaghafter Versuch eines New Deal statt. In welchen Begriffen, mit welchen gesellschaftlichen Akteur:innen? Sowohl in politischen als auch in ökonomischen Begriffen. Das sogenannte „Tauwetter" war ein wirklicher Prozess, insbesondere im Vergleich zu der diffusen strukturellen Gewalt der vorangegangenen Periode. Chruschtschows Doktrin der „friedlichen Koexistenz" ist nicht als „Revisionismus" zu verstehen, sondern als Suche nach einer Atempause, die die Einführung einer reformistischen Dialektik in den Beziehungen zwischen der *Nomenklatura*, den Arbeiter:innenklassen und der Agrarwirtschaft ermöglichen sollte (die im Übrigen durch das Kolchosen- und Sowchosen-System und die zunehmende Mechanisierung eine zunehmende Proletarisierung und einen Abbau an Arbeitskräften erfuhr). Dies erforderte eine allgemeine Steigerung der Menge und Vielfalt an Konsumgütern (und der Arbeitsproduktivität) sowie eine allgemeine Anwendung von Wissenschaft und Technik

---

131 Derluguian & Wallerstein: „De Iván el terrible a Vladimir Putin", S. 56.

in Industrie und Landwirtschaft. Erinnern wir uns daran, dass die polizeiliche Epistemologie während der stalinistischen Periode in allen Bereichen der intellektuellen Produktion[132] Verwüstungen anrichtete, mit Tausenden von Verurteilten und Hingerichteten, was in diesem Fall direkt katastrophale Folgen für eine Landwirtschaft hatte, die bereits durch Zwangskollektivierungen (die zum ukrainischen Holodomor beitrugen) und später durch die ökosystemischen Folgen des Zweiten Weltkriegs und die 27 Millionen Toten unter den Sowjetbürger:innen dezimiert war.

Mit dem Tauwetter unter Chruschtschow begannen massive Kampagnen zum Bau von Arbeiterwohnungen mit industriellen Methoden (und minderwertiger Qualität), bekannt als *Chruschtschowka*. Es brachte eine noch stärkere Einbeziehung von Frauen in Industrie-, Bildungs-, Gesundheits- und Verwaltungsberufe (weit über den westlichen Prozentsätzen des gleichen Zeitraums) und eine Konzentration auf die landwirtschaftliche Produktivität (durch den massiven Einsatz von Düngemitteln und Pestiziden sowie die massive Einführung von Mais als Futtermittel im „Neuland" Kasachstans, Sibiriens, des Uralgebirges, des Wolgagebiets und des Nordkaukasus). Wie Chruschtschow es ausdrückte:

> „Es wird keinen Kommunismus geben, wenn unser Land so viel Metall und Zement hat, wie wir wollen, aber Fleisch und Getreide knapp sind."[133]

---

132 Beispielhaft die Kampagnen von Andrei Schdanow im kulturellen und künstlerischen Bereich oder von Trofim Lyssenko in der Biologie und Agrartechnik.

133 So seine Äußerung während der sogenannten „Mais-Kampagne" Anfang 1954, zit. nach: *Seventeen Moments in Soviet History*, „Corn Campaign", https://soviethistory.msu.edu/1961-2/corn-campaign/.

All dies führte zu niedrigeren Steuern für die Kolchosen und zur Einführung von Monatslöhnen für Landarbeiter:innen anstelle der bisherigen jährlichen Zahlungen.

Gleichzeitig wurde die friedliche Koexistenz zu der Figur, mit der die Verantwortlichen der Chruschtschow-Gruppe nicht nur den „Kommunismus“, sondern auch den Eintritt der UdSSR in das Zentrum des Weltsystems herbeiführen wollten, und zwar aufgrund ihrer politischen, ökonomischen und technischen Hegemonie mehr als aus militärischen Gründen. Die Nachahmung und Verbesserung der Nahrungsmittelindustrien und Haushaltsgeräte der USA ist Teil der Chruschtschow'schen Variante westlicher Modernisierung als jahrhundertealte Praxis der Herrscher des russischen Reiches. Die berühmte „Küchendebatte“ zwischen dem damaligen Vizepräsidenten Richard Nixon und Chruschtschow am 24. Juli 1959 ist ein komisches Beispiel für den Wettbewerbscharakter der friedlichen Koexistenz auf dem Gebiet der „wissenschaftlich-technischen Revolution“.

Der 22. Parteitag der KPdSU im Oktober 1961 verabschiedete das sogenannte Dritte Programm, in dem eine Frist von 20 Jahren für den Beginn des Aufbaus des Kommunismus gesetzt wurde. Ein Kommunismus, den das Programm wie folgt definierte:

> „(...) eine klassenlose Gesellschaft mit öffentlichem Gemeineigentum an den Produktionsmitteln, mit völliger sozialer Gleichheit aller Gesellschaftsmitglieder, in der neben der allseitigen Entwicklung der Menschen die Produktivkräfte auf der Grundlage der sich ständig weiterentwickelnden Wissenschaft und Technik wachsen,

> alle Quellen des gesellschaftlichen Reichtums in vollem Umfang fließen und der große Grundsatz verwirklicht wird: ‚Jeder nach seinen Fähigkeiten, jedem nach seinen Bedürfnissen'. Der Kommunismus ist eine hochgradig organisierte Gesellschaft freier und bewusster Arbeiter, in der die Selbstverwaltung eingeführt wird, die Arbeit für das Wohl der Gesellschaft zum ersten Lebensbedürfnis und zur gefühlten Notwendigkeit eines jeden wird und die Fähigkeiten eines jeden bestmöglich für das Volk eingesetzt werden."[134]

Auf welchen Grundlagen, ausgehend von welchen Kämpfen? Der Kampf sollte auf Gebiete außerhalb der UdSSR beschränkt bleiben, auf die Konflikte in der kapitalistischen Welt, auf die revolutionären Kämpfe der Arbeiter:innenklasse in den entwickelten Ländern und die nationalen Befreiungsbewegungen in den Ländern, die von den Nationen im Zentrum des Weltsystems kolonisiert wurden. Im Inneren ging es im Wesentlichen darum, die wissenschaftlich-technische Revolution in der Produktion und Verwaltung anzuwenden sowie die sozialistische Erziehung, das Bewusstsein und die Moral der Sowjetbevölkerung zu stärken. Hier liegt begründet, was man als das utopische, aufgeklärte und progressiv-technokratische Element des Chruschtschow'schen Projekts bezeichnen könnte. Das Bündnis oder vielmehr die friedliche, moralische Kollaboration zwischen *Nomenklatura*, *Intelligenzija* und der arbeitenden Bevölkerung:

---

134 Vgl. „Kommunismus – eine strahlende Zukunft für die ganze Menschheit", *Drittes Programm der KPdSU*, 1961, http://leftinmsu.narod.ru/polit_files/books/III_program_KPSS_files/062.htm, vgl. auch „Das neue Parteistatut der KPdSU", in: *Osteuropa*, Nr. 11, November/Dezember 1961, S. 869–878.

> „Die Stärkung des kommunistischen Bewusstseins der Werktätigen wird die ideologische und politische Einheit der Arbeiter, der Kolchosbauern und der *Intelligenzija* und ihre allmähliche Verschmelzung zu einem einzigen Kollektiv von Arbeitern in der kommunistischen Gesellschaft weiter fördern."[135]

Eine Aufgabe, die ihre utopisch-groteskeste Ausprägung im Vorschlag des Moralkodexes für den Erbauer des Kommunismus erreichte:

> „Die Partei ist der Ansicht, dass der Moralkodex des Erbauers des Kommunismus die folgenden moralischen Grundsätze beinhaltet: (1) Hingabe an die Sache des Kommunismus; Liebe zur sozialistischen Heimat und zu den sozialistischen Ländern; (2) gewissenhafte Arbeit für das Wohl der Gesellschaft: *Wer nicht arbeitet, soll auch nicht essen*; (3) Sorge eines jeden für die Erhaltung und Vermehrung des Gemeinguts; (4) ein ausgeprägtes Bewusstsein für öffentliche Aufgaben, Intoleranz gegenüber Verstößen gegen öffentliche Interessen; (5) Kollektivismus und gegenseitige Hilfe durch Kameradschaft: jeder für alle, alle für einen; (6) Menschliche Beziehungen und gegenseitige Achtung von Menschen: Der Mensch ist einem anderen Menschen Freund, Kamerad und Bruder; (7) Ehrlichkeit und Wahrhaftigkeit; moralische Reinheit, Einfachheit und Bescheidenheit im gesellschaftlichen und privaten Leben; (8) gegenseitige Achtung in der Familie, Fürsorge bei der Erziehung der Kinder; (9) unversöhnliche Haltung gegen die Ungerechtigkeit, Müßiggang, Unehrlichkeit, Karrieredenken und Gewinnsucht; (10) Freundschaft und Brüderlichkeit aller

---

135 Vgl. Ebd. „V. Die Aufgaben der Partei im Bereich der Ideologie, Erziehung, Bildung, Wissenschaft und Kultur".

> Völker der UdSSR; Unduldsamkeit gegen die nationalistische und rassistische Feindschaft; (11) Unversöhnlichkeit gegen die Feinde des Kommunismus, der Sache des Friedens und der Freiheit der Völker; und (12) brüderliche Solidarität mit den Werktätigen aller Länder, mit allen Völkern."[136]

Eine Utopie voller Zynismus, da sie die Frage der konstituierenden Macht ausklammerte. Die *Nomenklatura* verschleppte diese seit Ende der 1930er Jahre (in Bezug auf ihr Monopol auf politische Entscheidungen und ihre Diktatur über die Bauernschaft, die Arbeiterklasse und die *Intelligenzija)* und gab vor, sie mit der wissenschaftlich-technischen Modernisierung der Ausbeutungsunterschiede (betreffend Arbeitsteilung und geschlechtsspezifische Aufteilung) zu lösen. Die terroristischen Methoden der stalinistischen Periode zu verurteilen dient derweil als Deckmantel für die neue Pathologisierung der politischen Dissidenz sowie für die politische Kriminalisierung der Arbeitsverweigerung als antisowjetisches Verhalten im Rahmen des Verbots der Organisierung autonomer Gewerkschaften und kollektiver Konflikte. Die mit dem Sechsten Fünfjahresplan 1956–1962 eingeführte Lohnreform zielte darauf ab, den Mindestlohn für die am schlechtesten bezahlten Arbeitnehmer:innen anzuheben, die Akkordarbeit abzuschaffen und die Lohnunterschiede nach Skalen zu verringern. Der Moralismus wird auch weiterhin die Unfähigkeit verschleiern, die arbeitenden Klassen über die materiellen Anreize hinaus zu motivieren, und zwar in einem Kontext, in dem das Bündnis zwischen der *Nomenklatura* (und ihren Planungszielen) sowie der

136 Ebd., Herv. des Autors.

Leitung der Fabriken/Unternehmen vorherrscht (Angehörige der *Intelligenzija*, die keine Anreize für eine berufliche Laufbahn haben und in deren Alltag Gehorsam der entscheidende Faktor ist).

Nach dem Sturz Chruschtschows ist es interessant, die Wirtschaftsreform von Kosygin/Liberman von 1965 unter diesem Gesichtspunkt zu betrachten. Denn sie war der letzte Versuch eines Bündnisses zwischen einem Teil der *Nomenklatura* und der technisch-wissenschaftlichen *Intelligenzija* vor der Periode des langen Niedergangs der UdSSR. Die Reform beruhte darauf, ein Erzeugerpreissystems einzuführen, um die „Rentabilität" der einzelnen Unternehmen und den „Verkauf" der Lagerbestände im Rahmen einer sogenannten „Optimierung" zu gewährleisten. Außerhalb der „Marktmechanismen" musste die Preiskontrolle durch Dezentralisierung erreicht werden, wobei die Unternehmensleiter:innen für die Rentabilität und die Platzierung der Produktion verantwortlich waren. Für die Echtzeitüberwachung der Preisentwicklung waren die zentralen Planungsbehörden zuständig, die Computer einsetzten. Dies ist die Zeit, in der der kybernetische Optimismus und das politische und entscheidungsrelevante Gewicht des Zentralen Mathematischen Wirtschaftsinstituts in Moskau und des Instituts für Wirtschaft und Technik in Charkiw in den Vordergrund treten.[137]

In der Praxis gestaltete sich die Rolle der Betriebs- und Unternehmensleiter:innen in ähnlicher Weise wie

---

137 Wo Jewsei Grigorjewitsch Liberman die Arbeit entwickelte, die er 1962 in dem Artikel „Plan, Gewinn und Prämie" darlegte. Englische Version: „Plans, profits and bonuses", *Problems in Economics*, Vol. 8, Issue 3/1965, S. 3–8, unter: https://www.tandfonline.com/doi/abs/10.2753/PET1061-199108033?journalCode=mpet19.

die von Manager:innen in Privatunternehmen. Mit dem Unterschied, dass Erstere nicht nach Belieben Entlassungen durchführen oder das Arbeitstempo erhöhen konnten, da sonst mit stiller Sabotage der Produktionsziele zu rechnen war. In den ersten vier Jahren nach Einführung der Reform stellte sich eine Verbesserung des Wachstums und der Effizienz ein. Allerdings nicht aufgrund von Produktivitätssteigerungen, sondern aufgrund der besseren Löhne. Die „Mobilisierung der Produktion" auf Grundlage der „Optimierung" sollte letztlich scheitern. Denn sie beinhaltete einen Widerspruch zwischen den politischen Implikationen der Einführung eines Systems der Produktions- und Verkaufspreisinformation und der Interessen- und Klientelpolitik, die die Legitimität des sowjetischen politischen Systems ausmachte. Dies führte (1) zu Erstarrungen in der Mobilität der Arbeitskräfte (nicht zuletzt wegen der Erschöpfung der Bauernschaft als unerschöpfliche Reserve); (2) Kostensenkungen und ineffizienten Unternehmen (die die enormen Investitionen in die industrielle und menschliche Entwicklung in den sibirischen und asiatischen Regionen nicht kompensieren konnten); und vor allem (3) der Entwicklung von nuklearen und konventionellen Waffenprogrammen sowie unproduktiven Investitionen im Gebiet der verbündeten Länder im geopolitischen Streit des Kalten Krieges. Ein solches angestrebtes Preissystem ließ sich utopisch und technokratisch, aber auch kapitalistisch rechtfertigen. Denn die Wahrhaftigkeit der Preisinformation setzt eine hinreichende Herrschaft der Kapitaleigner:innen über die „Freiheit" der Arbeitskräfte voraus, die Löhne und materiellen Bedingungen der Arbeit zu akzeptieren.

Dieser Fehlschlag sollte den Sieg dessen bedeuten, was die *Nomenklatura* ab den 1960er-Jahren ohne Ironie als „entwickelten Sozialismus“ oder „realen Sozialismus“ bezeichnete.[138] Auf diese Zeit müssen wir uns konzentrieren, um die Grundlagen der sozialen und institutionellen Machtstruktur aufzufinden, die in den 1990er-Jahren den Übergang zum oligarchischen Kapitalismus bestimmte, der schließlich Wladimir Putin auf den Thron brachte. Die Niederschlagung des Prager Frühlings 1968 bedeutet das Ende aller Hoffnungen auf politische und soziale Mobilität für Arbeiter:innenklasse und *Intelligenzija* im gesamten Sowjetblock.

Man muss den Versuch unternehmen, die ethischen und politischen Folgen dieser Zeit für diejenigen gesellschaftlichen Kräfte in der UdSSR zu verstehen, die immer noch glaubten, es wäre möglich, den Zusammenhang zwischen Sozialismus, Demokratie und dem Wachstum kommunistischer Elemente in der Gesellschaft wiederherzustellen.

Der Stalinismus neigt sich der Korruption zu

Anstelle von Stagnation ist es sinnvoller, von einer politischen Ökonomie der Korruption, des Zynismus und einer Doppelmoral der Verhaltensweisen zu sprechen. Die Korruption der Familie Jelzin in den 1990er-Jahren hat ihren unmittelbaren Vorläufer in der vergleichsweise „kleinen“ Korruption der Familie des Generalsekretärs der KPdSU (1964–1982) Leonid Iljitsch Breschnew.

Wie konnte sich die UdSSR unter solchen Bedingungen der Sabotage an den Grundlagen des Systems so lange

---

138 In der Gorbatschow-Periode wurde der Ausdruck „Ära der Stagnation“ geprägt.

halten? Zum Teil deshalb, weil bis in die 1980er Jahre (als die Variablen des Afghanistankrieges und des neuen Wettrüstens mit den USA aufkamen) enorme Steuereinnahmen aus dem Export fossiler Brennstoffe die Lähmung und Apathie kompensierten. Die Wirtschaft der UdSSR und später der Staaten, die nach ihrem Zerfall entstanden, sollte sich davon nie erholen. Dies ermöglicht eine weitläufige und sanfte Dekadenz und einen langsamen Abstieg in die Semiperipherie, der – außer im Falle der politischen Minderheiten der *Intelligenzija*, die in Form des *Samisdat*[139] einen Dissens und Formen der Gegenöffentlichkeit pflegten – unter großer Gleichgültigkeit stattfand. Derluguian und Wallerstein erwähnen hinsichtlich des fortgesetzten Stillstands, welche Schlüsselrolle der Aufteilung der Einnahmen aus dem Export fossiler Brennstoffe spielte:

> „Noch schädlicher waren die Aushöhlung der Arbeitsmoral und die Stagnation der Produktivität, die paradoxerweise aus dem unausgesprochenen Sieg des sowjetischen Proletariats im Klassenkampf gegen ihre bürokratischen Chefs resultierten. Dies ist die politische Ökonomie, die hinter dem sarkastischen Ausdruck ‚sie tun so, als würden sie uns bezahlen, und wir tun so, als würden wir arbeiten' steckt. Im Hintergrund zeichnete sich der eigentliche Grund für die Zugeständnisse der *Nomenklatura* an die Arbeiter ab: das Schreckgespenst eines offenen politischen Bündnisses zwischen der *Intelligenzija* und den sozialistischen Proletariern, das sich in klassenübergreifenden Aufständen niederschlagen

139 Die heimliche Verbreitung verbotener Texte, die auf unterschiedliche Weise und in verschiedenen Formaten kopiert und vervielfältigt wurden, um einer Repression durch die sowjetischen Behörden zu entgehen.

> könnte, wie es 1980 mit der *Solidarność* in Polen geschah. […] Die Kreise der dissidenten *Intelligenzija* wandten sich dann den beiden radikalen Ideologien zu, die der sowjetischen Bürokratie ein Gräuel waren: dem Nationalismus und dem neoliberalen Marktindividualismus. Die Ironie dabei ist, dass beide Ideologien nur im Gegensatz zum internationalistischen Kommunismus radikal waren. Und es überrascht nicht, dass Nationalismus und Neoliberalismus die dominierenden Ideologien des Weltsystems waren. Sie boten den Mitgliedern der *Nomenklatura*, die nach dem politischen Umbruch von 1989 keine kommunistischen Funktionäre mehr waren, sondern kapitalistische Magnaten und souveräne Herrscher über die separatistischen nationalen Einheiten, eine Rettung."[140]

Der Ölschock von 1973 sollte sich für die Breschnew'sche *Nomenklatura* als Segen erweisen: Er ermöglichte es, die Getreideimporte zu bezahlen (paradoxerweise in einem Land mit einem riesigen Agrarsektor, das jedoch nicht in der Lage war, die Ernährungsautonomie des Staates zu gewährleisten) und die zunehmend ineffiziente Ressourcenverteilung in den Fünfjahresplänen zu kompensieren.

Gleichzeitig entwickelte sich in dieser Zeit die sogenannte „Zweite Wirtschaft" oder „Schattenwirtschaft", also Aktivitäten, die die Fehlfunktionen des schlecht geplanten Wirtschaftsprozesses ausnutzten und kompensierten, der auf verzerrten Informationen seitens der Unternehmen und der lokalen und regionalen Entscheidungsträger:innen beruhte: Arbeiter:innen,

---

140 Derlugian & Wallerstein: „De Iván el Terrible a Vladímir Putin", S. 60 u. 62.

die aus ihren Unternehmen gestohlene Vorräte, einschließlich Treibstoff, weiterverkaufen; Gruppen von Arbeiter:innen, die sich die Löhne fiktiver Arbeiter:innen teilen; Tauschbörsen für Produkte, die an manchen Orten über- und an anderen unterproduziert werden; Handel mit Konsumgütern hauptsächlich aus westlichen Ländern (sei es Kleidung, Haushaltsgeräte oder Musikaufnahmen); oder illegale Unternehmen, die knappe Güter mit Materialien von öffentlichen Unternehmen herstellen oder legale Unternehmen mit Produkten und Rohstoffen beliefern (wobei sie wiederum die Dysfunktionalität der Wirtschaftsplanung und die Bereitschaft einiger Inspektoren und Polizisten zur Bestechung ausnutzen).

Als Gorbatschow 1985 die Reformen der *Perestroika* in Angriff nahm, legalisierte er diese Art von Aktivitäten, was einen Eindruck von dem Umfang und vor allem von ihrer Bedeutung für die Einkommensgestaltung der Wirtschaftsbeteiligten vermittelt. Was er jedoch nicht legalisieren konnte, war die weit verbreitete Korruption innerhalb der *Nomenklatura* der Partei, die die Grundlage für die spätere oligarchische Neuzusammensetzung des politischen und wirtschaftlichen Machtsystems nach der Auflösung der UdSSR bildet. Dies ist vielleicht der schmutzigste Aspekt des späten Breschnewismus: die Tatsache, dass die *Nomenklatura* begann, der illegalen Anhäufung von Gütern und Eigentum freien Lauf zu lassen, zusätzlich zu ihren legalen Privilegien als Parteimitglieder (die KPdSU-Mitgliedskarte ist die Zugangskarte zu Märkten, Arbeitsplätzen oder privilegierten Einkommen).

Alexander Nikolajewitsch Jakowlew galt als erster Ideengeber der *Perestroika* und prangerte später die

Bestechung und Veruntreuung von Geldern an, die bei den Verantwortlichen für die Getreideeinfuhr, einen sensiblen und für die Ernährungssicherheit des Staates grundlegenden Bereich, stattgefunden hatten. Einer der Korruptionsfälle, die in den späten 1970er-Jahren zu Tage traten, war die „Fischereiaffäre“, bei dem Okeany, ein staatliches Fischhandelsunternehmen in der UdSSR, als Fassade für Geldwäsche und den Geldtransfer an westliche Banken benutzt wurde. Der Fall endete mit dem Todesurteil für den damaligen stellvertretenden Fischereiminister Wladimir Rytow und öffnete die Tür, um eine große Korruptionsstruktur in der kaukasischen Stadt Sotschi, in Krasnodar, aufzudecken. Dort war der KGB, damals unter der Leitung von Breschnews Nachfolger, Juri Andropow, tätig, (der vor seinem Tod die Wahl von Michail Gorbatschow zum neuen Generalsekretär der KPdSU vorantreiben sollte). Über 5000 Beamt:innen der Verwaltung und der KPdSU wurden strafrechtlich verfolgt (mit über 1500 Verurteilungen, darunter Polizist:innen und Inspektor:innen, einem Todesurteil, Verschwundenen und Selbstmorden). 1982 begann Andropows eigener KGB, an den Fäden in einem Fall von Unterschlagung und Bestechung zu ziehen, in den der 1901 gegründete majestätische Moskauer Gastrotempel *Eliseewsky* verwickelt war. Die Fäden führten zunächst zu der berüchtigten Galina Breschnewa (Tochter des Generalsekretärs) und ihrem Ehemann, dem Polizeikommandanten und stellvertretenden Innenminister Juri Tschurbanow. Schlussendlich erstreckten sie sich aber bis zu führenden Vertretern des Moskauer Stadtrats und Beamten des Handelsministeriums sowie später zu Abgeordneten des Obersten Sowjets der UdSSR.

Es gab eine weitere Intrige, die sogenannte „Baumwollaffäre“, die alle Aspekte der ethischen und politischen Entwürdigung und Korruption der sowjetischen *Nomenklatura* zusammenfasst. Sie ermöglicht es, die Geschwindigkeit der Ereignisse in der Zeit der *Perestroika* und unmittelbar nach der Auflösung der UdSSR zu verstehen. Auch Breschnews Schwiegersohn (Juri Tschurbanow) und der damalige erste Sekretär der KPdSU der Usbekischen Sozialistischen Sowjetrepublik, Scharon Raschidow, der 1983 Selbstmord beging, waren davon betroffen. In diesem Gebiet wurde seit den 1960er Jahren intensiv Baumwolle angebaut, was zu einer enormen Verdrängung der Kulturpflanzenvielfalt und zur Umwandlung der Republik in einen Nettoexporteur von Baumwolle für die sowjetische Textilindustrie und die Länder des „Rates für gegenseitige Wirtschaftshilfe“ (des COMECON der Länder des „Realsozialismus“) geführt hatte. Die intensive Bewässerung und der massive Einsatz von Düngemitteln sollten zur Hauptursache für die Verschmutzung und das anschließende Verschwinden des Aralsees werden, der zuvor einer der vier größten Seen der Welt gewesen war. Heute besitzt er nur noch ein Zehntel seiner einstigen Fläche und ist von einer derart hohen Konzentration an Pestiziden und Düngemitteln überzogen, dass er als eines der toxischsten Gebiete der Erde gilt.[141] In diesem sowjetischen Beispiel einer extraktiven Bearbeitung des Ökosystems durfte das Element, das solche Operationen notwendigerweise begleitet, nicht fehlen: die korrupte und kriminelle Verteilung von Rendite in großem

---

141 Aus der Aralkum-Wüste freigesetzte toxische Staubwolken suchen in der gesamten Region neben Afghanistan vier weitere ehemalige Sowjetrepubliken (heute unabhängige Länder) heim: Turkmenistan, Kasachstan, Kirgisistan und Tadschikistan.

Maßstab. Mittlerweile spricht man von der „usbekischen Mafia", zusammensetzt aus den Spitzen der Partei und der usbekischen Republik. Die „Baumwollaffäre" zog sich mit verschiedenen Anklagen und Prozessen von Anfang der 1980er Jahre bis zur Auflösung der UdSSR hin. In 800 Verfahren wurden mehrere tausend Personen verurteilt. Dabei kamen *Pripiska* (die Manipulation von Baumwollproduktions- und Verkaufsunterlagen, um große Geldbeträge zu veruntreuen) und Bestechung mit Waren aller Art ans Licht. Die Kampagne diente auch dazu, mit Hilfe des Justiz- und Polizeiapparats Rechnungen zwischen den Fraktionen der sowjetischen *Nomenklatura* zu begleichen. Dieses Merkmal hilft unter anderen Umständen dabei, den Krieg zwischen den Oligarchen zu verstehen, der während der Präsidentschaft von Boris Jelzin zwischen 1991 und 1999 stattfand und die Präsidentschaft von Wladimir Putin bis Ende der 2000er Jahre prägte.

Wie bereits erwähnt, ist es erwiesen, dass der *Predsedatel* [Vorsitzender] des KGB, Juri Andropow, in dieser Position in der Lage war, das Ausmaß der Korruption und des Verfalls im sowjetischen System zu erkennen. Dies veranlasste ihn dazu, während seiner kurzen Zeit an der Spitze der KPdSU und des Obersten Sowjets staatliche Kampagnen gegen Alkoholismus und Absentismus auf der Arbeit durchzuführen. Begleiten ließ er diese von vorgeblichen Dekreten zur Stärkung der Autonomie von Arbeiterkollektiven und den daran angeschlossenen Industrien (mit der Möglichkeit, ihre eigene Planung und Autonomie bei der Einstellung und Lohnfestsetzung zu etablieren).

Gleichzeitig bereiteten sich Michail Gorbatschow, Nikolai Ryschkow und Wladimir Dolgich bereits 1983 darauf vor, Wirtschaft und Verwaltung tiefgreifend umzustrukturieren. Doch als Michail Sergejewitsch Gorbatschow auf der Plenartagung des Zentralkomitees der KPdSU im Januar 1987 die Politik der Perestroika verkündete, sollten, wie wir heute wissen, nur noch vier Jahre bis zum Ende der UdSSR vergehen. Nach dem Fall der Berliner Mauer am 9. November 1989 war bereits alles verloren.[142] Kurz zuvor, am 26. April 1986, hatte sich die Katastrophe von Tschernobyl ereignet und der Ölpreis war um mehr als 50 Prozent auf zehn US-Dollar pro Barrel gefallen. Dadurch verstärkte sich der seit Anfang des Jahrzehnts bestehende Abwärtstrend weiter. Andererseits hatte der Krieg, der aus dem Einmarsch in Afghanistan am 24. Dezember 1979 resultierte, zwei Millionen Tote unter der afghanischen Bevölkerung gefordert und der sowjetischen Wirtschaft verheerenden Schaden zugefügt.

Es wird oft und zu Recht betont, dass alle Parameter der wirtschaftlichen und menschlichen Entwicklung stark rückläufig waren. Unter diesem Gesichtspunkt ist es sehr schwierig zu bestimmen, ob die Perestroika ein Katalysator, ein Beschleuniger oder ein Puffer für den unvermeidlichen Zusammenbruch war. Diejenigen, die das Ende der UdSSR als eine große und langzeitige Verschwörung des Imperialismus und Gorbatschow als einen seiner Agenten betrachten, brauchen sich mit diesen Fragen natürlich nicht zu befassen. Für das Verständnis der Ereignisse der letzten 30 Jahre sind sie aber entscheidend.[143]

---

142 Das Wort „Perestroika“ (Wiederaufbau, Reorganisation) wird eher zu einem offenen Signifikanten als zu einem Regierungsslogan, insofern seine Verkündung mit Slogans der wirtschaftlichen und politischen Liberalisierung einherging.

143 Wie bei allem, was mit „Geopolitik“ und Blöcken zu tun hat, dominiert auch hier paranoides Denken.

Wir müssen versuchen, das Geschehene als kontingent zu sehen, als etwas, das auch anders hätte geschehen können, und dazu müssen wir mehrere Prozesse unterscheiden, die durch traumatische Brüche voneinander getrennt sind, die sich aber im Nachhinein als unaufhaltsames Schicksal darstellen. Der Niedergang war in der Tat unaufhaltsam und musste sich sowohl in Korruption als auch in Unabhängigkeitsspannungen in den baltischen, kaukasischen und kleinasiatischen Republiken manifestieren.

Emmanuel Todd stützt sich auf eine Interpretation der verzerrten Daten, die über die UdSSR aus der späten „Ära der Stagnation" bekannt sind (Kindersterblichkeit, Alkoholismus, Arbeitsproduktivität, Selbstmordrate, Unterschiede bezüglich Einkommen und Lebensqualität im Vergleich zum kapitalistischen Westen, rituelle Trauer in der sowjetischen Rhetorik).[144] Das Bemerkenswerte an seinem Werk ist nicht die Vorhersage des Niedergangs, der in vielerlei Hinsicht evident war und der im Übrigen seit der Oktoberrevolution und vor allem seit dem Beginn des Kalten Krieges ein eigenes essayistisches Genre charakterisierte, sondern die Präzision und der Scharfsinn, mit dem er die demografischen und biopolitischen Dimensionen der Entwicklung des Systems betrachtet.

Allerdings geht aus seinen Schlussfolgerungen nicht hervor, dass der Niedergang zwangsläufig zur Katastrophe der „Transition" zum Kapitalismus in den 1990er Jahren führen musste. Es liegt darin eine Verbindung, die nicht notwendig, aber durchaus wahrscheinlich war:

---

144 Emmanuel Todd: *The Final Fall: An Essay on the Decomposition of the Soviet Sphere*, NY: Karz 1979.

auf der einen Seite der politische und ethische Bankrott einer *Nomenklatura*, die einen idealisierten Kapitalismus vertritt, der per se mit Demokratie und Pluralismus identifiziert wird; auf der anderen Seite eine Machtstruktur des westlichen Kapitals, die vom aggressivsten atlantischen Neoliberalismus beherrscht wird, zusammen mit einem Westeuropa, das sich noch nicht ganz von der Illusion verabschiedet hat, die Macht der Arbeiter:innenbewegung mit dem Ende der großen Fabrik, der Verlagerung der Produktion und der Erleichterung von Kapitalflucht in Einklang zu bringen.

Gleichzeitig gibt es eine *Intelligenzija*, die zum Keim der bürgerlichen Zivilgesellschaft wurde und sich als die neue herrschende Klasse der „demokratischen und kapitalistischen" Restauration sieht. Hierin besteht ein erheblicher Unterschied zwischen den Auflösungsprozessen der UdSSR und den „realsozialistischen" Länder Osteuropas. In den letztgenannten war die gesellschaftliche Legitimität der *Nomenklatura* so gering, dass in allen Fällen die Regime implodierten und sie abrupt von der politischen Macht ausgeschlossen wurde (sie wurde meist vor Gericht gestellt und in den ersten Jahren der Transition ausnahmslos geächtet). In der zerfallenden UdSSR, die baltischen Republiken ausgenommen, gelang es den meisten Führungsschichten jedoch, sich auf die eine oder andere Weise im Prozess der Schaffung eines oligarchischen Kapitalismus und in der Führung der neuen Republiken, die sich von der späteren Russischen Föderation abspalteten, zu erneuern. Boris Kagarlitsky vertritt diese These mit großem Nachdruck:

> „Überraschenderweise gelang es der sowjetischen Bürokratie, sogar die Krise und den Kollaps ihres eigenen Systems zum eigenen Vorteil zu

nutzen. Der Zerfall der Sowjetunion und das damit einhergehende Chaos schufen ideale Voraussetzungen für die bürokratische Elite, Macht in Eigentum umzuwandeln und sich der globalen herrschenden Klasse anzuschließen. Es handelte sich um ein Restaurationsprogramm, das derselben historischen Logik folgte wie die Restaurationen im englischen 17. Jahrhundert und im französischen 19. Jahrhundert. Die Restauration bedeutete nicht nur die Rückkehr zur alten Ordnung, die durch die Revolution umgestürzt worden war. Ihre gesellschaftliche Bedeutung lag in der Versöhnung der neuen, aus der Revolution hervorgegangenen Eliten mit der traditionellen herrschenden Klasse, die im Rahmen des Weltsystems weiterhin das Sagen hatte."[145]

Ich bestehe jedoch darauf, dass es, um die Bedeutung der Ereignisse zu verstehen, hilfreich ist, sich vorzustellen, dass es auch anders hätte kommen können. Selbst wenn die Alternativen höchst unwahrscheinlich waren. Wir wissen, dass Gorbatschow ausdrücklich einen Plan für verstärkte Beziehungen zur Europäischen Gemeinschaft vorschlug und damit Breschnews Rhetorik vom „gemeinsamen Haus Europa" fortsetzte, die sich damals auf die gemeinsame Sicherheitsebene mit Westeuropa hinsichtlich der nuklearen Bedrohung des Kontinents bezog. Mit Blick auf das scheinbar Unvermeidliche – die Integration der sowjetischen Gebiete in den Weltmarkt – hoffte Gorbatschow jedoch, die UdSSR könne zu einer Variante des noch immer bestehenden „europäischen Sozialmodells" (auf der Grundlage eines privilegierten Verhältnisses zu Deutschland, das sich im

145 Boris Kagarlitsky: *Empire of the Periphery. Russia and the World System*, London: Pluto Press 2008, S. 302.

Prozess der Wiedervereinigung befand) übergehen. Angesichts des wirtschaftlichen und sozialen Desasters, in dem das Land steckte, hätte dies eine Art „Marshallplan für die ehemalige UdSSR“ sein müssen.

Der Schock

Was sich, wie wir wissen, jedoch durchsetzen sollte, war eine Selbstsabotage des Systems durch die Mehrheit der reformistischen *Nomenklatura*. Eingeführt wurde die Jelzin-Variante: die Schocktherapie. Die Liquidierung der großen Staatsunternehmen, einschließlich der Bergbauunternehmen, erfolgte zwischen 1992 und 1993, also in der Zeit der Inthronisierung von Jegor Gaidar, dem Urheber der Preisliberalisierung und der entscheidenden Verbindung zu den westlichen Finanzinstitutionen. Durch das „Voucher“-System wurden Kaufoptionen auf Unternehmen an 97 Prozent der Bevölkerung verteilt, was insgesamt 144 Millionen Vouchers (im Wert von etwa 15 000 Unternehmen) ergibt, die als voll liquides Finanzinstrument verkauft und umgetauscht werden konnten.

Der andere große Name der russischen Schocktherapie, Anatoli Tschubais, erklärte später, dass der Verkauf von Vorzugsaktien nicht ratsam gewesen sei, da er zur Entstehung von Arbeitergenossenschaften hätte führen können, mit dem Risiko, dass die Reform zu einem unerwünschten „Marktsozialismus“ geführt hätte.

Nichts in Gaidars Plänen deutet darauf hin, dass durch diese Kapitalverteilung eine Art „Volkskapitalismus“ entstehen hätte können, denn die Vouchers waren nicht gleichwertig an Aktien oder Anteilen und hatten auch keinen stabilen Wert. Vielmehr hingen sie von der finanziellen Situation des jeweiligen Unternehmens und seines Marktkurses ab. Gaidar erklärte später auch, dass die Vouchers eine rein sozialpsychologische Funktion gehabt hätten. Dazu habe auch beigetragen, dass ihnen schließlich ein Nennwert von zehntausend Rubel zugewiesen worden sei, das heißt ein Wert, der so volatil war wie der Wert des Rubels in dieser Zeit der Hyperinflation. Bekanntlich landen die Vouchers (mehrheitlich) in den Händen von Unternehmensmanager:innen, die sie zu Schleuderpreisen verkauften, in voucherspezifische „Fonds" investierten oder als Inhaber:innenschecks ausgaben (die bei der geringsten Gelegenheit eingelöst werden, um kleine Gewinnmargen zu erzielen).

Aber die große Formierung einer oligarchischen Klasse erfolgte durch den Verkauf von Anteilen an großen staatlichen Unternehmen, um die öffentlichen Kassen zu finanzieren und vor allem durch den Wahlkampf von Boris Jelzin im Jahr 1996. Derselbe Jelzin, der 1993 der parlamentarischen Rebellion gegen seine präsidialen Ambitionen ein Ende bereitete, indem er das Weiße Haus (Sitz des Obersten Sowjets der Russischen Föderation) mit Panzergranaten bombardieren ließ[146], setzte zwischen 1995 und 1996 den sogenannten „Aktien für Kredite"-Plan um. Zu diesem Zeitpunkt hatte die humanitäre Katastrophe, die durch die Schocktherapie (Preisliberalisierung, Unabhängigkeit der an fossilen Brennstoffen und Getreide reichen Republiken oder Voucherisierung der Großunternehmen) ausgelöst wurde, bereits zu Massensterblichkeit, dem Einbruch aller Indizes für die menschliche Entwicklung, weit verbreitetem Hunger und einer seit der Oktoberrevolution

---

146 Die westlichen Regierungen billigten den sogenannten „Putsch vom Oktober 1993". Verschiedene Quellen schätzen, dass dabei zwischen 200 und 2000 Menschen getötet wurden.

nicht mehr gekannten Arbeitslosigkeit sowie zu Dutzenden von Millionen zerstörter Leben und Lebensläufen geführt. Die Armutsraten lagen bei 40 bis 50 Prozent der Bevölkerung.

Der Hass auf die Verantwortlichen für den Betrug durch die Privatisierung mittels Vouchers und Preisliberalisierung schlug sich in den Umfragen für die 1996 anstehenden Wahlen nieder. Diese prognostizierten einen völligen Absturz der Kandidatur Jelzins zugunsten eines komfortablen Sieges der neu gegründeten Kommunistischen Partei der Russischen Föderation. Die absolute Symbiose zwischen der alten *Nomenklatura* und der *Intelligenzija* (die ihre privilegierten Positionen bei der Privatisierung ausnutzte) sowie die Arbeit daran, einen oligarchischen Kapitalismus zu schaffen, zeigt sich hier allumfassend. Der Zusammenbruch der Popularität Jelzins wird damit zu einer Angelegenheit von globaler Bedeutung für den Atlantikblock. Der sympathische und gutmütige Jelzin, der seit seiner Zeit als Erster Sekretär des Moskauer Stadtkomitees der KPdSU (was dem Amt des Bürgermeisters entsprach) das westliche Fernsehen bevölkert hatte, ein Bewunderer von Fast Food und dem Nicht-Schlange-stehen-Müssen in US-amerikanischen Geschäften, verblasste nur allzu schnell. Der Staatsstreich vom Oktober 1993, der Ausbruch des ersten Tschetschenien-Krieges 1994, das unbestreitbare Elend in Russlands Großstädten, seine ausgeprägte Alkoholkrankheit und seine Ablehnung der NATO-Osterweiterung waren akzeptabel im Vergleich zur Gefahr, die Ausplünderung Russlands oder sogar der Transitionen zum Kapitalismus in den anderen ehemaligen Sowjetrepubliken und den Ländern des „Realsozialismus“ umzukehren. Der IWF und die Weltbank arbeiteten folglich daran, den Zusammenbruch hinauszuzögern.[147]

Wladimir Potanin, Mitglied der für den Außenhandel zuständigen *Nomenklatura* der KPdSU und heute einer der größten Milliardäre Russlands, der eng mit Wladimir Putin verbunden ist, schlug als Vorsitzender der Privatbank *Uneksim* vor, Anteile von strategischen Unternehmen auf den Markt zu bringen, um die Staatskassen zu finanzieren. Mit Zustimmung von Anatoli Tschubais und Jegor Gaidar wurde die Mehrheit der Aktien von Bergbau-, Öl-, Gas- und Metallurgieunternehmen in einer Reihe von manipulierten Auktionen zu Preisen weit unter ihrem potenziellen Marktwert verkauft. Auf diese Weise ging die reale politische Macht in die Hände der sogenannten „sieben Bankiers" über, der *Semibankirschina*. Diese Gruppe von sieben Oligarchen bestimmte bis zur Zahlungsunfähigkeit 1998 die Geschicke Russlands.[148] Das ermöglichte Wladimir Pu-

---

147 Die Clinton-Regierung hatte unaufhörlich Milliarden von Dollar in die Stützung des Regimes gepumpt.

148 In Wirklichkeit waren es mehr als sieben. Zahl und Ausdruck wurden wegen ihrer Ähnlichkeit mit den Sieben Bojaren (*Semiboyarschina*), die Zar Wassili IV. zu Beginn des 16. Jahrhunderts während der sogenannten Zeit der Wirren stürzten, übernommen. Dennoch spiegeln sie in ihrer Gesamtheit die Entwicklung des politischen Systems in Russland zwischen der Jelzin- und der Putin-Ära treffend wider. Es handelt sich um Boris Beresowski, den maßgeblichen Anteilseigner der United Bank, der die Ölgesellschaft Sibneft und den Fernsehsender ORT übernahm und bei einem scheinbaren Selbstmord ums Leben kam; den bereits erwähnten Wladimir Potanin, Präsident der Unexim Bank; Michail Chodorkowski, der heute im Exil lebt und zuvor inhaftiert war, der die Menatep Bank übernahm, mit deren Hilfe er das Mineralölunternehmen Jukos gekauft hat; Michail Fridman, Gründer der multinationalen Alfa-Gruppe und heute ein Oligarch zwischen dem Kreml und London-Tel-Aviv; Pjotr Awen, heute ein vom Westen sanktionierter Oligarch, der als Untergebener Fridmans Eintritt fand und zu einem wichtigen Partner

tin 1999 den Aufstieg an die Macht als Ministerpräsident und ein Jahr später als gewählter Präsident der Föderation.

Gesichert ist, dass sie nicht nur kurz davorstanden, den unwahrscheinlichen Zaren Jelzin zu stürzen, sondern auch die Lebensfähigkeit des russischen Staates zu zerstören. In dieser Zeit verhielt sich die gesamte russische Oligarchenklasse wie ein Kolonialamt, das über der Metropolregion selbst eingesetzt wurde, mit einer unersättlichen Aneignung von Einkünften und Vermögenswerten und einem beispiellosen öffentlichen und politischen Verhalten. Es handelt sich nicht um den Despotismus und die Zurschaustellung eines neuen Industrie- und Bankenpatronats in einem Projekt des kapitalistischen Wiederaufbaus, sondern um die öffentliche Apologie von Plünderung und Aneignung im Namen der Freiheit und des Antikommunismus. All dies ist dem Pakt „Aktien für Kredite“ und dem koordinierten Vorgehen des Kommunikationsmonopols zu verdanken, ganz zu schweigen vom weit verbreiteten Wahlbetrug.

Jelzin setzte sich gegen den kommunistischen Kandidaten Gennadi Sjuganow durch. Dieser stand für einen kaum verhüllten panrussischen Nationalismus und verfolgte ein Projekt, das Arbeitseinkommen staatlich schützen sowie die großen Privatisierungen rückgängig

---

der Alfa-Gruppe wurde; Alexander Smolensky, Pionier der kriminellen „zweiten Wirtschaft“ in der Sowjetunion und erster Privatbankier im postsowjetischen Russland, der später eine der führenden Banken Russlands, die Bank Stolichny, gründete; Wladimir Gusinsky, der von der Theaterbühne ins Außenhandelsmanagement wechselte, dann eine Bank, die Most Bank (später Most Group), gründete sowie sich als Eigentümer der Fernsehgruppe NTV dem Kreml-Machtblock Jelzin-Putin entgegenstellte und dafür mit Gefängnis und Exil bezahlte.

machen wollte. Das Weiße Haus in Washington und die EU, angeführt von Alain Juppé und Helmut Kohl, unterstützten Jelzin, den die *Semibankirschina* rettete. Es war ein bereits zunehmend schwacher und entkräfteter Jelzin, der als eine doppelt düstere Wiederholung der halbbewussten Präsenz des verstorbenen Breschnew oder des kurzlebigen Konstantin Tschernenko gesteuert und vorgeführt wurde.

Trotz einer leichten Erholung der Steuereinnahmen und einer Stabilisierung der Inflation holten die Asienkrise im Juli 1997 sowie die Aussetzung der inländischen Zahlungen und das Moratorium für die Auslandsverschuldung das Projekt Jelzins wieder auf den Boden der Tatsachen zurück. Und der Kosovo-Krieg sowie das Eingreifen der NATO gegen Serbien stellten eine weitere Demütigung für die geschwächte und ruinierte Großmacht dar.

Folgt man dem Ansatz von Derluguian, Kagarlitsky und Wallerstein über die *longue durée* der Einbindung Russlands in das moderne Weltsystem, so stand das Land nie so kurz vor dem politischen und sozialen Zusammenbruch wie zu jener Zeit.

Währenddessen wurde das Rennen um die Nachfolge Jelzins härter. Es lohnt sich, an Alexandr Korschakow zu erinnern, den Mann, der am 19. August 1991 an der Seite von Boris Jelzin unsterblich wurde, als die beiden in den Panzer der Roten Armee stiegen, von dem aus Jelzin den Kampf gegen den gescheiterten Staatsstreich vom 19. August 1991 anführte. Laut Korschakow, damals Jelzins Leibwächter[149] und heute ein Kader von

149 Korschakow, der bis zum Tod von Boris Nikolajewitsch, dem Leiter des Staatssicherheitsdienstes, als Leibwächter tätig war, wurde zum Protagonisten – und zum privilegierten Zeugen – der Funktionsweise des Machtzentrums des Kremls.

„Einiges Russland" (der Partei von Präsident Putin), gehörten die Einschüchterung und Erpressung von Konkurrenten, die politische Instrumentalisierung des Tschetschenien-Krieges, Planspiele für eine mögliche Annullierung von Wahlen und Staatsstreiche zum Alltag der oligarchischen Machtzirkel um Jelzin.[150]

Die notwendigen *Silowiki*

Nach dem Abgang von Korschakow im Jahr 1996 sorgte die Instabilität der herrschenden Gruppe inmitten eines völligen Zusammenbruchs aller wirtschaftlichen, politischen und militärischen Aspekte des Landes für den richtigen Zeitpunkt zum Aufstieg der *Silowiki*. Korschakow hatte selbst dem KGB angehört. Der *Silowik* schlechthin ist jedoch Wladimir Wladimirowitsch Putin. 1991 verließ er nach 16 Jahren den Geheimdienst und arbeitete für den Bürgermeister von St. Petersburg, Anatoli Sobtschak. Dieser förderte sowohl Putin als auch den ehemaligen Premierminister und Ex-Präsidenten Dmitri Medwedew.[151] Nach dem Sturz von Sobtschak im Jahr 1996 zog Putin nach Moskau. Im Anschluss an eine kurze Tätigkeit im FSB, dem Föderalen Sicherheitsdienst (abgesehen vom Namen eine Fortsetzung des KGB), und später im Sicherheitsrat der Russischen Föderation (einem Gremium im Dienste des Präsidenten der Republik) wurde er im August 1999 Jelzins

---

150 Korschakow verlor schließlich das Spiel gegen Anatoli Tschubais, den er wegen einer mehr als wahrscheinlichen Kapitalflucht inhaftieren wollte.

151 Anatoli Sobtschak gehörte zu den Verlierern der Auseinandersetzungen zwischen den Repräsentanten der Oligarchenclans, wenn er auch bis zu seinem plötzlichen (und nicht gänzlich geklärten) Tod im Jahr 2000 nie die Wertschätzung Wladimir Putins verlor.

Premierminister – kurz vor dessen Rücktritt am Silvesterabend 1999.

Putin war damals eine wenig bekannte Figur, von der man allenfalls eine vorübergehende stabilisierende Rolle erwartete, so dass man den Irrtum dieser Einschätzung erst noch begreifen musste. Einen Monat vor seiner Ernennung waren tschetschenische Unabhängigkeitskämpfer in Dagestan eingedrungen, und in einigen Teilen der Republik war die Scharia eingeführt worden. Einen Monat nach seinem Amtsantritt als Ministerpräsident kam es zwischen dem 4. und 16. September zu Explosionen in Wohnblocks in Buinaksk (Dagestan), in der Guryanowa-Straße und der Kaschira-Schnellstraße (Moskau) sowie in der Stadt Wolgodonsk (Oblast Rostow), bei denen mehr als 300 Menschen getötet wurden. Am 18. September ordnete Putin die militärische Intervention in der russischen Föderationsrepublik Tschetschenien und die Bombardierung des Flughafens der Hauptstadt Grosny an. Die Anführer der tschetschenischen Separatisten bestritten allerdings jegliche Beteiligung an den Morden. Die anschließende strafrechtliche Verfolgung der als angebliche Täter verhafteten Personen ließ große Zweifel am Ursprung der Angriffe aufkommen. Es ist sicher kein Zufall, dass der ehemalige FSB-Agent Alexander Litwinenko im November 2006 in London an einer Polonium-210-Vergiftung starb, Jahre nachdem er übergelaufen war und Wladimir Putin unter anderem beschuldigte, für die Massaker vom September 1999 verantwortlich zu sein. So debütierte Putin als Herrscher: Indem er die Rolle des rücksichtslosen Rächers gegen die Feinde Russlands einnahm. Für Boris Kagarlitsky war der Aufstieg der *Silowiki* unvermeidlich und notwendig für das Überleben des neuen Regimes:

> „Die Oligarchen mussten diszipliniert werden, um das oligarchische System zu erhalten. Sie konnten zwar weiterhin die Wirtschaft kontrollieren, aber die politische Führung sollte fortan von Personen aus dem Sicherheitsapparat übernommen werden. Diejenigen, die wie Abramowitsch die neuen Regeln verstanden, konnten sich sicher fühlen. Diejenigen, die das nicht taten, mussten bestraft werden. Als Beresowski dem Kreml den Krieg erklärte, tat er dies weitgehend aus eigenem Antrieb, aber ein anderer bekannter Oligarch, Wladimir Gussinski, wurde Opfer des Grolls seiner Rivalen. Der Eigentümer der Media-Most-Holding wurde plötzlich verhaftet und ins Butyrskaja-Gefängnis gebracht. Dort wurde er gezwungen, eine Vereinbarung über den Verkauf seiner Anteile am quasi-staatlichen Unternehmen Gazprom zu unterzeichnen, um daraufhin still und leise entlassen zu werden.“[152]

Doch ebenso wie sich die *Nomenklatura* in oligarchische Clans aufgespaltet hatte, setzte auch der Aufstieg der *Silowiki* den Streitigkeiten um die finanzielle und politische Macht kein Ende. Diese wurden vielmehr mit einer Eigenschaft ausgestattet, die den kriminellen Abenteuern der Oligarchen in der frühen Jelzin-Periode abging: Staatsaufbau und soziale Hegemonie in Verbindung mit einem strategischen Nationalismus. Letztendlich zeigt und repräsentiert ihr Aufstieg die tiefe Kontinuität der russischen Staatsform durch die Umwälzungen des 20. Jahrhunderts hindurch – und diesen zum Trotz. Die internen Kämpfe um die Aneignung von Profiten und politischer Macht wurden fortan im geteilten Rahmen des Projekts einer Beherrschung und Unterordnung der

152 Boris Kagarlitsky: *Russia Under Yeltsin and Putin*, London: TNI/Pluto Press 2002, S. 271.

wirtschaftlichen und sozialen Dynamiken ausgetragen (im Sinne des Projekts einer Wiedereingliederung und Wiederherstellung von Russlands Platz im Weltsystem).

Putins erstes Jahrzehnt an der Macht war einerseits charakterisiert vom Streben nach Respekt und einem ausgewogenen Kräfteverhältnis zum westlichen Block angesichts der NATO-Erweiterung auf alle ehemaligen Staaten des Warschauer-Pakts und der Perspektive (insbesondere nach der Orangenen Revolution 2004) eines De-facto-Eintritts in die NATO seitens der Ukraine. Andererseits war das Jahrzehnt innenpolitisch durch den zweiten Tschetschenienkrieg und die Kriege im Nordkaukasus geprägt. Dort hinterließ das Verhalten der Sicherheitskräfte bei der Geiselnahme in einer Schule in Beslan (Nordossetien) durch ein tschetschenisches Selbstmordkommando einen weiteren unauslöschlichen Eindruck von der Natur der russischen Macht unter Präsident Putin.[153] Und wir dürfen nicht vergessen, dass die Wahrnehmung dieser Taten im Westen von Ambivalenz und Doppelmoral geprägt war: Gewiss, die Methoden waren inakzeptabel; aber es handelte sich schließlich um islamistische Selbstmordattentäter:innen und eine kaukasische Front, die mit dem globalen salafistischen Dschihad verbunden war.

Putins Regime, einschließlich der überwiegenden Mehrheit der politischen Organisationen, die das Parteiensystem bilden, zeigte sich deutlich antikommunistisch, nachdem die nichtstalinistischen linken Alternativen in die Enge getrieben worden waren (mit der unschätzbaren Mitarbeit von Sjuganows KPRF). Dazu

---

153 Der Überfall fand zwischen dem 1. und 3. September 2004 statt. Als Folge der Weigerung, mit den Geiselnehmern zu verhandeln, wurden 314 Geiseln getötet, darunter 186 Kinder.

gehört auch die Vereinnahmung entscheidender Episoden der UdSSR (wie der Sieg im Großen Vaterländischen Krieg, das Wettrennen im Weltraum oder das Atomwaffenarsenal in der lange Geschichte Russlands) und ihrer imperialen Dimension ungeachtet des fremden und fehlgeleiteten Eindringens des Bolschewismus.

Das Bekenntnis der Regierung Putin zu den internationalen Finanzmärkten und die Offenheit der Wirtschaft waren für die westliche *Realpolitik** immer wichtiger als der ruinöse Zustand der Freiheiten im Land oder das hegemoniale nationalistische, patriarchale, homophobe und transphobe Narrativ, das im Übrigen von der großen Mehrheit des politischen Spektrums, einschließlich der Kommunistischen Partei, geteilt wird. Zuletzt erfolgte der Aufbau des semiperipheren Kapitalismus im Russland Putins von innen heraus, durch das wachsende Gewicht des Staates in den strategischen Industrien und insbesondere in der extraktiven Industrie und im Finanzsektor. Die rotbraune oder neostalinistische Zombiewahrnehmung mag darin Züge von „Sozialismus" sehen, doch es handelt sich um nichts anderes als einen politischen Kapitalismus, in dem die verschiedenen Levels parasitärer Einkommen den Positionen der Macht entsprechen.[154]

Die Systemkrise 2008–2009 war im Kampf um die Hegemonie im Weltsystem ein schwerer Schlag für die Bestrebungen der russischen *polity*, zurück zu einer Art *puissance* zu gelangen. Putins Warnungen in seiner Rede auf der Münchner Sicherheitskonferenz im Februar 2007 stießen auf taube Ohren, während der

---

154 Und in dem Konflikte im Guten, im Rahmen von Ausbalancierungen zwischen den von *Silowiki* verseuchten Clans, oder auch, in bekannter Manier, im Bösen geregelt werden.

Ölpreisverfall in den Jahren 2008–2009 einen schweren Rückschlag bedeutete. Hinzu kamen in der neuen Dekade noch die Proteste der dissidenten *Intelligenzija* in den Jahren 2011–2013 gegen politische Ausgrenzung und Unterdrückung sowie der ukrainische Euromaidan im Jahr 2014. Angesichts der wachsenden Bedeutung der erneuerbaren Energien in den strategischen Plänen Europas, bestand die einzige Möglichkeit, eine folgenschwere strategische Isolierung zu vermeiden, darin, ein Bündnis mit der deutschen Großen Koalition unter der Vorherrschaft von Angela Merkel und mit den Nachkommen Gerhard Schröders einzugehen.

Im Jahr 2014, angesichts der Wende des Euromaidan, der Invasion auf der Krim und der militärischen Unterstützung für die Unabhängigkeitsbefürworter:innen im Donbas, fragten Derluguian und Wallerstein am Ende ihres Aufsatzes, was von dieser neuen Situation zu erwarten sei:

> „Die brutalen Mittel der Mobilisierung, die in der Vergangenheit von den reformistischen Zaren und den bolschewikischen Revolutionären eingesetzt wurden, waren Mitte des 20. Jahrhunderts erschöpft. Russland hatte sich zu einem hohen Preis von einem Agrarreich mit einer großen und rücksichtslos ausgebeuteten Bauernschaft in eine moderne Industriegesellschaft verwandelt, die sich auf eine Intelligenzija, ausgebildete Spezialisten und qualifizierte Arbeiter stützte, die viel besser in der Lage waren, ihre Rechte zu verteidigen. Wir haben diese Selbstbehauptung während der Perestroika und in jüngerer Zeit bei den ukrainischen Aufständen und Gegenaufständen gesehen, unabhängig davon, welche ideologischen und politischen Einfärbungen sie letztendlich annahmen. Wir erleben, wie sie in Russland

> täglich zu verschiedenen Themen von lokaler Bedeutung ausbricht. Die wichtigste Motivation für Putins Revanchismus ist wohl eher die öffentliche Meinung im eigenen Land als die Außenpolitik: Die Russen wollen nicht in einem peripheren Land leben. Aber man fragt sich, was der Ausweg ist."[155]

Seit dem Einmarsch in die Ukraine am 24. Februar 2022 ist diese Frage untrennbar mit dem systemischen Chaos verwoben, in welches das Weltsystem geraten ist. Und aus meiner Sicht steht die grundlegende Bedeutung eines nicht katastrophalen Auswegs für den Planeten in Verbindung mit dem, was die Schule, der diese Autoren angehören, als „antisystemische Bewegungen" bezeichnet (in manchmal sehr reduktiver Weise hinsichtlich ihrer Möglichkeiten und ihrer „Autonomie" gegenüber den Grenzen, die ihnen durch ihre Stellung im Weltsystem und dessen Zyklen gesetzt sind). Dieses Buch soll auch einen Beitrag zur theoretischen und praktischen Klärung der Frage leisten, warum es seit Beginn des Krieges, der nicht in der Ukraine endet, keine derartigen Bewegungen gegeben hat.

155 Derluguian & Wallerstein: „De Iván el Terrible a Vladímir Putin", S. 71.

2. DIESEN KRIEG VERSTEHEN

— Colonel Dax (CD): Sie kennen den Zustand meiner Männer, Sir.

— General Broulard (GB): Ja, natürlich werden Männer getötet, vielleicht viele von ihnen. Sie absorbieren Kugeln und Granatsplitter und ermöglichen so anderen das Durchkommen.

— CD: Welche Hilfe werden wir bekommen?

— GB: Ich habe Ihnen nichts zu geben.

— CD: Mit wie vielen Opfer rechnen Sie, Sir?

— GB: Nun, sagen wir, fünf Prozent werden beim ersten Vorstoß sterben, großzügig geschätzt, weitere zehn Prozent werden im Niemandsland und 20 Prozent im Stacheldraht sterben. Damit bleiben 65 Prozent übrig, wenn das Schlimmste vorbei ist. Angenommen, dass weitere 25 Prozent bei der Einnahme des Hügels fallen, hätten wir immer noch mehr als genug Kräfte, um ihn zu halten.

— CD: General, wollen Sie damit sagen, dass mehr als die Hälfte meiner Männer sterben muss?

— GB: Ja, das ist ein schrecklicher Preis, Oberst, aber wir werden den Hügel haben.

Paths of Glory, Stanley Kubrick, Hollywood: Bryna Productions 1957

Wie wir im vorangegangenen Kapitel erörtert haben, müssen im Nebel des Krieges die Prozesse, Ereignisse, Räume und Konflikte zwischen den beteiligten politischen Kräften analysiert werden. Und zwar von einem Standpunkt aus, der weder objektivistisch noch staatszentriert ist, sondern vom Materialismus der sozialen, politischen, psychischen und ökologischen Subjektivität ausgeht. Es ist von entscheidender Bedeutung, nicht nur die Dynamik von Staaten, Konzernen und regionalen Blöcken zu berücksichtigen, sondern auch die Kämpfe, den Widerstand und die emanzipatorischen Gegenkräfte, die versuchen, sich in diesen zunehmend beängstigenden Konjunkturen zu behaupten. Die Ethik des „Nein zum Krieg" impliziert daher ein nicht-lagerförmiges Denken, eine Unabhängigkeit des Urteilens und eine politische Praxis, die von den Zwischenräumen ausgeht, die heute die totale Mobilisierung des Krieges in der öffentlichen Sphäre (und in den Rissen einer von der Kriegswerbung beherrschten kommunikativen Sphäre) ermöglichen. Weiter oben wurden die wichtigsten legitimierenden Diskurse des Kriegsregimes kritisiert, und die historischen, politischen, wirtschaftlichen, technologischen sowie ökosystemischen Prozesse skizziert, die zu der aktuellen Periode geführt haben. Doch es ist mehr nötig, um den Ukraine-Konflikt, seine verflochtenen Dimensionen und Ebenen, die wahrscheinlichen Folgen für die europäische und globale politische Ordnung oder die Auswirkungen auf politische und mikropolitische Subjektivitäten wirklich zu verstehen. Wir müssen wir eine historische, geografische und begriffliche Reise durch die Beziehungen zwischen Krieg, Kapitalismus, Staaten, Imperialismus, Faschismus, Maschinen und Produktionen (der Wünsche, der Narrative und

Wahnvorstellungen) unternehmen, die das soziale Feld durchziehen.

Um dieses Panorama zu zeichnen, ist es notwendig, sich daran zu erinnern, dass eine Ethik eine Denkweise, und eine Denkweise eine singuläre Problematisierung der (politischen) Praxis ist: Es lohnt sich, daran zu denken, wenn es um den Krieg geht, den die russische Invasion in der Ukraine ausgelöst hat. Wir müssen die tiefen, direkten und indirekten (zeitlichen wie räumlichen) Ursachen dieses globalen Konflikts verstehen. Nur dann können wir kollektiv wirksam handeln[156] und dazu beitragen, einen Waffenstillstand zu erzwingen sowie einen emanzipatorischen transnationalen Ausweg aus dem katastrophalen Kurs mit Ursprung im Zentrum des eurasischen Subsystems zu finden, den die Weltgeschichte entschlossen eingeschlagen hat. Dies wird es uns ermöglichen, ausgehend von der Konjunktur der politischen und ökosystemischen Ökonomie der kapitalistischen Globalisierung im dritten Kapitel die wichtigsten Faktoren und Auswirkungen der militaristischen Eskalation des Weltsystems aufzuzeigen und die nicht-utopischen Alternativen zur Ausbreitung von Krieg,

156 Eine der unmittelbaren und unvermeidlichen Folgen dieses Krieges, in dem die Informationen über den Konflikt der primären Zensur des Militärs, der sekundären Zensur der Medienkonzerne sowie den Resonanzböden und der Ausbreitung in den sozialen Netzwerken unterliegen, ist, dass jedes Festhalten an den Tatsachen nur unterschiedliche Grade der Gewissheit und Abstufungen der Wahrscheinlichkeit garantiert. Die Schwierigkeit ist auch enorm, wenn wir uns die Kriegserzählungen der Kriegsparteien ansehen. Gleichwohl geht es hier um eine kritische Arbeit der Demontage und Widerlegung, um die Probleme zu potenzieren und die Ungereimtheiten und Unwahrheiten der hegemonialen Narrative aufzuzeigen. Diese Kritik vorab ist notwendig für ein Verständnis des Krieges in der Ukraine, das mit den realen Tendenzen im Weltsystem kompatibel ist.

Diktatur, ökologischer Verwüstung und Faschismus anzusprechen.

Diejenigen, die einerseits bekräftigen, dass Putin eine autoritäre Figur und Russland ein nazifreundliches Regime sei, sowie diejenigen, die andererseits argumentieren, dass das Ziel der russischen Invasion darin bestehe, die Ukraine zu entnazifizieren und dem imperialistischen Vormarsch der NATO nach Osten entgegenzuwirken, teilen die Auffassung, dass dieser Krieg in der Ukraine Elemente der Kontinuität mit dem Zweiten Weltkrieg aufweist. Doch hat der russische Einmarsch in die Ukraine trotz der unverkennbaren Unterschiede mehr mit den politischen und militärischen Rahmenbedingungen des Ersten Weltkriegs zu tun.

Denn sowohl der Erste Weltkrieg als auch der gegenwärtige Krieg in der Ukraine weisen im europäischen Kontext ähnliche Bedingungen auf: in Bezug auf den Kampf zwischen Imperien, und auf die umstrittenen Schlüsselstaaten sowie bezüglich der Verwendung von Minderheiten und staatenlosen Nationen als *casus belli*. Zu beiden Zeitpunkten ist zudem ein großer Entwicklungssprung in der Technologie der Kriegsmaschinen zu verzeichnen (und im Falle der Kriegsführung in der Ukraine entwickeln sie sich wie nie zuvor und weisen alle Merkmale des uneingeschränkten, hybriden, nichtlinearen sowie des Cyberkriegs auf, um die gängigsten Ansätze zur Analyse der zeitgenössischen Kriegsführung zu nennen).

Im Ersten Weltkrieg kommt der Umbruch, indem Maschinerien und Strategien des Kriegs aufkamen, die die Schlachtfelder des 20. Jahrhunderts beherrschen sollten.

Was den Ersten Weltkrieg grundlegend mit dem Krieg in der Ukraine verwandt macht und gleichzeitig beide vom Zweiten Weltkrieg trennt, ist, dass der Erste Weltkrieg zwar die Bedingungen für das Aufkeimen der Affekte und Sprachen der konservativen Revolution und des Faschismus der 1920er und 1930er Jahre schuf. Zu Beginn des Zweiten Weltkriegs hatte der Faschismus (mit der Komplizenschaft der italienischen, österreichischen, deutschen und spanischen Industrie- und Finanzoligarchie) bereits das Gravitationszentrum und die politische und militärische Struktur mehrerer Staaten eingenommen (über die er sein völkermörderisches Projekt entfesselte).

Im aktuellen Krieg in der Ukraine geht es nicht um faschistische Staaten, sondern um imperialistische Formationen (im Fall des russischen Blocks ultrakonservative und ultranationalistische) sowie antagonistische Hegemonen im Weltsystem (China versus USA). Deren Auseinandersetzungen, Rhetorik und Logik erzeugen wie im Ersten Weltkrieg den Rahmen und die politischen sowie subjektiven Prozesse, die faschistische Formen von Regierung und Befehlsmacht wieder denkbar und wahrscheinlich machen. Man muss sich nur das Gewicht ansehen, das faschistische, koloniale und patriarchale Elemente sowohl im russischen als auch im ukrainischen Fall, aber auch im Narrativ des europäischen Kriegsregimes mit zunehmender Verschlechterung der Lage gewinnen, sowohl in narrativer, politischer als auch militärischer Hinsicht.

Um sich so herauszubilden, wie es in der Zwischenkriegszeit geschah (mit den italienischen, deutschen, österreichischen und spanischen Fällen als herausragenden Beispielen und mit den ukrainischen und nationalbolschewistischen Varianten im Hintergrund), braucht der Faschismus als Subjektivität und „Bewegung" mindestens sechs generative und/oder transformative Matrizen[157], aus denen er operative Konsistenz gewinnt: (a) die Gründungserfahrung (*Erlebnis**) des Krieges; (b) das Pathos der Nation als Schicksalsgemeinschaft; (c) der *casus belli* des Verrats und des Dolchstoßes durch den inneren Feind; (d) der Antagonismus gegenüber dem Klassen- und Geschlechterkampf, der als Verschwörung gegen die Einheit der patriarchalen und suprematistischen Nation oder des Kontinents verstanden wird, das heißt Antikommunismus, Misogynie und Transphobie; e) das rachsüchtige und wurzellose Pathos der Subjektivität von Ex-Kombattanten; und, *last but not least*, f) eine spezifische Beziehung zu Kriegsmaschinen als Vektor von Zerstörung, Tod und als schwarzes Loch. Mit dem Beginn des Krieges in der Ukraine wird der Boden dafür bereitet, aus neuen Kombinationen der sechs Grundmatrizen neue faschistische Varianten hervorzubringen und zu intensivieren.

Dies ist unter anderem deshalb möglich, weil der Kapitalismus nicht ausschließlich ein Mechanismus ist, um Mehrwert durch die Ausbeutung von Arbeit zu erzielen: Er geht über das System der Akkumulation hinaus,

---

157 Generativ im Sinne von Noam Chomskys generativer Syntax: Die Vermehrung von grammatischen Sätzen aus der elementaren syntaktischen Matrix der menschlichen Sprache. Transformativ in dem Sinne, dass unter bestimmten Bedingungen der Intensität und politischer „Hochenergien" ein neues faschistisches Transformat (eher denn als Resultat) aus dem kombinierten Produkt der sechs (oder weiteren) Matrizen hervorgeht, das sich kaum in die früheren Varianten einordnen lässt. Zu den Phänomenen, die in diese problematische Richtung weisen, gehören beispielsweise die *Trans-Exclusionary Radical Feminists* (TERFs) oder die Phänomene des Faschismus (ohne Metaphern oder Appellativa), die der israelischen Besetzung Palästinas entspringen und sich mit Antisemiten und Nazis identifizieren und verbünden.

in dem diese Dialektik enthalten ist. Tatsächlich liegt seine Hauptquelle der Extraktion von Reichtum in der Gesamtheit der Beziehungen, die in den Multituden der lebendigen Arbeit und der menschlichen Ökosysteme bestehen.

Seit der langen Krise, die in den 1970er Jahren begann, hat die Unfähigkeit des Kapitals, die Profitraten zu reproduzieren, die Gravitationszentren allmählich in Richtung eines „rechtspopulistischen Moments" in Europa wandern lassen (tendenziell zum Autoritarismus und selbst zum Faschismus schwingend). Die Kriegspolitik in der Ukraine (die Aktivierung eines Konflikts zwischen imperialistischen Formationen, Nationen und Schlüsselstaaten) ist Teil desselben Musters. Die Ukraine, ein Gebiet, das historisch gesehen das Scharnier des eurasischen Systems bildet, erlebte während des gesamten 20. und bis heute im 21. Jahrhunderts ohne Übertreibung einen stets anhaltenden Bürgerkrieg, mit hoher und niedriger Intensität, mit kurzen Pausen. Deshalb kann der gegenwärtige Konflikt nur vor dem Hintergrund der lokalen und europäischen Genealogie reaktionärer, autoritärer, stalinistischer und faschistischer Bewegungen, autoritärer oder diktatorischer Regime und willkürlicher Grenzen, Armeen und Kriege verstanden werden.

Es ist ein Gebiet, das durch Kapitalismus, Krieg, Faschismus, Antisemitismus, Stalinismus und Atomenergie verwüstet wurde. Und immer sind nationale oder sprachliche Minderheiten, Roma und Desertierende, Frauen und LGTBQI-Personen das Ziel. Denn auch hier beinhaltet diese Art der Kriegsführung eine sexualisierte Kriegsführung, bei der die Soldaten ungestraft sexualisierte Gewalt gegen Frauen und geschlechtliche Minoritäten ausüben.

Der Krieg fordert nicht nur buchstäblich Leben, Ökosysteme, Einkommen und Rechte (je nach der mehr oder weniger starken Verwicklung in den Konflikt): Er fordert immer auch das Leben, die Freiheit, die Sicherheit und die Rechte des sexuellen und geschlechtlichen Proletariats. So ist der gleichbleibende Bezugspunkt für die Ablehnung des modernen Kriegs – abgesehen vom Standpunkt des ökonomischen und ökosystemischen Klasseninteresses der Multitude, die immer das Kanonenfutter ist, die ihre Städte und Biotope zerstört sieht und die für die Kriegsproduktion mobilisiert wird – der Standpunkt des geschlechtlichen und sexuellen Proletariats. Dieser Krieg in der Ukraine ist keine Ausnahme: Beide militärischen Seiten operieren in der Erwartung, ihren libidinösen/sadistischen Truppenlohn an den gefangenen Feind:innen und der Zivilbevölkerung zu kassieren.

Im Lichte dieser Realität ist die Hinwendung zur einen oder anderen Seite im europäischen politischen Raum ein tragischer Irrweg. Dieser hängt einerseits mit dem Mangel an theoretischen Instrumenten zusammen, um den Konflikt in seinen vielfältigen Dimensionen und verheerenden Folgen zu verstehen und andererseits mit dem Charakter totaler Mobilisierung und Gedankenpolizei, den dieser Konflikt angenommen hat und der deutliche Züge eines globalen Flächenbrandes trägt.

Das populistische Moment

Im September 2008 löste der Zusammenbruch von Lehman Brothers eine Krise des Finanzsystems mit Zentren an der Wall Street, in London und Frankfurt aus. Bald griff die Krise auf die Arbeitsmärkte, die unternehmerische Tätigkeit sowie die öffentlichen Haushalte über und entwickelte sich zu einer allgemeinen Solvenzkrise eines Systems, die durch zwei vorangegangene Schocks ausgelöst worden war: den Schock von Richard Nixon im August 1971, als er das Ende der direkten Konvertierbarkeit des US-Dollars in Gold ankündigte;[158] und den Volcker-Schock zwischen 1979 und 1980.[159] Mehrere Jahrzehnte später sorgen die Jahre 2008–2009 für monatelange Panik und Schamlosigkeiten bei den europäischen politischen Eliten und Wirtschaftsführer:innen. Neben der Leugnung der Krise, die zur Verzweiflung in der neoliberalen Orthodoxie führt, und den pathetischen Rufen nach einer „Neugründung des Kapitalismus auf ethischen Grundlagen" (Nicolas Sarkozy) oder einer „Unterbrechung des freien Marktes" (Gerardo Díaz Ferrán) setzt sich das Regime der „Austerität" schließlich durch. Dieses senkte direkte und indirekte Arbeitseinkommen und klagte das Streben der Arbeitskräfte nach Wohlstand und individueller und familiärer Sicherheit heimtückisch an, verdichtet in dem bekannten und wenig verschleierten Urteilsspruch des Kapitals: „Sie haben über Ihre Verhältnisse gelebt". Diese Zeit der Depression und der Sühne führte bald zu enormen politischen Spannungen, insbesondere an den schwachen Flanken des Euro-Subsystems (den damaligen PIIGS).[160] Die Hauptspannung in der EU bestand

158 Ein Treffer ins Herz der Abkommen von Bretton Woods.

159 Die Entscheidung des Vorsitzenden der Federal Reserve, Paul Volcker, im Jahr 1979, die Zinssätze zwischen 11,2 Prozent und gewaltigen 21,5 Prozent des Leitzinses (der Zinssatz für die kreditwürdigsten Kreditnehmer) anzuheben.

160 Ein Kürzel, das der stets koloniale *The Economist* zu verwenden begann, um Portugal, Italien, Irland, Griechenland und Spanien zu bezeichnen. „Pigs" bedeutet auf Englisch „Schweine".

zwischen der Europäischen Kommission, dem Rat der Staats- und Regierungschefs sowie der semiklandestinen Eurogruppe auf der einen und den Parteien und Bewegungen der am stärksten von der Sparpolitik betroffenen EU-Länder auf der anderen Seite. Aber zur selben Zeit baut sich in den fiskalisch gesünderen Ländern eine weitere interne Spannung bezüglich der Umsetzung der finanziellen Mechanismen zur Stabilisierung der Eurogruppe und der EZB auf, nämlich gegen jegliche Mutualisierung der Staatsschulden der Partner der Eurogruppe.

Auf diese Weise wurde – kopflos und fahl – der Prozess der Zersetzung des europäischen Systems angeschoben, der in unseren Tagen neue Entwicklungen in Form eines Kriegsregimes annimmt. Dieses zielt darauf ab, zentralisierte Formen der kontinentalen Regierung (in der privatisierten Produktion und Verteilung der Energie[161], in der Kontrolle über die Außenpolitik und in der Planung der Militärausgaben sowie der Aufrüstung der Mitgliedstaaten) im Rahmen von Programmen aufzubauen, die die Ziele des europäischen Green New Deal, aus den fossilen und nuklearen Brennstoffen auszusteigen, „vorübergehend“ aufheben (wie REPower EU).

Der technokratische und/oder eurozentrische europäische Geist hat immer behauptet, dass große wirtschaftliche und politische Krisen die politische Integration des Kontinents stärken. Das dachten sie während der Sackgasse, in die das Nein zum Referendum beim

---

161 Es sei denn, strategische Eigentümer:innen werden im Krieg verstaatlicht, wie im Fall des deutschen Gasriesen Uniper, dem Hauptkunden von Gazprom, der im September 2022 vom Mehrheitsaktionär, der finnischen Fortun-Gruppe, übernommen wurde.

Vertrag über eine Verfassung für Europa (VVE) in Frankreich, den Niederlanden und Dänemark geführt hatte; während der Staatsschuldenkrise der PIIGS-Staaten 2009–2013; während des britischen Brexit oder der Covid-19-Pandemie. So ist es nicht verwunderlich, dass sie inmitten eines uneingeschränkten, hybriden, nicht-linearen Krieges im östlichen Sektor des Kontinents weiterhin die Hoffnung hegen, dass aus dieser Herausforderung eine EU mit eigener Staatskasse, vereinheitlichten Schulden, einem föderalen Energiepool, einem europäischen Sozialsystem und einer gemeinsamen Armee hervorgehen wird. Nicht umsonst ist diese vermeintliche „List der europäischen Vernunft", die inmitten von Katastrophen und Zwietracht verdeckt zur politischen und wirtschaftlichen Einheit voranschreiten würde, eines der letzten Überbleibsel des eurozentrischen und neokolonialen Exzeptionalismus, der sich für das Alpha und Omega der Zivilisation schlechthin hält, für die Rolle des Leuchtturms und der moralischen Autorität im Weltsystem.

Doch hat sich die Konjunktur in Europa, dem Hauptschauplatz des gegenwärtigen Krieges, stark verändert: Die politische Gelegenheit des Zeitraums 2008–2014 kippte allerorts in eine konservativ-revolutionäre oder jedenfalls neokoloniale Tendenz, im Rahmen des laufenden Projekts einer rentistischen und extraktivistischen Gesellschafts- und Wirtschaftsordnung. Die Achse neoliberale Oligarchien/Bevölkerung, die im politischen Diagramm Europas bis 2014 relativ präsent und wirksam war, haben neu-rechte Kräfte besetzt, die auf einen Bruch abzielen. Zunehmend gestalten sie diese in eine Achse um, die mit fremden und unvereinbaren Bevölkerungsgruppen degenerierte kosmopolitische Eliten einerseits und gefährdete nationale Gemeinschaften (*Volksgemeinschaften**)[162] andererseits einander gegenüberstellt.

Infolgedessen haben sich in der überwiegenden Mehrheit der mittleren und nördlichen EU-Staaten politische Verwerfungen in den organischen Blöcken der vereinigten Rechten entwickelt, die die historischen Nationalismen, kolonialen Rassismen, Autoritarismen und Antikommunismen des 20. Jahrhunderts wieder aufleben lassen. Wir können diese Prozesse nicht auf eine simple Kausalmatrix zurückführen. Aber wir können ein imaginäres Integral[163] nachzeichnen, das sie mit dem Konflikt in der EU zwischen den hierarchischen

---

162 Die jüngsten Ereignisse zeigen die Grenzen der Minderheitsvariable eines progressiven Populismus auf: Sie ist nützlich, wenn der Sozialliberalismus hegemonial ist, und wird zur Falle oder zum Gefängnis – für das politische Denken und die politische Praxis –, wenn der Apartheid-Neoliberalismus aufkommt. In diesem Zusammenhang ist das sogenannte „populistische Moment" zu einer Quelle der Desorientierung für die Linke geworden, zu einer Fabrik von Fehlern in der taktischen und strategischen Analyse. Der 15M in Spanien ist ein gutes Beispiel dafür: Er war keine populistische Bewegung, aber sein Scheitern öffnete dem institutionellen Populismus die Tür. Mit einem 15M, der in der Lage gewesen wäre, sich in seinen Phasenübergängen und Neuzusammensetzungen selbst neu zu erschaffen, d.h. fähig, einen gewissen Grad an politischer Komplexität anzunehmen und neue soziale Komponenten einzubeziehen, hätte es später kein solches „institutionelles populistisches Moment" gegeben. Die einfachen, organischen, evolutionären oder dialektischen Kontinuitäten könnten zu der Annahme verleiten, dass das „populistische Moment" so etwas wie die „innere oder latente Wahrheit" des 15M oder eine höhere Stufe seiner politischen Reifung war. Aber das wäre nicht mehr als eine rückblickende Entschuldigung für das historische Ergebnis. Das Gegenteil ist der Fall: Das „institutionelle populistische Moment" entstand aus den Sackgassen des 15M, als opportune Antwort auf die Blockierung des politischen Vermögens dieses Netzwerksystems.

163 Vgl. Félix Guattari: „Das Kapital als Integral der Machtformationen", in: *Planetarischer Kapitalismus*, Berlin: Merve 2018.

sozialen Aggregaten der parasitären (finanziellen und steuerlichen) Rendite, deren Institutionen und den direkten und indirekten Lohneinkommen der Arbeit verbindet.[164]

Wir befinden uns also in einer europäischen Konjunktur, in der das, was die bürgerliche Politikwissenschaft als „Populismen" einschätzt, wieder auftaucht. Diese sind aber nichts anderes als die tödlichen Traditionen der europäischen Reaktion und die Wiederkehr

164 In Ländern wie Frankreich und dem Vereinigten Königreich, wo die politischen und sozialen Widersprüche der postkolonialen Periode eine suprematistische extreme Rechte stärkten, gewannen diese Formationen (Front National und UKIP) noch mehr an Stärke und wurden unter anderen Namen zu Pfeilern des heutigen politischen Systems. In den östlichen EU-Ländern (einschließlich der *Länder** der ehemaligen DDR) wurden die rechten Kräfte, die nach dem Zusammenbruch der jeweiligen sozialistischen Systeme an die Macht kamen, als neue oligarchische Gestaltungsmacht legitimiert und zu Partnern der EU-Führungen. Diese neuen osteuropäischen Rechten färben ihren neuartigen Neoliberalismus zunehmend mit Elementen der alten reaktionären nationalistischen, antisemitischen und patriarchalen Traditionen. Zugleich nutzen sie auch die diplomatischen Instrumente einer verstärkten Zusammenarbeit, die durch europäische Verträge wie die (1991 unterzeichnete) Visegrád-Erklärung, ermöglicht werden. Im speziellen Fall der ehemaligen DDR ist der antisemitische, *völkische** Nationalismus in der Geschichte von Bundesländern wie Sachsen verwurzelt, das heute eine Bastion der Neonazi-Renaissance in Deutschland ist, mit Massenbewegungen wie Pegida oder, in jüngerer Zeit, der Freien Sachsen und regionalen Ablegern der AfD mit unverhohlenem Nazi-Bezug. Im Süden, in Italien, hat der rassistische und neoliberale Nationalismus der Lega Nord die kulturelle und politische Hegemonie im Land erobert, nur um sie kurz darauf an die rechtsextreme Fratelli d'Italia abzutreten, die noch mehr dem Erbe des Mussolini-Regimes entspricht. Die letztgenannte Partei hat eine ausgeprägte atlantische Ausrichtung seit der Zeit der engen Zusammenarbeit mit dem Sabotageprogramm der NATO und dem antikommunistischen Terrorismus in Westeuropa (das 1948 gegründete Stay-Behind-Organisation). Bei den italienischen Wahlen vom 25. September 2022 gewann *Fratelli d'Italia* zum ersten Mal in der demokratischen Geschichte Italiens.

der antikommunistischen und antisemitischen Rechten aus der ersten Hälfte des 20. Jahrhunderts. Die Konsequenzen, einschließlich des Krieges in der Ukraine, sind heute sichtbar.

Ein Kapitalismus, der immer am Ende ist

Jedenfalls erklangen, das haben wir bereits festgestellt, seit der Finanzkrise von 2008–2009 und ihren Folgen die Abgesänge auf den Neoliberalismus, wenn nicht gar auf den Kapitalismus als solchen, bis zum Überdruss. Die Interventionen der Federal Reserve, der EZB und der Chinesischen Volksbank haben in den 2010er Jahren die Kapitaleinkommen und die Zahlungsfähigkeit der wichtigsten Staaten stabilisiert – um den Preis des x-ten sozialen Massakers an den subalternen Klassen in den Ländern, die am stärksten vom kapitalistischen Krisenmanagement betroffen sind. Dann folgte die Covid-19-Pandemie. Und wieder einmal wurde behauptet, dass die Zeit des Neoliberalismus abgelaufen sei, wenn der Kapitalismus gerettet werden solle. Denn eine Rückkehr zu staatlichen Eingriffen in die Gestaltung der gesamtwirtschaftlichen Nachfrage, in die Stärkung der Gesundheitssysteme und in die Logistik des Kampfes gegen die Pandemie sei unumgänglich. Ohne dass die Pandemie überwunden wäre, begraben der Einmarsch Russlands in die Ukraine und das von ihm provozierte Kriegsregime in Europa (und einem großen Teil der Welt) den toten Neoliberalismus erneut. Aber der Tote, den sie in den Sarg legen, ist nicht nur quicklebendig, sondern hat durch Zinserhöhungen (und brutale Steuersenkungen, wie sie die kurzlebige britische Regierung von Liz Truss auf selbstmörderische Weise versucht hat) unter dem Vorwand der Inflation, die nichts mit Lohnsünden oder öffentlichen Sozialinvestitionen zu tun hat, eine noch größere weltweite Rezession ausgelöst.

Diese letzte Sequenz zeigt, inwieweit der Neoliberalismus nicht verstanden wurde und worin seine Fähigkeit liegt, den Totengräber:innen zu entkommen. Sein grundlegender Erfolg liegt in der Zerstörung der industriellen Arbeiter:innenbewegung und ihrer politischen Hegemonie über die subalternen Klassen sowie im systematischen Abbau der sozialen und politischen Institutionen der Nachfrage (des besitzenden und begehrenden Individuums und der traditionellen Familie).

Die monetäre und finanzielle Gewalt sowie die uneingeschränkte Freizügigkeit und Kapitalflucht, unterstützt durch demokratische Eigentumsstaaten, waren das grundlegende Instrument, um die Gegenmacht der Arbeiter:innen, Proletarier:innen sowie Bäuerinnen und Bauern zu liquidieren, die in der Zeit des Fordismus und der Dekolonialisierung entstanden war. Ohne eine neue Bewegung der Arbeitenden, des Proletariats und der Landwirtschaft kann der Neoliberalismus also nicht sterben. Dies gilt erst recht für den Kapitalismus – der, wie wir weiter unten sehen werden, in gewisser Weise ewig ist. Im Übrigen irren diejenigen, die die angelsächsische neoliberale und deutsche ordoliberale Regierungskunst (das heißt effiziente Wirtschaft, Inflationsbekämpfung, Wachstum und staatliche Begrenzung des Klassenungleichgewichts) einem starken Staat in der Wirtschaft und in der Vermittlung zwischen den Wirtschaftsakteuren (das heißt Wohlfahrtsstaat, hohe direkte und indirekte Einkommen, progressive Besteuerung) gegenüberstellen: Die historischen Reihen der wichtigsten Länder zeigen seit den 1980er Jahren genau das Gegenteil, mit Ausnahmen wie Dänemark, die in dieser Hinsicht nicht viel zählen.

Denn im Gegensatz zu den kanonischen Beschreibungen, konträrer oder apologetischer Art, definiert sich der Kapitalismus nicht durch die Zerstörung von Kulturen, Traditionen oder nationalen Schranken zum Zwecke seiner erweiterten Reproduktion. Das Kapital ist und funktioniert als abstrakte Maschine[165], die, um die Akkumulation von Kapitalmacht zu gewährleisten[166], verschiedene Ebenen der Herrschaft durch unterschiedliche Vorgänge integriert: die ökonomische Einschreibung, Kalkulation und Erfassung; die monetäre und finanzielle Äquivalenz zwischen Wertesystemen wirtschaftlicher, ökosystemischer, kultureller oder religiöser Nutzung; die Formationen staatlicher, militärischer

165 Eine abstrakte Maschine ist durch ihre Operationen mit abstrakten Vektoren und Anwendungen definiert, d.h. sie arbeitet wie digitale oder mathematische Maschinen nach Diagrammen. Bei konkreten Maschinen hingegen sind die erzeugten Materialien und Stoffe sowohl Teil der Komponenten der Maschine als auch der Ströme, die sie bearbeitet (wodurch ihre Nutzung und Zusammensetzung territorialisiert werden). Vgl. zum Beispiel Félix Guattari: *Chaosmose*, Wien: Turia & Kant 2014.

166 Marx und Engels schreiben im *Kommunistischen Manifest* diesen zerstörerischen Umstand nicht dem Kapitalismus zu, sondern der damals aufstrebenden Bourgeoisie, die eine Zeit lang zur Revolution fähig war, der Klasse des Kapitals: „Die Bourgeoisie kann nicht existieren, ohne die Produktionsinstrumente, also die Produktionsverhältnisse, also sämtliche gesellschaftlichen Verhältnisse fortwährend zu revolutionieren. Unveränderte Beibehaltung der alten Produktionsweise war dagegen die erste Existenzbedingung aller früheren industriellen Klassen. Die fortwährende Umwälzung der Produktion, die ununterbrochene Erschütterung aller gesellschaftlichen Zustände, die ewige Unsicherheit und Bewegung zeichnet die Bourgeoisepoche vor allen anderen [früheren] aus. Alle festen eingerosteten Verhältnisse mit ihrem Gefolge von altehrwürdigen Vorstellungen und Anschauungen werden aufgelöst, alle neugebildeten veralten, ehe sie verknöchern können. Alles Ständische und Stehende verdampft, alles Heilige wird entweiht, und die Menschen sind endlich gezwungen, ihre Lebensstellung, ihre gegenseitigen Beziehungen mit nüchternen Augen anzusehen." MEW 4, S. 465.

oder religiöser Macht sowie die Kapitalisierung und Aneignung technischer und wissenschaftlicher Wandlungen. Ihn als tot abzuschreiben (wie tief und zahlreich seine Krisen auch sein mögen), bedeutet zu verkennen, dass der Kapitalismus vor allem ein Mechanismus ist, um aus der Ausbeutung und Beherrschung sozialer Kooperationen und ökologischer Symbiosen (in denen Ökosysteme, Grenzen, Daten oder Körper einbezogen sind) Einkommen und/oder Profit zu generieren. Zudem ist er ein Mechanismus, der Krisen und Umwälzungen keineswegs verabscheut, sondern sie, einschließlich der Kriege, nutzt, um seine Blockaden aufzulösen, Macht und Reichtum umzuverteilen sowie neue Akkumulationsregime in Gang zu setzen.[167]

Aus dieser Perspektive ist der Fortschritt auch kein linearer (immer fortlaufender) interner Vektor der historischen Zeit, sondern unterliegt Verschiebungen in jede Richtung, die in letzter Instanz durch die materielle Dialektik der Klassenantagonismen determiniert werden. Die wesentliche Axiomatik des Kapitalismus basiert auf Eigentumsrechten (die privat oder öffentlich sein können – wie in der UdSSR), auf der Aneignung und Ausbeutung von Produktionsmitteln und Produktivkräften sowie auf den vielgestaltigen Figuren und Funktionen des Geldes als Kapital (Tauschmittel, Wertdepot oder Rechnungseinheit), aber auch als Kredit/Schuld, Finanzderivat, konvertierbares virtuelles *Token* oder Kryptowährung. Ebenso schreibt die ursprüngliche Axiomatik des Kapitals vor, dass Arbeitskraft, Rohstoffe, Nahrungsmittel und Energiequellen billig und im Überfluss

167 Unter Profit versteht man den Gewinn aus der Ausbeutung der Mehrarbeit (nach einem Maß der Produktivität der Arbeitskräfte im Unternehmen) oder aus der Überarbeit: relativer bzw. absoluter Mehrwert.

vorhanden sein müssen (wie Jason W. Moore uns in Erinnerung rief).[168] Das Kapital ist ein durch das Gesetz und das (zwischen)staatliche *imperium* autorisiertes Mittel um sich Mehrwert anzueignen und zur Extraktion von Mehrarbeit, Energie, Rohstoffen sowie Nahrungsmitteln.

Doch als historische Produktionsweise ist der Kapitalismus immer konservativ und reaktionär: Sklaverei, Proletarisierung der bäuerlichen Lebensgrundlagen und Zerstörung der Ökosysteme, Kolonialismus, Rassismus, Segregation, Faschismen und Stalinismen sind untrennbar mit seiner Geschichte verbunden. Die Idee eines revolutionären Kapitalismus hält der Prüfung historischer Tatsachen nicht stand, da sich der Kapitalismus als integraler Bestandteil der Machtformationen nur verändert, um die Ausbeutungsbedingungen zu reproduzieren und den Formen der Klassenkämpfe der Arbeitskräfte entgegenzutreten. Der Kapitalismus kann sich nur auf der Grundlage dessen erneuern, was bereits zurückgewonnen wurde, seien es neue Klassenzusammensetzungen[169], die in der Lage sind, die Befehlsmacht des Kapitals in der Produktion und der gesellschaftlichen Reproduktion zu stören, seien es technomaschinische oder wissenschaftliche Erfindungen.

Kurz gesagt, der Kapitalismus definiert sich durch seine Fähigkeit, Ströme aller Art (materielle, energetische, semiotische, biologische, genetische und solche der Macht) zu decodieren und dann zu übercodieren, wie auch durch seine Fähigkeit, Äquivalenzen zwischen Wertesystemen

---

168 Vgl. Jason W. Moore: *Kapitalismus im Lebensnetz. Ökologie und die Akkumulation des Kapitals*, Berlin: Matthes & Seitz 2020.

169 Der Taylorismus (als Expropriation des Wissens des professionellen Arbeiters), die Informationsökonomie oder die Sorgeökonomie, um nur drei Beispiele zu nennen.

und zwischen Regimen wirtschaftlicher, institutioneller, finanzieller, produktiver, staatlicher oder militärischer Macht zu etablieren. Die Resultante ist das, was wir mit Guattari das Integral des Kapitals nennen. Wie bei einer Turingmaschine ist seine Fähigkeit, Informationen, Subjekte, Prozesse und Strukturen zu integrieren und zu berechnen, in der Praxis unendlich. Das Kapital geht also über das bloße wirtschaftliche Verhältnis hinaus, das auf Gewalt und/oder kommerziellem und subjektivem Recht beruht und auf die „Produktion" angewandt werden könnte (verstanden als „primäre" oder „sekundäre" Arbeitstätigkeit, relativ getrennt von einem politischen und ideologischen „Überbau"). Denn es ist das *Resultat* und das *Transformat* der Berechnung von Machtformationen im sozialen Feld, und der kapitalistische „Tauschwert" kann nicht losgelöst von diesem Integrationsprozess gedacht werden.[170] Dies ermöglicht einen Vergleich und eine Hierarchisierung zwischen differenzierten kapitalistischen Formationen auf dem Weltmarkt, sowohl auf staatlicher als auch auf regionaler Grundlage.[171]

---

170 Jean Pierre Faye spricht in seiner Analyse der Entstehung und des Wandels faschistischer Äußerungen vom „Transformat", das heißt von etwas, das nicht nur ein Resultat, sondern eine Transformation der Beziehungen oder Verkettungen zwischen Äußerung, Handlung und dem Zustand der Dinge oder dem, worauf sich die Sprache bezieht, ist. Man könnte also vom Resultat als passiver Synthese und vom Transformat als transformierender Synthese sprechen. Im Englischen wäre das die Unterscheidung zwischen *output* und *transput*. Von Jean-Pierre Faye vgl. *Totalitäre Sprachen*, Frankfurt a.M.: Ullstein 1977. Vgl. auch Guattari: „Das Kapital als Integral der Machtformationen".

171 Dies erklärt beispielsweise das Fortbestehen der Hegemonie des US-Kapitalismus trotz seines Produktionsrückgangs und enormen Handelsdefizits: Im resultierenden Integral seiner monetären, finanziellen, rechtlichen (in internationalen Institutionen), technologischen, militärischen, medialen und imaginären Machtformationen bleibt der US-Kapitalismus bei weitem der solideste und sicherste.

Neben der Decodierung und Übercodierung der Ströme wird der Kapitalismus durch seine eigene, sich verändernde Axiomatik[172] definiert, die wie in der abstrakten Algebra der Gruppentheorie die möglichen (mit einem kapitalistischen Ergebnis kompatiblen) Operationen festlegt. Sie tut dies in Bezug auf die Eigentumsrechte, die Trennung zwischen Kapital und Arbeitskraft, die Funktionen des Geldes, die Rolle der Frauen (in der Familie, in der Produktion und Reproduktion), den Weltmarkt, die wirtschaftliche Beteiligung des Staates, die Rolle von Kolonien, Grenzen und Gefängnissen, dem Verhältnis zwischen Lohn, Einkommen und erweiterter Reproduktion, der Integration der Umwelt in eine Ökologie des Kapitals oder den Platz des Krieges in den Beziehungen zwischen kapitalistischen Machtformationen.[173]

Das Kapital als Integrationsprozess von Machtformationen transformiert seine Axiomatik durch eine

---

172 Eine Reihe von primären, nicht abgeleiteten Ausdrücken, die die möglichen und unmöglichen Operationen des Kapitals als gesellschaftliches und die Umwelt betreffendes Verhältnis definieren und begrenzen.

173 Was in der marxistischen Tradition als „Klassenkampf" bezeichnet wird, ist einer der Motoren für die Modifizierung der Axiome des Kapitalismus, genauso wie antikoloniale Kämpfe, feministische Kämpfe oder die Kämpfe der Wunsch- und Geschlechterdissidenzen. Diese Kämpfe tragen dazu bei, Widersprüche und Unvereinbarkeiten in der Axiomatik des Kapitals zu erzeugen. Die Oktoberrevolution beispielsweise macht die Axiomatik des liberalen und finanziellen Kapitalismus unhaltbar, da die unvermeidlichen Wirtschaftskrisen eine internationale Arbeiter:innenbewegung subjektivieren und stärken, die in der Lage ist, eine dem kapitalistischen Staat entgegengesetzte Form der Macht im größten Imperium des Planeten aufzubauen. Antikoloniale Kämpfe machen die Axiome der rassistischen Segregation der Arbeitskräfte unhaltbar, und feministische Kämpfe machen die traditionellen Formen der patriarchalen Familie unhaltbar.

Berechnung[174], die vor dem digitalen Zeitalter in den Köpfen von Staatseliten, Konzernen, Universitäten und Armeen stattfand, während sie jetzt durch Schnittstellen zwischen Analyse- und Bewertungsalgorithmen wie auch politischen und administrativen Entscheidungen verarbeitet wird. Sie transformiert sie entsprechend den Einschätzungen und Strategien der kollektiven kapitalistischen Befehlsmacht. Dabei spielen politische Einschätzungen (zu den Kämpfen und Bedrohungen subalterner Klassen), geopolitische und technowissenschaftliche Einschätzungen (wie die Möglichkeit der kreativen Zerstörung in den Unternehmensformen mit kombinierter Ausbeutung der Arbeitskräfte), monetäre und finanzielle Einschätzungen (zur Konvertierbarkeit, Solvenz, Liquidität und möglichen und wahrscheinlichen Rendite der Massen von Geld und Finanzprodukten) oder Einschätzungen der Umweltauswirkungen in monetärer und steuerlicher Hinsicht eine grundlegende Rolle. Politische Entscheidungen werden zunehmend durch Informationen beeinflusst und gelenkt, die Datenverarbeiter:innen und Analytiker:innen mit Hilfe von Systemen der künstlichen Intelligenz systematisieren, die von Menschen unterstützt und trainiert werden und eine neue Stufe der „Körper-Maschine" im Dienste der Regierungsstrategien des Kapitals bilden. Es handelt sich um eine über die verschiedenen imperialistischen Blöcke verteilte Macht, die unvollständig, widersprüchlich und unlogisch agiert, weil sie nicht auf frühere Muster zurückgreift, sondern diese aus den anhaltenden Spannungen heraus entwickelt.

---

174 Die Fähigkeit des Kapitals, durch Modifizierung der axiomatischen Komponenten und Beziehungen zu operieren, um seine Reproduktion und Akkumulation in neuen Formen und Matrizen zu gewährleisten.

Auch wenn anarchokapitalistische Narrative und ein falsches Verständnis des Neoliberalismus das Gegenteil vorgeben, bleibt die Tatsache bestehen, dass ein grundlegendes Axiom des Kapitalismus die aktive und ständige Präsenz einer Form von Staat ist, das heißt von Beamten, Polizei und Richtern als getrennte und durch das Gesetz besonders geschützte Organe. Ein Staat und ein soziales Feld, in dem sich neben dem stets prekären – und je nach Konjunktur, Geografie und Geschichte variablen – Status von Frauen, LGTBQI-Personen, Ausländer:innen, Rassifizierten, dem Proletariat, Behinderten, Monstern, Abweichenden oder Verrückten verschiedene Ausdrucksformen einer „zivilen/bürgerlichen Gesellschaft"[175] finden (die den sozialen Pakt definiert, der angeblich den Staat und seine Legitimität begründet). Die Kategorie der „Zivilgesellschaft" selbst definiert sich sowohl durch die Einbeziehung als auch durch den Ausschluss von Bevölkerungsgruppen aus der jeweiligen Staatsform. Die kapitalistische Axiomatik erlaubt es, Axiome der Sklaverei, der Apartheid oder des extremen Patriarchats, aber auch des Staatseigentums an den Produktionsmitteln, des Wohlfahrtsstaates und sogar des besonderen Rechtsstatus für bestimmte „Gemeingüter" hinzuzufügen oder zu entfernen.

Das Kapital präsentiert sich und setzt sich als eine Zivilisation durch, die durch ihre axiomatischen Kombinationen Körper, Räume und Zeiten territorialisiert/kolonisiert.[176] Im sozialen Feld hingegen entstehen

---

175 Nach der mehrfachen Bedeutung im deutschen Ausdruck der *„bürgerlichen Gesellschaft*" als bourgeois, zivil und staatsbürgerlich.

176 Territorialisierung bedeutet, ein Innen und ein Außen, ein Eigentum und ein Ungehöriges (eines Körpers, einer Landschaft, eines Paares, eines Vaterlands etc.) für Einzelne oder Gruppen abzugrenzen (ein „für sich").

Fluchtlinien, (trans-)individuelle oder kollektive Formen des Exodus[177], die versuchen, den Linien der Unterwerfung, der Eingrenzung oder der Rasterung zu entkommen: Linien des Wunsches,[178] der Rebellion, der Revolution, die auf die Vorstellungen von Klassen,

---

177 Die soziale Wirklichkeit ist ein durch die Sprache vermittelter Prozess der affektiven Übertragung.

178 Der Mensch ist eine biologische Wunschmaschine, die gleichzeitig durch ihre Unendlichkeit, durch ihre Deterritorialisierung und künstliche Konstruktion von Territorien sowie durch eine notwendige Verbindung mit allen Arten nicht-menschlichen Werdens definiert ist. Das bedeutet nicht, dass er einzigartig und außergewöhnlich wäre. Im Gegenteil, sein Tier-Werden gegen die Vermenschlichung bewahrt uns vor anthropozentrischen Versuchungen. Er ist wünschend, weil er produktiv ist (das Unbewusste imaginiert, deliriert und formt das soziale Feld in der Geschichte, der Wissenschaft, den Klassen, den Nationen, den Ethnien, der Erde und dem Kosmos). Und die Funktionsweise des menschlichen Wunsches ist durch ein Gefüge strukturiert, das ihm die Fähigkeit zu handeln oder zu agieren verleiht (zum Beispiel ist der Mund ein Gefüge aus Muskel-, Knochen-, Epithel- und Zahngewebe, das durch seine Handlungsfähigkeit in den Nahrungsfluss eingreifen kann). Gleichzeitig ist die Hinzufügung von „Wunsch" zur „biologischen Maschine" eine Art Pleonasmus. Wenn wir „Wunsch" im Sinne Spinozas verstehen, d.h. als *cupiditas*, die menschliche Art des *conatus* oder der Kraft aller Körper, in ihrer Existenz zu verharren und ihre Handlungskraft zu steigern, auf immer mehr Dinge einzuwirken und von ihnen beeinflusst zu werden, dann bestehen alle Formen des Lebens aus Wunschmaschinen. Aber wir wissen und können uns ein Wunschleben menschlicher Gehirne vorstellen, das etwas von Singularität und enormer Künstlichkeit hat, ohne seinen biologischen Aspekt in einem uneingeschränkten Sinne einer Biologie zu verlieren, die menschliches Bewusstsein und Wunsch ausschließt. Der Kapitalismus kann seinerseits nicht ohne Wunschmaschinen leben und strebt danach, sie in seine Axiomatik zu integrieren, aber der Wunsch entzieht sich der kapitalistischen Produktion oder verhandelt ständig seine Existenzbedingungen (seit 1968 wird der Wunsch in die kapitalistische Verwertungskette durch die Werbung integriert, die das Imaginäre des Begehrens in die Erfahrung des Konsums einbezieht und die Nachfrage nach der Ware vor dem Angebot oder der Produktion selbst schafft). Siehe dazu Gilles Deleuze & Félix Guattari: *Anti-Ödipus. Kapitalismus und Schizophrenie I*, Frankfurt a.M.: Suhrkamp 1977.

Geschlechtern, „Rassen“ oder Nationen (als historische Operationen der Stratifizierung und Territorialisierung durch die kapitalistischen Mächte) einwirken, um den Linien der Einschließung und Rasterung zu entkommen, die ihrerseits binäre Geschlechter, ausschließende Identitäten, Individualisierung und Familiarisierung, rassifizierte Hierarchien sowie warenförmige Wünsche zuschreiben.[179] Fluchtlinien sind Prozesse der Deterritorialisierung, die jedoch irgendwann enden müssen, um ein vom Kapital autonomes Territorium aufzubauen, da sie sonst dazu neigen, in Vernichtungslinien zu implodieren.[180] Der Kapitalismus begegnet ihnen mit einer Reterritorialisierung des Wunsches in patriarchalen[181], ödipalen, nationalen oder kolonialen, wenn nicht

---

179 Außerdem arbeiten die Wunschmaschinen (das Unbewusste der Psychoanalyse) im Delirium das soziale Feld aus, denn der menschliche Wunsch ist nicht (außer unter den Bedingungen einer neurotischen Ödipalisierung) auf den Mangel von Partialobjekten (Mund, Anus, Harnröhre, Gebärmutter) oder symbolischen Totalobjekten (Phallus) zurückzuführen. Weder ist es, in seinem allgemeinen Ausdruck, die reine Form des Mangels an Wunsch nach etwas, das als Sprache strukturiert ist, noch die reine Form des reinen Wunsches als Signifikant eines Mangels, der auf einen anderen Signifikanten (wiederum eines Mangels) verweist. Der menschliche Wunsch, der *conatus* oder die lebendige Arbeit, ist die (delirierende) Produktion möglicher Welten: Er konstruiert heterogene Ensemble oder Gefüge, Konsistenzebenen und Pläne, die immer kritisch sind, immer am Rande des Zusammenbruchs, aber immer in der Lage, die Fähigkeit zurückzuerobern, die Prozesse der Gefüge wieder aufzunehmen und zu vervielfältigen.

180 Das ist der Unterschied zwischen befreiendem Experimentieren mit realitätsverändernden Substanzen und selbstzerstörerischer oder nihilistischer Drogenabhängigkeit.

181 Die Deterritorialisierung der männlichen Identität durch die lange Welle der feministischen Bewegung bedeutet, dass die cishetero-Subjektivität ihr Territorium nicht findet, so dass das Kapital sie reterritorialisiert in den misogynen Tonarten, die dem neuen Faschismus zugrunde liegen, der auf die sogenannte *Alt-Right* verweist.

gar in paranoischen[182] oder faschistischen Formationen. Und er zögert nicht, sich selbst zu deterritorialisieren, um sich dann besser reterritorialisieren zu können.[183]

Das maschinische Phylum

Die Geschichte des Kapitals ist untrennbar mit der historischen Entwicklung des Einsatzes von Maschinensystemen verbunden, auch wenn die Maschinen nicht zum Kapitalismus *gehören*. Alle Maschinen zeichnen sich durch ein eigenes *maschinisches Phylum*[184] aus: von den mit Feuerstein bearbeiteten Steinen zum Messer und von dort zur Guillotine; vom Schläger zum Schnitzen des paläolithischen Faustkeils zum Hammer und von dort zum Presslufthammer. Wenn Maschinen (biologische, solche der Äußerung, thermodynamische oder Kriegsmaschinen) durch irgendetwas charakterisiert sind, dann durch die Zerlegung und Transformation von Strömen aller Art sowie durch ihre Fähigkeit, zu deterritorialisieren sowie zu destrukturieren und sich in Abstraktionsgraden zu präsentieren, die die Maschine diagrammatisch als abstrakte Maschine funktionieren lassen, aber deswegen nicht weniger real und mächtig sind, ganz im Gegenteil. Je höher der Abstraktionsgrad

---

182 In der Pandemie ist ein Protest gegen die pharmakokratische Biomacht über die Körper ausgebrochen, der sich in eine Verschwörungsparanoia verwandelt hat, die die Tatsache ignoriert, dass die zunehmende Langlebigkeit des Körpers in der heutigen Zeit ohne Medikalisierung nicht zu begreifen wäre.

183 Im Fall der Computerindustrie hat das Kapital die Fluchtlinien, die angesichts der Toyotisierung entstanden sind (Hacker-Bewegung, Nerds), reterritorialisiert und dysfunktionale Abweichungen in produktive Maschinen verwandelt (Startups, Kryptos, Youtuber).

184 Vom Lateinischen: Jede Art von Maschine hat ihren eigenen Evolutionsprozess.

der Maschinen und ihrer Diagramme ist, desto größer ist die Fähigkeit, komplexere Gefüge (heterogene: soziale, politische, technische oder natürliche) zu betreiben und zu lenken, die Maschinen, Strukturen, semiotische materielle Ströme, Territorien aller Art (Nationen, Stämme, Gruppen, Landstriche, Personen) und eine konkretere Ordnung umfassen.

Seit jeher setzt die herrschende Macht im kapitalistischen Unternehmen Maschinen ein, um sicherzustellen, Energie und Informationen aus der lebendigen gesellschaftlichen Arbeit zu gewinnen. Die Rüstungsindustrie entwickelt Kriegsmaschinen, indem sie maschinische und industrielle Arbeitsprozesse einsetzt, und *vice versa*. Aber: Was ist eine Kriegsmaschine, *jenseits ihrer militärischen Definition*? Zuerst unterscheidet sie sich nicht von irgendeiner anderen, konkreten oder abstrakten Maschine[185]: Sie zerlegt, transformiert, codiert und recodiert Ströme aller Art. Die Unterscheidung zeigt sich in der Zusammensetzung, im Gefüge, in der Funktion. Deshalb sind Kriegsmaschinen immer mit Gefügen der Arbeit und Energie verbunden, die Materie, Hindernisse, Barrieren zerstören (in den primitivsten Waffen) oder Materie in reine Energie umwandeln (Atombombe). Es sind Maschinen, die Informationen entschlüsseln oder zerstören, wie es bei Computerviren oder bei

---

185 Der Grad der Deterritorialisierung unterscheidet die abstrakten Maschinen von den konkreten. Die abstrakte Maschine besteht aus Zeichen-Partikeln und ist diagrammatisch, während die konkrete Maschine mit den Materialien verbunden ist, aus denen sie besteht und mit denen sie „arbeitet“. Die Beziehung zwischen abstrakten und konkreten Maschinen ist eine der „modularen Vereinnahmung“, bei der die konkrete Maschine als ein modular verformtes Element fungiert, das von den Funktionen der abstrakten Maschine „gelenkt“ wird.

Spionage- und Entschlüsselungssoftware der Fall ist. Daher kommt die enge Beziehung technischer Innovation in Produktion und Logistik mit den Kriegsmaschinen. Nomadische Kriegsmaschinen wiederum waren im Laufe der Geschichte mit imperialen, despotischen oder kolonialen Staaten[186] und deren Eroberungsapparaten konfrontiert, wie im Fall des pferdegezogenen Streitwagens oder des bewaffneten Reiters, beides Erfindungen der nomadischen Kriegsmaschine. Staaten oder Imperien erwerben durch Eroberung, Pakt oder Unterwerfung Kriegsmaschinen und die Techniken der nomadischen Genealogie[187], die dann in Armeen oder Polizeikräfte einfließen.

Die Erfahrung des Krieges ist untrennbar mit den technischen und maschinischen Transformationen der Kriegspraxis verbunden. Die Wendepunkte in den historischen Formen der Kriegsführung hatten immer mit den qualitativen Transformationen auf dem *Phylum* der Kriegsmaschinen zu tun, die mit der Entwicklung von arbeitsbezogenen, mechanischen, thermodynamischen oder digitalen Maschinensystemen korrespondierten.

Im 19. Jahrhundert beschleunigte sich die Entwicklung, doch erst im Ersten Weltkrieg wurde der große qualitative Wandel in der Mechanisierung der Schlacht eingeleitet: Flammenwerfer, Handgranaten, leichte Maschinengewehre, die ersten Panzer (wie der britische Mark I oder der deutsche Sturmpanzerwagen A7V),

186 D.h. Staaten, die (als Apparate der Vereinnahmung und Aneignung) durch Gesetz, Tribut, Schuldwährung und Polizei definiert sind.

187 Dazu vgl. „Abhandlung über Nomadologie: Die Kriegsmaschine" in: Gilles Deleuze & Félix Guattari: *Tausend Plateaus. Kapitalismus & Schizophrenie II*, Berlin: Merve 1992.

U-Boote, der Mörser „Dicke Bertha“, große Eisenbahnkanonen, die „Paris-Geschütze“ (die von der deutschen Armee im letzten Kriegsjahr eingesetzt wurden), chemische Waffen wie Chloraceton, Senfgas, Phosgen, Blausäure sowie Chlorgas[188] (eingesetzt ab 1915) und die ersten Luftangriffe durch Luftschiffe und Doppeldecker (verallgemeinert in der letzten Phase des Krieges).

Das Ausmaß und die Formen der Zerstörung von Körpern (in noch nie dagewesenen Ausmaßen und Variationen der Deformierung und Verstümmelung) schufen eine ebenso völlig neue wie traumatische Kriegserfahrung, die auf der Massenmechanisierung, den enorm gestiegenen Geschwindigkeiten, der Anwendung der industriellen Chemie und Metallurgie sowie den Prozessen der Taylorisierung in der Produktion von Schiffen, Flugzeugen und Automobilen beruhte. Es sei daran erinnert, dass der Krieg für die Soldaten an der deutsch-französischen Front größtenteils darin bestand, sich wochen- und monatelang in den Schützengräben umbringen zu lassen.

An diesem Punkt taucht ein Schlüsselprinzip in der Analyse der Beziehung zwischen Krieg, Subjektivität

---

188 Bei Dichlorgas, einem Nebenprodukt der Entdeckung von Ammoniumnitrat (dem ersten industriellen Düngemittel, das Fritz Haber entdeckte und dessen Produktion er selbst leitete), werden sowohl der politische und wunschbezogene Gefügecharakter der Kriegsmaschinen als auch ihre Beziehung zu den Linien der maschinischen Deterritorialisierung der materiellen und energetischen Ströme deutlich. Fritz Haber war ein assimilierter Jude und ein glühender Patriot des Wilhelminischen Reiches im Ersten Weltkrieg, weshalb er aktiv an der Entwicklung der deutschen chemischen Kriegsführung beteiligt war. Die Arbeit von seinem Institut, dem *Kaiser-Wilhelm-Institut*, war verantwortlich für den militärischen Einsatz des Pestizids Zyklon auf der Basis von Cyanwasserstoff oder Blausäure, das im Zweiten Weltkrieg vom NS-Regime zur Vernichtung der europäischen Juden eingesetzt wurde.

und Faschismus auf, nämlich dass Faschismen aus ihrer grundlegenden Beziehung zu den Kriegsmaschinen und der exponentiellen Entwicklung, die der Erste Weltkrieg ausgelöst hat, entstehen und sich verändern. Dieser Wettstreit, der so mechanisiert ist wie nie zuvor, gibt Anlass zu Walter Benjamins bekannter Analyse in *Erfahrung und Armut*:

> „Nein, soviel ist klar: die Erfahrung ist im Kurse gefallen und das in einer Generation, die 1914–1918 eine der ungeheuersten Erfahrungen der Weltgeschichte gemacht hat. Vielleicht ist das nicht so merkwürdig wie das scheint. Konnte man damals nicht die Feststellung machen: die Leute kamen verstummt aus dem Felde? Nicht reicher, ärmer an mitteilbarer Erfahrung. Was sich dann zehn Jahre danach in der Flut der Kriegsbücher ergossen hat, war alles andere als Erfahrung, die vom Mund zum Ohr strömt. Nein, merkwürdig war das nicht. Denn nie sind Erfahrungen gründlicher Lügen gestraft worden als die strategischen durch den Stellungskrieg, die wirtschaftlichen durch die Inflation, die körperlichen durch den Hunger, die sittlichen durch die Machthaber. Eine Generation, die noch mit der Pferdebahn zur Schule gefahren war, stand unter freiem Himmel in einer Landschaft, in der nichts unverändert geblieben war als die Wolken, und in der Mitte, in einem Kraftfeld zerstörender Ströme und Explosionen, der winzige gebrechliche Menschenkörper."[189]

Die Erfahrung des mechanisierten Grabenkriegs zerstörte die menschliche Psyche in einem Ausmaß, das

189 Walter Benjamin: „Erfahrung und Armut", in: *Gesammelte Schriften II.1*, Frankfurt a.M.: Suhrkamp 1991, S. 214.

jede Vorstellung von persönlicher Würde, kollektivem Stolz und Vaterlandsliebe ausschließt. Der Weltenbrand erleuchtete aber auch das Werk und die politische Vorstellungskraft von Ernst Jünger, der neben Carl Schmitt und Martin Heidegger zu den wichtigsten Intellektuellen des deutschen Faschismus gehört. Sein erster Ansatz ähnelte dem von Walter Benjamin in dem Sinne, dass der alte, von (pseudo-)ritterlichen Logiken geprägte Krieg endgültig zu einem rein technischen Prozess geworden war, in dem militärische Einheiten nicht aus Individuen mit der Fähigkeit zur Vernunft bestanden, sondern aus entpersonalisierten und mechanisierten Soldaten, die von Generalstäben geführt wurden.

Doch wo Walter Benjamin eine derartige Entfremdung sieht, dass Worte die neue Erfahrung nicht beschreiben können, sieht Ernst Jünger in den *Stahlgewittern* und in seinen Werken der 1920er Jahre eine Chance für den (kriegerischen und aristokratischen) Geist, der nicht pazifistisch und feige geworden sei. Eine erneuerte Spiritualität, wirksam nicht nur in der technisierten Kriegsführung. Sie rückt auch die Triade Soldat-Arbeiter-Patriot wieder in den Vordergrund. Denn Ernst Jünger verstand richtig, dass sich seit der Oktoberrevolution 1917 das Gleichgewicht vom Parlamentarismus der liberalen Eliten zur (bis dahin) anomischen Arbeitermacht verschoben hatte. Daher widmete er seine Bemühungen der Übersetzung des Bolschewismus (dessen Massenerhebungen, industrielle Disziplin und choreografische Homogenität seiner seriellen, martialischen Figur – seiner *Gestalt*[190] – er schätzte) in das deutsche politische

190 Der Untertitel von Ernst Jüngers *Der Arbeiter* war gerade *Gestalt und Herrschaft*.

und ideologische Ökosystem. Und so entwickelt er, obwohl er das kommunistische Ideal als undeutsch ablehnt, in *Der Arbeiter* das Konzept des national-revolutionären Arbeiters im Gegensatz zum sowjetischen Arbeiter, der seinem nationalen Selbst entfremdet ist, und auch im Gegensatz zum Arbeiter der liberalen Demokratie, dem die nationale Idee fehlt und der sich mit der wirtschaftlichen und kulturellen Unterlegenheit abfindet.

Der moderne Krieg

Der Begriff des „modernen Kriegs" hat eine mehr als hundertjährige Geschichte. Wir verdanken ihn in erster Linie dem Bankier und Eisenbahnunternehmer Jan Gotlib Bloch[191], einem jüdischen Konvertiten zum Calvinismus (vor allem aufgrund des heftigen europäischen Antisemitismus, der bis zur Shoah nicht aufhören sollte). Bloch ist die Verkörperung des historischen Enthusiasmus der europäischen imperialistischen *Intelligenzija* vor dem Ersten Weltkrieg *par excellence.* Sein imperialistischer Optimismus wird ihn auch dazu bringen, der Jewish Colonization Association ökonomisch zu helfen und die zionistische Organisation von Theodor Herzl mit Freundschaft und finanzieller Hilfe zu unterstützen. Mehr als ein Jahrhundert später ist es leicht, seinen mangelnden Weitblick zu belächeln. Aber das wäre nicht richtig, denn seine gewissenhafte, gründliche und vehemente Position (sein Hauptwerk, *Der zukünftige Krieg in seiner technischen, volkswirtschaftlichen und politischen Bedeutung*, besteht aus

191 Johann von Bloch, geboren in Polen (1836–1902), folglich dem Zarenreich untertan.

sechs Bänden)[192] spiegelt eine Ansicht wider, die weit verbreitet war, sogar unter den Anführern der Zweiten Internationale, insbesondere in der deutschen SPD.

Blochs Grundüberlegung ist simpel: Bajonette und Kavallerie-Ladungen sind im Vergleich zur Entwicklung der Artillerie, der Maschinengewehre oder des rauchlosen Schießpulvers veraltet. Auf diese Weise wird die Führung eines Bewegungskrieges enorm erschwert, da ein Infanterieangriff gegen eine Verteidigungslinie große Verluste (die Hälfte oder mehr der Truppen) garantiert. Infolgedessen werden Konflikte tendenziell zu Zermürbungskriegen, wobei so viele wirtschaftliche, menschliche und materielle Ressourcen verbraucht werden, dass der soziale und politische Kollaps sie unrentabel macht (Bloch berücksichtigte noch nicht einmal die Panzer und gepanzerten Fahrzeuge, die kurz darauf als Reaktion auf die Grabenkämpfe entwickelt wurden). Kurzum, niemand, der bei klarem Verstand ist, und schon gar nicht die Herrscher zivilisierter Reiche, würde einen Krieg beginnen, der mittelfristig nur verheerende Folgen haben kann:

---

192 Bände, die nach Aussage seines Zeitgenossen Sergej Witte (zitiert am Ende des ersten Kapitels), der ebenfalls Eisenbahnspezialist und ein sehr hoher Beamter (zaristischer Finanzminister und amtierender Premierminister) war, nicht von Bloch selbst, sondern von einem Team von Redakteuren verfasst wurden. Im Übrigen destilliert Witte aus seiner Beschreibung der Figur den unverhohlenen Antisemitismus, der in der europäischen *Intelligenzija* der imperialistischen Periode gewöhnlich war: Die Juden seien nicht durch ihre Verdienste, sondern durch ihre wirtschaftliche Macht, ihre Intrigen, ihren Ehrgeiz und ihre Perfidie zu Wohlstand gekommen. Vgl. Sergei Y. Witte, *Memyari*, Kap. 7: „Über die Eisenbahnkönige" [*O zheleznodorozhnykh korolyakh*], unter: http://az.lib.ru/w/witte_s_j/text_0010.shtml. Derselbe ressentimentgeladene Antisemitismus setzt sich, bereits mit größerer Angespanntheit in Richtung einer „Endlösung", in der folgenden Generation fort: zum Beispiel in Carl Schmitts Vorkriegs-Tagebüchern und in Martin Heideggers *Schwarzen Heften*.

> „Wenn Soldaten und Staatsmänner vom Krieg der Zukunft sprechen, dann meinen sie nicht diese leichtfertigen Expeditionen gegen halbbarbarische Völker. Der Krieg der Zukunft, der unmöglich gewordene Krieg, ist der Krieg, der seit dreißig Jahren die Phantasie der Menschheit verfolgt, der Krieg, in dem die großen Nationen, bis an die Zähne bewaffnet, sich mit allen Mitteln in einen Kampf auf Leben und Tod stürzen sollten. Das ist der Krieg, der von Tag zu Tag unmöglicher wird. Ja, bei den Vorbereitungen für diesen unmöglichen Krieg vergeuden die sogenannten Praktiker, die die wahren Utopisten unserer Zeit sind, die Ressourcen der Zivilisation."[193]

Blochs Buch, in russischer Sprache verfasst, wurde bald in einer gekürzten Fassung ins Englische übersetzt und fand in der englischsprachigen Welt großen Anklang.[194] Sein Argument wurde als wissenschaftliche Entdeckung dargestellt, als Formel für den immerwährenden Frieden, die keiner ethischen und rechtlichen Grundlage bedarf:

> „Es geht mir hier nicht um moralische Erwägungen, die nicht gemessen werden können, sondern um harte, faktische, materielle Dinge, die mit nahezu absoluter Präzision eingeschätzt und gemessen werden können. Ich stelle fest, dass ein Krieg

---

193 Vgl. I. S. Bloch: *Is War Now Impossible? Being an Abridgment of „The War of the Future in its Technical, Economic and Political Relations". With a Prefatory Conversation with the Author by W. T. Stead*, London: Grant Richards 1899, S. X.

194 Es waren die Zeiten der ersten Haager Friedenskonferenz (1899), die unter der Schirmherrschaft von Zar Nikolaus II. und seinem Chefdiplomaten stand und das Ziel verfolgte, Kriege und Wettrüsten zu regeln und zu verhindern. Bloch wurde zusammen mit Zar Nikolaus II. und Fjodor Martens (einem seiner wichtigsten diplomatischen Mitarbeiter) für den Friedensnobelpreis nominiert (lange vor Kissinger und Obama, die ihn beide erhalten sollten).

> sowohl aus militärischer als auch aus wirtschaftlicher und politischer Sicht unmöglich geworden ist. Gerade die Entwicklung der Kriegsmechanismen hat den Krieg zu einer undurchführbaren Operation gemacht. Die Dimensionen der modernen Rüstung und der Organisation der Gesellschaft haben ihn zu einer wirtschaftlichen Unmöglichkeit gemacht, und schließlich, wenn man versuchen würde, meine Behauptungen zu widerlegen, indem man die Frage in großem Maßstab erprobt, wäre das unvermeidliche Ergebnis eine Katastrophe, die alle bestehenden politischen Organisationen zerstören würde. Daher kann kein Krieg geführt werden, und jeder Versuch, ihn zu führen, wäre Selbstmord. Das ist, glaube ich, die einfache, nachweisbare Tatsache."[195]

Es sei klargestellt, dass Bloch sich nur in einem Punkt geirrt hat, und zwar in einem grundlegenden und entscheidenden: Es fehlte exakt die wirtschaftliche und politische „Rationalität", das gesunde Urteilsvermögen der imperialistischen Eliten. In allem anderen hatte er Recht, sogar in der politischen Bedeutung dessen, was er den „Selbstmord" der Nationen nennt, womit er Unordnung und „sozialistische Revolution" meinte. Die Russische Revolution von 1905 folgte auf die militärische und diplomatische Demütigung Russlands im Russisch-Japanischen Krieg von 1904–1905, und nach der Hungersnot sowie den Massakern im Grabenkrieg kam die Februarrevolution von 1917 und die Abdankung von Zar Nikolaus II. Bloch hatte nicht unrecht, auch wenn er mit der Reaktion einer Mehrheit der „Sozialisten" auf die Ereignisse, die den Ersten Weltkrieg auslösten, nicht ganz richtig lag:

---

195 Ebd., S. XI.

> „Mit der schwindenden Anziehungskraft einer militärischen Karriere wächst auch die Agitation gegen das gesamte System. Eine Agitation, die ihre extremsten Vertreter unter den Sozialisten hat, deren Hauptrepertoire darin besteht, auf die Verschwendung industrieller Ressourcen hinzuweisen, die durch die derzeitige Organisation der Gesellschaft auf Wettbewerbsbasis verursacht wird und die ihrer Meinung nach zu einer übermäßigen Belastung unseres bewaffneten Friedens führt. Alle Regierungen werden schließlich mehr oder weniger klar erkennen, dass sie den Sieg der sozialistischen Revolution nur vorbereiten, wenn sie weiterhin die Ressourcen ihrer Völker verschwenden, um sich auf einen Krieg vorzubereiten, der von nun an unmöglich ist, ohne Selbstmord zu begehen.“[196]

Man kommt nicht umhin, ein Echo, eine Ähnlichkeit zwischen dem zivilisatorischen Optimismus der Kolonialmächte und der vorherrschenden öffentlichen Meinungen der imperialistischen Ära (die im Vorfeld die Möglichkeit eines modernen Krieges leugneten) mit der zivilisatorischen Unschuld der weißen, eurozentrischen, konservativen und *progressiven* (oder *liberalen*) öffentlichen Meinungen über die demokratische Zweckmäßigkeit von Krieg und finanzieller Beteiligung am Krieg in der Ukraine zu erkennen (und die, wie in den Prolegomena des Ersten Weltkriegs, die Möglichkeit eines modernen Krieges im vollen Umfang ausschließen, der im vorliegenden Fall wahrscheinlich ein Atomkrieg wäre).

Die imperialistische, patriarchale, panrussische Rhetorik des Putin-Regimes, die die Opferrolle einnimmt,

---

196 Ebd. S. LXII.

hat den Vorzug einer gewissen brutalen Offenheit, einer Anerkennung der Gewalt, auf der sowohl Regime als auch internationale Beziehungen beruhen. Gleichermaßen beunruhigend sind die bewaffnete Unschuld und die moralische Überlegenheit, die westliche *pundits*, Politolog:innen und Stammtische anführen, wenn sie die Gefahr eines Flächenbrands beurteilen, bewegt durch ukrainischen Heroismus und angestachelt durch Wladimir Putins luziferisches Böses: Sie offenbaren ein ethisches und kognitives Skotom, eine fatale Blindheit gegenüber den ungesühnten Massakern der zivilisatorischen Koalition im Laufe des Jahrhunderts (unter anderem im Irak, in Palästina, in Kurdistan oder in Afghanistan) und gegenüber der unterschiedlichen Behandlung von Geflüchteten je nach ihrer Herkunft, ihrer Religion oder ihrem rassifizierten Profil.

Der Unterschied zwischen diesem zivilisatorischen Militarismus des Westens und dem faschistischen Militarismus ist eine Frage der Schwelle, des Grades, die zweifellos wichtig und folgenreich ist, die aber nicht weniger einem langjährigen kolonialen Suprematismus entspricht, der von der zivilisatorischen Gewalt fasziniert ist. Wir werden später den Optimismus erwähnen, den das zivilisatorische Werk des westlichen, russischen und japanischen Imperialismus selbst bei den Anführer:innen der internationalen, englischen, französischen und deutschen Arbeiter:innenbewegung hervorgerufen hat. Bloch sollte nicht mehr erleben, wie wenig Urteilsvermögen die Eliten des imperialistischen Kapitalismus 1914 in Bezug auf den Krieg zeigen würden.

Doch kein „Zusammenbruch" (so Lenin) war in der europäischen Arbeiter:innenbewegung so durchschlagend wie der von Karl Kautsky, Engels' rechter Hand und dem weltweit führenden Theoretiker des „Marxismus".[197] Als Vertreter der theoretischen Orthodoxie und des politischen Opportunismus, als Vermittler des offenen Revisionismus von Eduard Bernstein, stimmte er jedoch grundsätzlich mit seinen politischen Hypothesen überein: der parlamentarische und gewerkschaftliche Schritt zum Sozialismus als etwas, das sozusagen an seinem eigenen Gewicht scheitern würde. Die ersten Jahre des 20. Jahrhunderts entsprachen dieser Vorhersage nicht gerade, aber der arme Kautsky hatte das Pech, einen Artikel zu schreiben, in dem er seine These vom „Ultraimperialismus" (der friedlichen Überwindung der interimperialistischen Konkurrenz) genau zu dem Zeitpunkt darlegte, als der Erste Weltkrieg ausbrach. Der Artikel musste drei Monate später, im September 1914, mit einer Anmerkung veröffentlicht werden, in der er dialektische Verrenkungen unternahm, die für sein politisches und intellektuelles Rückgrat tödlich waren. Kautsky glaubte, dass weder der Krieg noch die „*Union sacrée*" von langer Dauer sein würden, da „vom rein ökonomischen Standpunkt aus" und seiner Meinung nach in Anlehnung an die marxsche Lehre die Tendenz des historischen Verlaufs eine ganz andere war:

> „Man kann vom Imperialismus sagen, was Marx einmal vom Kapitalismus sagt: Das Monopol

---

197 Zu den Ursprüngen und historisch-politischen Zusammenhängen dessen, was als „Marxismus" bezeichnet wird, siehe das grundlegende Werk von Montserrat Galcerán: *La Invención del Marxismo: Estudio sobre la formación del marxismo en la socialdemocracia alemana de finales del s. XIX* [Die Erfindung des Marxismus: Studie zur Entstehung des Marxismus in der deutschen Sozialdemokratie des Ende des 19. Jahrhunderts], Madrid: Traficantes de Sueños (Neuauflage erscheint 2023).

> erzeugt die Konkurrenz und die Konkurrenz das Monopol. Die wütende Konkurrenz der Riesenbetriebe, Riesenbanken und Milliardäre erzeugte den Kartellgedanken der großen Finanzmächte, die die kleinen schluckten. So kann auch jetzt aus dem Weltkrieg der imperialistischen Großmächte ein Zusammenschluß der stärksten unter ihnen hervorgehen, der ihrem Wettrüsten ein Ende macht. Vom rein ökonomischen Standpunkt ist es also nicht ausgeschlossen, dass der Kapitalismus noch eine neue Phase erlebt, die Übertragung der Kartellpolitik auf die äußere Politik, eine Phase des Ultraimperialismus, den wir natürlich ebenso energisch bekämpfen müssten wie den Imperialismus, dessen Gefahren aber in anderer Richtung lägen, nicht in der des Wettrüstens und der Gefährdung des Weltfriedens."[198]

Im Lichte der späteren europäischen Geschichte und der Rolle der mehrheitlichen Sozialdemokratie starb die jüngste Erfindung, die sich „orthodoxer Marxismus" nennen sollte, an diesem Punkt durch politische und theoretische Implosion. Entgegen den Vorhersagen von Bloch und Kautsky hat der „moderne Krieg" also mit dem Ersten Weltkrieg seine erste vollständige und verheerende Manifestation. Dieser Konflikt wird in der Regel als plötzlicher Einbruch dargestellt, bei dem die in den vorangegangenen Jahrzehnten entwickelte Kriegsmaschinerie eingesetzt wurde. Dies galt natürlich für die große Mehrheit der mobilisierten Truppen und der Zivilbevölkerung der Konfliktmächte. Dennoch gab es innerhalb der europäischen Kapitalistenklassen Stimmen, die den imperialistischen sowie kolonialen

198 Karl Kautsky: „Der Imperialismus", in: *Die Neue Zeit*, 32-II. 1914, No. 21, S. 13 der verwendeten Version unter: https://www.marxists.org/deutsch/archiv/kautsky/1914/xx/imperialismus.pdf.

Charakter der internationalen Spannungen politisch und ethisch anprangerten und deren Vorhersagen über das, was kommen würde, richtig waren.

Christopher Clark hat die Ereignisse rekonstruiert, die am 28. Juni 1914 mit der Ermordung des österreichischen Erzherzogs Franz Ferdinand und seiner Frau Sophie Chotek durch den serbischen Nationalisten Gavrilo Princip in Sarajewo ihren Lauf nahmen. Clark betont, dass das, was uns heute im Rückblick als eine unentwirrbare Verkettung von Folgen erscheint, die zur Katastrophe führte, von den meisten Akteur:innen und Kommentator:innen in den Wochen vor dem Ausbruch nicht als solche wahrgenommen wurde. Und er sieht eine tiefe Ähnlichkeit mit unserer heutigen Zeit:

> „Dabei muss jedem Leser aus dem 21. Jahrhundert, der den Verlauf der Krise von 1914 aufmerksam verfolgt, deren Aktualität ins Auge springen. Alles fing mit einem Kommando von Selbstmordattentätern und einem Autokorso an. Hinter der Gräueltat von Sarajevo stand eine erklärte Terrororganisation, die einen Opfer-, Todes- und Rachekult pflegte; überdies war diese Terrororganisation extraterritorial und kannte keinen eindeutigen geografischen oder politischen Ort. Sie war in Zellen über politische Grenzen hinweg verstreut, man konnte sie nicht zur Rechenschaft ziehen, zu einer souveränen Regierung unterhielt sie lediglich indirekt und heimlich Kontakte, die für Außenstehende kaum auszumachen waren. Tatsächlich könnte man sogar behaupten, dass die Julikrise 1914 uns heute weniger fremd – weniger unerklärlich – ist als noch in den achtziger Jahren des vergangenen Jahrhunderts. Seit dem Ende des Kalten Krieges ist an die Stelle des Systems globaler, bipolarer

> Stabilität ein weit komplexeres und unberechenbareres Gefüge von Kräften getreten, einschließlich einiger Reiche im Niedergang und aufsteigender Mächte – ein Zustand, der zum Vergleich mit der Situation in Europa anno 1914 geradezu einlädt. Dieser Perspektivwechsel veranlasst uns, die Geschichte der Entwicklung zum Krieg neu zu betrachten. Wenn man sich dieser Herausforderung stellt, so heißt das keineswegs, mit aller Gewalt einen banalen Gegenwartsbezug herzustellen, der sich die Vergangenheit so zurechtbastelt, dass sie den Bedürfnissen der Gegenwart entspricht, sondern es geht darum, jene Merkmale der Vergangenheit zu erkennen, auf die wir durch unseren veränderten Standpunkt einen klareren Blick erhalten haben."[199]

Es handelt sich um einen Prozess, in dem die koloniale Expansion (Russland, Frankreich, England, Deutschland, Österreich-Ungarn und das Osmanische Reich) sowie die Bündnispolitik zwischen Imperien und Nationalstaaten (Frankreich und Russland; Italien, Deutschland und Österreich-Ungarn; Russland und Serbien; Großbritannien, Frankreich und Belgien; Großbritannien und Russland; Japan und Großbritannien) zusammenwirkten. Der Zusammenbruch des Osmanischen Reiches und die unterschiedlichen Spannungen zwischen den staatenlosen Nationen mobilisierten die Kriegsgefüge, die als Zündstoff für interimperialistischen Spannungen fungieren. Seit Beginn des Jahrhunderts häuften sich die Scharmützel und Konflikte: der Wettlauf bei Rüstung und Kriegsschiffen zwischen dem Britischen

---

199 Christopher Clark: *Die Schlafwandler. Wie Europa in den Ersten Weltkrieg zog*, München: DVA 2013, S. 15.

Empire und dem Deutschen Reich; die Konflikte zwischen Frankreich und Deutschland um die Vorherrschaft in Marokko (1905–1906); die Annexion Bosnien-Herzegowinas durch Österreich-Ungarn im Jahr 1908 (die die revanchistischen Bestrebungen des serbischen Panslawismus auslöste); die Agadir-Krise im Jahr 1911 zwischen Frankreich und Deutschland, die kurz vor dem Ausbruch eines Krieges stand; das koloniale Abenteuer des Königreichs Italien im libyschen Tripolitanien im Krieg mit dem Osmanischen Reich 1911; der Krieg der Balkanliga (Serbien, Montenegro, Bulgarien und Griechenland) gegen das Osmanische Reich im Oktober 1912; und im Juni 1913 der Zweite Balkankrieg, in dem die Königreiche der Balkanliga gegeneinander antraten (zunächst Bulgarien gegen Serbien und Griechenland und kurz darauf auch gegen Rumänien und das Osmanische Reich).

Kommentator:innen und Diplomat:innen sahen in der Entspannung des eskalierenden Rüstungswettlaufs zwischen dem Britischen Empire und dem Wilhelminischen Reich eine Garantie dafür, dass der Krieg nicht völlig unvermeidlich war. Aber die Wahrheit ist, dass Schlafwandler:innen und Kriminelle in die gleiche Richtung ruderten.

Der sozialistische Zusammenbruch

Es gab zu jener Zeit eine internationalistische Arbeiter:innenbewegung, zumindest in Wort und feierlicher Erklärung. Viel weniger aber, wie man sehen konnte, im Kampf gegen die kolonialen Projekte ihrer jeweiligen Bourgeoisien und Staaten sowie bezüglich der Anteile an kolonialen Profiten. Diese werden gemäß dem verteilt, was Luxemburg und Lenin, neben anderen, zu ihrer Zeit als die Konstituierung einer „Arbeiteraristokratie“ anprangerten, die materiell und institutionell von der kolonialen Unternehmung profitierte.

Bereits im August 1907 hatte die Zweite Internationale in Stuttgart eine große Versammlung abgehalten, die sich vor allem mit den Fragen des Militarismus, des Kolonialismus, des Frauenwahlrechts und der Einwanderung befasste und an der 866 Delegierte aus 25 Ländern teilnahmen. Auf diesem Internationalen Sozialistenkongress wurden die Spannungen deutlich, die im Juli 1914 zur Katastrophe der „*Union sacrée*“ der sozialistischen Parteien mit ihren Staaten führen sollten. Und insbesondere in der Frage des Militarismus standen sich zwei Hauptpositionen gegenüber: diejenige, die das Recht der Arbeiter:innenklassen betonte, ihre nationale Souveränität zu verteidigen und die Frage des Krieges dem Ende des Kapitalismus zu überlassen, und diejenige von Eduard Vaillant und Jean Jaurès,[200] die dazu aufriefen, den Krieg mit allen verfügbaren Mitteln zu bekämpfen, von der parlamentarischen Initiative bis zum Generalstreik und bewaffneten Aufstand. Gleiches gilt für die Diskussion über den Kolonialismus, wo die Positionen von Eduard Bernstein, Henry Hubert van Kol und Eduard David – die der Ansicht waren, dass der Kolonialismus trotz seiner Auswüchse nicht nur unvermeidlich war, sondern den kolonisierten Völkern auch Entwicklung brachte – mit denen der sozialistischen Linken

200 Jean Jaurès wurde nur drei Tage vor dem Eintritt Frankreichs in den Ersten Weltkrieg, am 31. Juli 1914, von dem rechtsextremen Nationalisten Raoul Villain ermordet.

kollidierten, zu der auch Karl Kautsky damals noch gehörte. Wie bei fast allen Papieren wurde schließlich ein Kompromiss gegen den Kolonialismus erzielt:[201]

> „Begünstigt werden die Kriege durch die bei den Kulturvölkern im Interesse der herrschenden Klassen systematisch genährten Vorurteile des einen Volkes gegen das andere."[202]

Noch im März 1913 veröffentlichten die beiden Hauptparteien der Zweiten Internationale, die französische SFIO und die deutsche SPD, ein gemeinsames Manifest gegen den Krieg, in dem es hieß:[203]

---

201 Vgl. „Sozialistenkongress 1907 in Stuttgart", unter: https://sites.google.com/site/sozialistischeklassiker2punkt0/glossar/sozialistenkongress-1907-in-stuttgart.

202 Wie sehr die sich abzeichnende Katastrophe noch nicht in ihrer ganzen tödlichen Kraft wahrgenommen wurde, zeigt eine überraschend offene Passage in Lenins Kongressbericht, in der er feststellt: „Nun hat aber die ausgedehnte Kolonialpolitik für das europäische Proletariat *zum Teil* eine solche Lage geschaffen, dass die Gesellschaft als Ganzes *nicht* von seiner Arbeit, sondern von der Arbeit der fast zu Sklaven herabgedrückten kolonialen Eingeborenen lebt. Die englische Bourgeoisie zum Beispiel zieht aus den Millionen und aber Millionen der Bevölkerung Indiens und anderer Kolonien größere Profite als aus den englischen Arbeitern. Unter solchen Verhältnissen entsteht in bestimmten Ländern eine materielle, ökonomische Grundlage für die Ansteckung ihres Proletariats mit dem Kolonialchauvinismus. Dies kann natürlich nur eine vorübergehende Erscheinung sein, nichtsdestoweniger aber muss man das Übel klar erkennen, seine Ursachen begreifen, um das Proletariat aller Länder zum Kampf gegen einen solchen Opportunismus zusammenschließen zu können. Dieser Kampf wird unausbleiblich zum Siege führen, denn die ‚privilegierten' Nationen bilden in der Gesamtheit der kapitalistischen Nationen einen immer geringeren Teil", unter: https://sites.google.com/site/sozialistischeklassiker2punkt0/lenin/1907/wladimir-i-lenin-der-internationale-sozialistenkongress-in-stuttgart.

203 Vgl. auch Francesc Tur, „Los Socialistas: del ‚Guerra a la Guerra' a la Unión Sagrada (1906-1914)", in: *Ser histórico. Portal de Historia*, 5. Oktober 2018, https://serhistorico.net/2018/10/05/los-socialistas-del-guerra-a-la-guerra-a-la-union-sagrada-1906-1914/.

> „Die Sozialisten Deutschlands und Frankreichs haben bereits (…) das perfide Spiel der Chauvinisten und der Militärlieferanten der beiden Länder entlarvt, die in den Augen der Menschen in Frankreich eine vorgetäuschte Gefälligkeit der deutschen Sozialisten für den Militarismus und in Deutschland eine vorgetäuschte Gefälligkeit der französischen Sozialisten für denselben Militarismus hervorrufen. Der gemeinsame Kampf gegen den Chauvinismus auf beiden Seiten der Grenze, das gemeinsame Bemühen um eine friedliche und freundschaftliche Vereinigung der beiden zivilisierten Nationen muss dieser Täuschung ein Ende setzen. (…) Es ist der gleiche Schrei gegen den Krieg, es ist die gleiche Verurteilung des bewaffneten Friedens, die in beiden Ländern gleichzeitig ertönt."[204]

Im Juni desselben Jahres votierte die SPD-Reichstagsfraktion für eine Sondersteuer zur Aufrüstung. Am 4. August stimmten sämtliche Abgeordnete der SPD[205] den deutschen Kriegskrediten zu. Friedrich Ebert, der spätere erste sozialdemokratische Reichspräsident der Weimarer Republik, erklärte mit Worten, die auch heute noch in den Kriegsreden nachklingen:

> „Jetzt stehen wir vor der ehernen Tatsache des Krieges. Uns drohen die Schrecknisse feindlicher Invasionen. Nicht für oder gegen den Krieg haben wir heut zu entscheiden, sondern über die Frage der für die Verteidigung des Landes

---

204 Vgl. das französische Original: „Manifeste des partis socialistes allemand et français", 1. März 1913, https://www.marxists.org/francais/inter_soc/sfio/sfio_19130301.htm.

205 Karl Liebknecht eingeschlossen, denn weder er noch andere Mitglieder der SPD-Fraktion im Reichstag wollten damals die Fraktionsdisziplin brechen, auch wenn sie radikal dagegen waren.

> erforderlichen Mittel. (...) Es gilt, diese Gefahr abzuwehren, die Kultur und die Unabhängigkeit unseres eigenen Landes sicherzustellen. Da machen wir wahr, was wir immer betont haben: Wir lassen in der Stunde der Gefahr das Vaterland nicht im Stich. Wir fühlen uns dabei im Einklang mit der Internationale, die das Recht jedes Volkes auf nationale Selbständigkeit und Selbstverteidigung jederzeit anerkannt hat, wie wir in Übereinstimmung mit ihr jeden Eroberungskrieg verurteilen. (...) Wir fordern, dass dem Kriege, sobald das Ziel der Sicherung erreicht ist, und die Gegner zum Frieden geneigt sind, ein Ende gemacht wird durch einen Frieden, der die Freundschaft mit den Nachbarvölkern ermöglicht. (...) Von diesen Grundsätzen geleitet bewilligen wir die geforderten Kredite."[206]

Über die Gründe, die nicht nur die Führung der deutschen Sozialdemokratie, sondern die große Mehrheit der Partei- und Gewerkschaftsspitzen der Zweiten Internationale dazu brachten, sich der militaristischen und chauvinistischen Leidenschaft der politischen, kapitalistischen und militärischen Oligarchien ihrer Länder anzuschließen, wird immer noch diskutiert. Die Erklärungen, auf die Lenin in seinem Kongressbericht zur Zweiten Internationale (siehe Fußnote 202) hinweist, das heißt die politisch-ökonomische Vereinnahmung der Eliten der Arbeiter:innenbewegung durch die „Zivilgesellschaften" und Institutionen der oligarchischen Demokratien der imperialistischen Periode, haben immer noch eine beträchtliche Kraft. Eine solche

206 Vgl. „Die Sozialdemokratie und der Krieg!", in: *Vorwärts. Berliner Volksblatt. Zentralorgan der sozialdemokratischen Partei Deutschlands*, Extrablatt vom 4. August 1914, unter: https://fes.imageware.de/fes/web/index.html?open=VW31215.

Lesart passt zu dem Enthusiasmus und der „Unschuld“, mit denen die fortschrittlichen weißen Eliten in den USA und Europa den zivilisatorischen Krieg bis zur Wiedererlangung der vollen territorialen Integrität der Ukraine und vor allem bis zum gewaltsamen Sturz des Putin-Regimes anheizen, als ob Putin die wahnsinnige Nachbildung von Adolf Hitler wäre. Dabei gleicht er in Wirklichkeit eher einem Saddam Hussein, nur mit atomaren und biologischen Waffen und einer Bevölkerung von 144 Millionen Menschen, ein Umstand, dessen Erwähnung die moralische Entrüstung dieser modernen Sessel- und Tastaturkrieger hervorruft.

Unter den europäischen Intellektuellen galten Positionen, die sich gegen den Ersten Weltkrieg richten, als Ausnahmen von der Regel. Allemal in Deutschland, schon seit Thomas Mann:

> „Es war Reinigung, Befreiung, was wir empfanden, und eine ungeheure Hoffnung.“[207]

Und Max Weber:

> „Dieser Krieg ist bei aller Scheußlichkeit doch groß und wunderbar, es lohnt sich, ihn zu erleben – noch mehr würde es sich lohnen, dabei zu sein, aber leider kann man mich im Feld nicht brauchen, wie es gewesen wäre, wenn er rechtzeitig – vor 25 Jahren – geführt worden wäre.“[208]

---

207 Vgl. Thomas Mann: „Gedanken im Kriege“, Original publiziert in: *Die Neue Rundschau*, Band XXV, 11. Heft, November 1914, S. 1475, später aufgenommen in: *Politische Schriften und Reden*, Band 2, Berlin: Fischer 1968.

208 Max Weber, Brief an Karl Oldenberg vom 28. August 1914. In: Max Weber, *Gesamtausgabe*, Band II/8, Briefe 1913–1914, Tübingen: Mohr Siebeck Verlag 2003.

Die humanistische Intelligenz erlag der militaristischen Leidenschaft. In Frankreich unterstützt derselbe Edouard Vaillant, der zusammen mit Jaurès auf dem oben erwähnten Internationalen Sozialistenkongress in Stuttgart das Pamphlet „Krieg dem Kriege" unterzeichnet hatte, zusammen mit dem Rest der SFIO und der CGT die „*Union sacrée*". Er erklärte:

> „Angesichts der Aggression werden die Sozialisten alle ihre Pflicht tun. Für Frankreich, für die Republik, für die Internationale."[209]

Vaillant starb ein Jahr später, nachdem er die bittere Erkenntnis gewonnen hatte:

> „dieser Krieg hat mich umgebracht (...) vierzig Jahre lang gekämpft zu haben, um ihn zu vermeiden, um ihn zu verhindern, und gezwungen gewesen zu sein, ihn zu erleiden, grausam, unerbittlich! Es ist der Einsturz meines ganzen Daseins."[210]

Aber wie wir sehen werden, können weder die ökonomischen und statusmäßigen Vorteile noch die „ideologische" Vereinnahmung die militaristische Entführung der Bevölkerung, insbesondere der Mittelschichten, erklären, die bald auch einen Teil der Arbeiter:innenklassen mit sich zog. In Deutschland war der sogenannte „Geist von 1914" oder das „Augusterlebnis" eine Episode patriotischer Begeisterung in einer modernen, urbanen Gesellschaft, in der die Rolle der Presse (sowohl der „populären" als auch der angesehenen) bei der öffentlichen Meinungsbildung bereits gut etabliert war. Ein

---

209 Vgl. Francesc Tur: „Los Socialistas".

210 Zit. nach: Jolyon Howorth: *Edouard Vaillant,* Kap. XVII „L'Internationale et la guerre", Paris: Éditions Syros 1982.

singuläres Ereignis, zu dem die Phänomene der Ansteckung, der Nachahmung und ferngesteuerten Massen hinzukommen, die von der reaktionären Psychosoziologie von Gabriel Tarde und Gustave Le Bon sowie – unter einem anderen Gesichtspunkt – von Elias Canetti in *Masse und Macht* analysiert wurden:

> „Als der Erste Weltkrieg ausbrach, wurde dann das ganze deutsche Volk zu einer einzigen offenen Masse. Die Begeisterung jener Tage ist oft geschildert worden. Viele im Ausland hatten mit der internationalen Gesinnung der Sozialdemokraten gerechnet und staunten über ihr vollkommenes Versagen. Sie bedachten nicht, dass auch diese Sozialdemokraten als Symbol ihrer Nation das ‚Wald-Heer' in sich trugen; dass sie selber zur geschlossenen Masse der Armee gehört hatten; dass sie in dieser unter dem Befehl und dem Einfluss eines präzisen und ungemein wirksamen Massenkristalls, der Junker- und Offizierskaste, standen. Ihre Zugehörigkeit zu einer politischen Partei fiel dagegen wenig ins Gewicht. Aber jene ersten Augusttage des Jahres 1914 sind auch der Zeugungs-Moment des Nationalsozialismus. Eine unverdächtige Aussage darüber ist vorhanden, die Hitlers: Er berichtet, wie er nach Ausbruch des Krieges auf die Knie sank und Gott dankte. Es ist sein entscheidendes Erlebnis, der einzige Augenblick, in dem er selber redlich Masse war."[211]

---

211 Der Faschismus als Politik und Mikropolitik der Affekte wurde in jenen Wochen geboren und kristallisierte sich daraus wie aus einem Keim. Von da an und während des gesamten Ersten Weltkriegs übernahm die Kriegsmaschinerie den deutschen Staat und stellte ihn in ihren Dienst, bis er 1918 zusammenbrach. Ab 1933 führte dies zum größten Massaker und zur größten Zerstörung in der europäischen und asiatischen Geschichte führen, einschließlich des völligen Ruins des deutschen Staates und der Gesellschaft. Vgl. Elias Canetti: *Masse und Macht*, Frankfurt a.M.: Fischer 1980, Zit. oben S. 211.

Faschismus und Krieg, unzertrennlich

Einer der Gründe, warum sich der historische Faschismus Definitionen entzieht, die für andere politische Matrizen geeignet sind, ist sein Stellenwert als schwarzes Loch gegenüber den historischen Formationen der Klassenmacht (wenn wir einerseits die Beziehungen beachten, die ich oben mit den Kriegsmaschinen und ihrer Zugkraft zu den Gravitationszentren der Implosion und des Todes[212] diskutiert habe, und andererseits ihren Aspekten der Enthemmung in Bezug auf die Verwirklichung von Wunsch und Fantasie, die sich aus der Frustration und Unterdrückung des begehrenden Lebens[213] ableiten).

An einem bestimmten Punkt ist die Axiomatik, die die erweiterte Reproduktion der kapitalistischen Machtverhältnisse zum Funktionieren bringt, gesättigt. Hier kommt der Faschismus ins Spiel, der sich der Fluchtlinien im sozialen Feld bemächtigt (mit seiner Dimension der „Rache der Verlierer"), um sie in Linien zu verwandeln, die den Prozess des Gefüges vernichten, in faschistische schwarze Löcher. Mit anderen Worten, er eliminiert nicht-axiomatisierbare Antagonismen

---

212 Robert Paxton weist in seiner *Anatomie des Faschismus* darauf hin, dass Faschismen nie durch eigene Strategien gewinnen, sondern durch Einladung, Unterstützung und Machtübergabe seitens konservativer und bürgerlicher Eliten. Angelo Tasca seinerseits erklärt in seiner Studie zum *Aufstieg des Faschismus*, dass es ein Fehler sei, eine kanonische Definition des Faschismus zu geben, da Faschismen immer eine singuläre Geschichte hätten und daher in ihrer Entstehung beschrieben und durch ihre Geschichte erklärt werden müssten.

213 Wilhelm Reichs Prototyp des „kleinen Mannes", der nicht in der Lage ist, die Leidenschaften der „großen Männer" zu empfinden, und seinen primären libidinösen Instinkten entsprechend, d.h. nicht durch Unterdrückung verbogen, zu leben: Er lebt vom Wunsch im festgesetzten Zustand unterdrückter orgasmischen Tendenzen. Seine Frustration ist der perfekte Nährboden für den Faschismus, der ihm im Gegenzug unter dem Deckmantel des Patriotismus und der ‚rassischen' Solidarität Zugang zu sadistischen Instinkten verschafft.

und stellt eine Politik des schwarzen Lochs gegen den Feind (der Klasse, der „Rasse", des „Geschlechts", der „Zivilisation") und gegen das soziale Feld in den Vordergrund.

Der Faschismus ist zudem ein Phänomen des Begehrens. Denn er ist verbunden mit dem Wunsch, den Feind im Krieg zu vernichten und gleichzeitig die Frauen des Feindes sowie die im Hinblick auf die suprematistische Norm „entarteten" Körper zu misshandeln und vergewaltigen. Zu diesem Zweck präsentiert sich der Faschismus auf dem Jahrmarkt der herrschenden Klassen als Werber, der Lösungen anbietet, und begibt sich sodann auf die Suche nach Mittelsmännern[214], die ihm Zugang zu einem Finanz-, Kommunikations- und Militärapparat verschaffen, der für seine Politik des schwarzen Lochs geeignet ist. In dieser Zwischenphase ist der Kapitalismus oft unfähig zu verstehen/zu berechnen, dass das Ziel des Faschismus die Eroberung des Staates[215] ist und dass er darauf abzielt,

---

214 Hitler tat dies mit Hugenbergs Deutschnationaler Volkspartei (DNVP), mit der er sich verband und die er schließlich verschlingen sollte, als Brücke zu den deutschen Großindustriellen (um die Abneigung des Großkapitals gegen nationalsozialistische Plebejerprosa zu überwinden). Von Papen und Hindeburg bedienten sich der Nazis in dem Glauben, sie unter Kontrolle halten zu können, sahen sich aber schließlich gezwungen, sie in die Regierung einzubinden – in der irrigen Hoffnung, dass sie sich vom Lametta des Palastes blenden und zähmen lassen würden. Die *Falange Española* ihrerseits bot sich Mussolini als Stoßtrupp an und konkurrierte mit den monarchistischen Sektoren, die von Anfang an die wirtschaftliche Finanzierung sowie die militärische und logistische Unterstützung des *Duce* für ihre ständigen Putschversuche gegen die Zweite Republik erhielten.

215 Die Kommunikationsebenen zwischen den deutschen Nazis und dem westeuropäischen Großkapital waren von dem Moment an, als der deutsche Faschismus an die Macht kam, intensiv und fruchtbar. Bezeichnend ist die gegenseitige Bewunderung zwischen Henry Ford – Inbegriff des US-amerikanischen Großindustriellen und Autor des antisemitischen Pamphlets *Der internationale Jude* – und Hitler: Ersterer schätzte Hitlers Antisemitismus sehr, letzterer Fords Herrschaft über die Arbeiter:innen in seinem Ford River Rouge Complex in Dearborn, Michigan.

die Konsistenz der kapitalistischen Operationen zu zerstören, indem er sich mit dem Krieg und der Kriegsmaschinerie bis hin zur völligen Verwüstung und Ausrottung identifiziert.

Ab 1919 übernahm der Faschismus in der Zwischenkriegszeit die Macht in Deutschland (während dem Jahrzehnt des nationalsozialistischen Aufstiegs vom gescheiterten Münchner Putsch 1923 bis zum Ermächtigungsgesetz 1933), in Spanien (mit der Diktatur von Primo de Rivera zwischen 1923 und 1930 als Vorspiel, der Sanjurjada von 1932 als Generalprobe und dem Militärputsch und Bürgerkrieg zwischen 1936 und 1939) und in Italien (mit dem paramilitärischen Marsch auf Rom 1922). Die Politik des schwarzen Lochs verschärfte sich durch den Zweiten Weltkrieg und setzte 1943 mit der Niederlage von Stalingrad den totalen Krieg in Gang:[216] die absolute Verschmelzung der Wirtschaftsindustrie des Staates mit der Vernichtungsindustrie (die

216 Stalingrad ist der Wendepunkt, der der Rede von Joseph Goebbels zur Verteidigung des totalen Krieges vorausgeht. Diese besagt, dass es keinen Unterschied macht, ob der Krieg gewonnen wird oder nicht (das wird vom Schicksal abhängen), denn die Entscheidung des deutschen Volkes ist bereits gefallen: Das Dritte Reich muss 3000 Jahre bestehen; wenn nicht, ist es besser zu sterben. Hitlers letzte Gedanken vor der Niederlage lassen keinen Zweifel aufkommen: „Wenn der Krieg verloren geht, wird auch das deutsche Volk verloren sein", eine wahrhafte Planung des schwarzen Lochs. In dieser Logik ist sein Selbstmord zu verstehen, ebenso wie die Opferung von Tausenden von Nationalsozialisten vor allem in den letzten Kriegswochen (im Rahmen des Kriegsethos). Doch der Auftrag erstreckte sich nicht über deutsche Bevölkerung, und Wilhelm Keitel wie auch ein Großteil des militärischen Oberkommandos unterzeichneten die Kapitulation, weil sie nicht bereit waren, die Vernichtungslinie bis zum Ende zu vertreten. In geringerem Maße beteiligte sich auch die Republik Salò des italienischen Faschismus an dieser Logik der verbrannten Erde. Der konservativere Franquismus hatte keinen so starken Todestrieb, außer bei den Nazi-Minderheiten innerhalb der Falange.

am Ende die erstere phagozytieren wird).[217] Währenddessen haben die japanischen Faschisten und Imperialisten in China und Korea jahrelang massakriert, versklavt und vergewaltigt. Mit dem Fall Berlins und dem Abwurf der Atombomben über japanischem Boden traten die faschistischen Resultanten schließlich in einen Zustand der Latenz ein, in dem sie warten, dass die Bedingungen für ihre Entwicklung zurückkehren.

Wie bereits erwähnt, funktionieren die wichtigsten faschistischen Resultanten nach sechs generativen und/oder transformativen Matrizen: die Gründungserfahrung, die Nation als Schicksalsgemeinschaft, der *casus belli* des Verrats, der Antagonismus zum Klassenkampf, die Subjektivität der Ex-Kombattanten und die spezifische Beziehung zu den Kriegsmaschinen.

Die erste generative und/oder transformative Matrix solcher faschistischen Resultanten ist also das Gründungserlebnis, das sich im imperialistischen Krieg 1914–1918 ereignet, als der sogenannte „Geist von 1914", das „Augusterlebnis" (die Kriegserklärung) und die „Gemeinschaft im Schützengraben" über den Krieg zwischen den Klassen obsiegen. Das *Erlebnis** ist mehr Erleben als Erfahrung, denn obwohl Jünger selbst später die Erzählung des im Krieg verwandelten und wiedergeborenen national-revolutionären Kriegers schreiben und konstruieren sollte, ist das Erlebnis das Gegenteil von Erfahrung. Ohne Worte ist es Mutismus und Trauma oder, wie er später schreiben sollte, ein „inneres Erlebnis" von tellurischen Tönen:

---

217 Die NS-Wirtschaft, in der alle produktiven Ressourcen in vernichtende verwandelt wurden, verfügte bereits über ein mechanisches Computersystem mit IBM-Lochkarten: siehe hierzu Edwin Black: *IBM and the Holocaust: The Strategic Alliance Between Nazi Germany and America's Most Powerful Corporation*, NY: Crown Publishers 2001.

> „Als ich schwer auf die Sohle des Grabens schlug, hatte ich die Überzeugung, dass es unwiderruflich zu Ende war. Und seltsamerweise gehört dieser Augenblick zu den ganz wenigen, von denen ich sagen kann, dass sie wirklich glücklich gewesen sind. In ihm begriff ich, wie durch einen Blitz erleuchtet, mein Leben in seiner innersten Gestalt. Ich spürte ein ungläubiges Erstaunen darüber, dass es gerade hier zu Ende sein sollte, aber dieses Erstaunen war von einer sehr heiteren Art. Dann hörte ich das Feuer immer schwächer werden, als sänke ich wie ein Stein tief unter die Oberfläche eines brausenden Wassers hinab. Dort war weder Krieg noch Feindschaft mehr.“[218]

Das „innere Erlebnis“ ist der Gegenpol zur vollständigen Mechanisierung des Krieges. Es ist der Ausgangspunkt für die Verwandlung des Privatsoldaten in einen mechanisierten Kämpfer, der sich der entmenschlichenden und furchterregenden Erfahrung einer industrialisierten Schlachtfront stellen kann, in der Mechanisierung, Erde, Blut und Geist im Kampf geschmiedet werden, ohne zusammenzubrechen:

> „(...) wie können wir uns dann in einer Zeit der Verwirrung und der äußeren Ohnmacht mit der Hoffnung auf Erfolg auf neue Entscheidungen zubewegen? Wir schöpfen diese Hoffnung aus der Tatsache, dass wir den Krieg erlebten, und dass uns dieses Erlebnis im Tiefsten verändert und mit dem großen Atem des Schicksals selbst in Berührung gebracht hat. Wir sehen in diesem Kriege nicht nur den Untergang einer alten, sondern auch den Aufgang einer neuen Zeit. Wir verloren den Krieg, weil wir ihn verlieren mussten: Das soll für uns nicht nur ein Abschluß, sondern auch ein Anfang sein. Ein gewonnener Krieg hätte weitere äußere Ausdehnung gebracht, der verlorene soll uns zunächst die innere Sammlung

218 Ernst Jünger: *In Stahlgewittern*, Stuttgart: Klett-Cotta 1978, S. 317.

> bringen, die den festen Grund für die Zukunft legt. Der verlorene Krieg hat unsere Werte in Frage gestellt, sie werden sich im Kampfe neu und härter festigen müssen. Er hat uns gelehrt, mit dem Blut zu bekennen, er hat uns wieder mit dem *Boden** in Verbindung gebracht, er hat alle Anschauungen gewandelt und die Gefühle vertieft. In ihm haben sich äußeres und inneres Erlebnis zu einer gewaltigen Erschütterung vereint. Der Frontsoldat war es, der in seinem Brennpunkt stand. Er erlebte in sich die Vernichtung einer alten und die Auferstehung einer neuen Welt. Er besitzt Verständnis für das Vergangene, aber seine Wertungen sind andere geworden."[219]

Die zweite generative und/oder transformative Matrix der faschistischen Resultante, die Nation als „Schicksalsgemeinschaft", wird von Otto Bauer[220] geprägt und als „gemeinsames Erlebnis desselben Schicksals" verstanden.[221] Es lohnt sich, auf der genealogischen Datierung der „Nation" im europäischen politischen Denken zu bestehen. Das Beispiel Deutschlands ist wieder einmal von zentraler Bedeutung. Der deutschen antinapoleonischen Romantik verdanken wir die Umwandlung einer aristokratischen Identität (*Die Herren sind die Nation*) in eine ethnische Volksidentität (*Wir sind die Nation. Wir sind das Volk*).

---

219 Ernst Jünger: „Der Frontsoldat und die wilhelminische Zeit", in: *Politische Publizistik 1919–1933*, Stuttgart: Klett Cotta 2001, S. 84f.

220 Österreichischer Leiter der Sozialdemokratie, jüdischer Pangermanist und Wegbereiter des Austromarxismus. Er rechtfertigte den Kriegseintritt und seinen eigenen Dienst darin als Verteidigung des mitteleuropäischen Proletariats gegen die zaristische Bedrohung. Die Machtergreifung der Nazis in Österreich zwang ihn ins Exil nach Paris, wo er 1938 starb.

221 Ein Begriff, der im späteren Europa große Bedeutung und Verbreitung fand. Und wie wir wissen auch im spanischen Faschismus, in den Worten von Jose Antonio Primo de Rivera, der von „der ewigen Metaphysik Spaniens, [...] als Aufgabe und Mission, als Einheit und als Schicksalsgemeinschaft im Universellen" sprach.

In diesem Zusammenhang hat der Professor José Luis Villacañas, Mentor und Verfechter eines kommunitären Republikanismus, die Idee einer „existentiellen Nation" für „Spanien" geprägt, die sich von der konstitutionellen Nation unterscheidet, die durch ein bestimmtes politisches Regime definiert ist. Die existentielle Nation kam mit dem antinapoleonischen Krieg von 1808–1812 in die Welt und muss bis zu ihrer Entstehung zurückverfolgt werden, weil sie eine kombinatorische Gruppe mit den komplementären Begriffen Souveränität, Entscheidung und Führung bildete (die zwischen den faschistischen oder ultrareaktionären Versionen der konservativen Revolution und den nationalbolschewistischen oder nationalrevolutionären Varianten geteilt wird).

Carl Schmitt ist das Bindeglied zwischen (1) der europäischen konterrevolutionären Tradition des 19. Jahrhunderts (mit Juan Donoso Cortés an der Spitze), die auf der theologisch-politischen Konzeption von Souveränität und diktatorischer Entscheidung beruht; (2) der europäischen „konservativen Revolution" der 1920er und 1930er Jahre; (3) den „dritten Positionen" der zeitgenössischen extremen Rechten; und sogar (4) dem Populismus von Ernesto Laclau und Chantal Mouffe.[222] Gerade bei Schmitt werden die Sprachketten geknüpft, die wir praktisch ausnahmslos in allen

222 Im Linkspopulismus/Souveränismus wird die Bildung des popularen Wir durch eine Kette von Äquivalenzen artikuliert: Der Chef verdichtet und verkörpert den Leuten gegenüber das geäußerte Wir durch leere Signifikanten (den Namen des Anführers, der Bewegung etc.), die die Äquivalenzkette – die Teilforderungen – des Volkes (Gewaltenteilung, soziale Gerechtigkeit, demokratische Armee, Bürgerrechte, Anerkennung der Leistungsgesellschaft) zusammenfügen. Das „Wir" wird durch den Anführer mittels einer ebenso affektiven wie bedeutungsvollen Übertragung anerkannt.

aktuellen national-populistischen Souveränismen finden. In unterschiedlichem Maße gibt es bei allen eine Identifikation zwischen Nation, Volk, Führung und Freund-Feind-Logik auf kultureller/geistiger Basis. Die Schmittsche Auffassung besagt, dass die Politik vom Volk und nicht von der Klasse gemacht wird; das Volk ist nicht vorhanden – Gegenwart in Abwesenheit – und muss daher von einem Anführer vertreten werden. Der *Duce/Caudillo/Führer* kann jedoch nicht gewählt werden: Er entsteht von selbst in einem Prozess der natürlichen Selektion, als Anhängsel/Erweiterung des Volkes (seine Stimme repräsentiert das Volk und alles, was er sagt, ist Gesetz).[223] Für Schmitt ist der Führer das Ergebnis eines theologisch-politischen Postulats, da die politischen Kategorien eine Säkularisierung der religiösen Kategorien sind: Der Feind ist immer ein Avatar des Antichristen.[224]

Diese Bedingung, die Nation, ist entscheidend für unsere theoretische und politische Betrachtung der faschistischen Variante. Die Addition, Subtraktion oder Permutation einiger Elemente bewahrt nämlich die grundlegenden Korrespondenzen und Operationen von Sprachen in politischen Kontexten, das heißt, sie bewahrt Symmetrien. Schematisch gesehen wird die „existentielle Nation" in Gefahr und Bedrohung geboren, und nur das politische Subjekt, das sich entscheidet, in der theologisch-politischen Dimension des

223 Schmitt unterstützte das Pendant zum spanischen Artikel „155" von 1934 über Preußen mit dem Argument, dass das Wort des Führers Gesetz sei.

224 Der *Dschihad* [Kampf, Anstrengung], wie er in der Variante des Wahhabismus als „konservative Revolution" des sunnitischen Islams konzipiert ist, arbeitet mit denselben Elementen.

Problems der Nation (das heißt im Sein oder Vergehen ihrer Existenz) Krieg zu führen, ist souverän. Kurz gesagt, den Krieg anzunehmen bedeutet, durch eine souveräne Entscheidung Feind und Freund zu markieren. Die Bedeutung der spanischen „existentiellen Nation" wird durch den ersten Absatz von Schmitts *Theorie des Partisanen* belegt, der nicht umsonst als Apostille oder *Zwischenbemerkung* zu seinem grundlegenden Text *Der Begriff des Politischen* gilt:

> „Die Ausgangslage für unsere Überlegungen zum Problem des Partisanen ist der Guerrilla-Krieg, den das spanische Volk in den Jahren 1808 bis 1813 gegen das Heer eines fremden Eroberers geführt hat. In diesem Kriege stieß zum ersten Male Volk – vorbürgerliches, vorindustrielles, vorkonventionelles Volk – mit einer modernen, aus den Erfahrungen der französischen Revolution hervorgegangenen, gut organisierten, regulären Armee zusammen. Dadurch öffneten sich neue Räume des Krieges, entwickelten sich neue Begriffe der Kriegführung und entstand eine neue Lehre von Krieg und Politik."[225]

In dieser Logik gehen Freundschaft und Feindschaft dem Entschluss zum Krieg nicht voraus, denn der Entschluss ist untrennbar mit einem *nomos* verbunden, der sowohl als Aneignung von Land als auch als Regelung einer rechtsstaatlichen Ordnung verstanden wird. Schmitt weiter:

> „So ist die Landnahme für uns nach Außen (gegenüber ändern Völkern) und nach Innen (für die

225 Vgl. Carl Schmitt: *Theorie des Partisanen. Zwischenbemerkung zum Begriff des Politischen*, Berlin: Duncker & Humblot 1975, S. 5.

> Boden- und Eigentumsordnung innerhalb eines Landes) der Ur-Typus eines konstituierenden Rechts Vorganges."[226]

Bei Schmitt, aber auch in Versionen des Nationalbolschewismus, konstituiert die damit einhergehende Entscheidung der existentiellen Nation das Volk als Ergebnis der Unterscheidung zwischen Freund und Feind der Nation. Insofern basiert das Volk auf einer ethnischen Identität:

> „Artgleichheit des in sich einigen deutschen Volkes ist also für den Begriff der politischen Führung des deutschen Volkes die unumgängliche Voraussetzung und Grundlage."[227]

Aber die ethnische Identität, die eine Voraussetzung für die souveräne Verfassung des Volkes unter der Leitung oder Führung ist, ist kein unveränderliches Element. José Antonio Primo de Rivera selbst hat, wie wir gesehen haben, kein ethnisches oder „rassisches" Prinzip der Nation bekräftigt, sondern vielmehr, dass die Nation:

> „(...) weder eine Sprache ist, noch eine Rasse, noch ein Territorium. Es ist eine Schicksalseinheit im Universellen. Diese Einheit des Schicksals hieß und heißt Spanien."[228]

Die dritte generative und/oder transformative Matrix faschistischer Ergebnisse ist der metaphysische

---

226 Vgl. Carl Schmitt: *Der Nomos der Erde*, Berlin: Duncker & Humblot 1974, S. 17.

227 Aufsatz von 1933 über den politischen Charakter des Dritten Reiches. Vgl. Carl Schmitt: *Staat, Bewegung, Volk. Die Dreigliederung der politischen Einheit,* Hamburg: Hanseatische Verlagsanstalt 1933, S. 42.

228 Vgl. José Antonio Primo de Rivera: *Obras completas*, Madrid: Instituto de Estudios Políticos 1976.

Manichäismus des Verrats am inneren Feind, ein Merkmal, das in allen drei Grundvarianten vorhanden ist. In allen gibt es eine „Dolchstoßlegende", eine Erzählung vom Verrat der „existentiellen Nation", die aus der „Erfahrung des Schicksals" geboren und von einer ihr fremden Instanz ausgeübt wurde, die ihre antinationale Absicht gerade in diesem entscheidenden Akt offenbarte. Dies ist ein notwendiges Merkmal, das jeweils auf die eine oder andere Weise vorhanden ist.

Auch hier sei auf das deutsche Beispiel der *Dolchstoßlegende** verwiesen. Dieses Narrativ, das zum Sammelbecken für alle Tendenzen der „konservativen Revolution" werden sollte, hat die deutsche Militärdirektion mit Erich Ludendorff an der Spitze initiiert. Dieser übergab die politische Macht bewusst an die Parteien, die 1918 den Waffenstillstand von Compiègne sowie 1919 den Vertrag von Versailles unterzeichneten und die Weimarer Republik ausriefen. Dieser „Dolchstoß" sollte bis zur Machtergreifung der NSDAP im Jahr 1933 als Ankerpunkt für die extreme Rechte dienen. In Italien zeigte die Geschichte, dass sich die Situation trotz der neuen Kolonialgebiete nicht verbessert hat, obwohl der Krieg gewonnen wurde. Das *Biennio rosso* von 1919–1920 und die wirtschaftliche Katastrophe wurden einer politischen Klasse angelastet, die die Hoffnungen der in den Schützengräben Gefallenen verraten hat. Im Falle Spaniens ist zwar die Melancholie über den Verlust des Kaiserreichs zu spüren, doch der Dolchstoß kommt von der Republik (die *per definitionem* antispanisch ist): eine liberale, freimaurerische, atheistische, antinationale und kommunistische

Verschwörung, die den Klerus angreift, den Klassenkampf fördert und die Zerstückelung des Landes anstrebt.[229]

---

229 Dies ist das narrative Schema, das von Organen wie der *Acción Española* von Ramiro de Maeztu, Víctor Pradera, José Calvo Sotelo und anderen angenommen wird. Diese Zeitschrift, die gegen die Zweite Republik als Inbegriff des „Antispanischen" entstand, erwähnt den „spanischen Charakter [...], der im jahrhundertelangen Kampf gegen die Mauren und gegen die Juden geformt wurde". Auf ihren Seiten wurde ein Großteil der Sprachketten der konterrevolutionären monarchistischen Opposition gegen die Zweite Spanische Republik verfeinert, die in der „jüdisch-freimaurerischen Verschwörung" (die in dieser Sprachmatrix mit „kommunistisch", „bolschewistisch" und „kosmopolitisch" gleichgesetzt wird) verdichtet sind. Ramiro de Maeztu verdanken wir auch die Entwicklung einer Patriotismus-Lehre, die in der spanischsprachigen Tradition nur wenige Konkurrenten hat (seine Schriften zeigen die Sinnlosigkeit, den Patriotismus in den aktuellen Varianten des Populismus im Königreich Spanien zu verwenden). So lesen wir in seiner Verteidigung des Spanischen: „Hier ist ein vollständiger Sinn für das Vaterland. Das, was zeugt, ist die Rasse; das, was nährt, ist das Land; das, was erzieht, ist die Heimat als Geist, der umso mehr geliebt wird, je mehr Zeit vergeht, d.h. je mehr man ihn kennt. Es ist nicht nur das Land, wie ein Anarchist zu sagen pflegte, der seinen Sohn an die Grenze mitnahm, um ihm zu zeigen, dass es kaum einen Unterschied zwischen einer Nation und einer anderen gibt. [...] Es ist keine Überseele. Es ist mehr als der Staat, denn der Staat kann unterdrückend und ausbeuterisch sein und ist nicht mehr als das Rechts- und Verwaltungsorgan des Vaterlandes. In gewissem Sinne ist es dem Menschen unterlegen; denn der Mensch hat ein Gewissen und einen Willen, das Vaterland aber hat keinen. Aber es ist dem Menschen überlegen, weil es auf der Erde überdauern kann, weil es überdauern muss, wenn es das verdient, bis zum Ende der Zeit, indem es aufeinanderfolgende Generationen hervorbringt, ernährt und erzieht, während der Mensch vergänglich ist. Man kann jedoch nicht sagen, dass der Mensch für das Vaterland geschaffen wurde; denn die Wahrheit ist, dass das Vaterland für den Menschen geschaffen wurde, damit der Mensch sich auf dieser Erde vergeistigen kann. Und er wird dies nicht vollständig erreichen, wenn er sein Leben nicht dafür einsetzt, dass sein Vaterland es verdient, bis zum Ende der Zeit zu bestehen, was nicht erreicht werden kann, wenn wir es nicht in den Dienst der Gerechtigkeit und der Menschlichkeit stellen".

Die vierte generative und/oder transformative Matrix der faschistischen Resultante ist die Beziehung des Antagonismus, die sie mit einem ewigen und existentiellen Feind brauchen. Oder, um genauer zu sein, die Feindschaft zwischen der Nation und dem Klassenkampf, verstanden im Sinne der marxistischen Erfindung und der aufeinander folgenden Internationalen der Arbeitenden. Erinnern wir uns an die Bekräftigung im *Kommunistischen Manifest*:

> „Die Arbeiter haben kein Vaterland. Man kann ihnen nicht nehmen, was sie nicht haben. Indem das Proletariat zunächst sich die politische Herrschaft erobern, sich zur nationalen Klasse erheben, sich selbst als Nation konstituieren muss, ist es selbst noch national, wenn auch keineswegs im Sinne der Bourgeoisie."[230]

Wir haben es hier mit einer konstitutiven Ambivalenz zu tun. Diese besteht einerseits in der politischen „Notwendigkeit", in der historischen und kulturellen Realität der Nationen zu agieren, in denen die Arbeiter:innenklasse – in und durch ihren Kampf – entsteht. Andererseits in der Akzeptanz der dem Kapital innewohnenden Tendenz, Weltmärkte aufzubauen und damit ein transnationales, migrantisches, vielgestaltiges und in diesem Sinne transnationales Proletariat zu schaffen und auszudehnen:

> „In dem Maße, wie die Exploitation des einen Individuums durch das andere aufgehoben wird, wird die Exploitation einer Nation durch die andere aufgehoben. Mit dem Gegensatz der Klassen im Innern der Nation fällt die feindliche Stellung der Nationen gegeneinander."[231]

---

230 Vgl. Friedrich Engels & Karl Marx: „Manifest der Kommunistischen Partei", MEW 4, S. 479.

231 Ebd.

Gegen diese Tendenz, die das Primat des Klassenkampfes der Arbeiter:innen, Proletarier:innen und armen Bäuerinnen und Bauern gegen die Gestalten des nationalen Kapitals postulierte (wir sind noch weit vom Höhepunkt der ersten Globalisierung der kapitalistischen Systeme entfernt) und damit jede *Aufhebung** dieses Klassenkampfes als abgegrenzte Nation, Identität oder Gemeinschaft ausschloss, traten alle Varianten nationaler, patriotischer oder „rassischer" Sozialismen an. Dies waren die Adern, die nach dem Ersten Weltkrieg in die ersten faschistischen Kristallisationen der 1920er und 1930er Jahre einfließen sollten, wobei die Parti Populaire Français des ehemaligen Kommunistenführers und späteren Nazi-Kollaborateurs Jacques Doriot eines der deutlichsten Beispiele für diese „Überwindung" darstellt.

Die fünfte generative und/oder transformative Matrix der faschistischen Resultanten ist die subjektive Figur der Ex-Kombattanten, die durch eine „gemeinsame Erfahrung des gleichen Schicksals" konstruiert wird. Das heißt, sie besteht aus dem Kriegstrauma (und der spirituellen Transformation derjenigen, die eine unerhörte und unsagbare Erfahrung durchlebt haben), durch die Euphorie der erneuten Zugehörigkeit zu einer nationalen Schicksalsgemeinschaft, durch Ressentiments aufgrund des Verrats an falschen Landsleuten und durch den Hass auf antinationale Feinde (Jüdinnen und Juden in Deutschland; Rifianer:innen, Freimaurer:innen und Bolschewik:innen in Spanien; Kommunist:innen in Italien). Dieses gemeinsame Pathos in der Konstellation der extremen Rechten (*Freikorps* in Deutschland,[232]

---

232 Schocktruppen, die die Grundlage für konterrevolutionäre paramilitärische Formationen wie die „Stahlhelme", die Miliz der „nationalen Rechten" in der Weimarer Zeit, bilden sollten.

fasci di combattimento in Italien[233] und *militares africanistas* in Spanien[234]) drückt sich in einem irrationalen Fanatismus und einem wahnhaften Mut aus: Spanische Legionäre, italienische Schwarzhemden und Nazi-Braunhemden sind nicht nur Übeltäter, Mörder und Gesindel im allgemeinen, sondern auch abenteuerliche Charaktere, die im Militär eine geistige Wiedergeburt finden.[235] Die Miliz ist (wie die Nacht, die

---

233 Ursprünglich handelte es sich bei den *fasci* [Bündel] um eine Form der sizilianischen Bauernorganisation, die zwischen 1889 und 1894 durch direkte Aktionen tätig war, die *Fasci Siciliani dei Lavoratori*.

234 Der Kolonialkrieg im Rif brachte die Kader der Putschisten hervor, die zusammen mit der extremen monarchistischen Rechten und in den letzten Jahren der Zweiten Republik mit der Falange Española das Rückgrat der „revolutionären" Rechten bilden sollten, deren politisch-militärischer Ausdruck die 1933 gegründete Spanische Militärunion sein sollte. Erwähnenswert ist die Vorreiterrolle des 1923 veröffentlichten Romans *Notas marruecas de un soldado* [Marokkanische Notizen eines Soldats] von Giménez Caballero, der den Geist der afrikanistischen Ex-Kombattanten verkörpert: „Lasst uns wieder zu etwas zusammenfinden, liebe Basken, Katalanen, Galizier, Asturier, Andalusier, und wir Kastilier, wir alle, die wir noch auf den Namen Spanier hörten und uns noch als Brüder betrachteten. Wenn wir uns wieder dem Schicksal überlassen und die Hoffnung auf ein neues gemeinsames und nationales Unternehmen verlieren, indem wir uns auf unsere Regionen beschränken, ist es sicher möglich, dass dieses Schicksal uns morgen gegeneinander aufbringt und wir uns feindselig gegenüberstehen, ohne dass Spanien, nicht diese Löwinnenmutter, sondern diese arme und gequälte alte Frau in Trauer, die Spanien ist, uns unter dem Bann ihres ehrwürdigen Namens zusammenbringen kann".

235 Praktisch alle in der Ukraine tätigen Söldner:innen sind ehemalige Angehörige der Streit- oder Sicherheitskräfte. Sie waren früher in Syrien, Tschetschenien oder Mali und sind heute Ex-Kombattanten (Asow-Bataillon, Gruppe Wagner, tschetschenische Regimenter unter dem Kommando des tschetschenischen Präsidenten Ramsan Kadyrow oder Blackwater, das seinem schlechten Ruf entkommen ist, indem es sich in Xe Services umbenannt hat). Die Ökonomie ihrer paramilitärischen Einheiten ist kriminell: eine ständige Kampfbrigade, die in Ermangelung eines Staates darum kämpft, Mittel zur Bezahlung von Gehältern und Ausgaben zu erhalten. Außerdem sind sie nicht nur in Kriege verwickelt: Alle Drogenkartelle der Welt bestehen fast ausschließlich aus ehemaligen Militärangehörigen.

Grenze oder die Handelsmarine) eine deterritorialisierte Dimension, die eine spirituelle Erfahrung von Ruhm und Tod verspricht. Die Gemeinschaft der Ex-Kombattanten konstituiert sich als eine Ansammlung von nicht anerkannten, deterritorialisierten Menschen, die auf der Suche nach einem Erlebnis sind, das ihnen einen Sinn gibt.

Der sechsten generativen und/oder transformativen Matrix faschistischer Resultanten, die von Kriegsmaschinen als Vektor der Zerstörung, des Todes und des schwarzen Lochs gebildet wird und die wahrscheinlich die wichtigste für die Generierung neuer Varianten oder Resultanten ist, wird oft viel weniger Aufmerksamkeit geschenkt. Wie wir oben gesehen haben, sind Kriegsmaschinen durch ein maschinisches *Phylum* definiert, das historisch die Formen der Kriegsführung zwischen Staaten und/oder Völkern, Gemeinschaften und/oder Stämmen prägt und bestimmt. Gleichzeitig kann jede Maschine, ob konkret oder abstrakt, in ein Ensemble, eine Verkettung oder ein Gefüge eintreten, die sie zu einer Kriegsmaschine macht.

Denken wir an die Regenschirme bei den Protesten in Hongkong 2014, die der Bewegung ihren Namen gaben: Der Regenschirm wird zu einer defensiven Waffe, weil er die Sicht- und Erkennungsgeräte der Polizei behindert. Im spanischen Protestzyklus von 2011 (und davor am 13. März 2004 mit der Organisation der Protestschwärme gegen die Lügen der Regierung Aznar über die Drahtziehung der 11M-Anschläge) werden Mobiltelefone (ein Kommunikations- und Arbeitsinstrument) zu Kriegsmaschinen für die Organisation von Möglichkeiten, den Raum der Sichtbarkeit zu durchdringen. Um abzutauchen, für Überraschungsaktionen, für die Koordination verstreuter und verteilter Gruppen und Einzelpersonen, für die Verdichtung und Zerstreuung der Massen. Dies sind jedoch Beispiele für Gefüge von Menschen und Kriegsmaschinen, die *nicht auf einen Krieg abzielen*.

Die Frage stellt sich auf ganz andere Weise, wenn die Gefüge sich in der Miliz, im Kämpfer, in der Subjektivität des Kriegers ergeben. Das heißt, wenn das Gefüge von Menschen und Kriegsmaschinen von den Affekten und Leidenschaften der Kriegshandlung genährt wird. Es geht hier nicht um Werte oder das Ethos des Kämpfers, sondern um die Beziehung zwischen Wunschmaschinen und Kriegsmaschinen und insbesondere um die Affekte, die den Auswirkungen der Deterritorialisierung eigen und allen Maschinen gemeinsam sind, aber im Gefüge von Menschen und Kriegsmaschinen noch verstärkt werden: Geschwindigkeit, Verschwinden, Unsichtbarkeit, Beschleunigung, die Ekstase der Schlacht, das Kentern in der Niederlage, das Genießen beim Sieg inmitten der Leichenfelder... Hinzu kommen die häufigen und wiederkehrenden, aber nicht intrinsischen Affekte der Zusammensetzung von Kriegern und Kriegsmaschinen: die Lust an der Folter, an der Zerstückelung und Pulverisierung von Körpern, an sexualisierter Besitznahme und Vergewaltigung, am Anblick des Todes, der Fetischismus von verstümmelten Körpern und Körperteilen des Feindes als Kriegstrophäe und so weiter. Hierin liegt keine „Ideologie“, sondern eine kriegerische Subjektivierung.

Wie wir gesehen haben, wächst bei jeder Deterritorialisierung von Zeichen und Körpern die Gefahr der Bildung eines schwarzen Lochs, eines Affekts/Effekts von semiotischer und affektiver Schwerkraft, die so stark ist, dass sie Bedeutungen und Affekte mit sich zieht. Dieser Affekt/Effekt der Schwerkraft wird als das erlebt, was Deleuze und Guattari in den *Tausend Plateaus* eine „Lust am Vernichten" nennen, ein Sich-zum-Tod-führen-Lassen als Schicksal oder paradoxer Sinn, eine Leidenschaft, die den Tod und das Geben des Todes als (Auf-)Lösung für den Überdruss und die Unmöglichkeiten des Lebens annimmt.

In der Literatur können diese Affekte sowohl mit den Zeilen „Ich bin ein Mann, den das Schicksal / mit der Pfote eines wilden Tieres verwundet hat / Ich bin ein Bräutigam des Todes / der sich in einem starken Bund / mit einer so treuen Gefährtin vereinigen wird" in dem bekannten Lied von Fidel Prado Duque[236] zum Ausdruck kommen, als auch in Martin Heideggers *Sein zum Tode**, wo „der Tod [...] die *eigenste* Möglichkeit des *Daseins**[237] [ist]. Das Sein zu ihr erschließt dem Dasein sein eigenstes Seinkönnen, darin es um das Sein des Daseins geht. [...] Der Tod ‚gehört' nicht indifferent nur dem eigenen Dasein zu, sondern er *beansprucht* dieses *als einzelnes*. Die im Vorlaufen verstandene Unbezüglichkeit des Todes vereinzelt das Dasein auf es selbst. [...] Die Charakteristik des existenzial entworfenen eigentlichen Seins zum Tode lässt sich dergestalt zusammenfassen:

---

236 Dessen Verse zum inoffiziellen Lied der Spanischen Legion adaptiert wurden. Im Original: „Soy un hombre a quien la suerte / hirió con zarpa de fiera / soy un novio de la muerte / que va a unirse en lazo fuerte / con tal leal compañera".

237 Dasein (Da-Sein, der Modus der menschlichen Existenz), ist ein Wort des allgemeinen Sprachgebrauchs, das „Existenz" oder „Anwesenheit" bedeutet und das in dem, was Adorno den „Jargon der Eigentlichkeit" der Philosophien der deutschen konservativen Revolution und insbesondere Heideggers nannte, einen zentralen Platz als charakteristischer Modus menschlicher Existenz einnimmt.

Das Vorlaufen enthüllt dem Dasein* *die Verlorenheit in das* Man-Selbst* *und bringt es vor die Möglichkeit, auf die besorgende Fürsorge primär ungestützt, es selbst zu sein, selbst aber in der leidenschaftlichen, von den Illusionen* des Man* *gelösten, faktischen, ihrer selbst gewissen und sich ängstenden Freiheit zum Tode.*“[238]

Der erste Text dient als inoffizielle Hymne der Legion. Der zweite gehört dem Philosophen, der nach Meinung von Jean-Pierre Faye und seinem Sohn Emmanuel die zweifelhafte Ehre hat, im 20. Jahrhundert „den Nazismus in die europäische Philosophie eingeführt“ zu haben. In seinem Fall, nachdem das *Erlebnis** der deutschen Demütigung von 1918, der „jüdische und bolschewistische“ Verrat durch die Weimarer Republik und die Technisierung, Massifizierung und Anonymisierung des modernen Lebens das deutsche „*Dasein**“ in tödliche Gefahr brachte. Aber beide drücken hervorragend die Art von Affekten aus, die mit der Erfahrung der „kriegerischen“ Deterritorialisierung verbunden sind. Dies ändert sich im Wesentlichen nicht, wenn wir andere Arten von Kriegern betrachten, wie zum Beispiel die Tastatur-„Krieger“ der *Alt-Right*, die einen Cyberkrieg gegen den kommunistischen, „globalistischen“, woken, progressiven, transgender oder queeren Feind führen. In diesem Fall ist die Deterritorialisierung diejenige, die durch die Aufgabe oder den Hass auf den (eigenen) Körper, den Hass auf die imaginierten Körper der Feinde und die Projektion in das digitale Ich des suprematistischen virtuellen Kriegers erfolgt. In ihnen finden wir weitere Manifestationen der Lust an der

238 Martin Heidegger: *Sein und Zeit*, Tübingen: Max Niemeyer 2006, S. 263 und 266.

Vernichtung, am Sterben und Töten der Feinde in und mit den Kriegsmaschinen als dem auserwählten Schicksal und Zweck.

Faschistische Resultanten

In Deutschland ist der nationalrevolutionäre Zug des Faschismus Teil des Narrativs der sogenannten „konservativen Revolution". Zu deren wesentlichen Elementen, die mit dem Ersten Weltkrieg verbunden sind, kommt (ab Oktober 1917 im Russischen Reich und ab November 1918 in Deutschland) die proletarische und bäuerliche Revolution der Räte hinzu. Die Ressentiments und der Hass gegen die jüdische Gemeinschaft waren bereits vor der Ankunft der Nazis vorhanden. Und diese integrierten sie mit Kalkül in den deutschen Faschismus, indem sie eine Synthese von Dolchstoß und Nationalsozialismus herstellten.[239]

Wir verdanken dem Sekretär von Ernst Jünger, Armin Mohler, die Festschreibung des Begriffs „konservative Revolution" für die rechtsextremen politischen Ideen und Organisationen, die von der deutschen Revolution 1918 bis zur „legalen" Machtergreifung von Hitlers NSDAP 1933 (durch eine doppelte „monströse" Operation: die Unterstützung der Großindustriellen und der Sieg der SA über die KPD auf der Straße) entstanden. Die Geschichte des Konzepts ist lang. Aber in seinen aufeinanderfolgenden Ausprägungen im 19. Jahrhundert finden wir gemeinsame Merkmale, die in der Verwendung von Taktiken und einer Sprache bestehen,

---

239 Die hetzerische Propaganda des nationalsozialistischen und antisemitischen Boulevardblattes *Der Stürmer* von Julius Streicher spielte dabei eine wichtige Rolle.

die in der Hitze der Französischen Revolution geboren wurden, um die Ziele der Konterrevolution durchzusetzen. Heute ist der Begriff umstritten und er wird von einer strengeren Geschichtsschreibung, die die augenscheinlichen Paradoxien des Begriffs selbst und seiner Ableitungen einer historischen und textbezogenen Kritik unterzieht, kaum akzeptiert. Diese Paradoxien sind jedoch als ein grundlegendes historisches Symptom um die historische Konjunktur beim Aufstieg des Nazismus zu verstehen, der den Rest des westlichen 20. Jahrhunderts prägen sollte (die Verwirrung der Sprachen ist ein Indikator für die Intensität der Mutationen in der konservativen Politik).

Katholizismus, Vaterland und Imperium bilden die Triade des spanischen Faschismus. Die Einheit des Schicksals im Universellen beruht auf der Idee, den Feind durch kaiserliche Größe und die römische Kirche zu bekehren. Es gibt keine ethnische oder sprachliche Erklärung.[240] Ernesto Giménez Caballero sah im Faschismus „*eine neue Katholizität*", und Ramiro Ledesma Ramos entdeckte, dass „das oberste Interesse die Gemeinschaft des ‚ganzen Volkes' ist". Für letzteren, einen wahrhaften Intellektuellen des spanischen Faschismus, ist „das Vaterland die stärkste historische und soziale Kategorie. Und der Kult des Vaterlands der stärkste schöpferische Impuls", im Gegensatz zu den Werten des Marxismus:

> „Man kann von einer marxistischen Internationale sprechen, nicht nur, weil es in fast jedem Land Marxisten gibt, sondern auch, weil es sich

240 Die Falange hat die Sprachen der Minderheiten tatsächlich formell anerkannt.

> um Menschentypen von strikt identischen Eigenschaften handelt, die jedem Zeichen von Nation und Rasse den Hals umgedreht haben, wenn auch um den Preis, eine spirituell monströse Gestalt anzunehmen."[241]

Im Fall der spanischen Falange und der einflussreichen rechtsextremen Zeitschrift *Acción española* wird der imperialistische Faschismus befürwortet, der biologische deutsche Rassismus ist aber nicht präsent. Tatsächlich befürwortet der spanische katholische Faschismus eine psychische Konditionierung, das heißt er ist der Ansicht, dass die marxistische Ideologie behandelt werden kann und dass der Gefangene eine Bekehrungstherapie und keine Vernichtungstherapie erhalten sollte.[242]

Das Gesamtbild wird durch eine dritte Variante vervollständigt, die für die deutsche und angelsächsische Welt weit entfernt und exotisch erscheint und somit den größten Übersetzungs- und Interpretationsgewalten unterliegt: dem italienischen Faschismus. Als wahrhaft „strahlender Kern" wurde er eine wichtige Quelle für die

---

241 Vgl. Ramiro Ledesma Ramos: *¿Fascismo en España?*, Madrid: Trinidad Ledesma Ramos 1988 (veröffentlicht unter dem Pseudonym Roberto Lanzas in 1935).

242 Die spanische Variante des Faschismus integriert die Eugenik der Nazis nicht, die unter dem Gesichtspunkt der „Volksgesundheit" mit der protestantischen, skandinavischen oder US-amerikanischen Eugenik der Nachkriegszeit verbunden ist. Antonio Vallejo Najera, der führende Repräsentant der spanischen faschistischen Psychiatrie, vertrat die Auffassung, dass die geistige Minderwertigkeit von Menschen, die der marxistischen Ideologie anhängen, eher auf umgebungsbedingte als auf biologische Gründe zurückzuführen sei. Dies rechtfertigt die Existenz von Einrichtungen wie *Auxilio Social*, den Kindesraub und die Umerziehung von Gefangenen, außer in Fällen von „unheilbaren Krankheiten". Das ist anschlussfähig an die Vernichtungspolitik, die während des Bürgerkriegs und in der Nachkriegszeit entwickelt wurde.

Entstehung von Sprechweisen in den 1920er und 1930er Jahren. Man denke nur an das Schicksal des Wortes „totalitär", das 1925 inmitten der Zerstörung des italienischen parlamentarischen Regimes in die Welt gesetzt wurde, als Benito Mussolini Monate nach der Ermordung von Giacomo Matteotti durch die Faschisten in seiner Rede auf dem Kongress der Partito Nacionale Fascista am 22. Juni 1925 *„la nostra feroce volontà totalitaria"* [„unser unbezähmbarer totalitärer Wille"] erwähnte. Damit rechtfertigte er sowohl die Ermordung als auch die verfassungsfeindlichen Ziele des Faschismus. Die Neuartigkeit der Aussage wird weder den gespitzten Ohren des „nationalrevolutionären" Jünger noch dem damals schon oft erwähnten Juristen der katholischen extremen Rechten, Carl Schmitt, entgehen.[243] Der italienische Faschismus war ursprünglich ein imperialer und performativer Faschismus, der die nationale Konstruktion durch sprachliche Vereinheitlichung (vor allem durch den Rundfunk), die Entwicklung öffentlicher Arbeiten (Infrastruktur) und militärische Eroberungen vollzog, um ein kleines afrikanisches Reich zu errichten. In der Folge entwickelte er sich weiter, indem er die Ideen seiner Legitimation mit den Rassengesetzen von 1938 abstimmte sowie die antisemitische Komponente hinzufügte und verstärkte, die in den Aussagen der 1930er Jahre nicht im Mittelpunkt stand.

Ein eigenes Kapitel verdienen zwei der faschistischen Resultanten von kleinerem Rang, deren Ansatz für die Analyse des Krieges in der Ukraine von Bedeutung ist: die nationalbolschewistische und die ukrainische

243 Sein Schüler Ernst Forsthoff widmete sich in seinem 1933 erschienenen Werk *Der totale Staat* der rechtlichen Legitimation des Hitler-Regimes.

Variante. Das nationalbolschewistische Konzept, das die Massenarbeiter:innen bündelt, keimt in der Zwischenkriegszeit in sozialdemokratischen Sektoren, im Kreis um Jünger, in Figuren wie Karl Radek oder Ernst Niekisch[244] sowie in Minderheitensplittern der deutschen KPD auf, wurde aber schnell von den Bolschewiki kritisiert. Mehr noch als ein schwarzes Loch ist die nationalbolschewistische Resultante ein Frankenstein, der als Symptom für außergewöhnlich starke Energieansammlungen in der Politik fungiert. Ihr großes Verdienst ist es, Kommunist:innen und Anarchist:innen für reaktionäre, fremdenfeindliche und rassistische[245] Positionen zu gewinnen. Aber sie bekamen historisch nicht ausreichend Zeit, um sich zu entwickeln (obwohl der deutsch-sowjetische Pakt von 1939 bis 1941 eine gewisse gegenseitige Faszination hervorrief), so dass sie in den folgenden Jahrzehnten am Rande des Nationalismus und Stalinismus vegetierte.

Andererseits sind die deutsche „konservative Revolution" und ihre politischen Ableger (von der nationalrevolutionären Position Jüngers und der Zeitschrift *Standarte* bis zur NSDAP, über die „sozialistischen" Varianten der Gebrüder Strasser oder den Nationalbolschewismus

---

244 Karl Radek hat den Begriff zuerst eingebracht und Ernst Niekisch hat ihn später weiterentwickelt (letzterer wurde marginalisiert, wenn er auch seine letzten Tage in der DDR verbrachte).

245 Der spanische Faschismus versuchte, libertäre Sektoren anzuziehen. Beispielhaft dafür sind gescheiterten Versuche von Ramiro Ledesma Ramos, Anführer und Aktivisten der *Confederación Nacional del Trajabo* (CNT) zum Nationalsyndikalismus zu verführen (auf der Grundlage eines angeblich gemeinsamen Antikommunismus). Dies ist der Ursprung der rot-schwarzen Farbe (als Lockmittel) in der Flagge der nationalsyndikalistischen *Juntas de Ofensiva Nacional-Sindicalista* (JONS) und später, nach dem Zusammenschluss mit der faschistischen *Falange Española*, der *Falange Española de las JONS*.

von Ernst Niekisch und Karl Otto Paetel) nicht außerhalb der Polarität und der Schnittmengen zu verstehen, die sie mit dem unerwarteten Ereignis bilden, das den Ausgang des Ersten Weltkriegs aufmischte: der Oktoberrevolution und der Geburt eines riesigen bolschewikischen Staates, der im Laufe der Zeit zu einem gigantischen imperialen Raum assimiliert werden konnte, im Gegensatz zum Deutschen Reich. In der „konservativen Revolution" haben wir eine doppelte Resultante: die primäre, die im Weimarer Deutschland entstand, deren Schwerpunkt das sogenannte „*völkische** (rassistisch-antisemitische) Lager" ist, und die sekundäre, die parallel und begleitend zur sowjetischen Revolution entstand (die sich unaufhörlich im Zerrspiegel von Sprechweisen und Akteur:innen der deutschen Wechselfälle betrachteten). In diesem Dickicht von Anklängen und Entstellungen entstand der „Nationalbolschewismus", der Vorläufer heutiger rotbrauner Formationen und eine dunkle Quelle der Versuchung unter europäischen Linken.

In der Folge wurde die Idee des Großen Vaterländischen Krieges unter der Führung des „Chefs" (*woschd*) Stalin zur großen Gründungserfahrung des Nationalbolschewismus, der jedoch in Russland während des gesamten Zyklus des sowjetischen Staatskapitalismus im Zustand des Winterschlafs und ab 1989 in einer sehr marginalen Position verblieb. Bonapartismus und panrussischer Nationalismus – in den Prozessen der Großen Säuberung als belastende Beweise verwendet – mutierten und wurden zu Legitimationserklärungen im Stalinismus. Der nordamerikanische Imperialismus und der europäische Faschismus blieben die politischen Feinde, aber nicht als antikommunistische, sondern als antirussische: Der Faschist ist nicht mehr der Antikommunist, sondern der Feind des russischen Vaterlandes.[246]

Was die Ukraine betrifft, so haben sich dort alle Schrecken des 20. Jahrhunderts abgespielt: vom Völkermord an den Jüdinnen und Juden bis zur tödlichen Hungersnot, für die der stalinistische Kreml politisch verantwortlich war (der ukrainische Holodomor von 1932–1933). Nicht zu vergessen die siebeneinhalb Millionen Toten in der Ukraine während des Zweiten Weltkriegs, sowohl unter den Militärs als auch unter der Zivilbevölkerung, sowie die radioaktive Pest von Tschernobyl im Jahr 1986. Wenn es einen spezifisch ukrainischen Faschismus gibt (wovon wir ausgehen),[247]

---

246 Heute sind in Russland (wie auch in Ungarn oder Polen) eher neoliberal-nationalistische, paternalistische und patriarchal-konservative Narrative verbreitet, die sich auf patrimonialistische und mafiöse Dynamiken des Staates sowie auf natalistische Agenden und die Diskriminierung nicht-normativer Haushalte stützen. Manuel Monereo in Spanien und Diego Fusaro in Italien, die der Linie ihres Vorgängers Costanzo Preve folgen, entwickeln ihrerseits den Nationalbolschewismus durch die Idee des Kommunitären und des Nationalen, indem sie Nation, Staat und Volk/Gemeinschaft verbinden.

247 Der ukrainische Faschismus lebte und entwickelte sich etwa in der Organisation Ukrainischer Nationalisten [*Orhanizatsiya ukrayins'kykh natsionalistiv*], die 1929 in Wien mit dem Ziel gegründet wurde, die Unabhängigkeit der Ukraine nicht nur von der UdSSR, sondern auch von Polen, der Tschechoslowakei und Rumänien zu erreichen. Während des Zweiten Weltkriegs spaltete sich die Organisation in zwei Teile. Eine der Abspaltungen führte der heutige ukrainische Nationalheld Stepan Bandera an, der mit der Unterwanderung der Polizei in der von den Nazis besetzten Ukraine begann. Von dort aus war er am Völkermord an den ukrainischen Jüdinnen und Juden, an Verhaftungs- und Deportationsaktionen in den Ghettos und an finanzieller Erpressung beteiligt. Mit dem Ansatz der nationalsozialistischen Besatzer (die nur von sowjetischen Partisanen bekämpft wurden), die

dann ist er, wie im deutschen, italienischen oder spanischen Fall, aus der Erfahrung, dem *Erlebnis** des langen europäischen Bürgerkriegs entstanden, der nach dem Waffenstillstand von 1919 nicht aufhörte, sondern bis zum Ende des Zweiten Weltkriegs andauerte.

Vom Ende des Ersten Weltkriegs bis 1945 gab es ein Kontinuum offen rassistischer, faschistischer und antisemitischer ukrainischer Organisationen, die an ethnischen Säuberungen beteiligt waren und eng mit dem Nationalsozialismus zusammenarbeiteten.

Neofaschismen und Technofaschismus

Nach 1945 integrierte der westliche Kapitalismus den Faschismus in seine Axiomatik, nach den Lehren des Zweiten Weltkriegs jedoch mit einer untergeordneten Funktion. Das heißt, dies vollzog sich unter der Logik, dem Faschismus eine gewisse Nützlichkeit zu unterstellen, ohne ihn jedoch zu einer Machtoption werden

---

gesamte Bevölkerung auszurotten, geriet die Organisation in eine Krise. Über die eindeutigen Kollaboration der banditischen OUN hinaus finden sich im sogenannten ukrainischen integralistischen Nationalismus alle Merkmale und Facetten des slawischen und rumänischen Faschismus sowie Autoritarismus jener Zeit, die vom Antisemitismus, der Führerschaft (*woschd*), der ethnischen Homogenisierung der Nation durch Gewalt, der Bewunderung für das Mussolini-Regime oder den Nationalsozialismus und einem fanatischen Antikommunismus geprägt sind. Dokumente wie die „Zehn Gebote eines ukrainischen Nationalisten", die „44 Regeln eines ukrainischen Nationalisten" oder die „12 Zeichen des Charakters eines ukrainischen Nationalisten" zeugen von den Matrizen, die dieser Variante der europäischen extremen Rechten und des Faschismus zugrunde liegen. Dies war die erste Generation des ukrainischen Faschismus, die seit 2004 faschistische Formationen inspiriert, die legitimiert wurden durch die aus der Orangenen Revolution hervorgegangenen oligarchischen Eliten, insbesondere in den Amtszeiten Julia Timoschenkos, Viktor Juschtschenkos und Petro Poroschenkos.

zu lassen. Denn man hielt es für möglich, ihn als antisowjetische und/oder antikommunistische Ressource unter Kontrolle zu halten.[248]

Im Laufe der Jahrzehnte erhöhten die latenten faschistischen Kräfte ihre Verarbeitungskapazität und interagierten mit immer größerer Geschwindigkeit miteinander, so dass aus modularen Architekturen synkretistische Organismen entstanden. Sie nahmen die Form von Bewegungen an, die in der Lage waren, Ströme unaufhörlich zu absorbieren, und wiesen in gleichem Maße eine hohe Kapazität auf, um neue Eigenschaften und Mutationen einzugliedern.

Diese neuen und verschiedenartigen Faschismen (die keine „ewigen" oder „einzigartigen Faschismen" mehr sind) leben in zeitgenössischen politischen und mikropolitischen Zusammensetzungen, immer bereit, sich zu verbreiten und ohne Bedarf neuer wegweisender Personen. Denn ihnen genügt die Erinnerung an frühere geistige Führer (*Duce, Führer, Caudillo*), die ohne die Notwendigkeit einer physischen Inkarnation funktioniert. Sie arbeiten auf virale Weise, indem sie produktive Kräfte des *General Intellect* auslesen und integrieren, die in destruktive Kräfte verwandelt werden. Solche Zusammentreffen produzieren Mehrwert des faschistischen Codes, indem sie Segmente durch die Faschisierung von Gruppen oder Schichten von

---

248 Um nur drei Beispiele zu nennen: Franco organisierte die „Rattenlinie" für die Flucht von Nazis nach Südamerika, der italienische MSI existiert seit der Gründung der Italienischen Republik im Jahr 1946, und die zaghafte Entnazifizierung der Alliierten ermöglichte es einem großen Teil der mittleren Kader der Nazis schließlich, in Machtpositionen in der BRD zurückzukehren.

Aussagen und Narrativen anreichern.[249] Die intensive zeitgenössische faschistische Deterritorialisierung wird durch Linien gesellschaftlicher Wahnvorstellungen („kultureller Marxismus", „Gender-Ideologie", „großer Austausch", „Laborpandemien", Chemtrails etc.) verstärkt, die mit historischen Faschismen („Protokolle von Zion" und ähnlichem) verbundene paranoide Pole schaffen. Sie aktivieren Faschisierungsprozesse außerhalb des üblichen Bereichs des *Squadrismo* und der polizeilichen und militärischen Mittel, mit ihren Nachbildungen in der Welt der sunnitischen konservativen Revolution.[250] Darüber hinaus arbeiten sie mit einer antizipierenden Beschleunigung (dessen, was sie als maximale Gefahr für die referenzierten überlegenen „Rassen", Völker oder Religionen betrachten). Zudem integrieren/verarbeiten sie in Echtzeit (klimatische Ereignisse, Angriffe, Kriege), um die erzählerische und sühnende Spannung der Katastrophe aufrechtzuerhalten. Dadurch endet der

249 Der historische französische Kampf zwischen dem *Front National* und der Kommunistischen Partei begann in dem Moment ins Rechtsextreme abzukippen, als die Kommunist:innen sich den Rassismus zu eigen machten. Ihre Ablehnung gegenüber der Einwanderung aus dem Maghreb als Antwort auf die Forderungen einer ideologisch geschlagenen – und im Fäulnisprozess befindlichen – Basis hat sie zu dem Extrem geführt, rassistische *fake*-Kandidaturen aufzustellen, um dem *Front National* Stimmen wegzunehmen. Heute integriert der Faschismus einen weißen rassistischen Feminismus in seine generativen Matrizen, so wie er es mit der Sache der Arbeiter:innen tat und tut (indem er die suprematistischen und patriarchalen Elemente gewinnt).

250 Das politische Projekt von ISIS und dem Salafismus – mit seinem Kalifat, Scharia, Dschihad und Takfir – ist ein Neoarchismus, der an Subjektivitäten appelliert, die einen spirituellen und aufopferungsvollen Ausgang suchen. Beschleunigte Konversionen mit Anrufungen religiöser Ursprünge sind Teil der typisch faschistischen beschleunigten Ausbreitungsgeschwindigkeit. Das Äußerungsgefüge wird mit Hilfe der sozialen Netzwerke produziert.

Prozess, den Prototyp zu konstruieren, niemals, sondern dehnt sich immer weiter zu angehäuften Erzählungen und Bannern der Anwerbung aus.

Die Netzwerkdimension beschleunigt im 21. Jahrhundert die Prozesse der faschistischen Keimung: Es handelt sich um ein bidirektionales *crowdsourcing*-Modell, bei dem die Geschwindigkeit, in der Komponenten zusammengefügt werden, in der faschistischen Vernichtungslinie kometenhaft ist (die Erfassung erkennt Module von Aussagen und integriert sie mit hoher Geschwindigkeit). Und es benötigt keine interne oder axiomatische Konsistenz, sondern bewegt sich auf der Vernichtungslinie mittels der *trial-and-error*-Methode weiter. Der Netzwerkfaschismus ist eine hochenergetische Kriegsmaschinerie (das heißt ein Dispositiv mit höchster Aktualisierungskapazität), mit Milizen und einsamen Wölfen, die ohne stabile Hierarchien funktioniert. Eine Maschine, um schwarze Löcher in Form einer Bewegung zu erobern und zu schaffen, die politische Parteien überwacht (von denen sie Einnahmen erhält und die sie überlebt, wenn sie verschwinden) und für die Erinnerung und Narrativ ausreichend sind (sie braucht keine neue Führung). Wie Memes und sprachliche Wendungen der Netzgesellschaft appelliert die Produktion von Affekten und Sprache der *Alt-Right* (die die Metaphern der alten faschistischen Varianten überwinden) mit zunehmender Geschwindigkeit an das Unbewusste: Ihr Angebot zur Linderung von Ressentiments ist jedem frustrierten Subjekt zugänglich, das an einen Computer angeschlossen ist.

Diese hohe Handlungsfähigkeit – mit ihrer beispiellosen Rechenleistung, der Verbreitung von

Neo-Archaismen und ihrer starken Übersetzungs- und Transformationsfähigkeit – wird durch die Komplizenschaft von Big-Tech-Konzernen ermöglicht. Plattformkapitalismus und Plattformfaschismus wirken bei der Faschisierung des öffentlichen Raums zusammen:[251] Schwarze Löcher bevölkerten den Traum eines demokratischen Netzwerks.

Der Schlüssel liegt darin, dass das digitale Zeitalter es dem Kapital ermöglicht hat, die Funktionsweise der Wissensübertragung durch computergestützte Subsumtion abzufangen und die Ausbeutung der menschlichen Subjektivität vollständig in die Wertschöpfungskette zu integrieren (die mikropolitische Dimension wurde völlig in die Produktionslinie

---

251 Die Unterstützung der Patrizier:innen der großen multinationalen US-Konzerne für Trump, die bis vor kurzem noch nicht vorhanden oder nur sehr verhalten war, wächst. Trump ist ein mafiöses, patriarchales Mitglied der US-Eliten opportunistischer Art, der mit seinem sadistisch-faschistischen Instinkt – Misogynie und sexualisierte Gewalt – ein großer Aktivator des Hasses und ein Manager von Ressentiments ist. In diesem Sinne waren die Freak-Angreifer, Schwarze, Latinos, Frauen oder ältere Menschen, die die (jungen) weißen Männer bei der Attacke auf das Kapitol begleiteten, unter dem Schirm einiger Milizen (die bereits die Tea Party verschlungen haben), deren Logik die von Ex-Kombattanten ist, eine echte faschistische Metamorphose der Masse. Dies erklärt sich größtenteils durch die hervorragenden Bedingungen in den USA für die größten Deterritorialisierungen (die Eroberung des Westens, die großen – protestantischen, afrikanischen, jüdischen, – Migrantionsbewegungen) und Reterritorialisierungen (der Aufbau der Vereinigten Staaten selbst), der Glaube an die Vorsehung, der die Kolonialität der Macht aufhebt und sich dazu berufen fühlt, die Freiheit in den Rest des Planeten zu exportieren). Diese bauen alle auf dem Zweiten Verfassungszusatz (dem libertären Anspruch auf das Recht auf Land und auf Verteidigung gegen staatliche Einschränkungen) sowie dem Hass gegen Schwarze und Indigene auf. Obamas Amtsantritt war ein absoluter Katalysator (als selbsterfüllende Prophezeiung) für die Reaktivierung der faschistischen Semiotik: das Zeichen für das nahende Ende Amerikas.

integriert). Wir sind Körper-Maschinen, die sich wie ein Prozessor verhalten, der immer mehr in eine Netzwerkarchitektur integriert und dessen Rechenleistung zunehmend verteilt ist. Und da wir alle unsere Schnittstellen im Netz offen und aktiv haben, und der Faschismus Teil der Massenkultur ist – weil sein Repertoire, zugänglicher denn je vorhanden ist[252] – werden die Module der Faschisierung von den Abtastern und schließlich im Gehirn (das menschliche fixe Kapital) aufgenommen.[253] Auf diese Weise penetriert der Faschismus unsere Gehirne durch (1) die rein kognitive semantische Wahrnehmung von Sprachketten und/oder logischen Lese- und Verstehensprozessen (Text, Video), (2) die Erregung der Sensomotorik (Videospiele), (3) die Identifikation von Ikonischem und Figurativem aus der audiovisuellen Wahrnehmung (Memes), (4) die unbewusste Dimension sowie die Produktion delirierender Narrative (Surfen auf Mobiltelefonen), und sogar (5) die mit der Mikropolitik des Wunsches zusammenhängenden nicht bewusste Dimension (die Automatismen, die algorithmisch die Schnittstellen zwischen Computermaschinen und menschlicher Wahrnehmung und Handlung modulieren, indem sie sich selbst nähren und Varianten entsprechend der Nutzung auswählen). Es handelt sich um eine anthropologische Intervention, die auf die Arbeitskräfte einwirkt: eine maschinische Knechtschaft,

---

252 Das hat es immer gegeben: Das Problem ist, dass es jetzt überall ist, weil der Plattformkapitalismus den Faschismus wie ein weiteres Produkt anbietet und seine Mutation im Netz begünstigt.

253 Die Faschisierung von Elon Musk, einem Mann, der die Besiedlung des Mars als Lösung für einen erschöpften Planeten propagiert, ist kein Zufall: der abwegige Traum eines gewerkschaftsfeindlichen Rassisten.

die nicht so sehr Orwellsche Züge trägt, sondern für die *Matrix* charakteristisch ist, und in deren Folge die faschistische Variable leider zu einem Bestandteil der zeitgenössischen Subjektivität geworden ist.

Das antikommunistische Paradox

Auf politischer Ebene legitimieren sich die neuen Faschismen heute als Antikommunismus (womit sie den atlantischen Konsens nach Jalta wiederbeleben und erweitern), der jene Aufgaben übernimmt, die die liberalen Eigentumsdemokratien aufgrund von Schwäche und Dekadenz aufgegeben haben. Die Rede ist von dem Paradox oder auch Skandal eines ungezügelten Antikommunismus der globalen und extremen Rechten, während es „gar keinen Kommunismus gibt"; dem Paradox oder Skandal einer Kampagne gegen einen angeblichen „kulturellen Marxismus". Dabei hat der „Marxismus" nicht annähernd die gegenhegemoniale Vitalität wiedererlangt, die er in der zweiten Hälfte des 20. Jahrhunderts sowohl in den Ländern des Realsozialismus als auch darin, was als „westlicher Marxismus" bezeichnet wurde, gehabt haben mag (vor allem wegen dem Aufkommen dekolonialer Bewegungen und den neuen antikapitalistischen Bewegungen rund um die globale Revolte von 1968). Dieses Phänomen lässt sich auf zwei Arten verstehen.

Die erste weist darauf hin, dass die extreme Rechte die verfassungsmäßigen Merkmale der nationalen Eigentumsdemokratien zu ihrem Vorteil ausnutzt. Für die neoliberale Linke ist dies in der Regel ein Dilemma, aber die Eigentumsdemokratien der Nachkriegszeit beruhten auf einer ernsten antikommunistischen konstitutiven Übereinkunft (die sich auf den globalen Süden ausdehnte).[254] Sie tun dies viel mehr als auf einer antifaschistischen Übereinkunft, die selbst in der BRD nicht eingehalten wurde, wie vier Jahrzehnte der Geschichtsschreibung gezeigt haben.[255] Sogar in der Italienischen Republik, wo der Antifaschismus als Auftrag in der Verfassung von 1948 verankert ist, gab es keinen Ausschluss des politischen Personals der *Partito Nazionale Fascista* aus den Institutionen und vor allem nicht aus den Militär- und Polizeikräften.[256] Nach dem Fall der Berliner Mauer war es die Partito Comunista Italiano (PCI) selbst, die den Antikommunismus in den Verfassungskonsens einbrachte, was nach mehr als drei

---

254 Um nur zwei Beispiele zu nennen: In Südamerika teilen der peronistische Volksnationalismus und die lange Geschichte des brasilianischen *Trabalhismo* mit getulistischen Wurzeln (vom *Estado Novo* bis zu Leonel Brizola, über die Präsidentschaft von Jango Goulart) diesen antagonistischen Eifer gegen die antinationalen, antimilitaristischen, antibürgerlichen, auflösenden, internationalistischen und heimatlosen Elemente, die die anarchokommunistischen Bewegungen in Argentinien und Brasilien verkörpern sollen. In der muslimischen Welt des nationalistischen Sozialismus (Bewunderer der deutschen NSDAP mit ihrem Antisemitismus, Nationalismus und ihrer Verschmelzung von Politik und Miliz) zeichnete sich die 1947 gegründete arabisch-sozialistische Baath-Partei mit ihren syrischen, irakischen, jemenitischen und algerischen Ablegern, insbesondere in der syrischen Version der Assad-Familie und der irakischen Version von Saddam Hussein, seit ihrer Machtübernahme durch die systematische Unterdrückung und Ermordung von Kommunist:innen aus.

255 Das 1959 auf dem außerordentlichen Parteitag der SPD in Westdeutschland verabschiedete *Bad Godesberger* Programm reinigte die Partei von den Überresten der „marxistischen“ (aber nach der Oktoberrevolution antikommunistischen) Zweiten Internationale. Dies ist der entscheidende Moment, der eine Grenze des Akzeptierbaren zieht und der antikommunistischen *Großen Koalition** zwischen SPD und CDU-CSU das in die Hand gibt, was sich im Jahrzehnt von 1967 bis 1977 im Willen der Regierungen beider Parteien zeigte, die antiautoritäre, antikapitalistische und antiimperialistische Bewegung in der BRD zu zerstören.

256 Dies dank der Arbeit des Innenministers Mario Scelba.

Jahrzehnten wie ein unerklärlicher Selbstmord der größten westlichen kommunistischen Partei erscheint. Die Geschichte des neoliberalen Denkens in seinen verschiedenen Varianten (die österreichische Schule, die Mont-Pelerin-Gesellschaft, die Zeitschrift *ORDO*) weist eine heftige antikommunistische Invariante auf, während bei Ökonom:innen von Mises über Hayek bis Friedman und Hernando de Soto Verständnis und Anerkennung eines opportunen Wertes von Faschismus und Militärdiktatur, von Massakern und Verschleppungen oder auch der südafrikanischen Apartheid schwarz auf weiß geschrieben steht.

Die globale und die extreme Rechte verwendete den antikommunistischen Konsens (parallel zu den Begriffen Heimat oder Nation) als Mörtel der „westlichen" Weltordnung nach dem Zweiten Weltkrieg. Die historische Rekonstruktion des Faschismus kam durch seine Wiedereingliederung als Spürhund und *Agent provocateur* in die Sicherheitsdienste der westlichen Demokratien im Rahmen der Stay-Behind-Organisation der atlantischen Allianz zum Ausdruck. Diese Wiedereingliederung erfolgte systematisch, mit Anschlägen und Putschdrohungen, wann immer kommunistische Bewegungen gefährlich groß wurden, von Lissabon bis Athen, von Berlin bis Rom, von Jakarta bis Ouagadougou.

Und was ist mit dem spanischen Fall? Die Geschichte der Franco-Diktatur ist unerklärlich, wenn man nicht die substanzielle atlantische Unterstützung für das Regime und die entschlossene Förderung seiner „Modernisierung" seit den 1950er Jahren berücksichtigt. Daher auch die „außerordentliche Ruhe" (so Mayor Oreja), mit der die spanischen Faschist:innen zu Demokrat:innen wurden, ohne aufzuhören, Faschist:innen zu sein. Ihre

Drohung, zu dem soeben aufgegebenen Regime zurückzukehren, half praktischerweise, die Bedrohung durch die Partido Comunista de España (PCE) und die Arbeiter:innenbewegung abzuwenden, wie auch die autonomen kommunistischen und anarchistischen Bewegungen, die in den 1970er Jahren entstanden waren.

Dieser erste Schlüssel zur Interpretation beruht auf dem „Opportunismus" der rechtsextremen Kräfte, in ihrer Illoyalität gegenüber dem Verfassungspakt, der ihnen eine marginale Position in der politischen Repräsentation einräumte. Gleichzeitig hatten sie eine bemerkenswerte institutionelle Präsenz in Armee und Justiz. Diese politische Verortung,[257] die eine Zunahme der Wählerstimmen verhinderte, wurde durch ein neues Verhalten ersetzt, das nicht auf bloßen Voluntarismus und neue Fähigkeiten der rechtsextremen Kräfte, sondern auf die Mutationen der *akzeptablen politischen Nachfrage* zurückzuführen ist. Diese Mutationen in den Parteien- und Mediensystemen der Eigentumsdemokratien waren das Ergebnis eines doppelten Prozesses: der neoliberalen Globalisierung der Märkte (Finanzen, Produktionsketten, Wanderarbeit, Rohstoffe etc.) sowie des Zusammenbruchs des „Realsozialismus". Im „konstitutionellen" Ausschluss jeglicher Maßnahmen, die die ökonomische und institutionelle Gegenmacht der Arbeitskräfte stärken würde,[258] findet seit den 1990er Jahren

---

257 Sie basierte darauf, die Kräfte im konstitutionellen Gravitationszentrum unabhängig der Parteizugehörigkeit als „Kommunist:innen", „Jüdinnen und Juden", „Muslim:innen" oder Staats- und Gesellschaftsfeind:innen zu beschimpfen.

258 Im Bereich der Sozial- und Arbeitsrechte, der Ausgaben für die Allgemeinheit und der Verbesserung des Gesundheits-, Bildungs- und Wohnungswesens sowie der städtischen und ländlichen Ökosysteme.

eine strategische Auslese der akzeptablen politischen Nachfrage zwischen der Staatsform und den integrierten gesellschaftlichen Gruppen statt. Diese entspricht auch der Beschaffenheit der dominanten strategischen Beziehungen in den Eigentumsdemokratien. Die akzeptable politische Nachfrage wird dann von kleinen Kapitaleigner:innen, kleinen und mittleren Unternehmen in Industrie und *Agrobusiness*, Angehörigen des Militärs und der Ordnungskräfte sowie von städtischen Berufsgruppen (vom Kleingewerbe bis zur Selbständigkeit, einschließlich des Personen- und Güterverkehrs) angeleitet.

Ausgehend von ihrer sozialen Basis und ihrer narrativen und klassenmäßigen Hegemonie waren diese Sektoren in der Lage, ihre Koalition auf die industriellen Arbeiter:innenklassen auszuweiten, die in den vergangenen Jahrzehnten am meisten von der Erhöhung der Löhne, Renten und Sozialleistungen profitiert haben und deren Position ernsthaft bedroht war (und ist). In diesem Kontext, der den Ausschluss des kommunistischen Vektors aus akzeptablen politischen Forderungen beinhaltet, wird das bewegliche Gravitationszentrum der Politik kolonialer Privilegien, des Rassismus und der Ressentiments geboren. Diese Entwicklung ist nunmehr über 25 Jahre alt.[259]

Der zweite Schlüssel zur Erklärung des Paradoxes des spontanen Antikommunismus der extremen Rechten führt uns zurück zu den unbewussten Dimensionen des Prozesses der Deterritorialisierung und Reterritorialisierung. Dieser begann Ende der 1970er Jahre mit

259 Der Bezugspunkt in Europa ist der Vertrag von Amsterdam von 1997, aber auch der Vertrag von Maastricht davor.

dem Volcker-Schock in den USA (der brutalen Erhöhung der Zinssätze durch die US-Notenbank) und der ersten großen Deregulierung der Finanzmärkte, dem *Depository Institutions Deregulation and Monetary Control Act*.[260] Dies ist der Anfang vom Ende des Engagements der Demokratischen Partei für die Grundlagen des *New Deal* und von Bretton Woods und der Beginn des makrofinanziellen Modells des *Washington Consensus*, das auf der Federal Reserve, dem US-Finanzministerium und der Wall Street als den Großempfängern von Einsparungen aus den Leistungsbilanzüberschüssen der besitzenden Klassen und der Staatsfonds der ganzen Welt basiert.

In diesem Kapitel haben wir die Beziehungen zwischen kapitalistischen Deterritorialisierungen und Reterritorialisierungen als Antworten auf Territorialisierungen (die Wohlfahrtsstaaten und die „offizielle" Arbeiter:innenbewegung, postkoloniale nationalistische Entwicklungsstaaten) und Deterritorialisierungen (das lange '68 und seine Auswirkungen auf die Geschlechterbeziehungen, rassifizierte, sexuelle und existenzielle Minderheiten, das Wiederaufleben der autonomen und multinationalen „anderen Arbeiter:innenbewegung") der Arbeitskräfte und ihrer Lebensformen erörtert. Auf der Ebene des Unbewussten deliriert der faschistisch-paranoische Pol der Wahrnehmung und Signifikation, welcher dem Wachstum der extremen Rechten in der ganzen Welt (immer angestachelt durch Finanzkrisen und die von ihnen ausgelösten sozialen Umwälzungen) entspricht, im Feld des Sozialen und wittert den

---

260 Verabschiedet von beiden Häusern und unterzeichnet von Präsident Jimmy Carter am 31. März 1980 (Ronald Reagan gewann die Präsidentschaftswahlen im November desselben Jahres).

Kommunismus, wo immer der Schizo-Pol der Deterritorialisierung zum Ausdruck kommt.[261]

Hier finden wir eine solidere Erklärung für die Übereinstimmung zwischen der extremen Rechten und dem stalinistischen oder rotbraunen Konservatismus, wenn wir die (Mikro-)Politik des Wunsches betrachten, die Frustration, Ressentiment und Sadismus gegenüber denjenigen einschließt, die als minderwertig, als Akteur:innen und Nutznießende der Deterritorialisierung wahrgenommen werden (die im Übrigen als eine Verschwörung der üblichen Verdächtigen begriffen wird). Kurzum, eine Mischung aus identitärem schwarzem Loch, faschistischer Verliebtheit in die Kriegsmaschine und heimlichem Neid auf das angenommene Genießen am Werden, am Nomadismus, an der Metamorphose, an der Leichtigkeit und scheinbaren Wurzellosigkeit (der nicht-weißen Feminismen, der Migrant:innen aus dem Süden, der Geflüchteten, der ethnischen Minoritäten, der Prostituierten, der Lesben, der Non-binären oder trans*Personen). Vom Incel, der auf 4Chan Frauen und Transgender belästigt, über den misogynen Streamer, bis hin zum deutschen oder österreichischen Identitären, der in unvermischten Gemeinschaften eine suprematistische Ökologie der Gesellschaft und der Umwelt erschafft, und nicht zu vergessen der stalinistische oder rotbraune *tankie*, der die revisionistische Degeneration des Volkes und die Verschwörungen der „globalistischen Eliten“ durch die verwesende Militärmacht des putinistischen Kremls lösen will: In allen finden wir ein Kontinuum von paranoischen Wunschpositionen, die Kommunismus „wittern“,

261 Vgl. Deleuze & Guattari: *Anti-Ödipus*, S. 475ff.

wo die Deterritorialisierung im instabilen Milieu der kapitalistischen Globalisierung Wunschgefüge und gemeinsame Lebensformen errichtet, die heute, inmitten des ökosystemischen Chaos, Widerstand leisten und unterschiedliche Arten von Gegenverhalten praktizieren.

3. DIE NOTWENDIGKEIT EINES KONSTITUIERENDEN FRIEDENS

Am Anfang, 1914, wurden wir mit Bajonetten und ohne Munition in den Krieg geschickt, damit wir keine Zeit beim Schießen verschwenden… und mit Gendarmen hinter uns, damit wir nicht rückwärts davonlaufen. Ich habe Arschlöcher gesehen, wie sie Typen niedergeschossen haben, die nicht schnell genug liefen! Eine Kugel in den Rücken um das Werk der anderen zu beflügeln. Mein bester Freund wurde grad so neben mir getötet.

Jacques Tardi: C'était la guerre des tranchées (1914–1918), Tournai: Casterman 2014

Seit 2008 sind wir durch die Ereignisse in der Welt dazu gezwungen, die ironische Bemerkung von Marx über Hegel und die Wiederholung der Geschichte weniger leichtfertig zu verwenden. Die Kombination aus der Systemkrise des globalisierten Kapitalismus, neoliberalen Regierungssystemen, wachsendem Autoritarismus, gescheiterten Revolten sowie heftigen Gegenangriffen, globaler Erwärmung und entfesselten Kriegen hat *erneut* das Herz Europas erreicht, mit direkter Beteiligung der beiden größten Atommächte der Welt. Dies lässt vermuten, dass dieses Jahrhundert eine Wiederholung des vorherigen ist, jedoch mit neuen Merkmalen: als eine sich ankündigende Wiederholung eines komplexen und neuartigen Ökosystems, das Kapitalozän oder globales kapitalistisches Ökosystem genannt wird.

Bevor wir jedoch irgendwelche Vorschläge machen, müssen wir den arbeitsrechtlichen, sozialen und psychischen Kontext der EU vor dem Krieg in der Ukraine verstehen. Wir müssen von den Lebensformen ausgehen, die durch die Prekarisierung der Arbeitsverhältnisse und den Zugang zu Rechten entstanden sind, die *in illo tempore* mit der Lohnarbeit im demokratischen Europa nach dem Zweiten Weltkrieg verbunden waren. Diese prekären Arbeitsverhältnisse entsprechen völlig neuen Formen des Regierens. Um das, was (vor allem in den südlichen EU-Ländern) als „Prekarität" bezeichnet und sogar mit dem Begriff „Prekariat" als neue Klassenkonfiguration gefasst wurde, politisch zu verstehen, ist es in Anlehnung an Isabell Lorey notwendig, das Lexem „prekär" in drei nicht zu verwechselnde Dimensionen zu zerlegen: (1) die Prekarität als Ziel und Ergebnis neoliberaler Politiken im Bereich der Arbeitsbeziehungen und des Arbeitsmarktes; (2) das Prekärsein, verstanden als Endlichkeit, Kontingenz und Interdependenz des Menschen; und (3) die Prekarisierung als eine Technik zur Regierung der Lebensweisen der Menschen.[262]

In den letzten dreißig Jahren hat die Zerstörung der sozialen Sicherheit für eine Mehrheit in den EU-Ländern offenbart, wie extrem fragil die Sicherheitsgesellschaften sind, die auf der Vorherrschaft des männlichen, weißen, heterosexuellen, städtischen Arbeiters basieren. Die Niederlage dieses Gravitationszentrums durch die Konterrevolution der 1970er und 1980er Jahre in den NATO-Ländern verursachte das Ende der organisierten Arbeiter:innenbewegung und der mit ihrer Vorherrschaft verbundenen Sicherheit. Das große und schwerwiegende Problem des kritischen Denkens (und der Soziologie) ist gerade die Eindimensionalität, mit der diese Transformation gelesen wurde: Eine eingeschränkte Lesart, die die gesamte Initiative der

262 Vgl. Isabell Lorey: *Die Regierung der Prekären*, Wien: Turia & Kant 2012, S. 25f.

Regierung des Kapitals zuspricht, als wäre sie ein absoluter Souverän, der nach Lust und Laune Sicherheiten und Rechte gewährt und entzieht.

Isabell Lorey und Judith Butler betonen, dass das Ende der sozialen Sicherheit der meisten Familien, die von weißen, heterosexuellen Männern dominiert werden, zeigt, dass diese Jahrzehnte der „Sicherheit ohne Freiheit" innerhalb der patriarchalen Familie ein optischer Effekt waren. Dieser Effekt ähnelt dem, was in der Astrophysik als Gravitationslinse bekannt ist (in dem Sinne, dass sich die Sicherheit „krümmt", wenn sie die patriarchale Familie erreicht, ohne dass sie deren Mitglieder tatsächlich schützt).[263] Diese Sicherheit im Schutz des weißen, heterosexuellen, städtischen, männlichen Familienoberhaupts ließ uns die existenzielle Unsicherheit nicht sehen, die mit den Formen des menschlichen Lebens, mit der Endlichkeit der Körper einhergeht.

Keine Souveränität kann jenen Hintergrund existenzieller Unsicherheit beseitigen, den Lorey das *Prekärsein* nennt. Der sogenannte fordistische (Sicherheits-) Kompromiss war unter diesem Gesichtspunkt nichts anderes als ein klassischer Gesellschaftsvertrag ungleicher Mächte: ein unausgewogener Vertrag zwischen den Kräften des Kapitals und der offiziellen Arbeiter:innenbewegung, der nur der zentralen Gestalt der fordistischen Produktions- und Regulationsweise Sicherheit gewährte. Der Rest der sozialen und produktiven Gestalten (Frauen, Kinder, Migrant:innen, ältere Menschen und andere Subalterne) könnte von einem solchen Sicherheitskompromiss nur in abgeleiteter und degradierter, das heißt subalterner Weise profitieren.

---

263 Ebd.

In diesem langfristigen Rahmen führte der beschränkte Ausweg der umfassenden Pandemie-Mobilisierung zu einer katastrophalen Lähmung der politischen und sozialen Dynamik in der EU und im Rest der Welt. Gleichzeitig haben sich die globalen, regionalen und lokalen Ungleichheiten – von China bis zu den USA, von Deutschland bis Südafrika – während der gesundheitlichen Notlage noch vergrößert. Soweit wir wissen, gibt es einige transnationale Phänomene, die sich diesem Trend der katastrophalen Stagnation widersetzen, insbesondere in der Umgebung dessen, was – *USA (still) rules* – als *Great Resignation* bezeichnet worden ist.[264] In beiden Fällen (Pandemie und neue Kapitalakkumulation) hängt die Ursache der wachsenden Ungleichheiten mit derselben grundlegenden Matrix zusammen: Die medizinische und epidemiologische Antwort auf den globalen Gesundheits- und Bildungsnotstand durch Covid-19 hätte die Unterbrechung der umfassenden kapitalistischen Mobilisierung (der Zwang, unter deren Befehlsmacht zu leben und zu arbeiten, um zu überleben) beinhalten müssen, und es hätte ein allgemeines, persönliches und ausreichendes Grundeinkommen eingeführt werden müssen, was beides nicht geschehen ist. Nun soll die „ökonomische Erholung" – das heißt die

---

264 Vor allem in den USA gibt es das Phänomen, dass Menschen aus eigenem Antrieb und ohne Arbeitsalternativen ihren Arbeitsplatz verlassen, ein Trend, der durch die Covid-19-Pandemie noch verstärkt wurde. Seit 2013 gibt es auf Reddit ein Forum mit dem Namen *Antiwork*, das sich unter dem Motto „Arbeitslosigkeit für alle, nicht nur für die Reichen" dem Leid der Arbeitenden, Alternativen zum *overworking* und den Jobs, die das Leben miserabel machen, widmet. Mit der Wiederaufnahme der Arbeitstätigkeit nach der akuten Phase der Covid-19-Pandemie verzeichnete das Forum einen enormen Anstieg an Beteiligung. Vgl. https://www.reddit.com/r/antiwork/.

neue Kapitalakkumulation – erfolgen: erstens ohne die verheerenden Auswirkungen zu berücksichtigen, die das kapitalistische Management der Pandemie auf die physische und psychische Gesundheit der Arbeitskräfte hatte und immer noch hat; und zweitens ohne die absolute Notwendigkeit zu beachten, die menschliche Aktivität im Allgemeinen und vor allem die kapitalistische Warenproduktion so weit wie möglich zu dekarbonisieren. Denn unabhängig von Rhetorik und Verlautbarungen zeigen die globalen und regionalen Produktionsstatistiken, dass der Verbrauch fossiler Brennstoffe in absoluten und relativen Zahlen zugenommen hat und weiter zunimmt, während die „Erholung" und das Akkumulationsregime des Krieges zunehmend durcheinandergeraten.

Andererseits, wie mehrere neuere Werke (insbesondere die von Andreas Malm und Jason W. Moore, trotz ihrer Differenzen und gegenseitigen Anschuldigungen der Illoyalität) in Erinnerung rufen und belegen: Die Energiefrage, die untrennbar mit der kolonialen und extraktiven Geschichte des Kapitalismus und den damit einhergehenden sozialen und politischen Hierarchien verbunden ist, ist heute eher ein Thema der Politik oder der Wirtschaft. In der hypertrophen Phase des Finanzkapitalismus, der auf der extraktiven Rente basiert, sind die beiden Sphären schwer zu unterscheiden. Die Dimension der Energie ist ein Konzentrat des unaufhebbaren Antagonismus zwischen fossiler und nuklearer kapitalistischer Biomacht sowie den konstituierenden Kräften einer Produktionsweise des Gemeinsamen, die heute die Voraussetzung dafür sind, das menschliche Leben zu reproduzieren – eine Voraussetzung, die unkenntlich gemacht, ausgebeutet, extrahiert und auf den minimalen, mit dem Kapital kompatibelen Ausdruck reduziert ist. In der Energiefrage verdichtet sich die Realität des Kapitalismus, ob demokratisch, faschistisch oder „sozialistisch mit chinesischer Prägung“: Sie ist ein Indikator für den wirklichen Wert des internationalen Rechts und der Menschenrechte, wenn es darum geht, den Prozess der kapitalistischen gesellschaftlichen Produktion und Reproduktion zu nähren. Letztlich, man denke an die Kernenergie, ist deren bloße Existenz als Energieressource nicht nur ein Versuch des autoritären Staates, sich (selbst) zu erhalten, sondern eine Erpressung für die Ewigkeit.

In diesem allgemeinen Kontext von existenzieller Unsicherheit, Prekarität und nuklearer Bedrohung bedeutet die gegenwärtige Verschärfung der Konfrontation zwischen den regionalen Blöcken des globalen Kapitalismus eine Erpressung durch Angst: Es ist eine ethische Erpressung, entweder Kompliz:innen des Massakers an der ukrainischen Bevölkerung zu sein oder Untertanen des „globalistischen Projekts“ eines dekadenten Westens, gemäß den manichäischen Darstellungen der lagerförmigen Logik. Dass jedoch die Folgen des Krieges das Zentrum Europas erreichen und uns plötzlich daran erinnern, dass dies ein Normalzustand in den rund 30 bewaffneten Konflikten ist, die gegenwärtig in verschiedenen Teilen der Welt stattfinden, sollte uns darauf aufmerksam machen, welcher Erpressung wir ausgesetzt sind.

Die Kriegsmetamorphose des Green New Deal

Vor dem Hintergrund der Niederlage der Arbeiter:innenbewegung, der postpandemischen sozialen Lähmung und der neuen Dynamik der fossilen und nuklearen

Biomacht erhalten die Illusionen von der „Rückkehr des Staates“ und dem „Ende des Neoliberalismus“ (die bereits bei der Finanzkrise von 2008, zwölf Jahre vor dem Ausbruch der Covid-19-Pandemie, erklangen) eine neue Bedeutung, wenn sie in den Kontext der vorherrschenden Narrative des kommenden Akkumulationsregimes des Krieges gestellt werden.

Wir müssen uns diese Hintergründe vor Augen halten, vor allem aber die Fragen, die wir weiter oben bezüglich des „Kriegssozialismus“ der deutschen SPD im Ersten Weltkrieg sowie dessen Korrelate der totalen Mobilisierung behandelt haben. Das ist unerlässlich, um einerseits erneut die Unzulänglichkeit der keynesianischen und sozialistischen Kritik am Neoliberalismus aufzuzeigen und andererseits die Widersprüche zu untersuchen, die sich auftun, wenn eine Kreditaufnahme von 1,8 Billionen Euro erfolgt (der Betrag, der im NextGenerationEU-Plan für die nächsten sieben Jahre vorgesehen ist). Diese wird nun als Versuch umgestaltet, die Finanz- und Steuerpolitik der 27 EU-Mitgliedsstaaten zu koordinieren und in die Energie- und Lebensmittelmärkte einzugreifen, um die Auswirkungen jener Rezession einzudämmen, die durch die kriegerische Politik des Europäischen Rates und der Europäischen Kommission ausgelöst wurde.

Was vor der russischen Invasion in der Ukraine noch zaghaft und widersprüchlich[265] erschien, steht nach der Entscheidung des Kremls nun fest und ist kaum noch umkehrbar. In dieser Hinsicht sind die subalternen Klassen mit drei Vereinnahmungsmanövern konfrontiert:

---

265 Erinnern wir uns an das Zögern – Frankreichs und Deutschlands – und den Druck – intern durch die Visegrád-Gruppe und extern durch die britischen und US-amerikanischen Verbündeten.

(1) der Rahmen des von der Europäischen Kommission geförderten „Einkommenspakts", der durch Energiepreisobergrenzen gestützt wird;[266] (2) die Gewinnbegrenzung der Energiekonzerne[267] (wie im Falle der Maßnahmen der deutschen Ampelregierung, die 65 Milliarden Euro bereitstellen wird, um die Folgen der Inflation durch sektorale Hilfspakete abzufedern);[268] und (3) der „grüne Wandel",

---

266 Im Königreich Spanien konzentriert sich das Vereinnahmungsmanöver neben dem Einkommenspakt zwischen Arbeitgeber:innen und Gewerkschaften, einer Art Moncloa-Kriegspakt, auf die Sondersteuer auf Strom, die an die Stelle einer Erhöhung der direkten und regressiven Steuern wie der Mehrwertsteuer, einer Erhöhung der Steuerlast für Beamt:innen und Rentner:innen oder einer Verlangsamung des Anstiegs des Mindestlohns treten würde. Der Rahmen des Einkommenspakts wird auch aufgrund einer allgemeinen Zunahme der kollektiven Konflikte in der abhängigen Arbeit vorgeschlagen, wie die Statistiken des spanischen Ministeriums für Arbeit und Sozialwirtschaft bis Juli 2022 zeigen, mit einem sehr deutlichen Anstieg der nicht geleisteten Arbeitsstunden, der Anzahl der Streiks und der Beteiligung, insbesondere im privaten Sektor. Vgl. https://www.mites.gob.es/estadisticas/hue/hue22julpublicacion/hue_SS_07_22.pdf.

267 Der Mechanismus der Gaspreisbildung in Europa ist nach wie vor rein spekulativ und wird von den Preisen für Derivate und Terminkontrakte auf künftige Preise (und nicht von den Produktionspreisen) beherrscht. Die Ankündigung der russischen Gasentkopplung hat den Aufwärtstrend verstärkt, der bereits vor der russischen Invasion bestand, aber nicht verursacht.

268 Das deutsche Modell ist hinsichtlich des Begriffs der „politischen Klientel" des deutschen Ökonomen Marcel Fratzscher sehr interessant, da es aufgrund seines politischen Gewichts als Hauptbezugspunkt für die Gestaltung der Richtlinien der Europäischen Kommission dient. In diesem Fall ist das Interesse noch größer, weil es aus einer Dreierregierung aus Sozialdemokratie, Grünen und Liberalen besteht, die durch einen nahtlosen Atlantizismus geeint, aber durch die steuerlichen Folgen des Kriegsspiels für ihre politische Klientel gespalten sind. Das Modell des „Klientelismus bei den Sozialausgaben" zielt nicht darauf ab, mit seinen Maßnahmen den sozioökonomischen Wandel zu erleichtern, indem es Koalitionen für den Kampf um gemeinsame Interessen fördert, wie zum Beispiel einen Mindestlohn (der auch auf Scheinselbstständige, Hausangestellte und Abhängige ausgedehnt würde); oder erst recht ein individuelles,

der von der dominanten Rolle des Staates bei der Energiepreisgestaltung, der indikativen (das heißt unverbindlichen) Planung, der öffentlichen Festlegung von ESG-Faktoren (*Environmental, Social and Governance*) bei Investitionen sowie bei öffentlich-privaten Investitionen in die Infrastruktur und der Koordinierung zwischen Geld- und Steuerpolitik geprägt ist. Es gibt zwei wesentliche Gründe, diese Maßnahmen als Vereinnahmungsmanöver zu bezeichnen: Sie beruhen darauf, die Klassenkämpfe subalterner Klassen auszuschalten, und gehen vom Gehorsam gegenüber der imperialistischen Metamorphose des euro-atlantischen Systems unter dem Kriegsregime aus.

Gleichwohl ist die Konjunktur ambivalent. Vergessen wir nicht, dass es ein augenscheinliches Paradox gibt zwischen dem europäischen Rahmen, der kollektive Konflikte begünstigt (was deutlich im Vorschlag für eine Mindestlohnrichtlinie in den EU-Ländern zum Ausdruck kam, den die Europäische Kommission im Oktober 2020, auf dem Höhepunkt der Covid-19-Pandemie, ausarbeitete),[269] und dem Widerstand der europäischen Arbeitgeber:innen. Dies gilt sowohl in Ländern mit größerem industriellem Gewicht wie Deutschland (und in geringerem Maße Italien) als auch in den eher extraktiven und dienstleistungsorientierten Ökonomien

---

universelles und bedingungsloses Grundeinkommen, das an die Preisentwicklung angepasst würde. Im Gegenteil, basiert es auf einer klientelistischen Dynamik: ein ermäßigter Preis für den Basisstromverbrauch der Haushalte, eine 1,5 Milliarden schwere Subvention für Fahrkarten des öffentlichen Nahverkehrs oder eine Finanzspritze von etwa 300 Euro für Rentner:innen sowie 200 Euro für Studierende. All dies wird zum Teil durch die Besteuerung „zufälliger" Gewinne der Energieunternehmen finanziert.

269 Vgl. Europäische Kommision: *Employment, Social Affairs and Inclusion*, „Adequate minimum wages in the EU", unter: https://ec.europa.eu/social/main.jsp?catId=1539&langId=en.

mit geringer Wertschöpfung und Produktivität wie in Spanien, Portugal oder Griechenland.[270] Diese Ambivalenz der Europäischen Kommission ist ein charakteristisches Merkmal ihres nicht nur technokratischen und administrativen Wesens, sondern auch als grundlegende Operatorin einer schattenhaften kapitalistischen Governance. Es handelt sich um ein Organismus, der in der Lage ist, Spannungen sowie widersprüchliche (und sogar unvereinbare) Interessen zwischen Staaten, sozialen Gruppen, Unternehmen und Wirtschaftssektoren zu bewältigen, Teillösungen anzubieten und die Lösung von Widersprüchen durch Richtlinien, Verordnungen und Empfehlungen voranzutreiben: Seit der Unterzeichnung der Einheitlichen Europäischen Akte im Jahr 1986 liegt darin sein relativer Erfolg.

Doch nun müssen die Europäische Kommission und ihre Präsidentin den „europäischen Traum" mit der Mobilisierung von Staaten, Regionen, Unternehmen und der „Zivilgesellschaft" unter Kriegsanstrengungen vereinbaren. Sie müssen zusammen mit der EZB dafür sorgen, dass der gesellschaftliche Zusammenhalt nicht unterminiert wird: durch die Inflation (nicht bei den Löhnen), die eine Rezession verursacht; den Rückgang der Industrietätigkeit aufgrund von Sparmaßnahmen bei Gas und Öl; die Erhöhung der Leit- und der Hypothekenzinsen;

---

270 In Spanien wiederum erklärt dies das sekundäre Paradox einer Regierungsagenda sozialer und bürgerrechtlicher Maßnahmen der Koalitionsregierung, die ohne Mobilisierungen und Streiks der wichtigsten Gewerkschaften vorankommt (insbesondere die Gesetzgebung zum Mindestlohn oder die Ratifizierung des ILO-Übereinkommens 189 über die Arbeitsrechte von Hausangestellten). In diesem Sinne gab es eine klare Synergie zwischen der reformistischen Agenda von *Unidas Podemos* und der konjunkturellen Agenda der Europäischen Kommission während (und seit) der Covid-19-Pandemie.

die Steigerung der Militärbudgets auf die von der NATO geforderten zwei Prozent; die sozialen und ökologischen Auswirkungen des erhöhten Verbrauchs fossiler Brennstoffe, „während der Übergang zu grünem Wasserstoff voranschreitet"; oder den Zusammenbruch der europäischen diplomatischen Unabhängigkeit, die in den Dienst der NATO gestellt wird und unverfroren mit zynischen Doppelstandards in der Verteidigung der Menschenrechte agiert.

Es ist daher denkbar, dass die europäische Governance diesmal nicht in der Lage sein wird, Interessen und Spannungen angemessen zu managen und auszugleichen, und dass Kipppunkte bezüglich des einheitlichen Handelns europäischer Regierungen bevorstehen. Das liegt daran, dass es nicht möglich ist, die finanziellen, politischen und sozialen Auswirkungen des Kriegsregimes auf 27 Länder zu verteilen, deren Kapazitäten, das Kriegsengagement aufrecht zu erhalten, sehr unterschiedlich sind, die sehr ungleiche Wahrscheinlichkeiten für einen sozialen Aufstand haben und deren Regierungen ihren eigenen Fortbestand aufs Spiel setzen, wenn sie die sozialen Interessen ihrer Wähler:innenschaft oder ihrer Energiekonzerne zu sehr vernachlässigen. Der Druck der baltischen Länder und der Visegrád-Gruppe sowie der externe Druck des Vereinigten Königreichs und der USA und natürlich Kiews werden zur Flucht nach vorn und damit erheblich zu einer lokalen und regionalen Rückkopplungsschleife zwischen soziopolitischem Unbehagen und der Verschärfung des Kriegsregimes beitragen.

Das Szenario des Zusammenbruchs ist bereits in dem Widerspruch zwischen (1) dem Versuch angelegt, die Preise auf den Energiemärkten durch eine Veranlagung ihrer außerordentlichen Gewinne zu kontrollieren, um die Inflation einzudämmen und Mittel für die nationalen öffentlichen Kassen zu generieren, und (2) der völligen Freiheit und Straflosigkeit der Kapitalmärkte, des euro-atlantischen makrofinanziellen Konzeptes, das auf dem von Daniela Gabor sogenannten *„derisking state“* beruht. Hinzu kommt der jüngste „monetaristische“ Umsturz innerhalb der EZB, der mit der Bekämpfung der Inflation begründet wird, die sowohl in den USA als auch in der EU auf lohnunabhängige Faktoren zurückzuführen ist, das heißt auf die Aufrechterhaltung der Unternehmensgewinne und den Anstieg der Marktpreise für Energie und Getreide (der durch den Krieg in der Ukraine verstärkt, aber nicht provoziert wurde).

Die Stunde der Falken

Die Koalition, die von den ordoliberalen Hochburgen in der EU[271] (Finanzfachleute, Spekulant:innen, *shadow bankers* und Merkantilisten aus Deutschland, Holland und Italien) die Macht übernommen hat, antwortet auf die Zinserhöhungen der US-Notenbank und die daraus resultierende Stärkung des US-Dollars und der US-Staatsanleihen mit denselben Waffen: die Stützung deutscher und niederländischer Anleihen, die Eindämmung der Inflationsfaktoren aufgrund des Wechselkursgefälles auf den Schieferöl- und Gasmärkten sowie auf den wichtigsten Rohstoffmärkten und, wenn wir schon dabei sind, die Entfesselung einer Rezession, die jeglichen Lohndruck *ab ovo* beseitigen wird.

---

271 Die Deutsche Bundesbank und die Nederlandsche Bank in den Händen von Jens Weidmann bzw. Klaas Knot. Und dann wäre noch ein gewisser Luis de Guindos, derzeitiger Vizepräsident der Europäischen Zentralbank, und ein augenfälliges Beispiel dafür, dass das Finanzkapital, wie das Proletariat, keine Heimat hat.

Die Unvereinbarkeit zwischen der Anhebung der Zinssätze und der sukzessiven Verkettung der öffentlichen und privaten Verschuldungsprozesse ist leicht zu erkennen.[272] Dies ist der Vorbote eines (sekundären?) Widerspruchs zwischen den beiden möglichen Kriegsregimen. Eines, das atlantisches Engagement, Aufrüstung, sozialen Zusammenhalt und grünen Wandel mittelfristig unter einen Hut bringen will (aber wegen der „russischen Erpressung" auf fossile Brennstoffe zurückgreift), und das auf die Koordination von dekarbonisierender Finanzpolitik und Kapitalmärkten setzt, die sich der Führung der EZB verpflichtet haben.[273] Und ein anderes,

---

272 Ausgelöst durch die Reaktion Europas und der USA auf die tiefgreifende Rezession, die durch das neoliberale Management der Covid-19-Pandemie verursacht wurde. Dies führte zu einem beschleunigten Konsens für den Start des mehrjährigen Programms *NextGenerationEU* 2021–2027, das sich zusammen mit dem langfristigen EU-Haushalt für denselben Zeitraum auf knapp über zwei Billionen Euro beläuft.

273 Im Juli 2022 veröffentlichte die EZB die Maßnahmen, die sie zwischen 2022 und 2026 ergreifen wird, um die Dekarbonisierungsziele in ihre Politik des Ankaufs von Staats- und Unternehmensanleihen einzubeziehen und gleichzeitig ihr grundlegendes Ziel, um die Preisstabilität zu gewährleisten. Die Maßnahmen bestehen im Wesentlichen aus (1) dem Ankauf von Anleihen der Unternehmen mit den besten Dekarbonisierungsbilanzen und der Reinvestition von Tilgungen in ebendiese („In jedem Fall wird das Volumen der Ankäufe von Unternehmensanleihen weiterhin ausschließlich von geldpolitischen Überlegungen und ihrer Rolle bei der Erreichung des Inflationsziels der EZB bestimmt."); (2) ein Sicherheitssystem, das den Prozentsatz der Vermögenswerte von Unternehmen mit einem hohen CO_2-Fußabdruck begrenzt, die bei Kreditgeschäften mit der EZB als Sicherheiten hinterlegt werden können (diese Vermögenswerte werden auch Abschlägen unterworfen, die auf der Bewertung ihres Klimawandelrisikos basieren); (3) die Anforderung, die im Februar 2022 angekündigte, aber noch nicht umgesetzte Richtlinie der Europäischen Kommission über die Nachhaltigkeitsberichterstattung von Unternehmen (CSRD) einzuhalten; und (4) die verbesserte Bewertung von Klimawandelrisiken und ihre Einbeziehung in ihre Vermögensbewertungen. Vgl. https://www.ecb.europa.eu/press/pr/date/2022/html/ecb.pr220704-4f48a72462.de.html.

welches das atlantische Engagement mit einer Attacke auf den sozialen und territorialen Zusammenhalt der EU verbinden will, das die totale Vorherrschaft des ordoliberalen makrofinanziellen Modells zur Bekämpfung des öffentlichen Defizits und der Inflation (bei Löhnen und Sozialausgaben) wiederherstellt und somit die sozialen und dekarbonisierenden Aspekte der NextGenerationEU der „Haushaltskonsolidierung" unterordnet. Letzteres wäre ein Kriegsregime, das von der deutsch-niederländisch-luxemburgischen Allianz des Profitdenkens und Merkantilismus beherrscht würde. Diesmal ist es jedoch schwer zu erkennen, wie der ordoliberale Vorwand, ein minimales soziales Sicherheitsnetz aufrechtzuerhalten, bestehen kann, wenn die Grundlagen des um die Jahrhundertwende geschaffenen deutschen Modells durch den Krieg in der Ukraine unbrauchbar geworden sind.[274] Die Hoffnung dieser zweiten Form des Kriegsregimes besteht darin, den finanziellen und sozialen Preis der Sparpolitik auf die am stärksten verschuldeten EU-Länder abzuwälzen, indem deutsche Staatsanleihen gestärkt werden – eine zwanghafte Wiederholung der deutschen Politik nach der Finanzkrise 2008. Und das zu einer Zeit, in der Deutschland die schwerste wirtschaftliche, soziale und institutionelle Krise seit der

274 Das deutsche Modell, das mit der „sozialdemokratischen" Regierung Gerhard Schröders – einem funkelnagelneuen Multimillionär im Dienste von Gazprom, neben anderen wie Volker Rühe (CDU) – geboren wurde, basierte im Wesentlichen auf: (1) einem ordoliberalen Euro gegen expansive Sozialausgaben, unter dem Vorwand der Inflationsgefahr, die als Vorzimmer der Hölle gilt; (2) dem Vorhandensein eines billigen in- und ausländischen Arbeitsmarktes dank des in Deutschland mit den Hartz IV-Reformen der Regierungen zwischen 1998 und 2005 durchgeführten „sozialen Kahlschlags" und der Auslagerung von Wertschöpfungsketten in östliche Länder; sowie (3) billiger Energie des russischen Freundes.

Wiedervereinigung 1991 erlebt. Es ist also mit großen Umwälzungen im Parteiensystem (und seinen gesellschaftlichen Verbindungen) der „europäischen Lokomotive" zu rechnen.

Das Kriegsregime hat also zu einer übergreifenden Spaltung des gesamten politischen und institutionellen Spektrums in Deutschland geführt, von der extremen Linken bis zur extremen Rechten, in den Gewerkschaften und in den Arbeitgeber:innenverbänden. Der enorme soziale Preis, der zu zahlen ist, erhöht die Wahrscheinlichkeit von Verwerfungen, die sich bereits vor dem Krieg abzeichneten. Diese Dynamik zeigt sich besonders im Osten des Landes, wo die rechtsextreme AfD zu einem Anziehungspunkt für Wähler:innenanteile und gewisse Bereiche des politischen Personals der rechten CDU sowie Teile der Partei Die Linke wird. „Wenn wir als Land, als *Nation* zusammenhalten, werden wir durch diese Zeit kommen",[275] sagte Bundeskanzler Scholz im September 2022. Es ist symptomatisch, dass in Deutschland ein so problematischer Signifikant wie „*Nation**" im Zentrum des Diskurses über soziale Unruhen angesichts von Energieknappheit, der Schließung kleiner und mittlerer Unternehmen und Lohndruck steht. Auf der anderen Seite der historischen Achse der europäischen Gemeinschaften dramatisiert Macron das „Ende des Überflusses und der Sorglosigkeit" und ist bereit, den Notstand auszurufen, wie jedes Mal, wenn in den letzten Jahren soziale Proteste in die Öffentlichkeit getragen wurden.

In dieser neuen Drehung der neoliberalen Schraube fungieren die Staatskassen als Sicherheiten für

275 Vgl. „Wenn wir als Nation zusammenhalten, werden wir durch diese Zeit kommen", in: *Die Welt*, 7. September 2022 (Herv. des Autors).

Kapitalmärkte, die vollständig von einer „Schattenbank“[276] beherrscht werden, deren Bilanzhierarchie (Verschuldungskette) mit der Staatskasse als letztem Schuldner endet. Aber auch wenn es sich um eine Architektur handelt, die die Schaffung aller Arten von Finanzprodukten ermöglicht (unter anderem Hypothekenschuldverschreibungen, Kohlenstoffanleihen oder Anleihen für Projekte im Bereich der erneuerbaren Energien), ist es wichtig, den Präzedenzfall der Finanzkrise 2008 nicht aus den Augen zu verlieren. Damals fungierten die öffentlichen Kassen als letzte Garantie der Kapitalmärkte zum Preis eines sozialen Massakers, und erst die monetäre Expansion der EZB und später die Lockerung des Europäischen Fiskalpakts ermöglichten durch massive Verschuldung der privaten und öffentlichen Haushalte eine Flucht nach vorn. All dies wurde bis vor kurzem durch negative Zinssätze aufrechterhalten, ohne dass sich an der Struktur der vollständigen Vorherrschaft der privaten Finanzen über die öffentlichen Kassen auch nur ein Jota geändert hätte.[277]

Später brachte die Covid-19-Pandemie eine neue brutale Rezession im Rahmen einer monetären Expansion, die von der parasitären Rendite der privaten Finanzmärkte beherrscht wurde, und zwang die Regierungen zu einer Rückkehr zum „fiskalischen Aktivismus“, wie Daniela Gabor argumentiert:

---

276 Nicht regulierte Organisationen und Praktiken bei der Kreditvergabe: Private-Equity-Fonds, Socimis/REITs, Versicherungsgesellschaften, Unternehmen und Banken, die außerbilanzielle Kredite vergeben, etc.

277 Erinnern wir uns an die Verschlechterung der Lebensbedingungen und -Erwartungen derjenigen ohne Kapitalbesitz.

> „Selbst bei der monetären Finanzierung innerhalb des derzeitigen makrofinanziellen Rahmens, die ausdrücklich zur Verringerung der Kosten der Staatsverschuldung eingesetzt wird, werden die Parameter der Zentralbankunterstützung ohne jegliche Koordinierung mit den Finanzbehörden festgelegt, und richten sich stattdessen nach opaken Kriterien, die sich auf die private Kreditschöpfung konzentrieren. Diese opake Regelung ist in Ländern, in denen sich sowohl die Regierung als auch die Zentralbank zunehmend im Kampf gegen die Klimakrise engagieren, politisch nicht aufrechtzuerhalten, da sie den politischen Protest derjenigen hervorruft, die der Rückkehr der fiskalischen Dominanz skeptisch gegenüberstehen oder derer, die die Welt weiterhin durch eine monetaristische Brille betrachten. Wenn die monetäre Finanzierung den grünen Zielen untergeordnet werden soll, braucht sie einen eigenen kohärenten Rahmen, der Instrumente nicht mit politischen Maßnahmen verwechselt."[278]

In der Rhetorik der Europäischen Kommission und ihrer Präsidentin werden jedoch die zivilisatorischen Kriegsanstrengungen und der europäische Green New Deal weiterhin als miteinander vereinbar (und sogar als synergetisch) betrachtet. Dies zeigen die Erzählungen, die den REPower-Plan der EU mit dem Wiederaufbau der Ukraine verbinden. In ihrer Rede auf dem Strategieforum in Bled (Slowenien) am 29. August 2022 erzählte die Präsidentin in (pseudo-)churchillianischer Manier von der strahlenden Zukunft, die nach der Aufopferung nicht nur die Ukraine erwartet, die dank multilateraler

---

278 Vgl. Daniela Gabor: *Revolution Without Revolutionaries: Interrogating the Return of Monetary Financing*, Berlin: Transformative Responses to the Crisis, 2021, S. 31, unter: https://transformative-responses.org/wp-content/uploads/2021/01/TR_Report_Gabor_FINAL.pdf.

Investitionen frei, wohlhabend und grün sein wird, sondern auch ein „demokratischer" Balkan. Diese Rede von Ursula von der Leyen ist besonders interessant, weil sie alle innen- und außenpolitischen Herausforderungen der EU unter dem Narrativ des Krieges der demokratischen Zivilisation, nicht nur gegen Russland, sondern auch gegen China, zusammenfasst. Es ist eine Konjunkturdarstellung, in der die russische Erpressung durch Öl und Gas die Demokratisierung[279] verhindert und der „grüne Wandel" (der mit Demokratie und Zivilisation identifiziert wird) der Erpressung durch den chinesischen Hegemon gegenübersteht:

> „Der ökologische und der digitale Wandel werden unseren Bedarf an Rohstoffen – etwa Lithium für Batterien oder Silizium für Mikrochips und seltene Erden – massiv erhöhen, um Magnete für Elektrofahrzeuge und Windturbinen herstellen zu können. Die Nachfrage könnte sich bis 2030 verdoppeln. Wenn wir uns die europäische Nachfrage nach Lithiumbatterien ansehen, so dürfte diese zwischen 2020 und 2025 jährlich um 40 Prozent steigen – ein Anstieg der Nachfrage von 40 Prozent pro Jahr. Die gute Nachricht ist: Dadurch schreitet der europäische Grüne Deal voran. Die weniger gute Nachricht ist: Der Markt wird von einem einzigen Land beherrscht. Von den 30 kritischen Rohstoffen kommen zehn vornehmlich aus China. Wir müssen also vermeiden, in dieselbe Falle wie bei Erdöl und Erdgas zu tappen. Wir sollten uns nicht von einer Abhängigkeit

279 Dies ist der größte Akt des außenpolitischen Revisionismus gegenüber der UdSSR und Russland in den letzten 50 Jahren, ganz zu schweigen von der Desavouierung der Politik der ehemaligen Bundeskanzlerin Angela Merkel, in deren Regierung Ursula von der Leyen zwischen 2013 und 2019 als Verteidigungsministerin tätig war.

> in die nächste begeben. Wir müssen daher sicherstellen, dass uns der Zugang zu diesen Waren nicht erpressbar macht."[280]

In der selben Rede wird die strategische Herausforderung der europäisch-atlantischen Zivilisation (vergessen wir nicht, dass 2022 sowohl die NATO als auch das Pentagon die Einstufung Chinas als strategische Bedrohung ratifiziert haben) mit dem sogenannten *Global Gateway* verbunden.[281] Diese europäische Alternative zur neuen chinesischen Seidenstraße würde den europäischen und den G7-Konzernen viele Möglichkeiten in Form großer Infrastrukturen in den Partnerländern der EU und in verarmten Ländern bieten (natürlich grün, transparent, mit Fokus auf Sicherheit und sehr demokratisch, im Einklang mit der zivilisatorischen Rhetorik). An diesem Punkt wird Afrika erneut zum Schauplatz von Konflikten zwischen geopolitischen und neokolonialen Blöcken, die um seine Ressourcen kämpfen. Der Kontinent befindet sich in einer Position, die er seit den Jahrzehnten vor dem Ersten Weltkrieg nicht mehr eingenommen hat, da die Folgen des Kalten Krieges auf dem afrikanischen Kontinent (eine Zeit der Entkolonialisierung und der nationalen Befreiungs- und Entwicklungsprojekte) nicht so direkt mit der Ausbeutung von Ressourcen und dem Extraktivismus der USA, Frankreichs sowie des Vereinigten Königreichs (und noch weniger der UdSSR und Chinas) verbunden waren.

---

280 Vgl. „Grundsatzrede von Präsidentin von der Leyen beim Strategischen Forum Bled", 29. August 2022, unter: https://ec.europa.eu/commission/presscorner/detail/de/SPEECH_22_5225.

281 Vgl. Europäische Kommission: „Global Gateway", unter: https://commission.europa.eu/strategy-and-policy/priorities-2019-2024/stronger-europe-world/global-gateway_de.

Der Green New Deal ist kaputt

Vor dem Hintergrund des „europäischen Traums", der nun als „Kriegsgrund" gilt, und angesichts des Scheiterns der COP26 in Glasgow[282] ist der Nachhall, den die Veröffentlichung des sechsten IPCC-Berichts im August 2021 bei denjenigen auslöst, die noch empfänglich dafür sind, ohrenbetäubend.[283] In der europäischen (und auch der spanischen) politischen Realität wird es aus zwei Hauptgründen zunehmend stickig: der Unfähigkeit, politisch zu sagen, wie unerträglich die Situation ist, das heißt, dass die globale kapitalistische Machtstruktur *bereits dabei ist*, einen beispiellosen Ökozid zu produzieren (mit Aussichten, dass dieser irgendwann auch die menschliche Spezies mit einbezieht); und der Unfähigkeit der großen gesellschaftlichen Mehrheiten zu der Art von subjektiver Mutation, die einen emanzipatorischen Ausweg *in und gegen* die Folgen der Beschleunigung der globalen Erwärmung ermöglichen würde.

---

282 UN-Klimakonferenz in der schottischen Stadt im Oktober/November 2021. Nur die schottische Erste Ministerin Nicola Sturgeon brachte das entscheidende Thema zur Sprache: den direkten Transfer von Geldern aus dem Norden in den Süden, und zwar nicht in Form von Hilfe, Investitionen oder Krediten, sondern als Wiedergutmachung für die durch die Treibhausgasemissionen der überentwickelten Länder verursachten Schäden.

283 Die Veröffentlichung des ersten Berichts des sechsten IPCC-Gremiums (*Intergovernmental Panel on Climate Change*) im August 2021 bedeutet etwas ebenso Grundlegendes wie Dringendes: Wir müssen alles aufs Spiel setzen, um einen emanzipatorischen Ausgang in eine neue Phase der Menschheit auf dem Planeten Erde zu finden. Die Bedrohung ist völlig unumkehrbar, obgleich sie in ihren schlimmsten Auswirkungen abgemildert werden kann, wenn, wie im Bericht gefordert, ein Anstieg der globalen Durchschnittstemperatur über 1,5°C oder 2°C durch eine drastische und sofortige Reduzierung der Treibhausgasemissionen verhindert wird.

Eine drastische Senkung, wie sie im Sechsten Bericht empfohlen wird, ist *unmöglich*. Dies liegt schlicht und ergreifend an der biopolitischen Ordnung: Wir sind nicht in der Lage, *ex nihilo* eine soziale und politische Kraft zu organisieren, die in der Lage ist, die ökologische Maschine des Kapitals auf praktisch dem gesamten Planeten zu stoppen. In diesem Sinne sind die IPCC-Empfehlungen nicht an sich politisch, doch das ändert nichts an ihrem Charakter als „extrem wahrscheinliche Vorhersagen". Folglich wäre es für jede emanzipatorische Instanz ein Fehler, sie nicht zum Polarstern und Referenzpunkt für die Kritik des Kapitalismus als solchem zu machen. Das ist eine notwendige, aber nicht hinreichende Voraussetzung: Jede Diskussion, die das Kriegsregime nicht berücksichtigt, so der Fall in der Polemik zwischen Kollapsist:innen und Klimareformer:innen, führt in eine Sackgasse.

Wenn wir uns also die Mühe machen, die Empfehlungen des Sechsten Berichts in eine Reihe möglicher politischer Maßnahmen zu übersetzen, ist der Green New Deal das erste Problem, das wir angehen müssen.[284] Und er ist das Hauptproblem, denn sowohl

284 Illusionen sind kurzlebig in unserer Zeit. Es hat nicht lange gedauert, bis der Europäische Grüne Deal und seine progressive Alternative, der GND, zu einer ausgehöhlten, vergeblichen Möglichkeit derjenigen wurden, die vorgeben, es gäbe einen systemischen Ausweg aus dem Kapitalismus mit sozialen und ökologischen Rechten. Das sozialdemokratische Projekt ist auseinandergefallen und wurde durch ein Akkumulationsregime für den Krieg ersetzt: ein militaristischer GND (wenn auch nur eingeschränkt, da die Löhne nicht aufrechterhalten werden). Ein Kriegsregime, das nicht nur die Dekarbonisierung absagt, sondern zudem die US-amerikanische Frontstellung aus der Zeit vor dem Bürgerkrieg aufnimmt und darauf ausgerichtet ist, die großen globalen imperialen Blöcke abzugrenzen und China in die Enge zu treiben, indem es Ambiguitäten in den Schwellenländern beseitigt.

auf europäischer Ebene (von der spanischen bis zur deutschen Regierung, von den Parteien links von der Sozialdemokratie bis zur rechten Mitte und zu einem großen Ausmaß von Seiten der derzeitigen Europäischen Kommission) als auch in den Vereinigten Staaten (von einem beträchtlichen Teil der Koalition, die Joe Biden zum US-Präsidenten gemacht hat) wurde diese Bezeichnung akzeptiert, um den neuen Charakter des Sozialpakts für eine *weitere kapitalistische Entwicklung* zu benennen. Ein Abkommen, in dem theoretisch eine substanzielle Dekarbonisierung der Wirtschaftstätigkeit Hand in Hand mit einer Stärkung der direkten und indirekten Umverteilungsformen der Profite eines zunehmend „grünen" Kapitalismus gehen würde.[285]

Um den GND-Rahmen als (verderbliche) Illusion zu qualifizieren, gibt es mehrere Linien und Ebenen der Kritik. Aus historischer Sicht lässt sich der Vergleich mit dem Rooseveltschen *New Deal* (und mit den verschiedenen Formen des Sozialpakts in Westeuropa nach dem Zweiten Weltkrieg) aus drei wesentlichen Gründen nicht aufrechterhalten.

Der erste ist, dass der große westliche kapitalistische Reformismus des 20. Jahrhunderts nicht verstanden werden kann, ohne einerseits die tödliche Bedrohung dieser

---

285 Man denke beispielsweise an den aktuellen Trend zu Allianzen zwischen dem öffentlichen, dem kommunalen und dem privaten Sektor bei der Errichtung von Anlagen zur Erzeugung erneuerbarer Energien mit geteilter Planung, geteiltem Eigentum und Management, wie sie das norwegische Staatsunternehmen Statkraft, der größten Erzeuger erneuerbarer Energien in Europa, auf der Iberischen Halbinsel initiiert (vgl. https://www.statkraft.es). Bei dieser Art von Verfahren ginge es um die Konkretisierung eines demokratischeren und partizipatorischen grünen Wandels, gestützt auf ein Gegengewicht, das Kooperativen von Kleinproduzent:innen und Gemeinden ausüben können.

Produktionsweise durch den Erfolg der Oktoberrevolution von 1917 zu berücksichtigen (gegen die im Übrigen das große europäische Industrie- und Finanzkapital dem Faschismus und dem Nazismus nachgab). Andererseits gab es eine tief in der arbeitenden Bevölkerung verwurzelte Bewegung mit ihrer eigenen Organisation, ihren Institutionen und Kulturen, die dazu fähig war, die Balance zugunsten des Sozialismus zu verändern.

Der zweite Grund ist, dass das fordistische Produktions-, Distributions- und Konsumtionsregime, aber auch die westliche Finanzarchitektur (Bretton Woods) und die damit einhergehenden demografischen Dynamiken (hohe Wachstumsraten und Tendenz zur Vollbeschäftigung) nicht mit denjenigen vergleichbar sind, die für den GND-Rahmen grundlegend zu sein scheinen. Seine moderaten Wachstums- und Beschäftigungsraten sind – wenn man sich keinen Illusionen hingibt – die Bedingung für jeden möglichen GND im Rahmen der gegenwärtigen Kapitalismen, China eingeschlossen. Hier könnte man einwenden, dass der Staat sowohl im New Deal als auch im GND ein zentraler Akteur ist, wenn es um die Bildung der Gesamtnachfrage und somit der Korrektur (Steuern, Investitionen, Umverteilung durch den Wiederaufbau der sozialen Absicherung) von Ungleichheiten hinsichtlich des Zugangs zu hochwertigen Arbeitsplätzen geht, die der sogenannte grüne Wandel des Kapitalismus notwendigerweise mit sich bringt. Aber dieser Einwand lässt sich schnell und einfach gleich zweimal widerlegen: Zum einen ist die *puissance* des mit relativer Finanz- und Steuerautonomie ausgestatteten Wohlfahrtsstaates mit dem Maastricht-Europa weggefallen. Zum anderen hat die Fähigkeit, Druck auszuüben – oder vielmehr die Fähigkeit zur Gegenmacht –, die die Arbeiter:innenbewegung im Rahmen des New Deal und des Europas der *Trente Glorieuses* des fordistischen Wachstums und der Umverteilung hatte, keine ernsthafte Entsprechung in den Gremien, die voraussichtlich Druck und Gegenmacht für den „ökologischen und sozialen" Wandel hin zu einem progressiv dekarbonisierten Kapitalismus ausüben könnten. So gesehen sind die Fraktionen der urbanen Mittelschichten sowie der kleinen ländlichen Gemeinden und Genossenschaften in der nachhaltigen Landwirtschaft und Viehzucht nicht in der Lage, eine mehrheitsfähige soziale und politische Allianz zu bilden.[286]

Der dritte Grund ist vielleicht der verheerendste. Wie wir weiter unten sehen werden: Wenn die Krise der gegenwärtigen kapitalistischen Akkumulationsregime und ihre globalen Finanz- und Handelsungleichgewichte durch irgendetwas definiert ist, dann durch ein Überangebot, das heißt durch eine übermäßige Produktion von Waren im Verhältnis zu einer Nachfrage der Mehrheit der Haushalte, die durch niedrige Löhne, niedrige Renten, hohe Verschuldung, hohe Steuern auf niedrige Einkommen und seltene und unzureichende öffentliche Steuerzuschüsse völlig erdrückt wird.

---

286 Als Ausgangspunkt für den Übergang zur Dekarbonisierung müsste ein solcher Verband Allianzen mit denjenigen aufbauen, die lange Zeit unter Arbeitslosigkeit, Disqualifizierung und fehlender gesellschaftlicher Anerkennung ihrer Arbeit zu leiden hatten. Allerdings wird es für diese Sektoren schwierig sein, die Mittelschichten anzuführen, die heute auf einer differenzierten Beteiligung an den extraktiven Renditen durch einen privilegierten Zugang zu Eigentum, höherer Bildung und besseren Gesundheitsdienstleistungen und Wohnverhältnissen bestehen (zumal der Starthaushalt des GND zwangsläufig eine beträchtliche Erhöhung der Steuerlast für mittlere und hohe Einkommen mit sich bringt).

Eine unmögliche Dekarbonisierung

Ein Green New Deal müsste eine erhebliche und ausreichende Steigerung der Gesamtnachfrage (Konsum plus öffentliche und private Investitionen) auf der Grundlage eines substanziellen, garantierten und verallgemeinerten Anstiegs der Haushaltseinkommen und starker steuerlicher, politischer und kultureller Anreize für den „produktiven" Verbrauch des Angebots an „grünen" Produkten (Autos, Häuser, Haushaltsgeräte, IT, gesunde Lebensmittel etc.) kombinieren. Doch wie bereits gesagt, hat das Kriegsregime in Russland und in den Ländern des euro-atlantischen Raums nach dem Einmarsch in die Ukraine jede Hoffnung auf einen GND mit sozialer, ökologischer und postkolonialer Gerechtigkeit zunichte gemacht.

Das Problem ist, dass wir im euro-atlantischen Rahmen eines GND allein schon in den Kernländern (wir werden später die Unmöglichkeit eines GND begründen, der sich nicht mit der Kolonialität der globalen Arbeitsteilung und der Zentrum/Peripherie- oder Nord/Süd-Teilung im Weltsystem befasst, und mit den damit einhergehenden systemischen Folgen) ein unlösbares Trilemma zwischen Dekarbonisierung, kapitalistischem Wachstum (Akkumulation von Kapital) und dem Wachstum verbunden mit der Absicherung der Arbeitseinkommen und des Sozialschutzes haben.

In der gegenwärtigen Konjunktur von Überangebot und Unterkonsum in den Haushalten gehören die Länder, in denen der GND (als Pakt zwischen Kapital und Arbeit) in Betracht gezogen wird, zu den größten Emittenten von CO_2 und weiteren Treibhausgasen. Ebenso zählen sie zu den größten Verursachern der Vergiftung von Ökosystemen und des Wasserkreislaufs, und zwar in der Reihenfolge vom größten zum kleinsten: China (wenn wir „Gemeinsamer Wohlstand“[287] als eine Art GND „mit chinesischer Prägung“ betrachten), dann die USA, an fünfter Stelle Japan, an sechster Stelle Deutschland und an achter Stelle Südkorea. Da der GND als EU-weiter Pakt gedacht ist, sind die EU-27 nach China und den Vereinigten Staaten der drittgrößte globale Emittent. Auf die drei entfallen 46 Prozent der weltweiten CO_2 -Emissionen. Gemäß dem Trilemma würde die Wiederherstellung der Wachstumsraten (durch eine Verringerung der Verschuldung, eine stärkere Rolle dekarbonisierender öffentlicher Investitionskreisläufe und des Einkommens der privaten Haushalte aus Arbeit und Konsum) eine allgemeine Steigerung der Investitionsproduktivität bedeuten. Das wiederum würde kurz- und mittelfristig eine Sanierung und einen Schuldenabbau des öffentlichen und privaten Kapitals implizieren. Diese Abfolge wäre nicht nur kein Fortschritt bezüglich des Gesamtvolumens der Emissionen in den drei betrachteten Regionen und Ländern. Es wäre sogar ein Rückschritt; und dies alles unter Berücksichtigung des Niveaus öffentlicher und privater Verschuldung, der enormen Leistungsbilanzüberschüsse Chinas und Deutschlands (bis zum Ausbruch des Krieges in der Ukraine) oder – jenseits der drei großen Emittenten – des endemischen Problems von Einsparungen und Überangebot in Japan.

Mehr noch: Wenn wir die Dekarbonisierung der Wirtschaft durch einen politisch-sozialen Pakt zwischen den Staaten und den Arbeitskräften vorantreiben

287 Das grundlegende Prinzip der KPCh-Doktrin seit Oktober 2021. Seine Anwendung bedeutet theoretisch die Verbesserung der Lebensbedingungen für die gesamte Bevölkerung.

wollen, dann müssten wir die Kaufkraft der Löhne und Arbeitseinkommen erhöhen, ihre Absicherung deutlich verstärken, die Arbeitszeit ohne Lohneinbußen drastisch verkürzen und ein universelles Grundeinkommen für die ökologische Wende einrichten. Zudem wäre es nötig, Unternehmen, Industrien, Genossenschaften und Märkte mit klaren Dekarbonisierungszielen in der Lebensmittelproduktion und -vertriebskette, in der Energieerzeugung und -verteilung, im Mobilitätssektor (emissionsfreier öffentlicher Verkehr und Besteuerung und Begrenzung des nicht berufsbedingten Individualverkehrs) oder in der Tourismusbranche zu schaffen und zu fördern. Dies würde unter dem Strich zu sinkenden Kapitaldividenden und makroökonomischen Indikatoren für die Akkumulation von Finanzkapital und das „Schattenbankwesen" führen. Einer der drei Faktoren des oben skizzierten Trilemmas (Dekarbonisierung, kapitalistisches Wachstum beziehungsweise Kapitalakkumulation sowie Wachstum verbunden mit der Absicherung der Arbeitseinkommen und des Sozialschutzes) muss auf der Strecke bleiben. Nimmt man zu diesem Trilemma noch die Kosten für die Gewinnung und Verarbeitung von Erzen und Seltenen Erden hinzu (die, wie bereits erwähnt, für die Erzeugung, Speicherung und Distribution erneuerbarer Energien und für die Herstellung nachhaltiger und wiederverwertbarer Materialien und Komponenten unerlässlich sind), sowie deren politische Auswirkungen auf die Bedingungen des internationalen Handels zwischen Erzeuger- und Empfängerländern, werden die Widersprüche zwischen den Optionen des Trilemmas noch deutlicher.

Hierin liegt die zentrale Aporie des GND: Selbst wenn man aus Perspektive der Dekarbonisierung von einem homogenen Kapitalismus ausgeht (was, wie wir sehen werden, weit von der Realität entfernt ist): Es wäre es unseriös, vorzugeben, dass ein so schwacher Druck, wie ihn die sozialen und politischen Kräfte, die für einen progressiven GND eintreten, in der aktuellen Lage ausüben könnten, die extraktiven Ökonomien und ihre planetarischen industriellen und logistischen Korrelate (wie auch das finanzielle Subsystem der Rohstoffe, des Öls und der seltenen Erden) zu Fall bringen könnte.

Ist es plausibel, dass der integrierte Weltkapitalismus zugunsten des Klimaschutzes die höchste Steuerbelastung aller Zeiten auf Kapitalerträge und Vermögen in Kauf nimmt, das heißt, sich mit einer Schwächung seiner Klassenherrschaft zugunsten einer neuen Macht des sozial(istisch)en Staates abfinden wird? Würde das Kapital eine Schwächung des Finanzdreiecks Washington/New York – London – Berlin/Frankfurt herbeiführen, was mit einer De-Finanzialisierung und einem substanziellen Machtverlust bei der Produktion der verschiedenen Arten der Finanzvermittlung (Private Banking, Investmentfonds, Investmentgesellschaften, Aktienmärkte) einherginge? Der GND ist unmöglich, weil er im Gegensatz zum historischen New Deal das Problem der Klassenkämpfe und/oder Antagonismen völlig unter den Tisch kehrt, um eine neue Phase des Kapitalismus zu denken.

Diese Verdrängung von Klassenkämpfen und/oder Antagonismen wird durch die Rettung des Staates (nach Jahrzehnten des Neoliberalismus, der ihn geschwächt hatte) als zentraler Akteur in der wirtschaftlichen und damit auch politischen Dynamik kompensiert. Es sollte jedoch nicht überbetont werden, dass die in der europäischen Version des GND[288] postulierte Zentralität des Staates wenig mit der des keynesianisch-fordistischen Staates zu tun hat. Der Staat wird nun als Instanz der demokratischen Legitimierung einer neuen ursprünglichen Kapitalakkumulation dargestellt, und diese Legitimierung besteht in der Aufsicht über den Verteilungsmechanismus von Geldern an Unternehmen und Konzerne. Um diese Ausnahme im ordoliberalen Regime zu verstehen (das Primat der Konsolidierung der öffentlichen Haushalte und der Kampf gegen die steigende Inflation um jeden sozialen Preis), müssen wir uns an die sozialen Verwüstungen erinnern, die durch die kapitalistische Bewältigung der Pandemie und ihre Auswirkungen auf die Wirtschaftstätigkeit verursacht wurden. Es gibt einen breiten Konsens, der bis ins deutsche Kernland des Ordoliberalismus reicht und der im Bewusstsein der herrschenden Eliten in der EU (wie auch der Eliten von Bidens Demokratischer Partei nach der Trump-Präsidentschaft)[289] besteht. Dass mit dem globalen Gesundheitsnotstand das Totenglöckchen für die kapitalistischen Demokratien der atlantischen

---

288 Im laxen Rahmen des GND und vor allem in der dominanten Ausrichtung der Europäischen Kommission beschränkt sich die Rolle des Staates auf sogenannte öffentlich-private Partnerschaften, die das zentrale Modell des sogenannten Konjunktur- und Resilienzmechanismus sind, der 750 Milliarden Euro „für den ökologischen Wandel, die digitale Transformation, den sozialen und territorialen Zusammenhalt und die Gleichstellung der Geschlechter in der EU (sic)“ vorsieht.

289 In Bidens Rede in Philadelphia am 1. September 2022 über die „Seele der Nation“ schwingt ein Hauch von erschreckender Ohnmacht mit: vgl. „Remarks by President Biden on the Continued Battle for the Soul of the Nation“, unter: https://www.whitehouse.gov/briefing-room/speeches-remarks/2022/09/01/remarks-by-president-bidenon-the-continued-battle-for-the-soul-of-the-nation/.

Achse – sowohl für das föderale Regierungssystem der Vereinigten Staaten als auch für das europäische Projekt – am Horizont erklingt.

Es besteht aber auch ein Konsens darüber, dass die Ausnahme nicht die Regel ist. Oder besser gesagt, nicht die Regel sein *darf.* Die stratosphärische öffentliche und private Verschuldung, die sowohl NextGenerationEU und der Mehrjährige Finanzrahmen (rund 1,8 Billionen Euro) als auch der gescheiterte *Build Back Better Act* der Biden-Administration (3,5 Billionen Dollar in seiner ursprünglichen Formulierung, im *Inflation Reduction Act* auf 433 Milliarden reduziert) sowie die immense Geldschöpfung, mit der EZB und Federal Reserve sie unterhält, zur Folge haben, dürfen nicht zur Norm werden. Der Konsens bezieht sich auf die Ambivalenz der Ausnahme (wie lange sie andauern kann und was passiert, wenn sie wieder zur Norm wird). Die Unterscheidung zwischen Investition und Kreditaufnahme verweist auf die extreme Spannung, die sie umgibt.

Kollapsistisches Pathos

Die ununterbrochene Abfolge von Pandemie, Krieg und extremen Wetterereignissen im Sommer 2022[290] hat die seit langem geführte Debatte zwischen dem sogenannten Kollapsismus und jenen Positionen verstärkt, die eine Art grünen Gesellschaftsvertrag vorsehen. Dieser soll die globale Erwärmung abmildern und das Auftreten größerer *Tipping Points* verzögern (Mobilisierung der Behörden und der Zivilgesellschaft, um die Auswirkungen der bereits unvermeidbaren Folgen zu verringern).

---

290 Extreme Dürre in Europa, extreme Hitzeperioden in Indien, Pakistan und China, beispiellose Überschwemmungen in Pakistan Anfang September und vieles mehr.

Innerhalb des europäischen Kollapsismus wiederum besteht ein Spannungsverhältnis zwischen denjenigen, die eine staatliche und politische Antwort auf die Auswirkungen der globalen Erwärmung auf der Grundlage einer verallgemeinerten Degrowth-Prinzips[291] für möglich halten, und denjenigen, die der Ansicht sind, dass es dafür zu spät ist und dass die Anpassung der menschlichen Bevölkerung an die Folgen der globalen Erwärmung Vorrang habe. Im Falle dieses zweiten Vorschlags würde das Ziel darin bestehen, sich für die kollektive Organisation von Leben und Produktion in nichtkapitalistischen, energiearmen Gesellschaften zu entscheiden. Wir sprechen also von nichtmetropolitanen Realitäten und einem (hauptsächlich lokalen) Austausch, der mit weniger dichten und langsameren Verkehrsnetzen und einer tiefgreifenden Entdigitalisierung der Produktion und des sozialen Lebens einhergeht (ein auf das Wesentliche reduziertes Internet für wissenschaftliche, kommerzielle und persönliche Kommunikation).

In jedem Fall gibt es eine Überschneidung zwischen den staatszentrierten Optionen des Green New Deal und dem Kollapsismus, der weiterhin behauptet, dass „nur noch wenig Spielraum bleibt, aber noch Zeit ist, das Schlimmste zu verhindern“. Und es ist leicht zu erkennen, dass an diesem Schnittpunkt kein Platz für subalterne Klassenkämpfe ist, die unabhängig von der Steuerung durch den Staat agieren, sondern nur für mehr oder weniger „sozialistische“ Formen des Autoritarismus, die eine Legitimation auf der Grundlage des „Kompromisses“ von Sicherheit, Degrowth und Überleben suchen.

---

291 Die Hypothese bestätigt sich durch den Preisanstieg für flüssige Kohlenwasserstoffe aufgrund des *Peak Oil* (das heißt steigende Produktionskosten und die Unfähigkeit, mit der Nachfrage Schritt zu halten) sowie die materielle Unmöglichkeit, die Nachfrage mit alternativen Energieerzeugungssystemen zu decken.

Darüber hinaus war der Krieg, wie wir in den ersten Abschnitten dieses Kapitels gesehen haben, ein Realitätscheck für die beiden realen Optionen, die auf dem Spiel stehen: für die Möglichkeit eines grünen Sozialpakts zwischen den Klassen und Generationen, aber insbesondere auch für die ökosozialistischen Varianten des grünen Wandels, soweit sie auf staatlicher Steuerung beruhen (zur Umverteilung des Reichtums, der Demokratisierung der Produktion des menschlichen Lebens und seiner Erhaltung und des Degrowths).

Das liegt nicht nur daran, dass man sich unter den Bedingungen des gegenwärtigen Kriegsregimes nur einen düsteren „Kriegssozialismus" vorstellen kann (der nicht anders kann, als sich auf die Unterdrückung von Klassenkämpfen und eine totale, ausgrenzende Mobilisierung der Arbeitskräfte zu stützen). Es liegt auch daran, dass Sozialismus – verstanden als staatliche Verwaltung und Planung der Warenproduktion und der Kapitalmärkte (einschließlich der Ware Arbeitskraft) – unvereinbar ist mit der Emanzipation der subalternen Klassen und dem Ausstieg aus dem Kapitalozän.

Der Staatssozialismus als alternative Entwicklung zum liberalen Kapitalismus des Privateigentums an Industrien, Dienstleistungen und Banken kann sich nur auf dem Terrain der Entwicklung, das heißt der erweiterten Reproduktion des Kapitals bewegen.[292]

---

292 Die Entwicklung spiegelt sich in makroökonomischen Indikatoren wie dem BIP und der Wachstumsrate, der Gesamtnachfrage und den Spareinlagen, der durchschnittlichen, lokalen und sektoralen Produktivität von Arbeit und Kapitalinvestitionen, Inflation, Leistungsbilanz, dem Verhältnis zwischen Lohn- und Kapitaleinkommen, Beschäftigungsrate, der proportionalen Verteilung und Zusammensetzung des öffentlichen und privaten Sektors, Staatsverschuldung, Geldpreisen, Wechselkursen etc. wider.

Der vielleicht am weitesten verbreitete sozialistische Vorschlag ist jener der *Modern Monetary Theory*, die die Wiederherstellung der Währungssouveränität mit den Programmen der garantierten Arbeit und dem ökosozialen Wandel verbindet. Aber auch hier sind die beiden Hauptprobleme der Hypothese unschwer zu erkennen: (1) die Illusion, dass die geldpolitische Souveränität eines einzigen Landes oder einer kleinen Zahl von Ländern die Regeln der Kapitalmärkte im gegenwärtigen makroökonomischen System durch Geldemission und Protektionismus ändern kann. Und (2) die Behauptung, dass die Verallgemeinerung des Lohnverhältnisses auf die gesamte erwerbstätige Bevölkerung sowohl mit der gegenwärtigen Klassenzusammensetzung der Arbeitskräfte (unter Berücksichtigung der multinationalen, kolonialrassifizierten und geschlechtsspezifischen Dimensionen) als auch mit der Freiheit der Arbeitskräfte sowie mit einem Bruch mit der kapitalistischen Entwicklung vereinbar ist.

Das Problem besteht zuerst darin, dass die Metrik des kapitalistischen Tauschwerts und die Metrik der ökosystemischen Gebrauchswerte komplett inkommensurabel sind:[293] Kapital und lebendige Arbeit haben sich endgültig von jeder Kompatibilität oder progressiven Dialektik gelöst. Das Kapital als Integral von Machtformationen steht in dieser kritischen Phase des Kapitalozäns vor einer noch nie dagewesenen Herausforderung: Es muss in einem chaotischen und zunehmend

293 Der Gebrauchswert der ökosystemischen Kooperation ist der Tensor, der die Produktionsweise des Gemeinsamen belebt, wie wir weiter unten sehen werden. Zum „Tensor" vgl. Raúl Sánchez Cedillo: „Die Idee eines transdividuellen Netzwerksystems", in ders.: *Das Absolute der Demokratie*, Wien et al.: transversal texts 2021.

kriegerischen Umfeld hegemonialer Auseinandersetzungen im Weltsystem agieren; es muss mit seiner Unfähigkeit umgehen, die Erwartungen der Mehrheit der Menschheit (das heißt einschließlich Chinas) in Bezug auf Leben, Gesundheit und Sicherheit zu erfüllen; es muss sich mit der Realität auseinanderzusetzen, dass die billige Verfügbarkeit von Energieträgern, Rohstoffen und Nahrungsmitteln und insofern der Reproduktionskosten der Arbeitskräfte erschöpft ist. Und es muss seine erweiterte Reproduktion in einer Ökologie suchen, in der Endlichkeit und Knappheit im Mittelpunkt stehen.

In diesem Szenario wird die Politik heute weltweit von Phasenübergängen beherrscht. Es ist eine Politik, die von kritischen Situationen, Kipppunkten, qualitativen Sprüngen von einem Zustand zum anderen, von einem Prozess zum anderen bestimmt wird, das heißt, es ist keine Politik des linearen Zuwachses. Jede Politik, die sich als realistisch ausgibt, stützt sich nicht auf die Rhetorik der Kräfteverhältnisse, sondern auf die subjektive Äußerung von Vermutungen darüber, wie wahrscheinlich es ist, dass etwas passiert. In einem zunehmend ungewissen ökologischen Milieu hängt die Politik von Trefferquoten subjektiver Wahrscheinlichkeiten für ein bestimmtes Ereignis ab. Mit anderen Worten: Da wir mit einem ökologischen Milieu hyperkomplexer Interaktionen[294] konfrontiert sind, dürfen wir nicht vergessen, dass wir als soziale und politische Akteur:innen der Äußerung Teil dieses ökologischen Milieus sind. Und dass sich unser Handeln in diesem Maße in Graden der Überzeugung, in Hypothesen

294 Ein System vielfältiger Überschneidungen zwischen der Thermodynamik der Biosphäre, den sozialen und politischen Antagonismen in der Krise des kapitalistischen Weltsystems und dem unerträglichen Leiden der transindividuellen Psyche.

über den möglichen Verlauf der Dinge niederschlägt, die wiederum dazu beitragen, die Wahrscheinlichkeiten für „die nächste Runde“ zu verändern, da wir teilnehmende Beobachter:innen sind. Das Handeln selbst ist ein immanenter Faktor bei der Bestimmung neuer Erkenntnisse, die dazu führen, eigene politische Hypothesen und die anderer zu stützen. Es handelt sich hierbei um die sogenannte subjektive Bayessche Wahrscheinlichkeit[295], allerdings in einem Milieu, in dem das, was wir glauben, das Geschehen bestimmt, wie es in politischem Handeln sonst der Fall ist.

---

295 Der Nutzen, die Bayessche Wahrscheinlichkeit (nach ihrem Begründer, dem englischen Mathematiker Thomas Bayes aus dem 18. Jahrhundert) auf soziale Kämpfe anzuwenden, liegt in der Möglichkeit, den Grad der rationalen Erwartung und des Glaubens an politische Hypothesen und Praktiken zu formalisieren und gesellschaftlich zu diskutieren. Die Bayessche Wahrscheinlichkeit unterscheidet sich von der klassischen Wahrscheinlichkeit (ideale Symmetriebedingungen eines Würfelwurfs, der Ausgabe von Karten etc.) und der frequentistischen Wahrscheinlichkeit (Auftreten oder Prävalenz eines Phänomens in einer ausreichend großen und zufälligen experimentellen Stichprobe mit wohldefinierten Zeit- und Raumintervallen etc.). Sowohl in ihrer objektiven als auch in ihrer subjektiven Version beruht die Bayessche Wahrscheinlichkeit auf Hypothesen, deren Gültigkeit nicht absolut, sondern nur mit einem Grad an Wahrscheinlichkeit bestätigt werden kann (und in diesem Sinne mit einem Grad an Überzeugung). Auf der Grundlage von *a-priori*-Wissen oder von Daten wird die Wahrscheinlichkeit berechnet, dass ein Ereignis oder eine Tatsache x eintreten wird. Aus neuen Daten, Beziehungen, Zusammenhängen und Umständen wird die neue Wahrscheinlichkeit von x neu berechnet. Immer in Werten, die nicht 0 oder 1 sind, sondern Variationen zwischen 0 und 1. Interessanter ist die Bayessche Wahrscheinlichkeit, wenn die Hypothesen ein Ereignis oder eine Hypothese betreffen, die zum selben Ereignisfeld wie auch die Beobachtenden gehören oder an dem diese beteiligt, involviert, immanent sind. Dann tritt die Beziehung zwischen der rationalen Erwartung oder Überzeugung und der Berechnung ihrer Wahrscheinlichkeit in Rückkopplungsbeziehungen und gegenseitigen Determinationen ein, die sich von dem externen Bewertungsverhalten der frequentistischen Wahrscheinlichkeit unterscheiden.

Es besteht jedoch die Tendenz, komplexe, soziale, die Umwelt betreffende und psychische Ökologien zu objektivieren und zu naturalisieren, indem man sie voneinander trennt und menschliches Handeln oder Prozesse der persönlichen und sozialen (im Grunde genommen transindividuellen) Psyche als äußere Einmischung oder als passive und pathologische Wirkung betrachtet, die in sich selbst geschlossen ist oder rein soziale Auswirkungen hat.[296] Nein: Es gibt ein Rhizom transversaler Linien, die diese drei Ökologien vereinen, wie wir weiter unten sehen werden.

An dieser Stelle muss klargestellt werden, dass eine Wahl zwischen grünem Reformismus und einem Kollapsismus der Revolution, zwischen langsamer und abrupter, diskontinuierlicher oder insurrektionaler Zeitlichkeit nicht mehr möglich ist. Wenn also nichtlineares ökosystemisches Denken von Nutzen ist, dann um Voluntarismus und Dezisionismus, die die politischen Narrative dominieren, zu relativieren und auf ihren verdienten Stellenwert einer „Redensart" zurückzustufen.[297] Macht es also Sinn, Klassenkämpfe (Arme und Reiche, Arbeiter:innen unter Kommando und diejenigen, die die Befehlsmacht ausüben) um die Reproduktion und Freiheit der lebendigen Arbeitskräfte und der subalternen Gesellschaft im Allgemeinen zu priorisieren, ohne die Dringlichkeit und Bedeutung sozialer Allianzen gegen die globale Erwärmung zu berücksichtigen, selbst wenn sie mit der Kritik des Kapitalismus und der erweiterten

---

296 In Anlehnung an Durkheims Studie über den Suizid. Vgl. dazu Émile Durkheim: *Der Selbstmord,* Berlin: Luchterhand 1973.

297 Nach der politischen Niederlage der Arbeiter:innenbewegung und der damit verbundenen unvermeidlichen Niederlage des historischen Materialismus wiederholt die melancholische Linke weiterhin bis zum Überdruss die gramscianische Parole „Pessimismus der Vernunft, Optimismus des Willens", die als Krücke sowohl für den pazifistischsten Reformismus als auch für den wenig luziden Extremismus dient.

Reproduktion des Kapitals verbunden sind? Ja, das tut es. Lernen wir von den Gelbwesten: Ähnliche Ausbrüche sind sehr wahrscheinlich, und eine grüne Linke wird nicht in der Lage sein, Übergänge und Verbindungen herzustellen, die ihre Isolation oder, schlimmer noch, ihren Charakter als reaktionäre Bewegung verhindern würden. Lehren ziehen nach dem italienischen *No Vax* in Bezug auf eine Biopolitik im Gesundheitsbereich ohne universellen sozialen Schutz; den bestehenden ökoliberalen Reformismus aus der Gleichung streichen, weil er im Gegensatz zur Nachkriegszeit oder sogar zur Zeit der neoliberalen Finanzglobalisierung keinen Bezug zur Realität hat und gerade deshalb nutzlos ist.

Exkurs über das Problem des Kommunismus

Man könnte annehmen, dass im Kampf gegen die globale Erwärmung und dem Prozess, den Kommunismus zu erfinden und aufzubauen, ein Gesetz der Kräfte existiert, nach dem die Beschleunigung des einen mit der Beschleunigung des anderen einhergeht. Der Nexus besteht prinzipiell darin, dass die Axiomatik des Kapitalismus mit der Endlichkeit des Ökosystems konfrontiert wird: der Nexus einer gemeinsamen Endlichkeit von Biosphäre und Atmosphäre, von der Biosphäre und einem erträglichen menschlichen Leben.[298]

---

298 Unter Endlichkeit ist die nicht-unbegrenzte Verfügbarkeit von Land, Treibstoff und Rohstoffen aus rein quantitativer Sicht im Hinblick auf die Vorhersage des weltweiten Produktionsvolumens zu verstehen. Endlichkeit bedeutet aber auch, dass das Gleichgewicht der Ökosysteme in den vier grundlegenden ökologischen Prozessen (Energieflüsse, Wasserkreislauf, Nährstoffzyklus und Dynamik des Zusammenlebens) unbeständig ist. Eine dritte Bedeutung von Endlichkeit bezieht sich auf die Kontingenz, das heißt, dass die Biosphäre und ihre Prozesse keine Notwendigkeit oder Bestimmung haben und dass entweder menschliches Handeln oder ein anderes hinreichend starkes physikalisches Ereignis sie zu einem Ende bringen kann.

Um jedoch über die Aktualität/Neuerfindung des Kommunismus[299] zu sprechen, ist es notwendig, eine vernichtende Vorabkritik der Argumente vorzunehmen, die seit der neoliberalen Konterrevolution parallel zum Zusammenbruch des Sowjetblocks herangezogen wurden, um die kommunistische Hypothese zu entkräften oder zu verwerfen.

Der Kommunismus ist heute das Projekt, das Gemeinsame zu konstituieren, verstanden als eine Produktions- und Reproduktionsweise des Lebens, der transindividuellen Singularitäten, die die Kooperation ausmachen und aus ihr hervorgehen. Aber weder die Kooperation noch die Produktion im ökonomischen Sinne sind Voraussetzungen, die das Gemeinsame und die Singularitäten determinieren. Im Gegenteil, die Definition dessen, was Produktion ist, ihre Zwecke und die Formen der Kooperation entstehen aus kollektivem Handeln, das in den Institutionen des Gemeinsamen verkörpert ist (im Gegensatz zu einer ökonomistischen Vision, die von kapitalistischen Definitionen dessen ausgeht, was Produktion oder produktiv ist und was nicht). Denn Kommunismus ist *per definitionem* niemals eine Setzung, sondern immer eine kontinuierliche Umsetzung und Übersetzung. Das unterscheidet die Politik des Kommunismus von der Politik der Parteien, der Slogans und der Programme. Und das unterscheidet die kommunistische Politik (die *a priori* keine Positionen akzeptiert, die als revolutionär dargestellt werden, aber mit Voluntarismus oder ideologischen Illusionen behaftet sind) von

---

299 Der Kommunismus ist dazu verdammt, sich zu wiederholen, aber das Wichtigste ist die Politik und die Ethik der Wiederholung. In der Tat läuft das heute auf eine regelrechte Übung der antiken Parrhesia hinaus, „alles zu sagen“, davon ausgehend, dass es der Wahrheit entspricht, ohne Angst vor Bestrafung oder Ächtung, die der Akt des Sprechens mit sich bringen kann.

einer Positionierung „zwischen" Positionen im Rahmen eines Nullsummenspiels. Daraus ergibt sich ein radikaler Unterschied zu jeglichem Extremismus, der sich zum Beispiel über seine Beziehung zu sozialdemokratischen und sozialistischen Positionen definiert, aber nicht versucht, einen neuen Rahmen zu schaffen, der die Möglichkeiten aufzeigt, interessante reformistische Mittel zu subvertieren.[300] Deshalb kann der Kommunismus immer nur Werden sein, wirkliche Bewegung. Der so verstandene Kommunismus erlaubt es, die Endlichkeit der Körper und des persönlichen Lebens mit der Endlichkeit der Biosphäre in ihren toxischen Metabolismen mit dem menschlichen/kapitalistischen/staatszentrischen zu ermessen, ohne sie darunter zu subsumieren.

Jedenfalls war der Kommunismus immer schon mit einem Fluch beladen. Kommunistische Revolutionen waren dafür nicht notwendig. Der Antikommunismus ist seit der Zeit der europäischen Restauration das ABC der bürgerlichen Politik, ob demokratisch oder faschistisch. Wenn es einen Signifikanten gibt, der die Zeitgeschichte dominiert, dann ist es der „Kommunismus", mit den wichtigsten Meilensteinen und Transformationen: 1848, 1871, 1917, 1949, 1966, 1968, 1977 und einer neuen globalen Sequenz, die 2011 beginnt.

Wenn ich vom Signifikanten spreche, dann um mich den Anhänger:innen der politischen Wissenschaft, die sich einer linguistischen und psychoanalytischen Richtung verschrieben haben, ein wenig verständlich zu machen. Denn

300 Zum Beispiel das universelle, bedingungslose und individuelle Grundeinkommen, oder damals der grenzenlose Druck bei direkten und indirekten Löhnen in den Kämpfen der fordistischen Massenarbeiter:innen und der subalternen Klassen in den USA (was zur Krise des wohlfahrtsstaatlichen Gleichgewichts in den 1960er und 1970er Jahren führte).

jenseits der Kriege des Signifikanten ist der Kommunismus ein Gemeinbegriff, der durch die Erfahrungen und die Vorstellungskraft von Hunderten von Millionen von Menschen über Jahrzehnte hinweg konstruiert wurde, ein Gemeinbegriff, der sich mit jeder Aktualisierung verwandelt. Deshalb ist heute die „*Komintern*-Fixierung" (mit ihren sektiererischen wie terroristischen Varianten) ebenso inakzeptabel wie die „leninistische" oder „maoistische Fixierung" oder das, was Alain Badiou den „Kasernensozialismus" genannt hat, die Besessenheit von dem transzendenten kommunistischen Einen. Seit der weltweiten Revolte von 1968 ist der Kommunismus nicht nur eine Frage des (Klassen-)Interesses, sondern auch des Wunsches geworden und kann daher von keiner Partei vertreten werden. Wünsche sind produziert, fabriziert, komponiert, und sie sind politisch nicht repräsentierbar.[301] Wenn das Kapital als abstrakte Idee oder Maschine in gewissem Sinne ewig ist, so sind es die Gemeinbegriffe des Kommunismus nicht weniger, jene, die sich aus den Erfahrungen, Institutionen und Ereignissen ergeben, die die kapitalistische Moderne während des Aufbaus des Weltsystems konterkarierten. Das Gespenst kam um zu bleiben, wo Klassenkämpfe eine Schwelle zur kooperativen Macht überschreiten, eine Schwelle zum Hass auf die Ausbeutung und die Befehlsmacht der Arbeitgeber:innen und des Staates sowie zum Wunsch nach Befreiung und gemeinsamer Erfindung von Lebensformen.

Bleibt also angesichts der autoritären Tendenzen der Eigentumsdemokratien und des Erstarkens der Faschismen

---

301 Die weltweite Revolte von 1968 bestimmt die intersektionale Charakterisierung des Kommunismus und damit seine Untrennbarkeit von pluralen Formen des Frau-Werdens, subaltern-Werdens und trans*Werdens. Mit anderen Worten: Das Patriarchat und seine Avatare sind untrennbar mit den Strukturen und Institutionen der kapitalistischen Befehlsmacht verbunden.

sowie nationalistischer und suprematistischer „Sozialismen" der Kommunismus, jene nie verifizierte und nie in Angriff genommene Hypothese, als einzige Alternative übrig? Nur zum Schein, nur in der gemächlichen Bewertung einer unglaubwürdigen Geschichtskommission. Denn das Hauptproblem des kritischen Denkens von heute ist die Wirksamkeit der antikommunistischen Erpressung. Wie wir im vorigen Kapitel gesehen haben, macht die Sozialdemokratie nach dem Zusammenbruch von 1919 und nach dem Zweiten Weltkrieg nur als antikommunistisches Projekt Sinn. Eine Aufgabe, in der sie außerordentlich effizient war, bis die stellvertretende Repräsentation des Kommunismus, die Regime des „Realsozialismus" mit der UdSSR an der Spitze, zusammenbrachen oder gesellschaftspolitische Sonderfälle auf dem Weltmarkt blieben, weit entfernt von jeglicher Fähigkeit, transnationale politische Abfolgen neu zu starten.[302]

---

302 Heute will sich ein Teil der Sozialdemokratie selbst durch eine falsche Darstellung des Themas „des Gemeinsamen" profilieren. In ihrem Rahmen ist das nur eine weitere „modernisierende" Bezeichnung für die staatliche, regulatorische, finanzielle und politische Kontrolle von Aktivitäten im Dienstleistungsbereich für Menschen und Umweltschutz, die in der Zeit der neoliberalen Konterrevolution entstanden ist. In den besten Versionen dieser „Sozialdemokratie der *commons*" werden die *commons* als Produktionsweise auf das Regime des Gewohnheitseigentums an der Bewirtschaftung der natürlichen Gemeingüter reduziert, vor allem der Wasser- und Waldressourcen. Das Ziel besteht darin, dieses Regime auf städtische Räume und Einrichtungen unter dem Schutz einer demokratischen öffentlichen Macht zu verallgemeinern, die eine merkantile Kolonisierung und Privateigentum an diesen materiellen und immateriellen Gemeingütern verhindert. In den schlimmsten Versionen ist „das Gemeinsame" der neue Name für die Öffentlichkeit, ein Versuch, das sozialdemokratische Projekt des umverteilenden Staates zu begrünen, indem man das Stigma vermeidet, das „der Öffentlichkeit" sowohl durch die neoliberale Propaganda als auch durch die Kritik der Waffen und die Waffen der Kritik des Kommunismus (der Autonomie und des Wunsches), die den globalen Revolten von 1968 entsprangen, anhängt.

Die Diskussionen über den Übergang zum Kommunismus – eine pluralistische und heterogene Debatte – werden so als echte Spannungen neu eröffnet. Es reicht aus, sich die gegenwärtige Realität des Begriffs anzuschauen. Und vor allem stellt sich die Frage nach Entstehen, Anlass und Zeitpunkt des Prozesses neu. Und sicherlich auch der Organisationen. Während die Institutionen mit kommunistischem Namen zwischen Fossilisierung und Zeugnis-Charakter schwankten, hat sich die wirkliche Bewegung verändert. Hier liegt das Hauptproblem: Der Notwendigkeit (im ontologischen und ethischen Sinne) des Kommunismus fehlt heute ein Subjekt, oder mehr noch als ein Subjekt fehlt ihm ein (pluraler) Körper. Aber diese Körper – für diesen Kommunismus – werden nur in der Praxis der Kämpfe, des Werdens, der Metamorphosen und der Institutionen der *Kommando-Gegenmacht* hervorgebracht werden.[303]

303 Mit „Kommando-Gegenmacht" meine ich die organisierte Kraft, die sich dem entgegenstellt, die dekonstruiert und destabilisiert, was Marx das Kommando des Kapitals nannte, das heißt jene „Machtform", die Marx im *Kapital* am Produktionsort (der Werkstatt, der Fabrik, der Großindustrie) als Befehlsmacht über die physische (Bewegungen und Gebrauch des Körpers) und psychische (Disziplin, Angst, Gehorsam) Freiheit der Arbeiter:innen entdeckt. Entgegen der vertraglichen Fiktion des Lohnverhältnisses als freie Vereinbarung zwischen gleichberechtigten Parteien ist dieses Kommando von der gleichen Art wie das militärische Kommando oder die Ketten von Gefangenen oder Versklavten. Dass man sich in der „natürlichen Situation" wiederfindet, dieser Befehlsgewalt gehorchen zu müssen, ist das Hauptziel der „Reproduktion" der materiellen und subjektiven Bedingungen der Kapitalakkumulation. Diejenigen, die subjektive Beherrschung auf einen bloßen Effekt der Hegemonie auf die Art, wie subalterne Subjekte ihre Existenzbedingungen reflektieren, reduzieren wollen, vergessen diese „Tatsache" und damit jede Möglichkeit, mit Marx und über Marx hinaus über das Kapital als integralen Bestandteil von Machtformationen oder, mit anderen Worten, über das Kapital als eine auf diesem Kommando gründende Zivilisation nachzudenken. Genauso finden wir über Marx hinaus in der patriarchalen und kolonialen Herrschaft oder in der Notwendigkeit von Behausung und Ökosystem

Klassenkämpfe

Wir haben dargelegt, dass weder der Kollapsismus noch der *Green New (Social) Deal* in der Lage sind, die entscheidenden Vektoren der politischen Dynamik zu erfassen. Denn sie beruhen auf Illusionen darüber, den fordistischen Sozialpakt neu aufzulegen oder einem starken Sicherheits- und Planungsstaat um das Degrowth-Prinzip einzurichten. Und das bedeutet einfach, dass selbst in dieser Phase des Kapitalozäns, inmitten der chaotischen Wendepunkte der Ökologie des Kapitals, die Klassenkämpfe der Motor der Geschichte bleiben. Dieser Grundsatz ist auch ein epistemologisches Kriterium, das die Beobachtung von Fourier und Engels über den Grad der Freiheit der Frauen als Indikator für den sozialen Fortschritt erweitert:

> „Der soziale Fortschritt vollzieht sich entsprechend den Fortschritten in der Befreiung der Frau, und der Verfall der Gesellschaftsordnung vollzieht sich entsprechend der Abnahme der Freiheit der Frau."[304]

---

diese „Machtform" als Macht über eine Kooperation von lebendiger, diesmal direkt produktiver Arbeit. Auf jeden Fall müssen wir dieses Problem in der politischen Praxis aufwerfen. Etwas, das keine Partei durch Repräsentation und kein Medium durch Narrative lösen kann, nämlich: das Problem der Dekonstruktion, Destabilisierung und Zerstörung der herrschenden Befehlsmacht des Kapitals, die überall dort besteht und wirkt, wo die physische und psychische Freiheit der Menschen befehligt werden soll. Der erste Schritt in der Problematisierung besteht darin, die Ausübung einer ausreichenden und entgegengesetzten, für die kämpfenden Subjekte oder Gemeinschaften nicht selbstschädigenden Kraft, die ich als „Kommando-Gegenmacht" bezeichne, als notwendige Funktion und Organisation der breiteren Ebene der Systeme von Gegenmächten gegen das Kapital und seine Staatsform festzulegen.

304 Charles Fourier: „Le nouveau monde amoureux", in: ders.: *Theorie der vier Bewegungen und der allgemeinen Bestimmungen*, Frankfurt a.M.: EVA 1966, S. 190.

Diesem kommunistischen und feministischen Axiom von Engels-Fourier müssen wir eine zeitgenössische Erweiterung hinzufügen, die als Leitfaden dient, um die emanzipatorischen Fäden inmitten der Nebel und Mystifikationen zu finden, die die Möglichkeit eines grünen Kapitalismus mit Demokratie und sozialer, ökosystemischer und postkolonialer Gerechtigkeit umgeben: Der „soziale Fortschritt" und die emanzipatorischen epochalen Veränderungen funktionieren auch deshalb, weil die Subalternen der Erde in Richtung sozialer, politischer und wirtschaftlicher Befreiung voranschreiten. Und der Niedergang korrespondiert mit der Verstärkung von Ausbeutung, Autoritarismus, Gewalt, Gefangenschaft und Opfer der subalternen Klassen der globalen Gesellschaft. Wir verstehen hier Klasse und Subalternität nicht in einem vagen, sondern in einem sehr präzisen Sinn: arme Arbeiterinnen ohne Rechte, in formeller und informeller Arbeit, minorisiert und rassifiziert durch die weiße Vorherrschaft, Hausangestellte, Sexarbeiterinnen, Minoritäten des Wunsches, der Sexualitäten und Geschlechter, das Prekariat, die Indigenen des Planeten, das kognitive und kreative Proletariat, das von den Plattformen vampirisiert wird, die globale Bauernschaft ohne Land und Wasser, arme Länder und nationale Minderheiten ohne Staat, verfolgt und in Gefahr, verschleppt und ausgelöscht zu werden. All das sind Klassen und Subalterne, die sich nur dann widersetzen und emanzipieren können, wenn sie ihre sozialen, ökologischen und mentalen Ökosysteme von den Ökologien der Ausbeutung, der Segregation und der Vergiftung des historischen Kapitalismus befreien. Der Aufbruch von Klassen und Subalternen unter diesem erweiterten Axiom tut seinen ersten Schritt in ihrer politischen Konstitution als Multitude, als (aktive, aufzubauende) Klasse, die sich aus den Kämpfen der subalternen (multiplen, heterogenen) Klassen (das heißt sozialen Gruppen) konstituiert. Das entscheidende Problem ist, dass der Klassenkampf nicht nur ein bloßer abstrakter Faktor ist (der sich in den relativen Proportionen zwischen Lohn- und Kapitaleinkommen niederschlägt), sondern auch eine Produktion von Subjektivität, von Fähigkeiten des Affizierens und Affiziertwerdens, von Institutionen, von Narrativen und von unkörperlichen Universen und Ökosystemen des Affekt-Werts. Und in dieser zweiten Dimension tangiert der Klassenkampf starke und körperliche Ausrichtungen und Abstufungen (in gesellschaftlichen Zwecksetzungen, der Gültigkeit von Eigentumsrechten und den Befugnissen des Staates), die, kurz gesagt, ein System von sozialen und politischen Gegenmächten hervorbringen. Das heißt: (1) Die Kontinuität der kapitalistischen Befehlsmacht über die Produktion und die Erhaltung des menschlichen Lebens sowie der Ökosysteme für die Gegenwart und die Zukunft der Menschheit ist unerträglich und (2) die technomaschinische Zusammensetzung der Arbeitskräfte, der Intensität und Dichte der manuellen, sprachlichen und affektiven Kooperation (in Netzwerken und Territorien) als Produktivkraft hat einen Grad erreicht, in dem sie als unmittelbar politisch und biopolitisch qualifiziert werden kann. Daraus lässt sich schließen: Es ist notwendig, von dieser vielfältigen und widersprüchlichen Zusammensetzung und ihren Kämpfen auszugehen, um sich konkret andere Narrative und andere Politiken in der gegenwärtigen Phase des Kapitalozäns und in der aktuellen Konjunktur von Kriegsregimen und systemischem Chaos vorzustellen.

Es muss gesagt werden: Der Kapitalismus wird enden, wenn die ausgebeuteten (rassifizierten, vergeschlechtlichten, nationalisierten, pathologisierten etc.) Klassen ihn begraben. Diese sind dazu in der Lage, ihn durch ihre Kämpfe, Erfindungen, Institutionen und politischen wie sozialen Kriegsmaschinen zu einer kritischen Schwelle der Inkonsistenz, der Abkopplung und der Ineffizienz zu bringen. Wir können uns diesen (ebenso imaginären wie fruchtbaren) Moment als denjenigen vorstellen, in dem das Kapital als Integral von Machtformationen aufhört zu funktionieren, sich selbst wiederherzustellen, seine Axiome effektiv und strategisch neu zu formulieren: der kumulative Moment oder die kumulativen Momente, in denen die Sprachen der allgemeinen Äquivalenz der Werte (die Sequenzen G-W-G‘ oder W-G-W‘[305] als Geld, Finanzprodukte, Objekte, Ökosysteme, Energiequellen, Menschen, unkörperliche Wertuniversen,[306] technowissenschaftliche Wissensformen) und der Mächte (militärisch, kolonial,

---

305 Die allgemeinen Formeln für die Verwandlung von Geld in Kapital, die Marx im ersten Buch des *Kapitals* darlegt, wobei G das Kapital als Geld (in welcher Finanzform auch immer) und W die Ware (entweder Waren oder Menschen als Sklaven bzw. als „vertraglich“ verfügbare Arbeitskraft) ist.

306 Unkörperliche Wertuniversen sind das, was Félix Guattari unter einer Heterogenität von Wertesystemen der Subjektivität versteht, in denen Wert und Affekt ununterscheidbar sind. Im Gegensatz zur Dichotomie von Tauschwert (und universeller Äquivalenz von Werten durch ihre Reduktion auf abstrakte Arbeit und/oder Finanzkapital) und Gebrauchswert, in einem rein ökonomischen und instrumentellen Sinn von Wert, beziehen sich die unkörperlichen Wertuniversen auf die Bereiche von Affekten und transindividuellen Intensitäten, die in mathematischen Ideen existieren, in philosophischen Konzepten, in Musik und Poesie, Malerei, Kino etc., aber auch in amourösen Erfindungen, revolutionären Erfahrungen, in den Formen des Geschlecht-Werdens, in Erfahrungen mit dem Kosmos, der Erde oder der Zeit. Vgl. dazu Félix Guattari: *Chaosmose.*

epistemisch, industriell und patriarchal) nicht mehr in der Lage sind, einerseits die Macht der Kooperation lebendiger Arbeit (im weiten Sinne der Gesamtheit von Produktion und Lebenserhaltung) zu kapitalisieren und zu zügeln und andererseits die Eigentumsrechte und das gesetzliche Gewaltmonopol durch staatliche Formen, internationale Agenturen des Handelsrechts und Militärbündnisse ausreichend durchzusetzen. Kein messianischer Moment, sondern eine Reihe von Defekten, von Phasenübergängen.

Gleichzeitig ist der Kapitalismus in gewissem Sinne ewig, gerade weil er die Tugend der maximalen Abstraktion seiner Axiome der Äquivalenz zwischen heterogenen Mächten, Wissensformen und Werten besitzt. Er kann nur in Sequenzen von Kämpfen zurückgedrängt werden, die weder linear noch im Voraus garantiert sind, weil der Kapitalismus dort wieder auftauchen wird, wo die Kooperation ohne Kommando nicht in der Lage ist, institutionelle Lösungen für die Probleme der Sicherheit, der Nachhaltigkeit, der Gesundheit und der Freiheit der menschlichen Singularitäten zu erfinden. Man könnte sich leicht dazu verleiten lassen, dieses „Begräbnis" des Kapitalismus mit dem tiefen Vergraben oder dem Ausstoßen von Atommüll und anderen radioaktiven und toxischen Stoffen in den Weltraum zu vergleichen. Aber der Vergleich wäre nicht zutreffend, denn das Kapital „fängt" sich dort, wo es die Bedingungen seiner axiomatischen Konsistenz erfüllt (rechtlich, finanziell, staatlich, ethisch, energetisch, institutionell, maschinisch und wissenschaftlich). Es kann nicht in einem Silo oder auf einem ausgemachten Friedhof isoliert werden, sondern funktioniert eher wie ein Gespenst oder Virus, das lange Zeit schlummern oder scheinbar tot sein kann, um sich zu aktivieren, wenn die richtigen Bedingungen erfüllt sind. Keine einzelne Klimakatastrophe wird den Kapitalismus für sich alleine beenden.

In diesem Sinne wirken die technofaschistischen Wahnvorstellungen von Elon Musk und der „PayPal-Mafia", von Jeff Bezos oder dem Silicon-Valley-Transhumanismus in seinen aktuellen *longtermist*-Varianten[307]

---

307 In jüngster Zeit wurde in den Medien des „Transhumanismus" und dem spezifischen technologischen Suprematismus der Superreichen vom Silicon Valley und Mountain View gefragt, welches die effizientesten Maßnahmen seitens der Super-Milliardär:innen und ihrer „altruistischen" Projekte sein könnten. William MacAskill hat u.a. vorgeschlagen, dass die moralische Priorität unserer Zeit darin besteht, die langfristige Zukunft der Menschheit zu sichern, anstatt zu versuchen, das zu bekämpfen, was in der Gegenwart bereits unüberwindbar ist (extreme Wetterereignisse, Hungersnöte, Atomkriege, großes Aussterben etc.), um die besten Bedingungen für die Versorgung des Planeten für Generationen in der fernen Zukunft zu gewährleisten. Dies schlägt sich in allen möglichen milliardenschweren Investitions-„Vorschlägen" nieder, so auch in dem eines der führenden Vertreter des *Longtermism*, Nick Bostrom. Demnach gibt es angesichts der endlichen Ressourcen der Biosphäre und der (langfristig) zunehmenden Wahrscheinlichkeit katastrophaler Ereignisse eine moralische Pflicht, möglichst vielen „digitalen" Menschen in ferner Zukunft ein menschenwürdiges Leben zu erhalten, das heißt Simulationen in einem simulierten digitalen Universum, das für simulierte Menschen lebenswert ist. Zusammen mit Carl Shulman hat Bostrom das *Future of Humanity Institute* gegründet, mit dem sie alle Arten von Projekten für das *reengineering* des Menschen imaginieren und anregen, von technologischen Implantaten, die das Leben außerordentlich verlängern, bis hin zur Möglichkeit, Menschen *in vitro* zu schaffen, die von erfahrenen Systemen künstlicher Intelligenz entworfen werden. Als eine sich entwickelnde Strömung, die mit Figuren des Technofaschismus wie Elon Musk sympathisiert, verlängert der *Longtermism* die – nicht minder materiellen, da sie ihr Vermögen in ihre Verwirklichung investieren – Wahnvorstellungen der Kapitalist:innen von der technologischen Überwindung der Endlichkeit der Biosphäre und gleichzeitig von der Flucht vor den politischen und sozialen Folgen der zunehmenden Unerträglichkeit des menschlichen Lebens auf der Erde und der damit verbundenen Bedrohung ihrer Klassenmacht.

für die Zukunft des Kapitalismus als Erneuerungsmotoren des kapitalistischen Geistes und müssen durchaus ernst genommen werden. Bereits vor 50 Jahren schrieben Gilles Deleuze und Félix Guattari:

> „Fortschreiten bis zu jenem Punkt, wo der Kapitalismus sich selbst mitsamt seinen Strömen zum Mond schießen würde: in Wirklichkeit hat man noch nichts davon gesehen."[308]

Allmählich beginnen wir, das zu sehen. Wenn das Integral der Machtformationen in Arrakis[309] funktioniert, wird es Kapitalismus geben. Die Geschichte dessen, was Mike Davis als *Late Victorian Holocausts* bezeichnet hat,[310] veranschaulicht anhand der Beziehung zwischen den verschiedenen Erscheinungsformen der El-Niño-Southern Oscillation, dem britischen Kolonialismus und seiner Politik des Freihandels sowie des freien Massensterbens der hungernden Bevölkerung in Indien, China, Brasilien, Äthiopien, Korea, Vietnam, auf den Philippinen und in Neukaledonien, dass eine Katastrophe immer eine Chance für die Befehlsmacht des Kapitals ist. Dieses ist der kollektive Akteur, der am besten in der Lage ist, Untergruppen der subalternen Klassen einen Überlebenspakt anzubieten, und den besitzenden Klassen sowie einem (schwindenden) Teil der Mittelschichten des Planeten ein ausreichendes Wohlergehen zu offerieren, das mit aller notwendigen Gewalt verteidigt wird.

---

308 Vgl. Gilles Deleuze und Félix Guattari: *Anti-Ödipus. Kapitalismus und Schizophrenie I*, Frankfurt a.M.: Suhrkamp 1977, S. 45.

309 Wüstenplanet in der *Dune*-Saga des Science-Fiction-Autors Frank Herbert.

310 Mike Davis: *Late Victorian Holocausts. El Niño Famines and the Making of the Third World*, London: Verso 2017.

Es sind keine Handelskriege

Selbst wenn wir uns auf die Kritik der politischen Ökonomie der kapitalistischen Globalisierung und der gegenwärtigen Konfrontation zwischen regionalen Blöcken im Weltsystem beschränken, erscheint der Klassenkampf als der entscheidende Faktor, um die Ungleichgewichte und Tendenzen zu ökosystemischen Krisen und Kriegen zu erklären. Matthew Klein und Michael Pettis wiesen kürzlich in diese Richtung:[311] Ihnen zufolge stellt die Struktur des internationalen Handels und der Kapitalströme nicht wirklich eine Nation einer anderen gegenüber, sondern einen Wirtschaftssektor einem anderen. Der sogenannte Washingtoner Konsens, der auf der Vorrangstellung des Dollars und des US-Finanzministeriums beruht, kam keineswegs dem ganzen Land zugute, sondern nur einer Minderheit (der „Bevölkerung" der Wall Street, dem Establishment, dem Außenministerium und dem Verteidigungsministerium), während die große Mehrheit der Landwirt:innen, Arbeitenden, Kleinproduzent:innen und Kleinunternehmen darunter zu leiden hat:

> „Der Handelskrieg wird oft als ein Konflikt zwischen Ländern dargestellt. Das ist er nicht: Es ist in erster Linie ein Konflikt zwischen Banken und Besitzenden von Finanzvermögen auf der einen und gewöhnlichen Haushalten auf der anderen Seite – zwischen den sehr Reichen und allen anderen. Die wachsende Ungleichheit hat zu einer Sättigung bei den Industriegütern, zum Verlust von Arbeitsplätzen und zu steigender

---

311 Vgl. Matthew C. Klein und Michael Pettis: *Trade Wars Are Class Wars. How Rising Inequality Distorts the Global Economy and Threatens International Peace*, New Haven: Yale University Press 2020.

> Verschuldung geführt. Es ist eine wirtschaftliche und finanzielle Perversion dessen, was die globale Integration eigentlich hätte erreichen sollen."[312]

Klein und Pettis argumentieren, dass die Frage des US-Dollars als Leitwährung nicht von der Diskussion über die globalen Kapitalströme getrennt werden kann. Diese stellen die Kehrseite der Handelsströme und Leistungsbilanzen dar, die wiederum Ausdruck der Höhe der Ersparnisse sind, die sich als Überproduktion von Waren und Dienstleistungen manifestieren. Dies gilt für große Länder mit riesigen öffentlichen und privaten Sparüberschüssen, die systematisch in das US-Finanzministerium und den Wall-Street-zentrierten Kreislauf fließen: Ländern wie China, Deutschland (vor dem Krieg in der Ukraine), Japan oder Russland (vor der Invasion des Kremls). Wo kommt bei all dem der Klassenkampf ins Spiel? Gerade in den Gründen für das Sparen auf der einen Seite und dem Schuldenexzess von Volkswirtschaften wie China auf der anderen. Wir kennen die verheerenden Auswirkungen, die die Kanalisierung der deutschen Handelsüberschüsse durch die Bundesbank und die Deutsche Bank (und mit der vollen Klassenkomplizenschaft des EZB-Direktoriums) in Südeuropa hatte. Auch wissen wir um das soziale Massaker, das sie an der südlichen Flanke des Kontinents anrichtete (und dies weiterhin tut).

In diesem Kontext ist die Beziehung zwischen den Sparquoten und den Klassenkämpfen von entscheidender Bedeutung: Die globalen Handelsungleichgewichte

---

312 Ebd., „Conclusion. To End the Trade Wars, End the Class Wars".

sind eine Konsequenz aus der Rolle des Dollars, des US-Finanzministeriums und der Wall Street als Empfänger und unbegrenzte sichere Häfen für die Massen an globalen Ersparnissen, die verhindern, dass sie eine produktive Gesamtnachfrage im Inland bewirken. Übersetzt vom Keynesianismus in den Marxismus: Vermeidung des Stolpersteins, eine Struktur der Klassenmacht zu gefährden, durch Stärkung der direkten und indirekten Lohneinkommen, des sozialen Schutzes, der Gesundheitsfürsorge, der allgemeinen Grund-, Sekundar- und Hochschulbildung, der Freizügigkeit und natürlich der Gegenmacht der arbeitenden Klassen, die in ihrer biopolitischen Dimension (Produktion und Lebenserhaltung) und in ihrer Fähigkeit gesehen wird, die Institutionen der politischen Macht, Privilegien, Korruption und Einkommenshierarchien anzufechten. Dies zeigt sich in Deutschland, Japan und Russland, vor allem aber in China. Wie Klein und Pettis feststellen:

> „Produktionsüberschüsse und Ersparnisse aus dem Rest der Welt zu absorbieren – auf Kosten von Deindustrialisierung und Finanzkrisen – war eine exorbitante Bürde für die Vereinigten Staaten. Aber Amerikaner:innen sind nicht die einzigen Opfer. Die Menschen dieser Welt leiden allesamt unter dieser Regelung, weil das US-Finanzsystem und der Konsumentenmarkt als Sicherheitsventil für die Ausbeutung anderswo fungieren. Die Offenheit der USA für den internationalen Handel und das internationale Finanzwesen bedeutet, dass die Reichen in Europa, China und den wichtigsten Überschussökonomien ihre Arbeiter:innen und Rentner:innen in der Gewissheit auspressen können, dass sie immer in der Lage sein werden,

> ihre Produkte zu verkaufen, ihre Gewinne zu erzielen und ihre Ersparnisse in sichere Anlagen zu investieren. Wären die USA keine so offene Ökonomie, wären die Überschussländer gezwungen, ihre Überschussproduktion in andere Länder zu verlagern, von denen keines so bereitwillig wie die USA ist, sie aufzunehmen. Oder sie müssten zusehen, wie sich die Lagerbestände an unverkauften Waren auftürmen, bis Fabriken geschlossen und Arbeiter:innen entlassen werden. Die Kosten der wachsenden Einkommensungleichheit in einem Land würden internalisiert und hätten nur begrenzte Auswirkungen auf andere Länder. Indem das offene System die politischen und industriellen Eliten in den Überschussländern davon abhielt, die Konsequenzen ihres Handelns zu tragen, hat es stattdessen ein destruktives Verhalten im Rest der Welt ermöglicht."[313]

Die Flucht als Klassenkampfstrategie der besitzenden Klassen und Weltoligarchien mit parasitären Renditen erklärt die Prozesse der öffentlichen und privaten Verschuldung, die 2008 explodierten. Heute stehen sie am fatalen Scheideweg zwischen massiver öffentlicher und privater Verschuldung nach der Covid-19-Pandemie in den USA und der EU, dem Krieg in der Ukraine sowie dem Energieschock und dem Austeritätsputsch von Federal Reserve und EZB im Sommer 2022.

In diesem Kapitel haben wir uns auf das finanzielle und politische Verhalten Deutschlands in Europa während der „Merkel-Ära" und die volle Komplizenschaft der politischen und finanziellen

---

313 Ebd.

Eliten konzentriert.[314] Aber das chinesische Problem ist ähnlich. Das gesamte Experiment des asiatischen Riesen basiert darauf, Wachstumsraten über fünf Prozent festzuschreiben und auf öffentlichen und privaten Investitionsvolumen, die ausdrücklich eine hohe Verschuldung nach sich ziehen. Die Erwartung besteht darin, dass der öffentliche und private Konsum (und die Zuflüsse aus Exporten und ausländischen Direktinvestitionen) eine konstante Hebelwirkung auf die zunehmend unproduktive Wachstums-Megamaschine ermöglichen werden. Das Problem ist, wie Klein und Pettis betonen, dass die Investition nicht zu einem Anstieg der Binnennachfrage von Haushalten und öffentlichen Institutionen führt (mittels Lohnerhöhungen oder Sozialleistungen sowie Ausgaben für Gesundheit, Bildung, Luftqualität und Verbesserung der städtischen Mobilität). Im Gegenteil ist es eine unproduktive Investition in riesige Immobilienprojekte, in die Ausweitung von Hypothekarkrediten für die chinesische Mittelschicht und in das Militär.

Die regionalen Verwaltungen spielen hier eine Schlüsselrolle. Denn es geht um Legitimation, Prestige und den Wettbewerb der KPCh-Beamt:innen um Wachstumsziele. Dies führt zur Bildung lokaler Spekulationsblasen und zu einem zunehmenden Risiko der Insolvenz von Immobilienunternehmen und Haushalten mit Hypotheken, wie der Zusammenbruch von Evergrande im September 2021 und die derzeitige enorme Anhäufung von Verbindlichkeiten bei Banken und Unternehmen gezeigt haben. Dies ist eine der Herausforderungen des von Xi Jinping im Oktober 2021 angekündigten Projekts

314 Das spanische Beispiel ist anschaulich und reich, weil es auch zur Entstehung der 15M-Bewegung und einem politischen und institutionellen Zyklus führte, der erst kürzlich zu Ende gegangen ist.

„Gemeinsamer Wohlstand",[315] das sich tendenziell darin ausdrückt, die Kontrolle von Finanzkreisläufen und der Bekämpfung der Korruption in den regionalen und lokalen Verwaltungen zu zentralisieren. Dies berührt jedoch nicht die entscheidende Frage der Demokratie und der egalitären Tendenz von unten: Hier hat das herrschende KPCh-Regime die Befehlsmacht des Staatsapparates gegen Arbeiter:innendemokratie und Bürger:innenproteste vehement verteidigt, wie in den Veröffentlichungen von Organisationen wie dem *China Labour Bulletin*, *Chuǎng* oder *Gongchao* nachzulesen ist.[316]

---

315 Es sei darauf hingewiesen, dass in der Geschichte der VR China der Slogan „Gemeinsamer Wohlstand" (*Gòngtóng fùyù*) nicht nur mit dem Gründungsgedanken des Kommunismus in China (*gòngchǎn*: (re)produzieren, gemeinsam herstellen) zusammenhängt. Vielmehr diente er auch dazu, sehr unterschiedliche Linien bezüglich der Organisation der Produktion und der Legitimierung des politischen Machtmonopols zu rechtfertigen. In den Anfangsjahren der VR China war der Ausdruck mit der Definition der Ziele der ursprünglichen sozialistischen Akkumulation verbunden, die sich auf die Produktion von Nahrungsmitteln und Investitionsgütern und die Erhöhung der Löhne der Arbeitenden konzentrierte. Im Zuge der von Deng Xiaoping eingeleiteten Liberalisierung und der „vier Modernisierungen" (Landwirtschaft, Industrie, Verteidigung, Wissenschaft und Technologie) wurde der Ausdruck verwendet, um die Einführung von Bodenreformen und die Marktliberalisierung in der landwirtschaftlichen Produktion zu unterstützen, und zwar in einem ganz anderen Sinne. Denn es ging darum, dass einige bäuerliche Familien reich werden, damit dieser Wohlstand – oder Reichtum: *fùyù* bedeutet beides – später allgemein verbreitet wird. In der Ära Xi Jinping bringt er die Widersprüche des „Sozialismus mit chinesischer Prägung" zum Ausdruck und verdeckt sie: Lohnungleichheit und Reichtumsverteilung, ohne jedoch den Müßiggang zu begünstigen; Universalisierung des Sozialschutzes, ohne dass jemand etwas erhält, wer nicht hart gearbeitet hat; soziale Mobilität, ohne jedoch das aus der Kaiserzeit stammende *Hukou*-System (Registrierung des Wohnsitzes und der Anzahl der Familienmitglieder) abzuschaffen, das als Instrument zur Kontrolle der Mobilität und als Wohnsitzfixierung für Menschen mit chinesischer Staatsangehörigkeit dient.

316 Vgl. *China Labor Bulletin*, unter: https://clb.org.hk, *Chuǎng*, unter: https://chuangcn.org/about und *Gongchao*, unter: https://gongchao.org.

In diesem Sinne stellt sich in China das gleiche Problem, das wir in der EU und den USA in Bezug auf den GND-Rahmen gesehen haben: produktive Investitionen. Das heißt, dass produktive Investitionen nicht in US-Staatsanleihen, in Vermögenswerte der Wall Street oder der City of London sowie in Immobilieninvestitionen in China (oder im Ausland) fließen, sondern in etwas, das wir biopolitische Investitionen nennen können. Dies würde unter anderem bedeuten, dass Löhne und Renten angehoben, garantiert, angeglichen und universalisiert werden müssen. Zudem müssen das Gesundheits- und Bildungswesen, die städtischen Einrichtungen und der öffentliche Verkehr gestärkt werden oder Aufforstungen und Verbesserung der Luftqualität angegangen werden. Einerseits stellen jedoch Einkommenslagen und Privilegien innerhalb der hierarchischen Struktur des chinesischen Modells des sozialistischen Kapitalismus ein Hindernis dar. Andererseits sind das Anwachsen der Gegenmacht der Arbeiter:innenklasse in Form von Streiks, Protesten, Besetzungen und Autonomie von der politischen Macht oder, im Falle derjenigen, die im sogenannten „996er-System" (9 bis 21 Uhr, sechs Tage die Woche) arbeiten, Sabotage und Arbeitsverweigerung durch das sogenannte *tǎng píng* (Herumliegen, Nichtstun), ein weiterer entscheidender Stolperstein. Die Lohnabhängigen der Mittelschicht protestieren ihrerseits gegen die Luft- und Wasserverschmutzung in den Städten. Auch sehen sie sich mit dem Verlust ihrer Ersparnisse konfrontiert, die sie in Hypothekarkredite für Häuser investiert haben, die nicht gebaut werden, und verweigern den Banken weitere Zahlungen.

Wenn wir den chinesischen Fall auf das Problem des Green New Deal (das heißt eines „grünen wirtschaftlichen und sozialen Wandels") anwenden, kommen wir in der Analyse zu derselben Blockade: Ohne expansive politische, soziale, wirtschaftliche und transnationale Demokratie kann es keinen Wandel, ohne Kämpfe der subalternen Klassen keine wirkliche Demokratie geben. Wenn sie sich jedoch entwickeln, dann tendieren sie dazu, die Machtverhältnisse und die Herrschaftsstruktur der kapitalistischen Akkumulationsregime und der Befehlsmacht auf den Kopf zu stellen. Tritt das Problem der ökologischen Wende im Kontext eines Kriegsregimes unterschiedlicher Intensität auf, dann gibt es für die Gleichung des Green New Deal keine mathematische, politische oder soziale Lösung. Es gibt keinen Klassenkampf „von oben", wenn es um die praktische Kritik des Staates und seiner Hierarchien von Einkommen, Rassifizierung und Geschlecht geht. Der Klassenkampf „von unten" tendiert jedoch in den Klassenzusammensetzungen, die wir im gegenwärtigen Weltsystem und erst recht in China vorfinden, dazu, Gleichgewichte und Vereinbarkeiten der kapitalistischen Entwicklung vollständig zu überwinden. Denn er impliziert eine Explosion der Wünsche und Bedürfnisse, der Selbstorganisation und des Aufbaus von Institutionen, der autonomen Bildung von sozialen Zielen und Prioritäten, kurz gesagt, der Gegenmächte. Und all dies führt zur Blockade der reformistischen Dialektik zwischen den als soziale und politische Klassen anerkannten Subjekten.

Gescheiterte Illusionen und epistemologischer Bruch

Es gibt jedoch nicht wenige Apologien des Gegenteils, die argumentieren, dass gerade das Kriegsregime den Rahmen für den ökosozialen Wandel bildet. Die derzeitige Europäische Kommission unter dem Vorsitz von

Ursula von der Leyen verschweigt das nicht nur nicht, sondern verherrlicht das Kriegsregime als den wichtigsten Weg zur ökosozialen Transformation, die auch mit dem Schicksal der „westlichen Zivilisation" verbunden ist. Das Establishment der US-Demokrat:innen und ihr weit verzweigtes Netz von Medien und Institutionen sehen es als Mittel, um die Gefahr eines Bürgerkriegs und einer faktischen Sezession im Land zu neutralisieren, sowie als Gelegenheit, die Hegemonie und die Kontrolle über die europäischen Verbündeten zu festigen und eine strategische Konfrontation mit dem chinesischen Hegemonialprojekt zu schaffen. Aber es ist nicht nötig, darauf einzugehen, was dieser Text bereits deutlich gemacht hat: Das Kriegsregime ist ein Beschleuniger faschistischer Subjektivierungs-, Organisations- und Handlungsprozesse. Unter solchen Bedingungen kann es keine Demokratie geben und damit, wie wir gesehen haben, auch keine ökologische Transformation des Kapitalismus.

Betrachten wir die Dinge in einer notwendigerweise schematischen Abfolge, die sich jedoch auf Situationen und Prozesse bezieht, die gerade jetzt stattfinden: Mit der „Rückkehr des Staates" in der Rezessionskrise und dem Kriegsregime gibt es in der EU und in den USA Pläne für Preisobergrenzen für den Stromverbrauch. Hinzu kommen Energieeinsparungen bei Beleuchtung, Kühlung und Heizung in Unternehmen und öffentlichen Gebäuden sowie Übergewinnsteuern für Energieunternehmen, die in den USA als Teil des *Inflation Reduction Act* im August 2022 verabschiedet wurden. Es wäre naiv zu glauben, dass die Reaktion der fossilen und nuklearen Konzerne, die eng mit der globalen extremen suprematistischen Rechten[317] verbunden sind, etwas anderes bedeuten würde, als ihre Pläne zur Übernahme der Staatsmacht und zum Angriff auf das globale Finanzsystem zu verstärken. Es handelt sich um eine Koalition, in der so unterschiedliche Länder wie die OPEC-Mitglieder (von denen die große Mehrheit autoritäre Regime sind) objektive Interessen haben.[318]

Wie wir gesehen haben, gibt es einen zentralen Widerspruch zwischen den Maßnahmen, die Steuerlast und Verschuldung im Bereich der Energieinfrastrukturen zu erhöhen, dem außerplanmäßigen Einkauf von Gas und Kohle, der Aufstockung der Militärbudgets und der sozialen Nothilfe einerseits und den Zinserhöhungen sowie dem Übergang zur Austerität andererseits. Es ist ein Widerspruch zwischen Sektoren, aber auch Einkommens- und Eigentumszusammensetzungen der globalen kapitalistischen Eliten. Ein Widerspruch zwischen den Formen der organischen Blockbildung mit den nationalen und globalen Mittelschichten, der sich in der angestrebten Rezession niederschlägt, und den Auswirkungen, die sie auf die von den großen Investmentfonds verwalteten Massen an

---

317 Andreas Malm & the Zetkin Collective: *White Skin, Black Fuel. On the Danger of Fossil Fascism*, London: Verso 2021.

318 Vergessen wir nicht die enge Verbindung zwischen der extremen Rechten und der zunehmend suprematistischen und imperialistischen Politik der russischen politischen und unternehmerischen Oligarchie. Diese Verbindung hat dazu geführt, dass eine ganze Reihe rechtsextremer Parteien und Organisationen in Westeuropa und den Vereinigten Staaten beträchtliche Unterstützung erhalten, mit Ausnahme derjenigen, die ausdrücklich antirussisch eingestellt sind, wie die polnischen, ukrainischen, tschechischen, slowakischen, ungarischen und türkischen Varianten oder die italienischen *Fratelli d'Italia* (allesamt mit entschieden atlantischer Einstellung).

globalen Ersparnissen haben.[319] Das ist das Kapital des einen Prozents, der Reichen der Weltbevölkerung, die 48 Prozent des weltweiten Reichtums besitzen.

Es droht die Gefahr einer verheerenden Illusion: dass die Unterstützung des euro-atlantischen Kriegsregimes – während die Unterstützung der Putinschen Internationale mit ihren antiimperialistischen Argumenten angesichts ihres Zynismus und ihrer expliziten Bestialität hier nicht weiter kommentiert werden muss – mit dem antifaschistischen Kampf und dem Kampf gegen den Klimawandel verbunden werden kann. Die Vergleiche mit dem Zweiten Weltkrieg stehen im Vordergrund dieser Argumentation. Putin ist Hitler, und die mit ihm verbündeten politischen Kräfte in der Welt sind das Äquivalent der dem Faschismus zugeneigten Parteien in Europa, Japan, Amerika und im Nahen Osten der 1930er und 1940er Jahren. Die Folgen sind unmittelbar und verheerend: Die globalen kapitalistischen Eliten sind bereit, das Risiko zunehmender extremer Klimaereignisse und des Aussterbens durch einen Krieg zwischen den Blöcken einzugehen, anstatt die bestehende brutale Ungleichheit bei der Verteilung des Reichtums, des Eigentums an den Produktionsmitteln und des Lebensunterhalts zu beseitigen. Die einzige Möglichkeit, dieser Kombination aus fatalen Illusionen und schwarzen Löchern zu entkommen, besteht darin, den grundlegenden Widerspruch im Weltsystem zu bestimmen.

---

319 Blackrock, Vanguard, UBS Group, Fidelity Investments, State Street Global Advisors, Morgan Stanley, JPMorgan Chase, Crédit Agricole und Dutzende anderer Unternehmen verwalteten gegen Ende 2021 Anlagen in der Höhe von mehr als 120 Billionen US-Dollar. Dies entspricht mehr als dem Doppelten des jährlichen BIPs der EU, der USA und Chinas im Jahr 2021.

Nämlich den Klassenwiderspruch zwischen Süden und Norden, innerhalb des Nordens, zwischen dem Süden, der im Norden lebt, und dem Norden, der im Süden lebt.

Der Krieg und jedes Kriegsregime (wie auch jenes, das durch die russische Invasion in der Ukraine entfesselt wurde) sind die direkte Negation des Klassenkampfes der subalternen Klassen. Und diese Erkenntnis muss mit allen Konsequenzen wahrgenommen werden. Einerseits zielt das, was wir als „fossilen Faschismus" bezeichnen können, darauf ab, eine breite Massenbasis unter (1) den Arbeiter:innenklassen der fossilen Industrie selbst, (2) den Selbstständigen in Transport und Logistik, (3) der extraktiven und intensiven Tourismusindustrie und (4) den kleinen und mittleren landwirtschaftlichen Betrieben aufzubauen. Zu diesem Zweck werden identitäre, patriarchale und rassistische Narrative in Umlauf gesetzt, die den grünen Wandel mit einer Hegemonie der urbanen Mittelschichten als Anhänger:innen des Multikulturalismus, der Einwanderung und Hybridisierung sowie der Zerstörung der traditionellen Familie verbinden. Auf der anderen Seite verachten die Eliten des zentristischen und progressiven Neoliberalismus die Mobilisierungen der Arbeitskräfte der oben genannten Sektoren und unterdrücken und kriminalisieren sie mit aller Härte. Dies hat beispielsweise die extreme Gewalt gezeigt, mit der die französische Regierung Macron seit 2018 gegen die Gelbwesten vorging.[320] Wenn wir also von Klassenkämpfen sprechen, meinen wir nicht

320 Allein im ersten Jahr wurden elf Menschen bei den Protesten getötet, 22 Demonstrierende verloren ein Auge, fünf musste eine Hand amputiert werden, 2100 Menschen erlitten weitere Verletzungen, und es gab 6400 Festnahmen.

sektorale und korporatistische Kämpfe, sondern Kämpfe, die transversale und gemeinsame Dimensionen der Arbeitskräfte enthalten, und deren Narrative Züge von Universalität ausdrücken.

Die „Sozialpolitiken" des fossilen Faschismus und des zentristischen sowie progressiven Neoliberalismus streben danach, sich auf verschiedene Sektoren und Komponenten der Arbeitskräfte zu stützen, die in Opposition zueinander stehen. Aber beide stimmen in der sozialen Segregation von migrantischen und postkolonialen Arbeitskräften überein. Was den zentristischen und progressiven Neoliberalismus betrifft, so ist sein Anspruch, ein soziales Polster gegen die Auswirkungen der Pandemie, den grünen Wandel und die Folgen des Krieges bei den Energiepreisen zu schaffen, (im Kontext einer provozierten Rezession) nicht nur völlig unzureichend, sondern trägt in Ermangelung einer unabhängigen Politik der subalternen Klassen dazu bei, den notwendigen Humus für die Ausweitung elektoralen und gesellschaftlichen Rückhalts für die suprematistische extreme Rechte zu schaffen.

Alle Illusionen über Green New Deal und Degrowth brechen vollständig zusammen, wenn man die Dinge aus dem Blickwinkel der ärmsten Länder der Welt betrachtet. Und zwar unabhängig davon, ob sie über natürliche Ressourcen verfügen oder nicht. Nur ein globaler Green New Deal, der (1) ein neues makrofinanzielles Regime auf der Grundlage globaler Finanzmarktinterventionen und (2) ein neues Bretton Woods (das ein neues Finanz- und Währungsregime für den Welthandel ermöglicht und parasitäre Renditen sowie überschüssige private und öffentliche Ersparnisse bestraft) erfordern würde; sowie (3) das Ende der Rolle des US-Finanzministeriums und der Wall Street als wichtigste globale sichere Häfen für die globalen Sparströme bedeutete, nur ein derartiger Green New Deal würde es ermöglichen, die „Anpassung“ an den Klimawandel unter dem Gesichtspunkt der globalen Gerechtigkeit zu betrachten. Dies gilt für Gesellschaften, die durch Ungleichheit, Autoritarismus, mangelnden Arbeits- und Gesundheitsschutz, öffentliche Korruption, die Aneignung von Land und Wäldern durch das globale Agrobusiness sowie ethnische und religiöse Konflikte verwüstet sind, die von den Mächten des Nordens geschürt wurden.

Eine solche Vereinbarung ist unter den Bedingungen eines Kriegsregimes, das zudem Konflikte um die Hegemonie und die Kontrolle über immer knapper werdende Ressourcen auf den afrikanischen Kontinent verlagert, wie es die Kolonialmächte in der Vergangenheit getan haben, unvorstellbar.[321] Währenddessen ist die überwältigende Ablehnung der Kriegspolitik von NATO- und EU-Staaten im Ukraine-Krieg durch die Regierungen und die öffentliche Meinung in den Ländern des globalen Südens bezeichnend für das Nord-Süd-Schisma. Dies zeugt von der Wahrnehmung der zivilisatorischen Operationen von NATO und EU als einer neuen Form des Kolonialismus.

---

321 Betrachten wir das Resultat der französischen Militärinterventionen, die von der sogenannten G5-Sahelzone (Burkina Faso, Tschad, Mali, Mauretanien und Niger) unterstützt werden, in ihrem Kampf gegen den dschihadistischen Terrorismus und gleichzeitig gegen die Söldner der Wagner-Gruppe, die den Interessen des Kremls dient. Die Einsätze fanden hauptsächlich in Mali, aber auch in Mosambik und der Zentralafrikanischen Republik statt. Frankreich hat unlängst ersucht, von der EU für ihre „humanitäre“ Intervention in Afrika entschädigt zu werden, indem es diese zynisch als „New Deal“ für den Kontinent darstellte.

Ist es nun also realistisch, sich angesichts des Gewichts, das die neuen Ausdrucksformen des kolonialen Suprematismus, des futuristischen Technofaschismus und des Malthusianismus bei dem einen Prozent der Reichsten der Weltbevölkerung haben, vorzustellen, dass ein zentristischer, progressiver Neoliberalismus fähig sein wird, dieses eine Prozent politisch und finanziell zu demontieren und seine faschistischen und den Klimawandel leugnenden Neigungen zunichte zu machen? Ist es realistisch an eine solche Möglichkeit zu glauben, während den an fossile Brennstoffe gebundenen Arbeiter:innenklassen eine Reduktion ihres Einkommens und ihrer Mobilität (wenn nicht ihrer Arbeitsmittel) auferlegt und das Kriegsregime zugleich konsolidiert wird? Nein, ist es nicht: Das ist eine ebenso ruchlose Mystifizierung, wie es die Rhetorik der „*Union sacrée*" und der nationalen Bourgeoisien in den europäischen Arbeiter:innenbewegungen nach dem Ausbruch des Ersten Weltkriegs war.

Produktion des Gemeinsamen

Angesichts dieser Blockade eröffnet sich für eine emanzipatorische Politik, die sich von den Sackgassen des Kollapsismus und des Green New Deal löst, eine historische Chance, sich über die kapitalistische Produktionsweise hinaus zu bewegen. In welche Richtung? In Richtung einer Produktionsweise, die auf dem unüberbrückbaren Widerspruch zwischen den Produktionskräften und -mitteln, der Erhaltung des Lebens und der Ökosysteme einerseits und den unerträglichen Forderungen einer kapitalistischen Befehlsmacht andererseits beruht, die von den Gravitationszentren des Krieges und des Faschismus angesogen wird.

Doch woraus bestehen die globalen Arbeitskräfte heute, welches sind ihre kognitiven, maschinischen, subjektiven und politischen Zusammensetzungen? Es geht darum, in diese und in die Spannungen, Spaltungen und Brüche zu intervenieren, um Klassenkämpfe und Institutionen zu schaffen. Man wird fragen: Kämpfe und Institutionen einer Klasse? Ja, denn der Begriff der Klasse ist ein Begriff des politischen Interesses und der politischen Handlungsfähigkeit: ein Begriff des Antagonismus, keine soziologische, demoskopische oder kulturwissenschaftliche Kategorie. Wie kann man dann von einer Klasse sprechen, die Arbeitskräfte mit unterschiedlichen Einkommens- und Bildungslevels, mit unterschiedlichen Gender und Stellungen in den Hierarchien der kolonialen Rassifizierung, mit abweichenden oder widersprüchlichen Stellungen in der kapitalistischen Arbeitsteilung umfasst? In der Antwort auf diese Frage beziehungsweise in ihrer Nichtbeantwortung liegt die historische Blockade der Arbeiter:innenbewegung und der marxschen Methode. Nicht etwa in der angeblichen Unfähigkeit der Matrizen marxistischer Analyse, die ökologische Frage zu „verkörpern", aufgrund eines angeblichen Prometheanismus, Produktivismus oder Fortschrittglaubens des 19. Jahrhunderts, in dem Marx geschrieben hat. Sowohl im Kapitalismus der Großindustrie als auch der Anwendung von Wissenschaft auf die Landwirtschaft[322] bestand das Problem darin, mit welchen Kapazitäten (und mit welchen Mitteln, Zeitlichkeiten und politischen Kriegsmaschinen) die produzierende,

322 Marx untersuchte diese und machte auf der Grundlage der Klassenwidersprüche seine Trendprognosen, wie am ökosystemischen Kipppunkt des Kapitalozäns, an dem wir uns befinden.

lebenserhaltende Klasse eine andere, nicht-kapitalistische Produktionsweise hervorbringen kann.

Als Vorläufer war der historische „Sozialismus" bestenfalls eine Periode des Kompromisses zwischen den Techniken industrieller, epistemischer (des Wertgesetzes), extraktiver, technowissenschaftlicher und patriarchaler Befehlsmacht des Industriekapitalismus und einigen anfänglichen Ausdrucksformen und Institutionen dessen, was als Kommunismus angestrebt wurde: die Emanzipation der Frauen, die Verringerung der gesellschaftlich notwendigen Arbeit für das Überleben, größere Freiheit für die Jungen und weniger Not für die Alten, Vergesellschaftung und Neuordnung des Wissens, Verteilung und Vergesellschaftung der politischen Macht.

In der kapitalistischen Welt nach Jalta trugen die Entwicklung der popularen Arbeitskämpfe in den USA, Westeuropa, aber auch in Peróns Argentinien oder im brasilianischen *Estado Novo* dazu bei, Institutionen der Produktion und der Lebenserhaltung zu schaffen, die als „Wohlfahrtsstaat" bekannt sind. Diese wurden deswegen so notwendig gebraucht, weil die Bedrohung durch eine sozialistische Revolution handfest war. Doch es ist kein Geheimnis, was sich schließlich durchsetzte und zusammen mit der effektiven Arbeit der faschistischen und neoliberalen oder sozialdemokratischen kapitalistischen Propaganda zum Zusammenbruch des Glaubens an die kommunistische Hypothese beitrug. Daher kann, wie wir oben gesehen haben, von nun an jeder Kompromiss mit der kapitalistischen Befehlsmacht – und ihrer Forderung nach Akkumulation – nur zur (Selbst-)Rücknahme, zur (Selbst-)Auflösung der alternativen ökosystemischen Macht des Klassenkampfes führen.

Als „Produktionsweise des Gemeinsamen" bezeichnen wir also die ökosystemischen Beziehungen der Produktion und der Lebenserhaltung, die die befehlsfreie Kooperation zwischen singulären Kräften der lebendigen, manuellen, affektiven und kognitiven Arbeit organisieren. Solche Beziehungen konstituieren sich gegen die kapitalistische Arbeitsteilung zwischen Produktionszweigen und zwischen Regionen des Planeten, an der Schnittstelle zu sozialen, informatischen, thermodynamischen und sprachlichen Maschinensystemen (die sich in Prozessen zusammenfügen, und die sozialen, mentalen und die Umwelt betreffenden Ökologien durchqueren). Das Ziel der Produktionsweise des Gemeinsamen ist nicht die Akkumulation und erweiterte Reproduktion eines sozialen Kapitals, das von einer sozialen Autorität verwaltet und verteilt wird, sondern die Produktion von Leben und dessen ökosystemische Erhaltung. Daher sind in der Produktionsweise des Gemeinsamen Märkte und Werte einer Heterogenisierung, einer Inkommensurabilität und einer Vervielfältigung unterworfen, und zwar gegen den Tauschwert als Äquivalent der ausgebeuteten abstrakten gesellschaftlichen Arbeit.

Die Produktionsweise des Gemeinsamen betrifft nicht nur die demokratische Produktion, Bewirtschaftung, Nutzung und Erhaltung der sogenannten natürlichen „Gemeingüter" (Wasser, Land, Energie, Wälder, Tier- und Pflanzenwelt), sondern die aller Ökosysteme des Planeten, der urbanen und ländlichen, der materiellen und immateriellen. Die Produktionsweise wertet das, was bereits unter der Befehlsmacht des Kapitals als Objekt und Subjekt seiner Ausbeutung, Beherrschung, Teilung, Subalternisierung, Verelendung, Verschmutzung und Vernichtung existiert, auf und erklärt es zum

Gemeinsamen.[323] Insofern ist die Konstituierung der Produktionsweise des Gemeinsamen untrennbar damit verbunden, sich die Produktions- und Tauschmittel sowie die Kalkulations-, Programmierungs- und Planungsmittel wieder anzueignen. Dasselbe gilt für materielle und immaterielle Reichtümer (Land, Patente, wissenschaftliche Einrichtungen oder Datenzentren), die transnationale kapitalistische Oligarchien enteignet und zum Privateigentum gemacht haben.

Die Produktionsweise des Gemeinsamen geht von einer extremen Vergesellschaftung der Arbeit aus, die durch die antagonistische Dialektik der Entwicklung des Kapitalozäns produziert wurde. In diesem Sinne knüpft sie an das an, was Marx bereits vor 165 Jahren mit der Wertbestimmung menschlicher Arbeitskooperation vor Augen (die Anwendung der Wissenschaft im Maschinensystem der Großindustrie und der Einsatz von Düngemitteln in der Landwirtschaft, also das, was er den gesellschaftlichen *General Intellect* nannte) für völlig überholt hielt. Nämlich: die Betrachtung der gesellschaftlich notwendigen individuellen Arbeitszeit als absolutes Maß und damit als politische und ökonomische Grundlage, den Einzelnen zur Arbeit zu verpflichten, um zu überleben und anerkannt zu werden, wie auch zur sozialen und politischen Einbindung. Ein Grundgedanke, der sowohl der kapitalistischen als auch der sozialistischen Variante des Kapitalismus gemeinsam ist:

---

323 Gemeinsames gibt es bereits in den ökologischen Kreisläufen (Wasserkreislauf, biogeochemische oder Nährstoffkreisläufe, im Energiefluss und der Dynamik von ökosystemischen Zusammenhängen), aber auch in den Strömen, Prozessen und Metabolismen der kooperativen und lebenserhaltenden Netze des Menschen und der „zweiten Natur“, die während dem Prozess der Anthropogenese konstruiert wurden.

„In dieser Umwandlung ist es weder die unmittelbare Arbeit, die der Mensch selbst verrichtet, noch die Zeit, die er arbeitet, sondern die Aneignung seiner eignen allgemeinen Produktivkraft, sein Verständnis der Natur und die Beherrschung derselben durch sein Dasein als Gesellschaftskörper – in einem Wort die Entwicklung des gesellschaftlichen Individuums, die als der große Grundpfeiler der Produktion und des Reichtums erscheint. Der Diebstahl an fremder Arbeitszeit, worauf der jetzige Reichtum beruht, erscheint miserable Grundlage gegen diese neuentwickelte, durch die große Industrie selbst geschaffen. Sobald die Arbeit in unmittelbarer Form aufgehört hat, die große Quelle des Reichtums zu sein, hört und muss aufhören, die Arbeitszeit sein Maß zu sein und daher der Tauschwert (das Maß) des Gebrauchswerts."[324]

Der Widerspruch, auf den Marx hinweist, bezieht sich auf einen im Maschinensystem objektivierten *General Intellect*, der sich in ein fixes Kapital verwandelt, das sich den Arbeiter:innen in der Großindustrie als „feindliche Macht" gegenüberstellt. Umso mehr gilt dies für den Bereich der industriellen Produktion:

„Die Entwicklung des capital fixe zeigt an, bis zu welchem Grade das allgemeine gesellschaftliche Wissen, knowledge, zur *unmittelbaren Produktivkraft* geworden ist und daher die Bedingungen des gesellschaftlichen Lebensprozesses selbst unter die Kontrolle des general intellect gekommen und ihm gemäß umgeschaffen sind. Bis zu welchem Grade die gesellschaftlichen Produktivkräfte produziert sind, nicht nur in der

324 Karl Marx: *Grundrisse der Kritik der politischen Ökonomie*, in: MEW 42, S. 601.

> Form des Wissens, sondern als unmittelbare Organe der gesellschaftlichen Praxis; des realen Lebensprozesses."[325]

Was kann man über unser Zeitalter sagen, das durch die Ausdehnung der kapitalistischen Verwertung auf alle Bereiche der Biosphäre und der Subjektivität gekennzeichnet ist, von der Landwirtschaft bis zu Videospielen, von Patenten auf Heilpflanzen bis zu Software und Privateigentum an Datenbanken, von der Wohnung bis zu Liebesbeziehungen, vom Wachen bis in den Traum, von Sand und Wasser bis zur Vorhersage der Zukunft? Die gesellschaftlichen Produktivkräfte, die heute unter der Ausbeutung, Leitung, Teilung und Antiproduktion der staatlichen Form (sowie der kapitalistischen Form des Unternehmens und der Plattform) das Leben und seine Erhaltung, seine Rohstoffe und seine technischen, sozialen, konkreten und abstrakten Maschinen in Ökosystemen produzieren, die von Agonismen und Antagonismen geprägt sind, sind das, was wir das Gemeinsame nennen.

Das Gemeinsame wird ausgebeutet, durch Patente und geistiges Eigentum vereinnahmt, entmachtet, vergiftet, prekarisiert und von der Vernichtung bedroht. Seine Ziele werden durch das Kapital als Integral der Machtformationen vereinnahmt und beherrscht, was zur Faschisierung und Zerstörung führt. Die Herstellung, Selbstverwaltung und Durchsetzung dieser Ziele gegenüber Staaten und Unternehmen ist eine Vorgabe, die die (nicht voluntaristische) Konstituierung von Systemen der Gegenmacht im Netz oder Netzwerksystemen der Gegenmacht erfordert. Diese Systeme müssen sich

325 Ebd., S. 602.

als Institutionen des Gemeinsamen selbst organisieren und die Mittel, Funktionen und Organisationen der *Kommando-Gegenmacht* umfassen.[326] Die Kommando-Gegenmacht kann nicht auf Grundlage einer „Beziehung zum Staat“ aufgebaut werden. In diesem Sinne sind die neuen Ökosozialismen, die mehr oder weniger souveränistisch, mehr oder weniger internationalistisch, mehr oder weniger auf den Klassenkampf ausgerichtet sind[327], Fehlschläge. Ob Räte oder Sowjets, Parteien, Koordinierungsorgane, besetzte oder nichtbesetzte soziale Zentren, politische Unternehmen, Gewerkschaften, internationale Assoziationen, Konföderationen oder dezentrale Netzwerke: Die Konstituierung von Systemen von Gegenmächten und Institutionen des Gemeinsamen ist nicht in erster Linie ein Problem der Form, sondern eines der Konsistenz und der Funktion.

Transökologien gegen die Verwüstung

Es wird zu Recht gesagt, dass die Covid-19-Pandemie und der Krieg in der Ukraine, gepaart mit der Angst und der diffusen Unruhe, die durch die häufigen extremen Klimaereignisse hervorgerufen werden, eine Umwälzung in unseren Köpfen verursachen. Die mediale Infantilisierung der menschlichen Subjektivität verdrängt die nagende Endlichkeit, die die kindlichen Sicherheiten des *neoliberalen Ichs* belagert, Sicherheiten in Bezug auf Gesundheit, Arbeitsplatzsicherheit, Beständigkeit und

---

326 Über die „Kommando-Gegenmacht“ vgl. weiter oben Fn. 303.

327 Und die versuchen, sich Zugang zur Staatsmacht zu verschaffen und/oder sie zu übernehmen, sowohl durch Wahlen als auch durch die Eroberung gesellschaftlicher Mehrheiten, die in einer popularen, gewerkschaftlichen, feministischen, ökologischen, nachbarschaftlichen, migrantischen oder LGTBQI-Bewegung organisiert sind.

unendliche Verfügbarkeit der Biosphäre, den Konsum von Objekten und Beziehungen und den Wert von Eigentum und Kapital.

Diese Verdrängung drückt sich in einer Vielzahl von Symptomen und Pathologien aus, in einem Unbehagen, das von Medikamenten sowie Süchten in Schach gehalten wird und das die psychologische und psychiatrische Versorgung (sofern sie öffentlich und zugänglich ist) zu regulieren versucht. Es sei denn, es bleibt unbemerkt in der frustrationsgeladenen Normopathie und der stillen Paranoia, im depressiven Einbruch oder in der schizophrenen Fuge. Aber dieser Ansatz der mentalen Ökologie ist reduktiv und pathologisierend, weil er die politischen Dimensionen des mentalen Lebens, die Produktionsverhältnisse in der Fabrik der Subjektivität ausblendet. Das Problem der psychologischen Auswirkungen des Klimawandels (und der Darstellungen und Narrative darüber), der Kriege und der globalen Rezession, die damit einhergehen, der Pandemien und der Prekarität sowie der Verwundbarkeit des Lebens kann nicht vom Standpunkt der individuellen Psyche und ihrer angegliederten Masseneffekte aus betrachtet werden. Sie sind untrennbar mit den politischen und gesellschaftlichen Dynamiken des Agonismus und Antagonismus von Krieg und Revolution, von Frieden und Emanzipation, von Flucht, Migration, Zuflucht und Deterritorialisierung verbunden. Wir wissen außerdem, dass das Kapitalozän durch die Erzeugung einer Ökologie des Kapitals definiert ist, einer Produktion von Natur, und dass die Beschleunigung von *tipping points* ebenso sehr ein politischer und sozialer Prozess ist wie ein natürlicher und mentaler. Diese Unteilbarkeit und Transversalität zwischen dem sozial-politischen, dem mentalen und dem ökologischen Bereich bringt uns zurück zum Thema der drei Ökologien.[328] Dieser Ansatz führt nicht zu einer Psychiatrisierung der Politik, sondern im Gegenteil dazu, das Delirium und das psychische Leiden zu politisieren.

Im zweiten Kapitel haben wir gesehen, dass die Entstehung der spezifisch faschistischen Affekte und Narrative eng mit den Erfahrungen auf dem Schlachtfeld des Ersten Weltkriegs verbunden war. Der Kontakt mit modernen Kriegsmaschinen, die allgemeine Mobilisierung, die neue Wahrnehmung der Verwundbarkeit von Körpern und vom Schrottwert des Kanonenfutters, das in riesigen Mengen produziert und aufgetischt wurde, bringt divergente mentale Ökologien hervor. Die einen organisieren sich um einen paranoischen Pol der konservativen Revolution und des Faschismus. Andere um einen Pol, den wir mit Deleuze und Guattari als schizoide Fluchtlinie bezeichnen können und der mit der Oktoberrevolution, der dadaistischen Geste, dem *Biennio rosso* von 1919–1920, dem iberischen Anarchokommunismus der 1920er und 1930er Jahre, dem Wunsch des Kommunismus und der Befreiung des Kooperationsvermögens zwischen den Lebenden (das seit 1968 wiederholt ereignishaft aufkommt) verbunden ist.

Es geht nicht nur darum, dass sich gesellschaftspolitische, ökologische und mentale Ungleichgewichte gegenseitig beeinflussen und in Prozesse der Resonanz und positiven Rückkopplung eintreten: Dies würde uns auf eine entschärfende Haltung der Restauration von Gleichgewichten beschränken, die immer prekär sind. Es geht um etwas anderes: Die sozio-politischen,

328 Vgl. Félix Guattari: *Die drei Ökologien*, Wien: Passagen 2012.

umweltbezogenen und mentalen Subsysteme des Ökologischen sind nicht wirklich getrennt. Vielmehr bilden sie ein einziges Rhizom transversaler Prozesse, in dem das Soziale und Politische, das Ökologische und das Mentale Referenzpunkte, Gesichtspunkte oder Handlungsperspektiven in/auf dem Rhizom ökosystemischer Prozesse bilden, die immer aus dem Gleichgewicht sind. Dies führt klinische Dimensionen in die Politik ein, wie auch politische und subjektive Ansätze zur Wahrnehmung und Analyse von Biotopen und biozönotischen Beziehungen in die traditionellen Bereiche der Autoökologie (die Beziehungen des Individuums zur Umwelt), der Populationsökologie und der Synökologie (die Ökologie der Beziehungen zwischen Lebensgemeinschaften). Aber nicht mit dem Ziel, vermeintliche Gleichgewichte zu versöhnen oder zu restaurieren, sondern um die singulären Linien eines Gemeinsam-Werdens von Ökosystemen zu kartografieren, das keinerlei Absicherung kennt, das in der Künstlichkeit rhizomatischer Beziehungen in einem planetarischen Ökosystem lebt, dessen Machtformationen in das Kapital integriert sind.

Es muss wiederholt werden, dass wir uns in einer Zeit befinden, die durch den neuen Kalten Krieg geschaffen ist. Einer Epoche des beschleunigten Wettbewerbs um die Kapitalakkumulation und den Verbrauch von Ressourcen der Biosphäre, heute reproduziert in mehrfachen Dimensionen der Endlichkeit von Energie, des Klimas und der Ressourcen sowie der weißen kolonialen Hegemonie. Ungleichgewicht, Verschmutzung und Extremereignisse durchziehen mit unterschiedlichen Ausprägungen Biotope und Biozönosen, und damit auch Gesellschaften und deren transindividuelle Psyche. Der

Krieg ist ein transökologischer Prozess, der in diese Ungleichgewichte Anziehungspunkte, Attraktoren für die Implosion, die Gewalt und Faschisierung von menschlichen Gesellschaften einführt. Gleichzeitig wird die Wahrnehmung der absoluten Kontingenz auf phobische und anxiogene Weise vermittelt, indem diese Gefährdung und Fragilität abgelehnt, verleugnet oder paranoisch projiziert und den subalternen sozialen Gruppen zugeschrieben wird, die vermeintlich daran schuld sein sollen.

Kurz gesagt, die politische Klinik der Endlichkeit und Kontingenz lässt keine Separationen zwischen der Natur, dem Sozialen, dem Psychischen, dem Politischen und dem Ökonomischen zu. In diesem Sinne muss die Ökobewegung in ihrer politischen Praxis ökologistisch werden: Sie kann nicht von ihrer eigenen transökologischen Dimension getrennt werden, wie es dauernd versucht wird, wenn gesellschaftliche „Sensibilisierung" durch Aufdeckung der katastrophischen Bedrohung gefördert werden soll und wenn mit dem kapitalistischen Technofuturismus der Oligarch:innen digitaler Plattformen und des grünen Kapitalismus (in dessen Apologie der Endlichkeit als Chance für einen „erlösenden Holocaust" und einen „posthumanen" Neuanfang) konkurriert wird.

Ein europäisches Beispiel für eine solche „ökologistische Ökobewegung", die die zentrale Bedeutung von Klassenkämpfen berücksichtigt, ist die #Insorgiamo-Kampagne, die 2021 von der Versammlung der Arbeiter:innen in einem Werk des britischen Luftfahrt- und Automobilkonzerns GKN ins Leben gerufen wurde, das in diesem Fall der Herstellung von Achswellen diente. Im Jahr 2018 verkauften die Bosse die Fabrik von Campi Bisenzio (im Großraum Florenz gelegen, mit 400 Beschäftigten) an Melrose,[329] einen Geierfonds, der sich auf in Schwierigkeiten steckende Branchen spezialisiert hat. Mit der Wiedereinführung der freien Kündigung durch die Regierung Draghi im Juli 2021 (nachdem diese während der Covid-19-Pandemie ausgesetzt worden war) wurde das Personal per E-Mail an einem Feiertag entlassen. Diese Kündigung wurde später aufgrund formaler Mängel für nichtig erklärt. Nach der Entlassung startete die besagte #Insorgiamo-Kampagne, zunächst mit der Absicht, eine Beziehung zu Kräften „außerhalb der Fabrik" aufzubauen. Am 9. Juli 2021 beschloss die Versammlung, die Fabrik in Campi Bisenzio zu besetzen, die Absperrung der Sicherheitskräfte zu durchbrechen und auf diese Weise den Abtransport der sehr teuren Maschinen zu verhindern, die Melrose verlagern wollte, und somit „ihr" Arbeitsproblem zum Problem des ganzen Gebiets und der gesamten arbeitenden Bevölkerung zu machen. Das Werk konstituierte sich als soziales Zentrum in der Region, in dem sich Gewerkschaften, Umweltbewegte, Feministinnen und kämpfende Kollektive treffen, um über eine Ökologie der Kämpfe im Zusammenhang mit der Klimakrise und dem sozialen Notstand zu sprechen und zu diskutieren. Außerdem wurde ein Thema angesprochen, das sich mit unterschiedlicher Intensität, aber zuletzt maßgeblich durch das Arbeitsleben aller Sektoren zieht: Schmerz,

---

329 Vgl. „Los accionistas de GKN deciden vender a Melrose", *Diario Vasco*, 30. März 2018, https://www.diariovasco.com/economia/accionistas-deciden-vender-20180330001449-ntvo.html?ref=https%20Prozent3A%20Prozent2F%20Prozent2Fwww.google.com%20Prozent2F Vgl. auch Lukas Ferrari & Julia Kaiser: „#Insorgiamo – Fabrikbesetzung fürs Klima", *Zeitschrift Rosa Luxemburg*, Oktober 2022, unter: https://zeitschrift-luxemburg.de/artikel/insorgiamo/.

Depression und affektive Gewalt am Arbeitsplatz und in den sozialen Beziehungen. Und letztlich diente es dazu, ein eigenes Denken über die ökologische Wende aus der Klassenperspektive zu entwickeln, oder, wenn man so will, eine industrielle Transökologie. Es wurde nicht nur die Frage einer dekarbonisierten Umstellung der Fabrikproduktion aufgeworfen (zum Beispiel durch die Integration von Elektrofahrzeugen in die Produktionslinien). Auch die ökologischen Alternativen, die die Frage des Eigentums an den Produktionsmitteln betreffen, kamen auf den Tisch: Soll man sich für den Kauf der Fabrik entscheiden und eine Genossenschaft werden oder soll man als Hebel für die Bildung eines „öffentlichen Pols der nachhaltigen Mobilität" dienen, das heißt sich in eine demokratische, territoriale und klassenorientierte Instanz um die Frage der Dekarbonisierung der wirtschaftlichen und sozialen Aktivitäten im Großraum Florenz verwandeln? Die Antwort ist klar.[330]

Die #Insorgiamo-Kampagne hat eine noch nie dagewesene politische Ökologie in die Praxis umgesetzt, da sie auf einer Konvergenz basiert, die weder auf Ideologie noch auf Bequemlichkeit beruht, sondern auf einer offenen Problematisierung von unmittelbar untragbaren Situationen. In realen Überschneidungen und Reibungen mit dem italienischen Klimaaktivismus hat sie Hindernisse gemeinsam abgetragen, die sich in der politischen Praxis als unüberwindbar darstellen. Der Kampagne gelang dies, weil sie erkannt hat, dass die Verwendung von identitärer Klassenparzialität oder Ideologie Teil des Problems der Korporatisierung der Kämpfe gegen den Neoliberalismus

---

330 Vgl. „Dalla coincidenza alla convergenza: lotta operaia e giustizia climatica alla GKN", *Euronomade*, 12. Januar 2022, http://www.euronomade.info/?p=14820.

ist. Es handelt sich, zuletzt, um eine Praxis einer Ökologie des Gemeinsamen, die den Aufbau des politischen Gemeinsamen anstrebt, an dem es so sehr mangelt.

Kapitalozän Jahr Null

Im Lichte des vorangegangenen Beispiels sollte gezeigt werden, dass die Ablehnung dieses Krieges und das Engagement für einen im Klassenkampf verankerten Frieden mehr sind als eine ethische Haltung oder ein tröstlicher Schutzschild davor, nicht in den Strudel der Anschuldigungen der kriegführenden Seiten hineingezogen zu werden. In gewisser Weise sind die Grundlagen einer realistischen Politik, die sich auf die aktive und ungehorsame Forderung nach einem emanzipatorischen Frieden stützt, der die Mächte, die diesen Krieg hervorgebracht haben und aufrechterhalten, subvertiert, in allem bisher Geschriebenen enthalten.

Leider durchzieht eine tiefe Spaltung die europäische Linke und deren Öffentlichkeit in Bezug auf den Krieg in der Ukraine. Die lagerförmige Spaltung darüber, welche Seite die richtige ist, wurde im ersten Kapitel dieses Buches behandelt. Aber außerhalb der Länder, die dem Kriegsgebiet am nächsten sind, herrscht eine andere Spaltung vor, nämlich die zwischen „dem Krieg in der Ukraine" und „allem anderen, darüber hinaus". Denn während die von der US-Notenbank und der EZB programmierte Rezession ihre Wirkung entfaltet und der Energieschock für die Mehrheit der Bevölkerung eine Mangelwirtschaft einleitet, ist der Krieg in der Ukraine etwas, das dazu neigt, zu verblassen. Nur um von Zeit zu Zeit aus Gründen, die nie etwas mit Propaganda zu tun haben, wieder in die Nachrichten zu kommen (die aber bereits den Charakter von „gewöhnlichen Nachrichten" angenommen haben, ohne Überraschungspotenzial). Wenngleich die westliche Linke zutiefst gespalten ist, sind nicht alle darin in die Lager-Ideologie abgetaucht. Erwiesenermaßen gibt es in Europa eine politische Linke, die den Krieg in der Ukraine ablehnt, die keinen Zweifel daran hat, dass Putins „militärische Spezialoperation" ein krimineller Akt mit katastrophalen Folgen ist, und die gleichzeitig das militaristische Spiel der NATO, der USA und der EU nicht akzeptieren kann, weil sie dazu ihre Intelligenz und emanzipatorische Perspektive opfern müsste.

Eine solche politische Linke kann nur mittelfristig, geladen mit ethischer und historischer Vernunft, aber in einer Gefahrenzone, stets im Fadenkreuz des Kriegsregimes und der Kriminalisierung, hoffen, wieder auf die Beine zu kommen. Die militaristische Wette der nordischen und mitteleuropäischen Linken, die, wie wir im Fall der finnischen Präsidentin Sanna Marin gesehen haben, Hand in Hand mit einer Verpflichtung zu fiskalischer Strenge gegenüber den südlichen, verschwenderischen Partnern des Kontinents geht, ist ein unumkehrbarer Schritt der vollständigen Angleichung an das neoliberale imperialistische Zentrum. Im Falle der spanischen parlamentarischen Linken und ihrer gewerkschaftlichen sowie zivilgesellschaftlichen Vertretung (mit Ausnahme von Podemos, einem Teil der *Izquierda Unida*, *CUP*, *EH Bildu* und *Anticapitalistas*) besteht deren Ziel darin, die „kritische Unterstützung" der Arbeit der NATO[331] und ihrer politischen und wirtschaftlichen

331 Und selbst dann ist diese Dynamik höchst ambivalent. *Podemos* unterstützte im Europäischen Parlament die Lieferung von Waffen an die Ukraine, *EH Bildu* und *IU* enthielten sich der Stimme und *Anticapitalistas* stimmten dagegen. Was die NATO-Mitgliedschaft Finnlands und Schwedens betrifft, so stimmten im spanischen Kongress die *IU* und die *CUP* dagegen, während *Podemos*, *EH Bildu* und Alberto Garzón (*IU*-Minister) sich der Stimme enthielten.

Folgen, das heißt des Kriegsregimes, mit der grünen, sozialen, gewerkschaftlichen und feministischen Agenda vereinbar zu machen, die sich aus den politischen Eruptionen von 2011 (15M), 2018 (vierte feministische Welle) und 2019 (globale Klimademonstrationen) ergibt.

Die politischen Folgen dieser Illusion können nur Unheil bringen, weil die vom europäischen Kriegsregime geforderten Disziplinierungsmaßnahmen fortgesetzt werden. Angesichts der Rede zum imperialen zivilisatorischen Krieg, die Kommissionspräsidentin Ursula von der Leyen auf dem Gipfel zur Lage der Union am 14. September 2022 gehalten hat, gibt es keinen Raum für Zweideutigkeiten. Es handelt sich um eine grundlegende historische Erklärung, denn bis dahin sind die Umrisse und Komponenten des Kriegsregimes noch nicht in dieser Klarheit zum Ausdruck gebracht worden:

> „Dies ist nicht nur ein Krieg Russlands gegen die Ukraine. Dies ist ein Krieg gegen unsere Energieversorgung, ein Krieg gegen unsere Wirtschaft, ein Krieg gegen unsere Werte und ein Krieg gegen unsere Zukunft. Hier kämpft Autokratie gegen Demokratie. Und ich bin fest davon überzeugt, dass wir Putin mit Mut und Solidarität zum Scheitern bringen werden und Europa am Ende die Oberhand gewinnt. Liebe First Lady Olena Selenska, Sie haben der gesamten Nation *Mut* gegeben. [...] Sie haben ihrem Volk auf der Weltbühne eine Stimme gegeben. Und Sie haben uns allen Hoffnung gegeben. Deswegen möchten wir heute Ihnen und allen Ukrainerinnen und Ukrainern danken. Wir verneigen uns vor einem Land europäischer Helden. *Slava Ukraini*!“[332]

---

332 Vgl. die „Rede von Präsidentin von der Leyen zur Lage der Union 2022“, 14. September 2022, https://ec.europa.eu/commission/presscorner/detail/de/speech_22_5493.

Die Rezession ist zivilisatorisch. Die Opfer sind zivilisatorisch. Die Aufschiebung der Dekarbonisierungsziele ist zivilisatorisch. Die Erhöhung der Militärausgaben und die Militarisierung von Politik und öffentlicher Ordnung sind zivilisatorisch. Es ist nur eine Frage der Zeit, bis sich die Profilierung von Positionen in einem dauerhaften ethischen und politischen Bankrott niederschlägt. Denn die Umwandlung der Europäischen Kommission in eine Kommandozentrale und politisch-militärische Koordinierungsstelle der interimperialistischen (und mit Blick auf China auch der intersystemischen) Kriegsanstrengungen ist ein historischer Wandel, der sich vor unseren Augen vollzieht und dem kein Skotom politischer Bösgläubigkeit der Linken kurzfristig entkommt.

Soziale (informelle und prekäre Arbeit) sowie territoriale (Wohnungen) Gewerkschaftsbewegungen und Aktivismus rassifizierter Menschen gegen urbane und polizeiliche Apartheid; besetzte oder nichtbesetzte, aber in städtische Kämpfe verwickelte Sozial- und Nachbarschaftszentren und Netzwerke von Kooperativen sozialer Arbeit im Quartier; Konvergenzen in Gesundheits- und Bildungsgemeinschaften im öffentlichen Sektor; Konvergenzen zwischen Klimaaktivismus, nachhaltigen Landwirtschaftskooperativen und Industrie- und Sozialgewerkschaften; Medien- und Informationsökosysteme; transversale feministische Kämpfe und Institutionen für häusliche und sexuelle Arbeit sowie Kämpfe und Institutionen für sexuelle und geschlechtliche Vielfalt; pazifistische und antimilitaristische Aktivismen sowie Aufnahme- und Dienstleistungseinrichtungen für Geflüchtete aller Art und aus allen Gründen: Die Allianzen und Verkettungen können den singulären Vektoren der Wiederaneignung von Produktionsmitteln des Gemeinsamen entsprechen. Zudem können sie auch als taktische Fähigkeiten der Konvergenz, des Schwarmes und der Revolte fungieren, um unter den Mächten, die das Kriegsregime aufrechterhalten, jederzeit den zu bekämpfenden Gegner auszumachen.

Die Erfahrung des Zyklus der globalen Kämpfe zwischen 2011 und 2013 bietet einen Ausgangspunkt für das Netzwerk-System von Kämpfen und Gegenmächten. Dieses ist nicht episodisch oder zufällig, sondern korrespondiert mit der vernetzten, physischen und digitalen Kooperationsform der Arbeitskräfte unter der Befehlsmacht des Kapitals in Plattformen, Lieferketten oder Logistik- und Transportnetzen.[333]

Wie bestimmt man eine Eroberung? Als Resultante von Kampagnen, Aktionen, Erholungen und wirksamen Verhandlungen, unterstützt durch eine Korrelation von tatsächlichen oder virtuellen, realen oder möglichen Kräften, in einem Spiel antagonistischer Strategien. Manchmal in einem Rahmen der Legitimität und der formalen Legalität, manchmal in der Legitimität von Akten schöpferischer Gewalt, innerhalb einer Norm, die von den Beteiligten provisorisch respektiert wird.

Man darf sich keine Illusionen über die Leichtfertigkeit von Regierungen und Staatsapparaten machen, aber das entbindet nicht von Präzision und Finesse bei der situativen und konjunkturellen Analyse der internen Beziehungen staatlicher und transnationaler Machtblöcke. Sonst droht die Gefahr, taktische und strategische

---

333 Zum Netzwerksystem als (techno)politische Form, die aus dem Kampfzyklus 2011 hervorgegangen ist, vgl. Sánchez Cedillo: „Die Idee eines transdividuellen Netzwerksystems".

Fehler zu begehen, sich angesichts eines geeinten Gegners zu verausgaben oder die Gelegenheit zu verpassen, wenn innerhalb dieser Blöcke die Spaltung überhandnimmt. Dogmatismus und Voluntarismus sind Epistemologien, die eher für das Kriegsregime als für ein Projekt konstituierenden Friedens im Horror des Kapitalozäns charakteristisch sind. Einem Umfeld, das von Unsicherheitsgraden beherrscht wird, die weder durch paranoische Hyperrationalisierung noch durch den messianischen Glauben an sein abruptes Ende als Ergebnis unlösbarer innerer Widersprüche überwunden werden können.

Was die Praxis betrifft, so kann die Festlegung von Zeit und Raum konvergierender Kämpfe nicht vorhergesagt, sondern nur angeregt und begünstigt werden. Unter anderem, weil Phasensprünge und Transitionen, Reaktionen darauf, interne Krisen und Reorganisationen von Kriegsregimen sehr unterschiedliche Szenarien denkbar machen. Die Szenarien definieren den Grad und die Stärke der Eroberungen und Wiederaneignungen von Produktionsmitteln ökosystemischer Gemeingüter; doch ist eine Verbindung zwischen den Eroberungen und ihrer Übersetzung in gemeinsame Institutionen erforderlich (was die Macht des Gemeinsamen als Grade oder Gradienten der Gegenmacht ausdrückt).

Der Eckpfeiler der Konvergenz gegen das Kriegsregime ist das universelle, individuelle und bedingungslose Grundeinkommen: eine grundlegende und unumstößliche Errungenschaft, die eine der Grundlagen der Produktionsweise des Gemeinsamen darstellt. Und sie wird umso mächtiger sein, je mehr sie sich auf die globale politische Geografie ausdehnt. Das Gleiche gilt für die Rückeroberung eines vollständigen, kostenlosen, universellen und umfassenden öffentlichen Bildungs- und Gesundheitswesens. Oder die Rückeroberung des Streik- und Vereinigungsrechts der formellen und informellen Lohnarbeit und die Anpassung der Löhne an die Inflation. Ebenso die Bewegungs- und Niederlassungsfreiheit von Arbeitskräften. Oder die tiefgreifende Entkriminalisierung von sozialen Protesten und zivilem Ungehorsam. In nicht wenigen Situationen wird es die Zusammensetzung der Machtblöcke in der Regierung und im Staatsapparat sehr schwierig machen, diesen Eroberungen legislativen Ausdruck zu verleihen oder sie administrativ zu regeln. Dies wird jedoch nicht verhindern, dass sie sich in der Praxis in der legitimen (wenn auch nicht legalen) Ausübung von Gegenmacht materialisieren.

Exodus, *da capo*

Angesichts des Klimawandels ist der Frieden heute eine Voraussetzung für jede emanzipatorische Politik, die globale Gerechtigkeit und Nachhaltigkeit zugunsten eines größtmöglichen Teils des menschlichen Lebens anstrebt. Gleichzeitig habe ich versucht zu zeigen, dass in den heutigen Kriegen, und insbesondere im Krieg in der Ukraine, der Waffenstillstand, wenn es ihn denn gibt, kein Frieden ist, sondern eine Atempause vom Krieg, eine bloße Einstellung der Feindseligkeiten. Der Frieden muss also in einem großen Massenakt der Kriegssabotage errungen und durchgesetzt werden.

Aber um Frieden zu erreichen, muss er mit einem regionalen und globalen Entwurf für eine Gesellschaft ohne Krieg, ohne Ausbeutung der Menschen und der Biosphäre verbunden sein. Deshalb bezeichne ich das Vorhaben als konstituierenden Frieden. Konstituierend in dem Sinne, dass sich die Kämpfe der globalen Arbeitskräfte, um wirksam zu sein, nicht nur selbst organisieren, überschneiden, abstimmen, ausschwärmen und konvergieren müssen, sondern auch den Aufbau von Institutionen der Gegenmacht erfordern, die sowohl das Monopol über politische Entscheidungen und Verwaltung als auch das über die Nutzung der Produktionsmittel des Gemeinsamen in Frage stellen. Diese Beziehung zwischen den Institutionen der Gegenmacht ist nicht nur in der Lage, die soziale Sabotage des Krieges (und die Absetzung der Befehlsmächte) zu bewirken. Um zu gedeihen, muss sie auch eine konstituierende Dimension haben, die sowohl offen und inklusiv für soziale Gruppen, aber auch zugleich antagonistisch ist.

Eine konstituierende Dimension hat etwas Revolutionäres an sich, beinhaltet aber nicht unbedingt einen Aufstand oder die für moderne Revolutionen charakteristische Übernahme der politischen Macht von Staaten über Territorien. Darüber hinaus gibt der politische Realismus zu bedenken, dass die Gewalt der Regierungen gegenüber Gegenmächten, die Kriegsanstrengungen sabotieren und die Produktionsmittel sowie die Lebensgrundlage entsprechend ihren Fähigkeiten an sich reißen, extrem sein kann. Wenn es nicht um das Überleben von Bevölkerungen geht, macht es keinen Sinn, auf das Kriegsregime des Kapitals mit Krieg oder revolutionärer Guerilla zu antworten. Die (sowohl klinische als auch politische) Analyse von Aktionen, Narrativen und Vermittlungen – in und aus den Kämpfen – ist als Praxis prioritär. Es ist notwendig, innezuhalten, zu lauern, die zu unternehmenden Schritte, die Gradienten des politischen Gebildes zu diskutieren und zu problematisieren; es ist notwendig, verhandeln zu können und zu wissen, wie man Zeit gewinnt.

In jedem Fall sind die politischen Prozesse des Bruchs nicht linear und können es auch nicht sein. Dies, unter anderem, weil sie sich regional und global verteilen und wegen ihrer heterogenen internen Struktur, die nie frei von Spannungen und Konflikten ist. Ebenso wenig können die destituierenden Ausdrucksformen die repräsentativen Institutionen und die Nutzung der bestehenden Rechtsgarantien in den Kriegsdemokratien und den supranationalen Gerichten außer Acht lassen. Auch dürfen sie nicht Eingriffe in die grundlegenden strategischen Beziehungen zwischen Staatsform und Gesellschaft, in die Rechtsprechung, in die vom Parteiensystem beherrschte politische Repräsentation, in die kommunalen und föderalen Räte, in die öffentlichen Medien etc. vernachlässigen.

Handelt es sich hier um eine Situation der Doppelmacht im klassischen Sinne? Nicht unbedingt. Wenn sie auftreten, können Situationen der Doppelmacht nicht gänzlich außerhalb der Staatsform angelegt werden, sondern müssen in ihre strategischen Beziehungen eingreifen, je nach den Gelegenheiten, die die Brüche in ihren Artikulationen, Institutionen, Apparaten und Funktionen bestimmen, und gleichzeitig die Tendenzen zum Bürgerkrieg abwehren, die sich immer abzeichnen, wenn die Prozesse der Faschisierung fortschreiten.

Wir dürfen nicht aus den Augen verlieren, dass der Staat eine Form der strategischen Organisation und Funktionalisierung von Apparaten und Institutionen der Befehlsmacht, des Zwangs und der Hegemonie ist, und keine Festung, die in die Hände der einen oder anderen fallen kann. Und auch nicht, dass die Konstruktion eines

Kriegsregimes notwendigerweise Veränderungen in den Verdichtungen der strategischen Kräfteverhältnisse beinhaltet, die in den Institutionen und Apparaten des Staates zum Ausdruck kommen. Zudem gehören dazu Verschiebungen der Gravitationszentren zwischen den einen und anderen Komponenten der klassenmäßigen und politischen, juristischen, korporativen, polizeilichen und militärischen Eliten.

Die Rezession, die Sparmaßnahmen, Interessenkonflikte und Privilegien, die die politisch-militärische, zivilisatorische, energiepolitische, „grüne" und finanzielle Tätigkeit der Europäischen Kommission notwendigerweise mit sich bringt, werden Momente der Einheit, der Teilung, der Verwirrung und der Entflechtung hervorbringen, die vom kollektiven und verteilten Gehirn der Kämpfe und Gruppen, die sich für den Prozess des konstituierenden Friedens in Europa und in der Welt einsetzen, analysiert und genutzt werden müssen. Die Versuchung der Verzweiflung und des Nihilismus ist ebenso mächtig und verhängnisvoll wie die des „progressiven" Engagements für das Kriegsregime.

Je nach politischer Geografie und Zusammensetzung der herrschenden Klassen, je nach Spaltung oder Neuzusammensetzung der Koalitionsparteiensysteme im Kriegsregime und insbesondere je nach den Trennlinien zwischen autoritären und putschenden Kräften und solchen der großen neoliberalen und progressiven Mitte werden die Möglichkeiten von Verhandlung und Pakt über Gewaltgrade in politischen Kämpfen anders bestimmt. In diesem Bereich sind die Entmilitarisierung und Entwaffnung der Sicherheitskräfte ein grundlegendes Ziel im Prozess des Kampfes für einen konstituierenden Frieden. Gegenmächte fällen Entschlüsse wie Institutionen und können auf der Grundlage ihres Vermögens vereinbarte Regeln festlegen, um den Grad an Gewalt im politischen Antagonismus zu regulieren. Sie können und sie müssen dies tun. Die bedeutendste strategische Niederlage des Projekts eines konstituierenden Friedens und insofern auch des Vorankommens bei der Konstituierung von Produktionsweisen des Gemeinsamen liegt darin, sich in Szenen und Narrative von Bürgerkrieg und/oder bewaffneter Gewalt hineinziehen zu lassen. Dort hat das Kriegsregime alles zu gewinnen.

Was also tun angesichts des Kriegsregimes? Seit Mitte der 1990er Jahre befasst sich die postsozialistische marxistische Theorie und Praxis mit dem Thema des Exodus: eine Subtraktion (der Emanzipation) von der infernalischen Dialektik (1) der kapitalistischen Entwicklung (Akkumulation, Ausdehnung des Arbeitszwangs und damit der Tauschwertlogik auf alle Lebensbereiche) und (2) der Staatsmacht (Zerschlagung der Multitude in der nationalen souveränen Repräsentation; der Einheit und Ausschließlichkeit der Befehlsmacht; der Tendenz zum Krieg und zum Gehorsamspakt im Tausch gegen Sicherheit; dem Ausschluss und der Hierarchisierung der Bevölkerung auf Grundlage der Nationalität), – als Instanz, auf die die historische Erfahrung des „Realsozialismus" übertragen wurde.

Die Hypothese des Exodus taucht mit dem Zusammenbruch der Illusion auf, die Macht des staatlichen Kommandos über die soziale Produktion und Reproduktion unter dem Wertgesetz und dem monetären Warentausch „alternativ zu verwalten". Dies in Übereinstimmung mit einer endlosen „Transition" hin zum Verschwinden des gesellschaftlichen Arbeitszwangs und Gehorsams gegenüber dem staatlichen *imperium*. Es ist ein Ansatz, der sowohl in Abgrenzung zu der Erfahrungen des „Realsozialismus“ als auch in Abgrenzung zu der eurokommunistischen Versuche, den Kapitalismus zu verwalten (mit Sparsamkeit, Effizienz, Gehorsam der Arbeitnehmer:innen sowie Zustimmung der Gewerkschaften und Arbeitgeber:innen), ausgebreitet wurde. Der Kapitalismus seinerseits bereitete schon seit Mitte der 1970er Jahre seinen eigenen globalen finanziellen und logistischen Exodus aus den räumlichen, technologischen, rechtlichen und politischen Hindernissen vor, die Nationalstaaten und ihre Arbeiter:innenbewegungen darstellten, um die Profitraten und die Raten der erweiterten Reproduktion wiederzubeleben.[334]

Angesichts der ökosystemischen Dimension der Kipppunkte des Kapitalozäns und der Realität der interimperialistischen und intersystemischen Kriege ist die Frage des Exodus als Narrativ in dem Interregnum, das wir gerade erleben, von entscheidender Bedeutung. Extreme Klimaereignisse werden die Vertreibung von Bevölkerungen, die Verletzung ihrer Rechte und ihre brutale Ausbeutung auslösen, wenn es keine regionalen und globalen Gegenmächte gibt, die dies verhindern.

---

334 Die zapatistische Bewegung hat seit 1994 in der Praxis gezeigt und bewiesen, dass die Ablehnung von Bürgerkrieg und Übernahme der Staatsgewalt keine Frage von Mut oder Skrupeln ist. Im Gegenteil handelt es sich um einen strategischen Beschluss, der die Schaffung von Institutionen des Gemeinsamen und von sozialen und politischen Gegenmächten in den Vordergrund stellt (die zunehmend in der Lage sind, Segmente und Blöcke einer Produktionsweise des Gemeinsamen zu verwirklichen, basierend auf der Produktion des Lebens und seiner Erhaltung).

Außerdem hat das Thema des Exodus eine evidente räumliche Dimension, und zwar nicht nur zwischen Regionen, sondern auch im Hinblick auf die notwendige Revolution zwischen Land und Stadt und die ökokommunistische Transformation oder auch Dekonstruktion der globalen Metropolen. Aber es hat auch eine Dimension ethischer, affektiver, poetischer, epischer und imaginativer Intensität, die die mentalen Ökologien des Übergangs zur gemeinsamen Produktionsweise affiziert und die das Experimentieren und die Institutionalisierung des (trans)individuellen Rechts auf Langsamkeit, auf Abkopplung und Stille, auf Werden, auf Metamorphose, auf eine paradoxe Unproduktivität durchzieht. Eine Dimension, die als Kernbestandteil der gemeinsamen Produktionsweise ohne Kommando Teilhabe, Erfindung und kooperativer Arbeit nicht ausschließt, sondern deren Voraussetzung ist.

Demgegenüber erinnert Ursula von der Leyen in der Absicht, Zwischenpositionen zu zertrümmern, immer wieder daran, dass „wir uns im Krieg um und für Energie befinden“. Die zivilisatorischen Illusionen der grünen Linken, das Kriegsregime verstärke über öffentlich-privat-kommunale Kooperationspartnerschaften die dezentrale Erzeugung und Produktion erneuerbarer Energien, sind genau das: Illusionen. Darüber hinaus tun sie so, als seien sie sich der globalen politischen Ökonomie von Silizium, Lithium, seltenen Erden und Erzen nicht bewusst und wüssten nicht, was – in den derzeitigen Turbulenzen und der kriegsbedingten Politisierung des Zugangs zu diesen Ressourcen – politische Kompromisse mit dem Kriegsregime und seinen Versprechungen zur Energiewende bedeuten. Ein Mindestmaß an analytischer Strenge zwingt uns zu der Erkenntnis, dass die Phase der programmierten Rezession das Ende jeglicher substanzieller wirtschaftlicher Demokratisierung bei der Erzeugung und Verteilung erneuerbarer Energien bedeutet. Die Überlegung, einige kleine Erfahrungen der Zusammenarbeit mit Konzernen wie Statkraft oder anderen könnten unter der Bedingung der Konzentration und Akkumulation von Kapital, die Teil des strategischen Konzepts des euro-atlantischen zivilisatorischen Kriegsregimes ist, einen Gegentrend darstellen, sind von geringem Nutzen, außer zur Mystifizierung und Komplizenschaft mit dem Kriegsregime.

Wenn, wie wir oben gesehen haben, die Organisation einer Produktionsweise des Gemeinsamen damit einhergeht, die produktive Tätigkeit und die Nachhaltigkeit des Lebens zu dekarbonisieren, die Auswirkungen der Erwärmung abzumildern und die Territorien und Bevölkerungen auf ihre Folgen vorzubereiten (nämlich extreme klimatische Ereignisse und Wüstenbildung), dann beinhaltet der Kampf für den Frieden (der ewig ist, wie Kant sagen würde, wobei er den Beinamen als Pleonasmus betrachtet) eine umweltbezogene, soziale und mentale Ökologie, die diese Ziele mit der Produktion des Gemeinsamen verbindet. Das bedeutet, dass eines der Ziele des Systems der Gegenmächte im Projekt des konstituierenden Friedens zum einen in der autonomen und dezentralen Organisation von erneuerbaren Energien besteht, zum anderen in der Kontrolle und Aneignung sowohl von fossilen als auch von erneuerbaren Energieanlagen und Verteilungsnetzen sowie in der demokratischen Entscheidung über deren Nutzung beziehungsweise deren Rückbau. Und wir dürfen nicht vergessen, dass der

Begriff „Staatsform“ das derzeitige Modell (und seine Spielarten) der Produktion und Distribution von Energie miteinschließt – das Konzentrat von Politik und Wirtschaft schlechthin.[335]

In den ersten Wochen nach der russischen Invasion in der Ukraine wurden wir an das erinnert, was Lenin den „Zusammenbruch“ der Zweiten Internationale nannte, nachdem die überwiegende Mehrheit der sozialdemokratischen Parteien Europas, insbesondere die deutsche und die französische, zum Militarismus übergegangen war. Etwas mehr als ein Jahr später, vom 5. bis 8. September 1915, tagte die Internationale Sozialistische Konferenz in Zimmerwald (Schweiz). Die Bekehrung der meisten Organisationen der Arbeiter:innenbewegung in den Kriegsländern zu nationalistischem Fanatismus sowie die durch die allgemeine Mobilisierung und die militärische Kontrolle der Grenzen bedingten Transport- und Mobilitätsschwierigkeiten, machten die Teilnahme äußerst schwierig.[336] Dieses Beispiel von vor mehr als einem

335 Dasselbe gilt für die Nahrungsmittelproduktion, den Schutz und die Wiederherstellung von Wasserführungen, Flüssen und Küsten oder die Forstwirtschaft. Die gemeinsame Produktionsweise ist an sich die Erfindung und Instituierung einer anderen Ökologie in Bezug auf die „Four Cheaps“ (die Ströme von Arbeitskraft, Energie, Lebensmitteln und Rohstoffen, vgl. Moore: *Kapitalismus im Lebensnetz*), und daher ist die gemeinsame Produktionsweise an sich transnational, ausgehend von ihren ersten Ökosystemen und von Territorien mit minimaler politischer und produktiver Konsistenz.

336 Die 38 Delegierten sind namentlich und organisatorisch erwähnenswert. Ohne das Mandat der Sozialdemokratischen Partei der Schweiz, der sie angehörten, nahmen Robert Grimm, Karl Moor, Charles Naine und Fritz Platten teil. Aus Frankreich Albert Bourderon für die CGT und die SFIO sowie Alphonse Merrheim für die Antikriegsgruppen der CGT. Von der Sozialistischen Partei Italiens und mit einem repräsentativen Mandat: Angelica Balabanova, Costantino Lazzari, Giuseppe Modigliani, Oddino Morgari und Giacinto Serrati. Henriette Roland Holst vertrat die Sozialdemokratische

Jahrhundert böte sich für einfache Vergleiche an, die einer Analyse kaum standhielten: Die Parabel von der Arbeiter:innenbewegung und den Internationalen hat im letzten Abschnitt des 20. Jahrhunderts vollkommen Schiffbruch erlitten. Die politischen Klassenzusammensetzungen wurden pulverisiert und kriminalisiert, und die radikale Erneuerung der revolutionären Praxis und Erzählung, die 1968 entstanden war, wurde in die Enge getrieben zwischen politischer Gewalt und Kooptation für den postfordistischen „neuen Geist des Kapitalismus".

Arbeiterpartei der Niederlande. Aus Deutschland kamen Heinrich Berges, Joseph Herzfeld, Adolph Hoffmann, Georg Ledebour, Minna Reichert und Ewald Vogtherr als Vertreter:innen der Antikriegsminderheit in der Sozialdemokratischen Partei Deutschlands, Ernst Meyer und Bertha Thalheimer als Vertreter:innen der Berliner Internationalen Gruppe (mit Karl Liebknecht, Rosa Luxemburg und Clara Zetkin an der Spitze) und Julian Borchardt als Vertreter der Internationalen Sozialisten Deutschlands mit ihrer Zeitschrift *Lichtstrahlen*. Aus dem Russischen Reich vertraten Wladimir Iljitsch Lenin und Grigori Sinowjew die bolschewikische Tendenz der SDAPR im Namen ihres Zentralkomitees; Pawel Axelrod und Yuli Martow kamen für das Organisationskomitee der menschewikischen Tendenz der SDAPR, während die internationalistische Tendenz der Russischen Sozialrevolutionären Partei Wiktor Tschernow und Mark Natanson schickte; Lew Dawidowitsch Bronstein (Leo Trotzki), vertrat die Gruppe der russischen sozialdemokratischen Exilanten in Paris, *Nashe Slovo* [Unser Wort]. Aus Bulgarien kam Wassil Kolarow für die Bulgarische Sozialdemokratische Arbeiterpartei („engere" Tendenz). Christian Rakovsky kam für die Sozialdemokratische Partei Rumäniens. Aus Schweden Zeth Höglund im Namen der Jugendliga und Ture Nerman im Namen des norwegischen Pendants. Der Allgemeine Jüdische Arbeiterbund Polens, Litauens und Russlands war durch Liebmann Hersch als Beobachter vertreten. Aus Polen und Litauen kamen Karl Radek für das regionale Präsidium der Sozialdemokratie des Königreichs Polen und Litauen, Adolf Warski für das Hauptpräsidium der gleichen Partei und Pawel Lewinson für die Polnische Sozialistische Partei. Schließlich sprach Jan Bersin als Delegierter der Sozialdemokratie des lettischen Territoriums.

Ich habe die EZLN erwähnt, die vor fast 30 Jahren gegen alle Strömungen aussprach, was uns widerfährt.[337] Wir lernen aus der Geschichte. Die Reifung der Bedingungen einer am Gemeinsamen orientierten Produktionsweise ist eines der Resultate der historischen und ökosystemischen Dichte der weltweiten Arbeiter:innenbewegung, der Bewegungen der antikolonialen Landwirt:innen, Arbeiter:innen und Indigenen, und antirassistischen, feministischen, LGTBQI+, sowie Öko- und Hacker:innen-Bewegungen. In dieser Hinsicht können wir uns von dem Beispiel von Zimmerwald ebenso wie von den Interkontinentalen Treffen gegen den Neoliberalismus und für eine menschliche Gesellschaft inspirieren lassen, die der Zapatismus zwischen 1996 und 1997 anstieß.

Wir haben oben die Beziehungen zwischen der Wahrscheinlichkeit, die wir *a priori* einer politischen Hypothese zuschreiben – und, in subjektiver Hinsicht, dem Überzeugungsgrad, mit dem wir operieren –, in Verbindung mit Erfolgen, neuen Evidenzen und Aktionen erörtert, die die subjektive Wahrscheinlichkeit/das Vertrauen in eine Hypothese stärken oder verringern. Daraus ergibt sich das Paradoxon, dass unser aktives Vertrauen als teilnehmende oder immanente Akteur:innen in der beobachteten Welt dazu tendiert, die Wahrscheinlichkeitsgrade der Hypothese zu verstärken. Dieser Optimismus der gemeinsamen Vernunft angesichts großer Ungewissheit ist eine unserer wichtigsten Waffen in der gegenwärtigen Zeit. Zum ersten Mal in der Geschichte des Kapitalozäns sind die Glaubensgrade an

---

337 Der Bezugspunkt ist der zapatistische Aufstand vom 1. Januar 1994 in Chiapas und all die Ereignisse, Interventionen, und Erklärungen, die in dem Jahr noch folgten.

die Verheißungen eines lebenswerten Lebens im Kapitalismus für die große Mehrheit der Menschheit nur noch im Glauben an die Allmacht des Kriegszustandes, an den faschistischen Fanatismus des „rassischen" oder zivilisatorischen Schicksals und an das Sein-zum-Tode als wahre menschliche Möglichkeit vorhanden. Der konstituierende Frieden hingegen lebt vom immanenten Glauben an die Macht der Körper und Maschinen gegen das Kriegsregime, hier, in dieser Welt:

> „Der Glaube an die Welt ist das, was uns am meisten fehlt; wir haben die Welt völlig verloren, wir sind ihrer beraubt worden. An die Welt glauben, das heißt zum Beispiel, Ereignisse hervorzurufen, die der Kontrolle entgehen, auch wenn sie klein sind, oder neue Zeit-Räume in die Welt zu bringen, selbst mit kleiner Oberfläche oder reduziertem Volumen. Eben das nennen Sie *pietàs*. Bei jedem Versuch entscheidet sich die Frage von Widerstand oder Unterwerfung unter eine Kontrolle neu. Es braucht gleichzeitig Schöpfung *und* Bevölkerung."[338]

338 Gilles Deleuze, interviewt von Toni Negri. Vgl. „Kontrolle und Werden", in: *Unterhandlungen 1972-1990*, Frankfurt a.M.: Suhrkamp 1993, S. 253. (Übers. mod., Anm. d. Übers.)

- Cornelia Sollfrank (Hg.)
  Die schönen Kriegerinnen
  15,- € / 978-3-903046-16-0

- Christoph Brunner, Raimund Minichbauer, Kelly Mulvaney und Gerald Raunig (Hg.)
  Technökologien
  12,- € / ISBN: 978-3-903046-21-4

- Boris Buden, Lina Dokuzović (eds.)
  They'll never walk alone
  15,- € / ISBN: 978-3-903046-20-7

- Verónica Gago, Raquel Gutiérrez Aguilar, Susana Draper, Mariana Menéndez Díaz, Marina Montanelli, Marie Bardet / Suely Rolnik
  8M - Der große feministische Streik
  10,- € / ISBN 978-3-903046-18-4

- Gerald Raunig
  Maschinen Fabriken Industrien
  20,- € / ISBN: 978-3-903046-23-8

- Sofia Bempeza
  Geschichte(n) des Kunststreiks
  12,- € / ISBN: 978-3-903046-22-1

- edu-factory
  Alle Macht der selbstorganisierten Wissensproduktion
  10,- € / ISBN: 978-3-903046-25-2

- Sofia Bempeza, Christoph Brunner, Katharina Hausladen, Ines Kleesattel, Ruth Sonderegger
  Polyphone Ästhetik
  12,- € / ISBN: 978-3-903046-24-5

- Gerald Raunig
  Ungefüge
  15,- € / ISBN: 978-3-903046-27-6

- Gerald Raunig
  Maschinischer Kapitalismus und molekulare Revolution (Doppelband)
  Band 1: DIVIDUUM
  Band 2: Ungefüge
  25,- € / ISBN: 978-3-903046-28-3

- Niki Kubaczek, Monika Mokre (Hg.)
  Die Stadt als Stätte der Solidarität
  15,- € / ISBN: 978-3-903046-26-9

- Raúl Sánchez Cedillo
  Das Absolute der Demokratie
  15,- € / ISBN: 978-3-903046-29-0

- Manuela Zechner
  Commoning Care & Collective Power
  15,- € / ISBN: 978-3-903046-31-3

- Kike España
  Die sanfte Stadt
  15,- € / ISBN: 978-3-903046-30-6

- Jana Vanecek
  ID9606/2a-c
  12,- € / ISBN: 978-3-903046-33-7

- Stefano Harney, Fred Moten
  Allseits unvollkommen
  15,- € / ISBN: 978-3-903046-34-4

- Stephan Trinkaus
  Ökologien des Prekären
  20,- € / ISBN: 978-3-903046-35-1

- Raúl Sánchez Cedillo
  Dieser Krieg endet nicht in der Ukraine
  20,- € / ISBN: 978-3-903046-36-8

- Luci Cavallero, Verónica Gago
  Der Haushalt als Versuchslabor
  10,- € / ISBN: 978-3-903046-37-5

Auslieferung: GVA ■ Barsortimente: Libri, Umbreit, Zeitfracht

transversal texts
transversal.at
Aus dem Programm 2021

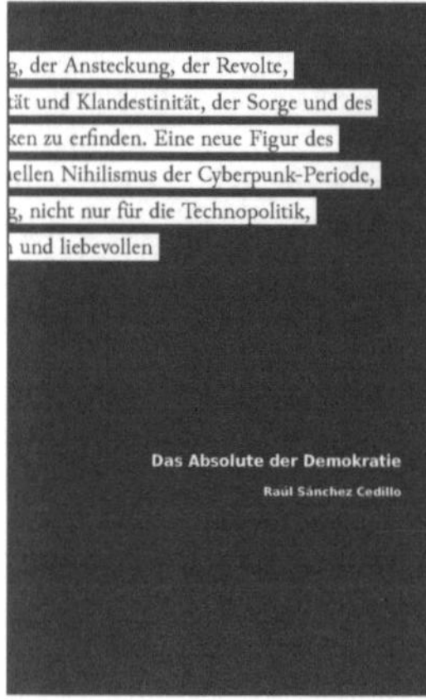

Raúl Sánchez Cedillo

Das Absolute der Demokratie
Gegenmächte, Körper-Maschinen, transdividuelles Netzwerksystem
Mit einem Vorwort von Toni Negri.
Aus dem Spanischen und Italienischen von Gerald Raunig.
Mit Übersetzungsbeiträgen von Birgit Mennel und Dominic Widmer

Am 15. Mai 2011 begannen Hunderttausende die zentralen Plätze der Städte in Spanien zu besetzen und neue Formen von Sozialität und Politik zu entwickeln. Raúl Sánchez Cedillo untersucht diese Kämpfe und verfolgt ihr Entstehen als Bruch, ihre Verwandlungen in die munizipalistischen Bewegungen und politischen Parteien und ihre offenen Enden in einer zunehmend politischen Zerklüftung. Er entfaltet ein weit über Spanien hinausgehendes europäisches Denken, das an die Erfahrungen der italienischen Autonomia und des französischen Poststrukturalismus ebenso anschließt wie an konkrete Politiken im gesamten europäischen Raum. Dabei steht jenes unabgeschlossene Projekt aus Spinozas Politischem Traktat im Zentrum, die Demokratie als absolute Regierungsform zu verstehen - mit den Worten der sozialen Maschinen des 15M: ¡Democracia Real YA!

ISBN: 978-3-903046-29-0
Mai 2021
245 Seiten, broschiert, 15,- €

Antonio Negri
Raúl Sánchez Cedillo

Für einen konstituierenden Prozess in Europa
Demokratische Radikalität und die Regierung der Multituden

Eingeleitet und herausgegeben von Isabell Lorey und Gerald Raunig

Ein Gespenst geht um in Europa, ein konstituierender Wind weht aus dem Süden. Mit dem Wahlsieg der griechischen Linkspartei Syriza, dem kommunalen Erfolg von bewegungsnahen Bündnissen in Barcelona und Madrid sowie dem Aufstieg von Podemos in Spanien verdichtet sich eine lang schon erwartete Entwicklung neuer linker Parteien. Dieser konstituierende Prozess geht allerdings weit über klassische Parteigründungen hinaus, er ist aus den sozialen Bewegungen der Krisenjahre entstanden und kristallisiert sich in einer Vielzahl von mikropolitischen Praxen bis zur Regierungsbildung.
Antonio Negri und Raúl Sanchez Cedillo intervenieren mit ihren zwischen Februar und April 2015 geschriebenen Texten nicht nur in die Brennpunkte des Wahljahres 2015, sondern in den gesamten europäischen Raum. Sie plädieren mit der Begrifflichkeit des konstituierenden Prozesses nicht für einen linken Populismus neuer Parteien, sondern für ein soziales und demokratisches Europa, für eine neue Form des europäischen Föderalismus von unten.

ISBN: 978-3-903046-06-1
Juni 2015
80 Seiten, broschiert, € 10,-

transversal texts
transversal.at
Aus dem Programm 2017

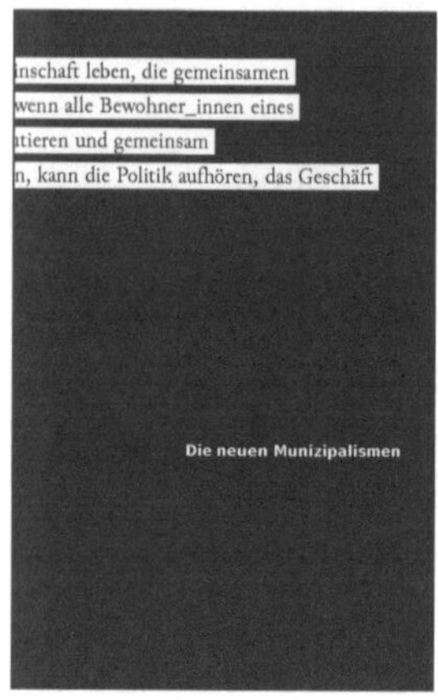

Christoph Brunner, Niki Kubaczek, Kelly Mulvaney und Gerald Raunig (Hg.)

Die neuen Munizipalismen

Während in vielen Ländern Europas rassistische und neue faschistische Kräfte Zuspruch gewinnen, zogen bei den letzten Gemeinderatswahlen in Spanien Plattformen aus sozialen Bewegungen flächendeckend in die Stadtparlamente ein. Aus den mikropolitischen Erfahrungen des letzten Jahrzehnts, aus der Bewegung gegen Zwangsräumungen, aus den Besetzungen, Versammlungen und Arbeitsgruppen um den 15M war die munizipalistische Bewegung entstanden. Das Buch versucht die Praxen und Prozesse, Strategien und Verfahren zu diskutieren, die sich in der vielfachen Erfahrung des Munizipalismus ansammeln, ihr Scheitern und ihre Erfolge, ihre mögliche Übersetzung über die Grenzen Spaniens hinaus.

Mit Beiträgen von: Montserrat Galcerán Huguet, Niki Kubaczek, mac1, Kelly Mulvaney, Pablo Carmona Pascual, Gerald Raunig, Raúl Sánchez Cedillo, Manuela Zechner

ISBN: 978-3-903046-12-2
September 2017
145 Seiten, broschiert, 10,- €